U0142153

新白話六法系列 016

銀行法

2024最新版

鄭正中 · 著

THE LAW

書泉出版社 印行

出版緣起

　　談到法律，會給您什麼樣的聯想？是厚厚一本《六法全書》，或是莊嚴肅穆的法庭？是《洛城法網》式的腦力激盪，或是《法外情》般的感人熱淚？是權利義務的準繩，或是善惡是非的分界？是公平正義、弱勢者的保障，或是知法玩法、強權者的工具？其實，法律儘管只是文字、條文的組合，卻是有法律學說思想作為基礎架構。法律的制定是人為的，法律的執行也是人為的，或許有人會因而認為法律是一種工具，但是卻忽略了：法律事實上是人心與現實的反映。

　　翻閱任何一本標題為《法學緒論》的著作，對於法律的概念，共同的法學原理原則及其應用，現行法律體系的概述，以及法學發展、法學思想的介紹……等等，一定會說明清楚。然而在我國，有多少人唸過《法學概論》？有識之士感歎：我國國民缺乏法治精神、守法觀念。問題就出在：法治教育的貧乏。試看九年國民義務教育的教材，在「生活與倫理」、「公民與道德」之中，又有多少是教導未來的主人翁們對於「法律」的瞭解與認識？除了大學法律系的培育以外，各級中學、專科與大學教育中，又有多少法律的課程？回想起自己的求學過程，或許您也會驚覺：關於法律的知識，似乎是從報章雜誌上得知的占大多數。另一方面，即使是與您生活上切身相關的「民法」、「刑法」等等，其中的權利是否也常因您所謂的「不懂法律」而睡著了？

　　當您想多充實法律方面的知識時，可能會有些失望的。因為《六法全書》太厚重，而一般法律教科書又太艱深，大多數案例式法律常識介紹，又顯得割裂不夠完整……

有鑑於此，本公司特別邀請法律專業人士編寫「白話六法」叢書，針對常用的法律，作一完整的介紹。對於撰文我們要求：使用淺顯的白話文體解說條文，用字遣詞不能艱深難懂，除非必要，儘量避免使用法律專有名詞。對於內容我們強調，除了對法條作字面上的解釋外，還要進一步分析、解釋、闡述，對於法律專有名詞務必加以說明；不同法規或特別法的相關規定，必須特別標明；似是而非的概念或容易混淆的觀念，一定舉例闡明。縱使您沒有受過法律專業教育，也一定看得懂。

　　希望這一套叢書，對普及法律知識以及使社會大眾深入瞭解法律條文的意義與內容等方面都有貢獻。

賴　序

　　在我國經濟發展過程中，銀行一向扮演著相當重要的角色。藉著動員社會儲蓄，匯集所有資金，發揮有效利用與分配資金之功能，使經濟活動能正常進行。同時，銀行業務經營具有專門性，其種類、型態日益增多，對國計民生之影響亦甚為直接，必須妥善予以規範。

　　我國銀行法於民國20年3月28日公布，36年9月1日修正後公布施行，其間隨著金融政策、金融環境的改變，歷經14次修正，全文共140條，為目前規範銀行組織及業務經營、管理的法律，亦為維護金融紀律的基本法律。銀行法制定之最主要目的，依該法第1條規定在於「健全銀行業務經營，保障存款人權益，適應產業發展，並使銀行信用配合國家金融政策」，故銀行法制定與修正之良窳，深切影響銀行業務之經營，與金融政策之達成，值得重視。

　　作者鄭正中法官，為國立中興大學法律系畢業，法律研究所碩士、法學博士，現為大學副教授暨法院實任法官，本人任教於國立中興大學及法務部司法官訓練所時，曾先後教授其公司法、證券交易法及「銀行法專題研究」等課程。鄭君對金融法規有濃厚的興趣，近年來鑽研尤勤，卒能就實務經驗與學理所得陸續發表銀行秘密法、銀行法務等專文。頃更利用公餘之暇，致力對銀行法作深入研究，而完成《白話六法─銀行法》專書，全書以「逐條釋義」的寫法，把銀行法的條文，分條分段寫成，便利讀者閱讀查考；同時使用淺顯的白話語體解釋條文，增列許多銀行實務案例，條理分明，理論與實務並重，對銀行制度、業務、經營及管理等規範內容均予闡釋，深具實用

參考價值，對我國金融業務之推展，應具助益，茲因本書付梓在即，特綴數語，以為之序。

前臺灣省政府常務副省長
兼財政廳長

賴英照

85年10月9日

八版序

本書係依據民國112年6月28日新修正的銀行法修訂，為「最新銀行法」。此次修訂，係因對於國家運作具重要性設施之防護，攸關國家安全及社會正常運作，維護管理上必需要有一定抑制犯罪效果的處罰手段才能達到防護目的，考量經營金融機構間資金移轉帳務清算之金融資訊服務事業，其核心資通系統或相關設備為辦理全國跨行金融業務之重要資產，惟依現行規定，其系統或相關設備如遭實體破壞或虛擬侵害，僅能以刑法之毀損罪及妨害電腦使用罪章等規定處罰，對於其系統或設備之保護顯有不足，而有另以刑責處罰加強保護之必要，為此修正「銀行法」第125-7條、第125-8條等條文，其修正要點如下：(一)增訂以竊取、毀壞或其他非法方法危害金融資訊服務事業之核心資通系統設備功能正常運作者之刑責，並就意圖危害國家安全或社會安定及損及金融市場穩定者，加重刑責；對於未遂犯明定予以處罰（修正條文§125-7）。(二)增訂對於金融資訊服務事業核心資通系統遭受虛擬侵害之刑責，並就意圖危害國家安全或社會安定及損及金融市場穩定者，加重刑責；對於未遂犯明定予以處罰（修正條文§125-8）。

按銀行法為規範銀行制度以及銀行業務、經營與管理的金融法律。由於銀行是從事貨幣信用活動的機構，其產生和發展，與商品交換和貨幣流通息息相關，是商品貨幣經濟發展的產物。惟我國陸續發生多起違反銀行法的吸金案、銀行超貸及遭上市公司掏空案、內線交易案、二次金改案、巨額呆帳案，甚至因銀行信用卡和現金卡惡性競爭，所衍生之卡債危機，凡此均深深影響到存款大眾對銀行的信賴。為解決法規存在之漏洞，以及內部監管之不足，銀行法自94年起先後作了多次重要

修正，主管機關金融監督管理委員會，也發布或修正了許多重要規章、辦法，以為因應。

觀察民國94年銀行法的修正重點，在於強化防範金融犯罪之法制，發揮打擊金融犯罪之功效；同時配合金融發展需要，適時調整「銀行法」、「證券交易法」、「保險法」、「金融控股公司法」、「票券金融管理法」、「信託業法」及「信用合作社法」等七大金融法規，增訂有關詐害債權的規定；為防止金融犯罪行為人，掩飾或隱匿因自己或他人重大犯罪所得財物或財產上利益，增訂若干重大金融犯罪型態，為洗錢防制法第3條第1項所規定的重大犯罪範疇，以適用洗錢防制法的規定。為使金融犯罪案件之審理能符合公平正義和社會各界的期待，增訂法院為審理違反本法之犯罪案件，得設立專業法庭或指定專人辦理規定。為強化處理問題金融機構的法律基礎，維護金融體系的安定，並審酌銀行之清理程序與公司重整不同，為此明定主管機關於勒令銀行停業並限期清理，或派員監管或接管時，不適用公司法有關臨時管理人、檢查人及重整之規定等。

在過去銀行因經營不善必須進行債務清償時，儲戶往往求償無門，造成金融風暴，影響社會民心。為此，95年間第一次修正銀行法，明文規定一旦銀行發生經營不善的情況，應優先清償存款債務，也就是先償還一般銀行儲戶的債務，以保障一般大眾權益。95年第二次修正，係為配合我國刑法已於民國94年2月2日修正公布，並於95年7月1日施行，其中第四章已由「正犯」修正為「正犯與共犯」，為此，將第125條之4原條文第1、2項由「正犯」修正為「正犯與共犯」，修正條文之施行日期，也與刑法同為95年7月1日。

由於銀行為特許行業，其資金的健全與否攸關所有存款戶資金與社會金融體系的安定，以往政府面對有些金融機構的結

構財務已明顯惡化，甚至銀行虧損逾資本三分之一者，均未見積極介入處理，放任該銀行業者財務狀況繼續惡化，造成日後納稅人必需付出極大代價，社會亦付出相當成本。基於銀行是從事貨幣信用的特許行業，尤其未來金融機構的資本額將不斷擴大，若放任銀行的財務問題惡化，將造成社會不安，為此，民國96年3月21日修正銀行法第62條及第64條，要求主管機關知悉銀行有業務或財務狀況顯著惡化，不能支付其債務或有損及存款人利益之虞時，「應」立即派員接管、勒令停業清理或為其他必要之處置，使金融主管機關能積極主動介入財務狀況惡化銀行的處理。又銀行虧損逾資本三分之一者，其董事或監察人應即申報主管機關。主管機關金融監督管理委員會對具有前項情形之銀行，應於「3個月內」，限期命其補足資本；逾期未經補足資本者，應「派員接管」或勒令停業。

為增進金融市場之競爭力，強化金融監理預警機制，並使銀行退場機制更為法制化，以及實現社會之公平正義，行政院於97年2月4日送請立法院審議之「銀行法」部分條文修正草案，經立法院院會97年12月9日三讀通過，97年12月30日公布施行，該次修正主要重點如下：

(一) 強化有控制權股東之管理機制：為貫徹股權之透明化及股東適格性之管理，對於同一人或同一關係人持有銀行股份超過5%時，須向主管機關申報，又如欲持股超過10%、25%或50%者，均須事先報經主管機關核准。另為強化銀行持股結構，引進健全資金，刪除同一人或同一關係人持有同一銀行之股份不得超過銀行已發行有表決權股份總數25%之規定。

(二) 建立立即糾正措施及退場機制：為維持銀行穩健經營，降低處理問題金融機構之成本，建立以銀行資本適足率為監理衡量與退出市場機制之標準，將銀行資本適足率劃分為資本適足者、資本不足者、資本顯著不足者及資本嚴重不足者四

類等級，並採行不同之監理措施。為使立即糾正措施與金融機構退出市場機制整合，銀行資本等級列入資本嚴重不足者，主管機關原則上將自列入之日起90日內派員接管，以避免延宕處理時效。

(三) 銀行對符合特定條件之轉銷呆帳客戶資料可排除保密義務：在考量維護社會公益及保障個人隱私權平衡之原則下，對於符合大額、短期發生逾期之轉銷呆帳資料，及涉及詐害銀行或違法放款情事之轉銷呆帳客戶資料，排除銀行保密義務，以實現社會公平正義。

(四) 落實差異化管理：對於符合主管機關訂定之財務業務健全具備之標準，並依公司法提供法定盈餘公積之銀行，可不受法定盈餘公積提撥及現金盈餘分配限制之規定，俾使財務業務健全銀行之盈餘分配更趨活潑化，並落實差異化管理。金融監督管理委員會指出，該次修正案之主要目的在於使問題金融機構可即早處理，故將來業者須隨時注意強化自身體質，有效控管風險，以維護銀行之安全與穩健經營，降低處理問題金融機構之成本。

立法院在民國100年10月25日三讀通過「銀行法第12-1條及第12-2條修正案」，新修正條文明訂，未來銀行辦理自用住宅放款及消費性放款，不得再要求借款人提供「連帶保證人」，將可望減少「保人變呆人」的爭議。金融監督管理委員會表示，此案修正後，對未來銀行辦理自用住宅放款及消費性放款將有重大改變，包括自用住宅放款及消費性放款不得再使用連帶保證人制度，不論是否有足額擔保，均不得要求借款人提供連帶保證人。在保證人制度的限縮方面，已取得足額擔保時，也不得要求借款人提供一般保證人。銀行徵取一般保證人，限於對授信條件不足的補強；或借款人為強化自身授信條件，主動向銀行提供保證人的情形。基此，未來在實務運作

上，銀行的營業模式將有所調整，對於自用住宅放款及消費性放款不能再依賴連帶保證制度，而應強化對借款人授信條件的評估。

嗣為配合行政院金融監督管理委員會組織法於100年6月29日公布，更名為「金融監督管理委員會組織法」，為此立法院在民國103年5月20日三讀通過「銀行法第19條修正案」，將本法之主管機關修正為「金融監督管理委員會」。

其後在104年2月4日修正公布第11、45-1、47-1、64-1、72-1、72-2、74、75條條文；刪除第42-1條條文。104年6月24日修正公布第131條條文；並增訂第34-1條條文。107年1月31日修正公布第125、125-2～125-4、136-1條條文；並增訂第22-1條條文。108年4月17日修正公布第13、35-2、47-3、61-1、116、117、125、127-1、128～133、134～136條條文；增訂第51-2、133-1、136-3條條文；刪除第125-6、127-3條條文。112年6月28日增訂公布第125-7、125-8條等條文，而為現行之銀行法。

至於大家最關注之國內銀行赴大陸地區設立分支機構情形，有鑑於臺商在大陸地區投資，國內銀行為其主要資金來源之一，為便於國內銀行瞭解授信客戶在大陸地區的經營實況，並提供臺商財務諮詢服務，協助其解決融資問題，財政部於91年6月26日正式開放銀行赴大陸地區設立代表人辦事處。然而伴隨兩岸經貿往來的密切度上升，大陸臺商希望融資管道通暢，而臺灣之銀行業，鑑於面臨國際金融同業之競爭、本身客戶之外移或全球化布局，以及憧憬大陸之潛在商機，因此，前往大陸設點正式營業之意願，日益殷切。

民國98年以來，臺灣與大陸地區相繼簽署了兩岸金融合作協議、兩岸金融監管合作備忘錄（MOU）以及兩岸經濟合作架構協議（ECFA），逐步推進兩岸金融合作向前邁進。金融

監督管理委員會旋即修正「臺灣地區與大陸地區金融業務往來許可辦法」，准許臺灣銀行赴大陸設立分行，截至目前為止，大陸銀監會已核准多家臺灣銀行業在大陸設立分行，包括：第一商業銀行上海分行、國泰世華商業銀行上海分行、土地銀行上海分行、臺灣銀行上海分行、中國信託商業銀行上海分行、永豐銀行南京分行、彰化商業銀行昆山分行、合作金庫商業銀行蘇州分行、華南銀行深圳分行、玉山銀行東莞分行等。

而大陸的銀行業在臺灣設立方面，中國銀行、交通銀行、建設銀行和招商銀行已先後在臺灣設立代表處，其中中國銀行、交通銀行在代表處設立屆滿一年後申請升格為分行並獲准，民國101年6月27日，中國銀行在臺北市舉行開業儀式，成為首家在臺灣設立經營性分支機構的大陸商業銀行。長期以來，兩岸往來在人流、物流方面成果突出，惟金融方面相對滯後，在臺灣銀行業順利在大陸設立分行，及中國銀行在臺北正式開業，此舉標誌著兩岸在金融雙向互動上又邁出重要一步，是兩岸金流互通的一大突破。

本書自發行第七版後，其間銀行法又歷經六次修正，為配合112年6月28日最新修正，本書乃因應法條修正內容加以修訂，惜作者學殖未深，公餘之暇撰寫本書，掛漏之處，尚祈先進能惠予指正。

法學博士

鄭正中 敬上

112年11月於丹霞灣

自 序

　　銀行法爲規範銀行制度、業務、經營與管理的金融法律。由於銀行是資金供給者與需要者間的橋梁，以收受存款、信託資金，或發行短期票券、金融債券等方式吸收過剩的資金，而以放款及投資等方式，對資金不足者提供授信。所以時至今日，不論是個人、家庭的財富累積，或者公司、行號的營業盈餘，人們常利用銀行，作爲保存貨幣價值的有效方法；許多企業、廠商，亦不斷透過銀行，融通資金，擴張資本，建立信用交易，以節省貨幣使用。是以，銀行是金融活動的重心，而銀行法更是健全銀行業務經營，保障存款人權益，適應產業發展，並使銀行信用配合國家金融政策的最主要法規，深值吾人重視。

　　以銀行業的起源來說，我國早在西元8、9世紀即有金融活動的記載，如唐朝憲宗貞元年間的飛錢、五代末宋初的交子，均具有類似現代匯票的功能；到了清朝乾隆年間，有山西票號的創立；半世紀後的咸豐年間，各地開始有錢莊，但正式銀行的設立，則晚至光緒22年，才有中國通商銀行，光緒32年再設立戶部銀行，其後設立者更多。依據《全國銀行年鑑》所載，截至民國25年爲止，我國已有公民營銀行164家，僅上海就有28家最多。迨民國38年，政府播遷來臺，當時臺灣只有省屬七家行庫，其後中央銀行、中國國際商銀、交通銀行、農民銀行相繼復業，臺北市、高雄市也有市銀行的設立，金融機構逐漸在臺灣蓬勃發展。至民國80年間，政府積極推動金融自由化政策，除開放15家商業銀行的設立外，更規劃公營銀行的民營化，影響所及，促使銀行業大量激增，並與其他信用合作社、農漁會、郵局等金融機構，共同構成我國現行的金融體系。

相對於銀行業的紛紛設立，我國銀行法的問世，則出現甚遲。我國第一部銀行法雖於民國20年即已制定，但當時因故並未施行；直至民國36年第一次修正後，才正式實施，此為我國最早施行的舊銀行法。舊法施行後，雖曾於39年及57年兩度修正，但多為關於準備金方面的比率，對於全法體系架構，尚未作通盤研究。至民國64年，因鑑於經濟社會環境已有重大變革，為適應產業發展需要，乃作全面性修正，成為目前新銀行法的主體。其後，在66年至70年間，有五次局部修正。到了74年間，財政部為整飭金融弊案，健全金融管理，曾作了相當幅度的修正；復為配合民營銀行的開放，徹底遏止地下投資公司的氾濫，於78年作第11次修正。為規劃公營銀行的民營化，加強金融機構的監督，以建立合理金融環境，81年間再作第12次修正。至84年6月，為擴大銀行業務經營範圍，保障無住宅購屋貸款人權益，作第13次修正。

　　由以上銀行法的演變過程，可見銀行法是一種必須隨客觀金融的需要與情況，不斷修正的技術法規，在每次的修正過程中，都有其時代背景與任務，此為吾人在從事銀行法研究過程中，首先必須釐清的。其次，銀行法的修訂時期雖短，但未使法律陷於不安定狀況，反而表示我國金融業務的推展，已獲得朝野的重視，透過法律的支持，使銀行業務的經營，愈加穩健。再者，銀行法固為金融秩序的骨幹，但其他與金融活動相關的法律，如：中央銀行法、證券交易法、信用合作社法，甚至甫於85年1月26日始公布的信託法，均與金融業務的管理，息息相關，允宜相互配合以發揮機動效率。

　　筆者從事司法工作已逾10年，在處理許多金融弊案過程中，屢屢發現銀行法的規定，未能適時反映時代需要；在81年間，於國立中興大學法律研究所，主修銀行法時，接受現任臺灣省政府副省長兼財政廳長賴英照教授的啟迪，獲益良多，為

此乃利用公餘之暇，致力加強對本法的鑽研，並曾發表〈銀行對客戶秘密的保護〉等多篇專文，以供運用。頃得悉書泉出版社，擬推出一系列適於一般國民閱讀的《白話六法》叢書，乃應該社王經理翠華小姐之邀，以儘量淺顯的白話文，匯集實務案例，逐條解說終完成本書。但期本書的出版，能有助於國人對現行銀行法的認識和瞭解，以及政府處理金融事件，或司法審判實務的參考。

　　作者學殖未深，才識尚淺，掛漏之處，尚祈先進能不吝給予指正。

法官

鄭正中

85年9月28日

凡 例

(一) 本書之法規條例，依循下列方式輯印：

1. 法規條文，悉以總統府公報爲準，以免坊間版本登載歧異之缺點。

2. 法條分項，如遇滿行結束時，則在該項末加「。」符號，以與另項區別。

(二) 本書體例如下：

1. 導言：針對該法之立法理由、立法沿革、立法準則等逐一說明，並就該法之內容作扼要簡介。

2. 條文要旨：置於條次右側，以 （ ） 表示。

3. 解說：於條文之後，以淺近白話解釋條文意義及相關規定。

4. 實例：於解說之後舉出實例，並就案例狀況與條文規定之牽涉性加以分析說明。

(三) 參照之法規，以簡稱註明。條、項、款及判解之表示如下：

條：1、2、3……

項：Ⅰ、Ⅱ、Ⅲ……

款：①、②、③……

但書規定：但

前段：前、後段：後

司法院34年以前之解釋例：院……

司法院34年以後之解釋例：院解……

大法官會議解釋：釋……

最高法院判例：……台上……

行政法院判例：行……判……

沿　革

1. 民國20年3月28日國民政府制定公布全文51條。
2. 民國36年9月1日國民政府修正公布全文119條。
3. 民國39年6月16日總統令修正公布第15、17、25、27、34～36、38、43、55、64、77、80、87、90、95、106、114條條文。
4. 民國57年11月11日總統令修正公布第52、54、61、62、68、75、101、108條條文。
5. 民國64年7月4日總統令修正公布全文140條。
6. 民國66年12月29日總統令修正公布第9、20、79、103、132、136條條文；並增訂第35-1條條文。
7. 民國67年7月19日總統令修正公布第3條條文。
8. 民國68年12月5日總統令修正公布第35-1條條文。
9. 民國69年12月5日總統令修正公布第84條條文。
10. 民國70年7月17日總統令修正公布第29條條文。
11. 民國74年5月20日總統令修正公布第6～9、15、32、33、52、62、71、78、79、101～103、109、115、125～133、139條條文；並增訂第33-1、127-1條條文。
12. 民國78年7月17日總統令修正公布第1、3、4、2529、33-1、41、44、48、50、52、62、71、76、78、79、101、121、123、125～127、127-1、128～132條條文；並增訂第5-1、29-1、35-2、127-2、127-3條條文。
13. 民國81年10月30日總統令修正公布第12、13、32、33、36、45、57、83、127-1、127-2、129、139條條文；並增訂第5-2、33-2、33-3、47-1、139-1條條文。
14. 民國84年6月29日總統令修正公布第3、38條條文。

15. 民國86年5月7日總統令修正公布第42、140條條文。

民國88年7月15日行政院令修正發布86年5月7日公布之第42條條文，定自88年7月7日起施行。

16. 民國89年11月1日總統令修正公布第19、20、25、28、33-3、44、49、54、59、70、71、74～76、89～91、117、121、123、125、127、127-1～127-3、128～134、136條條文；增訂第8-1、12-1、33-4、33-5、42-1、45-1、47-2、47-3、51-1、61-1、62-1～62-9、63-1、72-1、72-2、74-1、91-1、115-1、125-1、125-2、127-4、129-1條條文；並刪除第9、17、63條、第四章章名、第77～86條條文。

17. 民國93年2月4日總統令修正公布第125、125-2條條文；並增訂第125-3、125-4、136-1、136-2條條文。

18. 民國94年5月18日總統令修正公布第20、45-1、49、52、62、135條條文；增訂第45-2、125-5、125-6、127-5、138-1條條文；並刪除第60、119、124條條文。

19. 民國95年5月17日總統令增訂公布第64-1條條文。

20. 民國95年5月30日總統令修正公布第125-4、140條條文；並自95年7月1日施行。

21. 民國96年3月21日總統令修正公布第62、64條條文。

22. 民國97年12月30日總統令修正公布第19、25、33-3、35-2、42、44、48、50、62～62-5、62-7、62-9、128、129、131、133條條文；並增訂第25-1、44-1、44-2、129-2條條文。

23. 民國100年11月9日總統令修正公布第12-1條條文；增訂第12-2條條文。

民國101年2月3日行政院公告第62-4條第1項第4款所列屬「行政院公平交易委員會」之權責事項，自101年2月6日起改由「公平交易委員會」管轄。

民國101年6月25日行政院公告第19條所列屬「行政院金融監督管理委員會」之權責事項，自101年7月1日起改由「金融監督管理委員會」管轄。

民國103年1月21日行政院公告第72-2條第1項第3款、第4款所列屬「行政院經濟建設委員會」之權責事項，自103年1月22日起改由「國家發展委員會」管轄。

24. 民國103年6月4日總統令修正公布第19條條文。

25. 民國104年2月4日總統令修正公布第11、45-1、47-1、64-1、72-1、72-2、74、75條條文；並刪除第42-1條條文。

26. 民國104年6月24日總統令修正公布第131條條文；並增訂第34-1條條文。

27. 民國107年1月31日總統令修正公布第125、125-2～125-4、136-1條條文；並增訂第22-1條條文。

28. 民國108年4月17日總統令修正公布第13、35-2、47-3、61-1、116、117、125、127-1、128～133、134～136條條文；增訂第51-2、133-1、136-3條條文；並刪除第125-6、127-3條條文。

29. 民國112年6月28日總統令增訂公布第125-7、125-8條條文。

目　錄
Contents

導　言

銀行法的意義

　　銀行法的意義，可區分為廣義的銀行法與狹義的銀行法兩種；廣義的銀行法，係指一切有關銀行規定者而言，除涵蓋銀行法本身的法典外，舉凡銀行因從事存款、放款、匯兌、投資等業務，與客戶所發生的各種權利義務關係都包括在內，如：中央銀行法、中國輸出入銀行條例、存款保險條例、管理外匯條例、證券交易法、金融控股公司法、金融機構接管辦法、取締地下錢莊辦法等有關銀行規定的部分皆是。至於狹義的銀行法，則專指國家立法機關制定並賦予銀行法名稱的銀行法法典而言，本書所要介紹的，即為狹義銀行法。茲將我國狹義的銀行法，說明如後。

　　銀行法，是規範一國銀行制度、銀行業務、經營與管理的金融法律。由於銀行是從事貨幣信用活動的機構，其產生和發展，與商品交換和貨幣流通息息相關，是商品貨幣經濟發展的產物。時至今日，不論是個人、家庭的儲蓄累積，或公司、團體的盈餘、紅利轉投資，為保存財貨價值，增加利潤，人們常利用銀行作為管道，成為資金供應者；而資金需要者，亦常透過銀行的借貸、保證、融資等方式獲得資金，所以銀行是金融活動的重心，而銀行法更是健全銀行制度、保障存款人權益、促進產業發展及整頓與維持金融紀律與秩序的最主要法規，藉以達成金融的自由化、國際化、制度化及紀律化等目標。

銀行的發展

　　關於銀行的發展歷史，依據史料記載，早在西元前巴比倫時代，即有受託代人保管實物及貸放實物取利的活動；希臘、羅馬時期，逐漸有受託保管存款、兌換等類似銀行的組織。及至中世紀時期，商業逐漸發展，由於各地貨幣不同，因此銀行最初的業務，大多屬於銀錢的兌換及經理匯兌，其後業務重心漸次由兌換進而由銀行予以收款，需用時再予提取，爲今日銀行存款業務的嚆矢。

　　12、13世紀間，歐洲各國銀行業務迅速發展；至16世紀末葉至17世紀初，首先於西元1587年在當時世界商業中心義大利成立威尼斯銀行（Venices Bank）；其後荷蘭的阿姆斯特丹銀行（Bank of Amsterdam）在西元1609年成立；德國的漢堡銀行（Bank of Hamburg）在1619年成立；奧地利的維也納銀行在西元1730年相繼成立，分別創立以支票代替現金支付、存款不可侵犯、推行貨幣流通等金融活動。至17世紀中葉，英國倫敦的金匠（Goldsmith）擁有龐大產業，以存戶的黃金及貨幣放款取利，爲爭取更多的存儲黃金或貨幣，開創給付存戶利息，銀行由保管貨幣到給付存戶利息，由受信擴展到授信業務，而創立今日商業銀行之雛形。至17世紀末葉，英國以公司組織創立英格蘭銀行（Bank of England），不僅具有現代銀行之規模，且爲世界中央銀行之先導，至此各國乃競相仿效，相繼設立，而一般之商業銀行，更如雨後春筍，遍布世界各地。

　　我國之銀行事業，發展較遲，雖早在唐朝憲宗貞元年間（西元785～802年）有所謂的飛錢，五代末宋初（西元950～1040年）的便錢、交子，均具有類似現代匯票、本票等功能的金融活動；到明朝中期出現的錢莊、清代產生的票號，才逐漸

具有銀行的性質。至於正式成立之銀行，則當推道光末年英商遠東銀行於上海設立之分行；至咸豐年間，又有英商麥加利銀行的設立。其後，法商、美商、俄商、義商、比商、日商等亦不甘寂寞，接連來華設立分行，該等外商銀行藉列強不平等條約之庇護，於我國吸收公私存款、獨占匯兌，甚至公然發行鈔票，操縱我金融命脈莫此為甚。

至於國人自設現代化銀行方面，係以清光緒23年（西元1897年）創立之中國通商銀行為最先。當時中國通商銀行，總行設在上海，並在天津、漢口、廣州、煙臺、北京等地開設分行；繼而在光緒32年（西元1906年）設立戶部銀行，現已改制為中國國際商業銀行；光緒33年（西元1907年）再成立交通銀行。民國成立以後，大清銀行（原戶部銀行）改為中國銀行（中國國際商業銀行）；民國13年，國父創立中央銀行於廣州，至24年，政府又將豫、鄂、皖、贛等四省農民銀行，改組為中國農民銀行，至此中央、中國、交通、農民乃並稱四大國家銀行，同時享有發行紙幣特權，不但逐漸取代外商銀行之地位，亦迫使票號、錢莊之自然淘汰；而私營銀行之迅速發展，更奠立我國今日銀行事業之基礎。事後據《全國銀行年鑑》所載，截至民國25年為止，全國已有公民營銀行164家，其中僅上海就有28家最多。不過，自從民國31年以後，我國逐步形成了以中央、中國、交通、農民、中央信託局、郵政儲金匯兌局、中央合作金庫，通稱「四行二局一庫」的金融體系。

迨民國38年，政府播遷來臺，當時臺灣僅有臺灣銀行、土地銀行、合作金庫、臺灣中小企銀（即改制前的合會儲蓄公司）、第一商銀、華南銀行與彰化銀行等七家，均屬公營。往後因政府勵精圖治，經濟穩定，促使中央銀行、中國國際商

銀、交通銀行、農民銀行相繼在臺復業,而臺北、高雄更有市銀行的設立。民國80年間,政府積極推動金融自由化政策,除開放15家商業銀行的設立並規劃公營銀行的移轉,影響所及,促使銀行業大量激增。

民國90年間,為發揮金融機構綜合經營效益,加強金融跨業經營之合併監理,促進金融市場健全發展,維護公共利益,制定公布「金融控股公司法」後,陸續成立16家金控公司,並進行銀行之間的併購,以擴大市場規模,提高營運積效,強化我國的國際金融競爭力。自93年9月起,以銀行為併購主體之案例甚多,例如:臺灣銀行併購中央信託局,玉山商業銀行先後併購高雄區中小企業銀行、玉山票券金融公司、竹南信用合作社、嘉義第四信用合作社,新光金融控股公司併購聯信商業銀行、誠泰商業銀行,合作金庫商業銀行併購中國農民銀行,聯邦商業銀行併購中興商業銀行,元大金融控股公司併購大眾商業銀行,花旗(台灣)商業銀行併購華僑商業銀行,香港上海匯豐銀行併購中華商業銀行,英商渣打銀行併購新竹商業銀行,新加坡商星展銀行併購寶華商業銀行,台北銀行與富邦銀行合併並更名為台北富邦商業銀行,建華金融控股公司與台北國際商業銀行合併並更名為為永豐金融控股公司,中國國際商業銀行與交通銀行合併並更名為兆豐國際商業銀行等。

依據金融監督管理委員會之最新統計數字,截至112年6月底,有本國銀行總行38家、分行3,386家;而臺灣的金融機構,除了銀行,尚有信用合作社(總行23家、分行288家)、農會信用部(總行283家、分行799家)、漁會信用部(總行28家、分行44家)、中華郵政公司儲匯處(總行1家、分行1,297家),至今實已達十步一行、五步一社的飽和狀態。

在外國銀行的引入方面，民國48年我國核准第一家外國銀行，即日本勸業銀行到臺北開設分行，拉開了臺灣地區銀行業對外開放的序幕，而後花旗銀行也於53年在臺灣設立分行。從民國50年代開始，我國爲了拓展對外貿易與引進外資，逐漸開放外資銀行到臺灣設立分行，但每年設立以二家爲限。由於當時外資銀行只准收受外幣存款和外國駐臺機構的新臺幣存款，因此，截至60年代末，臺灣地區只有14家外資銀行。民國70年間，我國實施金融國際化和建立境外金融中心的設想，並逐漸放寬對外資銀行設立的限制，外資銀行家數大幅度增長。嗣在70年3月公布了「外國銀行設立分行及聯絡員辦事處審核要點及業務範圍」修正案，當年臺灣就新設了八家外資銀行。72年修訂發布「外國銀行設立分行及代表人辦事處審核準則」，並陸續擴大外資銀行的營業範圍，放寬對外資銀行設立分支機構的地域限制，吸引星展銀行等來臺投資〔花旗銀行已於112年8月12日，移轉其消費金融業務予星展（台灣）商業銀行股份有限公司，星展銀行總部設於新加坡，72年進入臺灣市場〕。75年10月允許外國銀行在高雄市設立第二家分行，79年底外資銀行可在臺北、高雄、臺中三地設立三家分行。在這段期間，隨著外資銀行的准入條件不斷放寬，外資銀行在臺家數從民國68年的14家增加到87年的46家。

緊接著在政府積極推動金融自由化政策，開放申請設立新銀行、信用合作社陸續改制爲商業銀行等因素的推動下，國內銀行機構數量快速增加，銀行業競爭加劇，存放款利差逐漸縮小，許多銀行資產報酬率逐年下降。市場競爭加劇以及對臺灣銀行市場的信心不足，使得部分外資銀行逐步退出臺灣市場，外資銀行在臺分行家數從民國87年的46家減少爲90年的38家，

民國98年更進一步減少為32家133個分行，依據金融監督管理委員會之統計數字，截至112年6月底為止，共有28家外資銀行，37家分行、10家代表人辦事處。

從外資銀行的母行來源分布特徵看，美國有美商美國銀行（Bank of America, National Association）、美商花旗銀行（Citibank, N.A）、美商摩根大通銀行（JPMorgan Chase Bank, N.A.）等六家最多；其次為法國，有法商法國巴黎銀行、法商法國興業銀行、法商法國外貿銀行、法商東方匯理銀行等四家；再者為新加坡，有新加坡商大華銀行、新加坡商華僑銀行、新加坡商星展銀行等三家，日本亦有三家，另香港有香港商上海匯豐銀行、香港商東亞銀行等二家，此外英國、瑞士、荷蘭、德國、西班牙、澳洲、菲律賓、泰國、印尼、韓國等各有一家外資銀行設於臺灣。至於在臺外資銀行分行、代表人辦事處的主要來源地，日本有六家分行、四家代表人辦事處，美國、法國各有六家分行，新加坡、泰國、瑞士各有三家分行，另香港、英國、荷蘭、德國、西班牙、澳洲、菲律賓、印尼、韓國等也在臺灣地區設立了少數分行或代表人辦事處。

至於大陸地區，除中國人民銀行為國家銀行（中央銀行），負責制定和實施貨幣政策，對全國的金融機構實行監管外，主要以商業銀行為核心，商業銀行採取自主經營、自負盈虧、自擔風險、自我約束等原則。大陸的商業銀行可分為四大類：第一類為國家獨資商業銀行，如中國建設銀行（1954年成立的中國人民銀行建設銀行，1996年3月26日變更為現名）、中國銀行（1979年從中國人民銀行獨立出來）、中國農業銀行（1979年恢復營業）、中國投資銀行（1981年12月成立）、中國工商銀行（1989年1月1日成立）。第二類為股份制商業銀

行，即從成立時就是股份制綜合性的商業銀行，如交通銀行
（1986年7月恢復）、招商銀行（1986年8月成立）、中信實業
銀行（1987年2月成立）、福建興業銀行（1988年5月成立）、
廣東發展銀行（1988年9月成立）、中國光大銀行（1992年2月
成立）、上海浦東發展銀行（1992年成立）、華夏銀行（1992
年12月成立）、海南發展銀行（1995年成立）等。第三類爲合
作銀行，1995年9月7日大陸國務院發出《關於組建城市合作銀
行的通知》，規定自1995年下半年起在大、中城市分期分批組
建城市合作銀行。城市合作銀行是在城市信用合作社的基礎
上，由城市企業、居民和地方財政投資入股組成的股份制商業
銀行，至今上海、北京、天津、南京、青島、武漢、西安、廣
州、西寧、瀋陽、石家庄等地都成立了城市合作銀行。第四類
爲外資銀行、中外合資銀行和外國銀行分行等。

　　隨著大陸快速的經濟發展，以及臺商加速外移，在臺灣
加入世界貿易組織（WTO）後，臺灣金融業已面臨更嚴酷的
激烈競爭，爲此政府自民國91年6月26日宣布，開放臺灣金融
機構赴大陸設立代表辦事處。然而伴隨兩岸經貿往來的密切度
上升，大陸臺商希望融資管道通暢，而臺灣之銀行業，鑑於面
臨國際金融同業之競爭、本身客戶之外移或全球化布局，以及
憧憬大陸之潛在商機，因此，前往大陸設點正式營業之意願，
日益殷切。民國98年以來，臺灣與大陸地區相繼簽署了兩岸
金融合作協議、兩岸金融監管合作備忘錄（MOU）以及兩岸
經濟合作架構協議（ECFA），逐步推進兩岸金融合作向前邁
進。其後，大陸銀監會已陸續核准多家臺灣銀行業在大陸設立
分行，包括：第一商業銀行上海分行、國泰世華商業銀行上海
分行、土地銀行上海分行、臺灣銀行上海分行、中國信託商業

銀行上海分行、永豐銀行南京分行、彰化商業銀行昆山分行、合作金庫商業銀行蘇州分行、華南銀行深圳分行、玉山銀行東莞分行等，截至112年6月底，已在大陸地區設立90個分行或辦事處。

在兩岸ECFA正式簽署後，臺商及陸客來臺自99年7月1日起持銀聯卡，也可在全臺貼有「Union Pay銀聯」字樣的ATM，提領新臺幣現鈔。這是繼98年8月銀聯卡開刷後，兩岸金融交流重大的進展。此次，與中國銀聯合作的銀行共有18家，包括臺灣銀行、土地銀行、合作金庫銀行、第一銀行、華南銀行、彰化銀行、上海儲蓄商業銀行、台北富邦銀行、國泰世華銀行、高雄銀行、兆豐商銀、臺灣企銀、台中銀行、新光銀行、永豐銀行、玉山銀行、台新銀行，以及中國信託銀行等開辦此項業務。至於提領新臺幣的限額，每筆上限為新臺幣2萬元，每日單卡限提人民幣1萬元（約新臺幣4萬3,000元）。銀行業者表示，由於陸客直接以銀聯卡至ATM提款機提領新臺幣現鈔，這將可省去匯兌風險以及銀行換匯的手續費，陸客手頭在更寬裕下，可望進一步刺激消費，也將增加銀行的手續費收入。

至於大陸的銀行在臺灣開業方面，中國銀行、交通銀行、建設銀行和招商銀行已先後在臺灣設立代表處，其中中國銀行、交通銀行在代表處設立屆滿1年後申請升格為分行並獲准，民國101年6月27日，中國銀行在臺北市舉行開業儀式，成為首家在臺灣設立經營性分支機構的大陸商業銀行，業務以企業金融為主，初期主要客戶群鎖定大陸臺資企業和在臺陸資企業等；營業範圍包括收受存款、辦理放款、票據貼現、商業匯票承兌、簽發信用狀、保證發行公司債券、投資公債、短期票

券、金融債券及公司債等；其後中國建設銀行亦在102年6月27日獲准設立臺北分行。

　　長期以來，兩岸往來在人流、物流方面成果突出，惟金融方面相對滯後，在臺灣銀行業順利在大陸設立分行， 及中國銀行在臺北正式開業，此舉標誌著兩岸在金融雙向互動上又邁出重要一步，是兩岸金流互通的一大突破。

銀行法的功能

　　英國著名的銀行法學者賽伊亞士教授（Prof. R. S. Sayers），在其名著《現代銀行》（*Mordern Banking*）乙書中，開宗明義即指出：「銀行不僅是貨幣的交易者，而且重要的，乃是貨幣的製造者。」一語道破銀行的功能。其後學者通說見解，乃認為銀行為經營存款、放款、匯兌、儲蓄等業務，充當信用媒介和支付媒介的金融機構。

　　觀察銀行業所以能普遍獲得民眾的使用與信賴，主要是因為銀行具備有下列特徵：

(一) 調劑資金供需，擴張資本效用。

(二) 配合產業發展，融通信用供應。

(三) 建立信用交易，節省貨幣使用。

(四) 調節存款準備，便於通貨管理。

(五) 鼓勵國民儲蓄，培養樸實風尚。

　　如前所述，現代的銀行，是資金的中介機構，具有溝通資金供需、創造信用、促進社會經濟發展、抑制通貨膨脹等效用。故銀行業務的經營，對於整個經濟的安定和成長，極其重要；尤其銀行常聚集大量資金，萬一經營不善倒閉，不但立即損害存戶利益，甚至衍生金融風暴，影響社會治安。為此我國銀行法第1條即規定：「為健全銀行業務經營，保障存款人權

益，適應產業發展，並使銀行信用配合國家金融政策，特制定本法。」可見銀行法的制定其功能乃在於：

(一) 健全銀行體制，確立專業及中長期信用體系：新法將銀行分為商業銀行、專業銀行與信託投資公司等三種，並將銀行信用按其期限之長短劃分為短期（1年以內）、中期（超過1年，7年以下）及長期（7年以上）等三種。同時兼顧現實情況，就銀行信用體系作重點之劃分如下：

1.商業銀行：以供給短、中期信用為主要任務（§70）。

2.專業銀行：

(1)工業銀行：以供給工、礦、交通及其他公用事業所需中、長期信用為主要任務（§91）。

(2)農業銀行：以調劑農村金融，及供應農林漁牧之生產及有關事業所需信用為主要任務（§92）。

(3)輸出入銀行：以協助擴展外銷及輸入國內工業所必需之設備與原料為主要任務（§94）。

(4)中小企業銀行：以供給中、長期信用，協助其改善生產設備及財務結構，暨健全經營管理為主要任務（§96）。

(5)不動產銀行：以供給土地開發、都市改良、社區發展、道路建設、觀光設施及房屋建築等所需中、長期信用為主要任務（§97）。

(6)國民銀行：以供給地區發展及當地國民所需短、中期信用為主要任務（§98）。

3.信託投資公司：以辦理中、長期放款為主要業務（§101）。

(二) 改進銀行業務，提高銀行經營效能：

1.改進銀行業務：新法採用中長期分期償還放款辦法，以

適應工商業在發展期間對資金之需求（§14）。又如增列有關耐久消費物品之中期放款（§39）及得就證券之發行與買賣，對有關證券商或金融公司予以資金融通（§73、§91）。在簡化銀行放款擔保程序，廢除對銀行無擔保放款之定率限制，同時將質押放款改為擔保放款，並擴大範圍，將信用狀、有關保證機構所提供之保證、借款企業所作之「反面承諾」、應收票據等，均列為合法之擔保（§12）。

2.提高銀行經營效能：就銀行可以經營之業務，逐項加以解釋，並規定其應採取之經營方式，使銀行知所遵循，工商界知所運用（§6～§16、§30）。為促進銀行業務自由化，刪除訂定各種存款之最高利率及核定利率幅度之硬性規定，以推動利率自由化（§41）；增列「經中央主管機關核准辦理之其他業務」之概括性規定，以彈性放寬銀行經營之業務範圍，並鼓勵開發新種業務（§3㉒、§22-1、§71⑯、§101Ⅰ⑮）；以及放寬外國銀行可辦理支票存款、活期存款、長期放款與信託業務（§121）。另為促使銀行保持資產之流動性，並兼顧未來銀行業務之發展起見，特再於通則中規定，中央銀行得就銀行流動資產與各項負債之比率，規定其最低比率，以便必要時採行適切之通盤性措施（§43）。

(三) 便利中央銀行對貨幣與信用之控制，以配合金融政策之運用：

1.改進存款準備制度，加強信用控制功能：新法規定銀行各種存款及其他各種負債，應依中央銀行所定比率提撥準備金，中央銀行並得隨時調整各種存款及其他負債準備金比率，使存款準備制度成為控制貨幣強而有力之工具。

2.實施選擇性之信用管制：規定中央銀行於必要時，對銀

行之不動產信用、消費信用及證券信用等，分別制定規則加以管理，俾配合信用調節之需要（§40）；另明訂中央銀行因調節信用，得選擇若干種類之質物或抵押物，規定其最高放款率（§37）。

(四) 針對銀行業務之發展，改善銀行經營環境及行政管理，以保障存款人權益：

1.新法將「銀行之設立、合併及解散」與「罰則」重新整理，並分別設立專章（第二章及第八章）。同時為確保銀行之穩健經營，整飭金融紀律，將罰則章有關刑度及罰金、罰鍰之金額提高；為開放民營銀行及金融機構之新設，增列授權主管機關訂定其設立之標準（§52 II）；另為充實銀行資本，健全財務結構，訂定非經主管機關之核准，銀行自有資本與風險性資產之比率，不得低於一定比率，凡銀行資本等級為資本不足、顯著不足或嚴重不足者得限制其分配盈餘或買回股份（§44-1）。

2.為使銀行股權分散，讓所有權與經營權分離，避免金融壟斷，規定同一人或同一關係人持有同一銀行之股份，超過銀行已發行有表決權股份總數5%者，應通知銀行並向主管機關申報。又如欲持股超過10%、25%或50%者，均須事先報請主管機關核准。另為強化銀行持股結構，引進健全資金，民國97年修正時刪除同一人或同一關係人持有同一銀行之股份，不得超過銀行已發行有表決權股份總數25%規定（§25）。

3.為維護存款人利益，確保銀行穩健經營，對於銀行負責人之資格條件，自有從嚴規定之必要，經授權主管機關予以訂定；其次，為保障客戶隱私權，明定銀行對於客戶之存放款或匯款資料，應為之保守秘密（§48 II）。

4.另爲保障社會大眾之權益，及作爲法院認定非銀行業不法吸收資金行爲之依據，增列收受存款之定義（§5-1），及視爲收受存款之範圍（§29-1），並提高對非法吸收存款行爲之刑度爲「處三年以上十年以下有期徒刑，得併科新臺幣一千萬元以上二億元以下罰金。其因犯罪獲取之財物或財產上利益達新臺幣一億元以上者，處七年以上有期徒刑，得併科新臺幣二千五百萬元以上五億元以下罰金。」（§125）

銀行法的性質

銀行法爲規範銀行制度以及銀行業務、經營與管理的法律，是所有金融法規中最主要部分，具有下列性質：

(一) 銀行法具有金融法的性質：所謂金融法，係指規範各經濟主體金融活動的法律總稱。隨著經濟高度發展，金融制度已成爲國民經濟的中樞，然金融制度，又以銀行及其他金融機構爲中心，因此金融法的運作，就在於使金融機構公正、適當的對應國民需求、產業的發展、合理的資金分配，以避免助長投機和善盡金融機構的社會責任。而銀行法，則在於規律銀行制度，提供金融業公平競爭環境及對存款人適當保障，自屬於金融法的一環。

(二) 銀行法具有實體法的性質：凡規定權利義務內容的法律爲實體法，規定行使權利履行義務程序的法律爲程序法。我國銀行法共有九章，第一章通則；第二章規定銀行的設立、變更、停業和解散；第三章至第六章，分別規定商業銀行、儲蓄銀行（已刪除）、專業銀行、信託投資公司的權利義務；第七章規定外國銀行；第八章、第九章分別爲罰則、附則等規定，悉屬實體法的規定，所以銀行法具有實體法的性質。

(三) 銀行法具有商事公法的性質：我國在民商法立法例

上，採取民商合一主義，凡有關商事的一般共通事項規定於民法法典，而特別事項，則另行規定於商事登記法、公司法、票據法、海商法、保險法、銀行法等，通稱為商事法。又銀行法中有關銀行的設立登記、變更、停業、解散，及各項罰則規定，均已形成公法化，故銀行法屬於商事公法。

(四) 銀行法具有人格法的性質：依銀行法第52條第1項規定：「銀行為法人，其組織除法律另有規定或本法修正施行前經專案核准者外，以股份有限公司為限。」銀行既為法人，具有人格，故銀行法有人格法的性質。凡銀行的名稱、銀行的能力等均為此性質的表徵。

(五) 銀行法具有強行法的性質：凡法律規定的內容，不許當事人的意思變更適用者，為強行法；倘僅為補充或解釋當事人的意思，可以由當事人自由變更或拒絕適用的，為任意法。銀行法既係金融主管機關用以規範銀行業活動的法律，因與一般交易有關，深切影響大眾權益，須以法律來強行規定，不許因當事人的意思有所變更。

銀行法的立法經過

我國銀行法原於民國20年3月28日，由國民政府制定公布，全文共51條，但當時因故並未施行；直至民國36年9月1日國民政府修正公布始施行，全文共119條，此為我國最早施行的舊銀行法。舊法施行後，雖曾於39年6月16日與57年11月11日兩度修正，但多為關於銀行股票、持股限制、準備金方面的比率等，對於全法體系架構，迄未作重大變更。

至64年間社會經濟環境進步快速，過去銀行法對於國家經濟計畫的實施及工商各企業發展需要，甚難適應，故於64年7

月4日，就原法內容作大幅度修正，除增列72個條文外，並修正66個條文，合併為140條，因該次修正，使我國銀行法的結構、內容，邁入新境界，一般學者均稱為新銀行法。

其後，在66年至70年7月，有五次局部修正。到了73、74年間，國內連續發生多起震撼社會人心的金融弊案，財政部為健全金融管理，整飭金融紀律，並加速金融業務現代化，遂擬具銀行法部分條文修正草案，於74年5月20日修正公布施行。嗣為配合民營銀行的開放，健全銀行制度，促進銀行業務自由化，銀行法於78年7月17日作了第11次修正。

數年來，政府積極推動金融政策，開放15家民營銀行的設立，並規劃公營銀行的移轉民營，針對當前實際需要，遂根據下列三項目標：(一)加強對金融機構的管理；(二)加強金融秩序的維護；(三)建立合理的金融環境，而於81年10月30日作第12次修正。84年6月29日，對銀行經營業務的範圍和購屋或建築的放款期限放寬至30年等作第13次修正；86年5月7日，我國基於經貿發展需要與國家整體利益考量，申請加入WTO，以期確保與各貿易對手間互享自由貿易的利益與地位的平等，而為配合加入該組織的實際需要，爰修正第42條有關銀行應提存存款準備金及第140條施行日期等規定。

民國89年修正銀行法內容

有鑑於近10年來，國內外經濟金融情勢發生急遽變遷，各先進國家莫不致力於金融創新與改革，為因應此情勢，政府於民國84年1月5日即通過「發展臺灣成為亞太營運中心計畫」，將銀行法之修正納為重點工作之一。為促進金融發展，並整頓金融紀律與維持金融秩序，爰斟酌當前實際需要及社會各界所

提之各項建設，並參考國內、外立法例，在兼顧前瞻性與時效性之下，擬具「銀行法」部分條文修正草案。該次修正主要目標，在於(一)銀行體制綜合化；(二)銀行業務現代化；(三)加強主管機關對問題銀行之處理權限；(四)充實對各類金融機構之管理規定。該修正草案，於89年10月13日經立法院三讀通過，89年11月1日公布施行。

　　該次銀行法之修正，幅度甚大，總計修正33條，增訂29條，刪除第四章章名及13條條文，茲就修正重點臚列於後：

　　(一) 銀行體制綜合化：

　　1.衡諸世界各國銀行體制之發展趨勢，長、短期金融已難嚴格劃分，且各類型銀行之業務亦漸趨綜合化，故刪除儲蓄銀行章及第77條至第86條，並修正擴大商業銀行之業務範圍，而原儲蓄銀行章之相關規範亦同時於商業銀行章加以檢討修正；且銀行經營信託或證券業務，得由總分支機構獨立設帳管理，毋須另設專門部門辦理，以彰顯商業銀行趨向綜合經營的方向。

　　2.另鑑於美國甫於1999年11月12日通過生效之金融服務現代化法案，允許以金融控股公司方式聯屬銀行、證券與保險業之經營外，亦允許母銀行轉投資金融性質子公司之資產，不大於銀行總資產45%或500億美金範圍內，以轉投資方式經營金融相關業務。為配合此一影響重大之立法例，乃修正銀行法第74條規定，使資本健全之銀行得於實收資本總額40%限額內，以轉投資方式經營證券、保險等事業，使現行銀行法第74條原則禁止、例外准許並配合經濟發展之立法方式，轉變為以轉投資方式經營金融相關事業為常態。

　　3.為避免定期存款中途解約影響銀行資金運用，及妨害貨

幣政策之執行，明定定期存款存款人到期前不得提取，但得以質借或於7日以前通知銀行中途解約；另商業銀行、專業銀行及外國銀行亦得辦理定期存款業務，爰明列於通則章內，俾同受規範。

4.儲蓄存款之開戶對象限制已不符合社會上實際需求，爰參考國外銀行實務刪除現行條文第9條，儲蓄存款之定義規定。

(二) 銀行業務現代化：

1.商業銀行之主要任務及業務範圍，在該次修正後，已有所變更，爰配合修正商業銀行之定義及其經營之業務範圍相關規定。

2.為支應商業銀行對長期資金之實際需要，爰增訂商業銀行得發行金融債券及相關規定。

3.商業銀行辦理住宅建築及企業建築放款，應予合理之規範；為避免商業銀行對建築放款過度擴張並維持銀行資產之適當流動性，爰對商業銀行辦理建築放款之總額，予以一定之限制。

4.商業銀行基於財務投資之目的，投資於公債、短期票券、金融債券、股票等有價證券，應予適當合理之規範，爰授權中央主管機關得訂定相關規範，以管理其風險。

5.商業銀行為預留未來發展空間，持有若干主要部分為自用之不動產，有其需要；惟為免其資金固定化而影響流動能力，應予以相當規範；同時為避免商業銀行藉不動產交易而輸送不當利益予特定對象，爰規定其與特定對象為不動產交易時，應經董事會之特別決議。

(三) 加強主管機關對問題銀行之處理權限：為確保銀行之

健全經營，保障存款大眾之權益，對於違規或經營管理不善之銀行，明定中央主管機關得視缺失情節之輕重，分別施以不同之處置，以迅速有效平息銀行危機，並對中央主管機關派員監管、接管或勒令停業進行清理時，明定相關程序及效力之規定，另配合刪除現行條文第63條規定。

(四) 充實對各類金融機構之管理規定：

1.增訂經營貨幣市場業務之機構，準用本法各章相關條文之規定。

2.增訂專業銀行、信託投資公司如投資企業或持有不動產時，亦應同受規範，爰增列應準用相關規定。

3.專業銀行發行金融債券，應準用本法第72-1條之規定。

4.工業銀行辦理業務之限制及業務管理之授權依據，均應加以明定。

5.增訂外國銀行設立及管理辦法之授權法據，及準用第一章、第二章、第三章及第六章之規定。

(五) 配合金融發展趨勢之增修事項：

1.同一人或同一關係人持有同一銀行之股份，參考外國立法例，加以適當合理之規範，以符合國際立法精神。

2.為因應企業集團形成後，關係企業將成為本法現行規定之漏洞，故對銀行就關係企業之授信應予以適當合理之限制，爰參考公司法關係企業之定義規定，將相關法規納入本法加以規範。

3.為避免銀行之利害關係人，利用人頭規避本法之限制，爰增訂銀行之利害關係人利用他人名義向銀行申請辦理授信，亦有本法第32條等規定之適用，俾得依法處罰之。

4.加強保障存款人權益，及健全銀行經營之規範。

5.增訂銀行發行現金儲值卡應經中央主管機關核准，並依規定提列準備金。

6.對於從事銀行間資金移轉帳務清算之金融資訊服務事業，和經營銀行間徵信資料處理交換之服務事業，授權中央主管機關得訂定相關之規範。

7.為培育金融專業人才，增訂銀行應提撥資金，專款專用於辦理金融研究訓練發展事宜。

(六) 相關罰則之增修：為配合該次修正及新增之條文，增列相關罰則，並增訂經營貨幣市場業務之機構、專業銀行、信託投資公司及外國銀行準用本法之相關規定，且為強化規範之效果而提高處罰之額度，及增訂得按日連續處以罰鍰之規定，爰予修正罰則章。另增訂散布流言或以詐術損害銀行、外國銀行及經營貨幣市場業務等機構之信用之刑責，並將現行違反利害關係人授信限制中有關授信限額、授信總餘額及程序規定之處罰，由刑罰改以行政罰加以規範。

民國93年銀行法修正內容

在民國90年間起，國內金融市場陸續發生重大舞弊案件，不僅造成國家整體金融環境衝擊，影響金融體系安定，更直接損及廣大投資人及存款人權益，其所造成之損害或謀取之不法利益，動輒數以億元計，甚至達幾十億、上百億元，對此類重大金融犯罪行為，實有衡酌其影響層面，適度提高其刑責，以嚇阻違法之必要。有鑑於國內重大金融犯罪有日趨增加之現象，歸其主因與現行各金融作用法之刑罰及罰金偏低不無關聯，尤其當犯罪所得遠大於其受懲代價時，無形中更增加了犯罪之誘因。此外，依刑法第42條之規定，無力完納罰金者，得

易服勞役，而依其規定，易服勞役之期限不得逾6個月，以至於形成犯罪之人縱被科處巨額罰金，卻無力完納時，也只需易服勞役6個月的不公平現象，刑罰之客觀性與合理性也迭遭社會質疑。

為建構高紀律、公平正義之金融環境，並健全金融市場之紀律與秩序，依據行政院金融改革小組積極預防金融犯罪相關具體改革建議，乃全方位研修各金融作用法之相關罰則，包括提高刑罰及罰金，延長易服勞役之期間，並對重大之犯罪行為加重其刑等，以期有助於健全金融犯罪查緝法制，維護金融市場紀律。

由於金融犯罪案件屬狡猾智慧型犯罪，與一般犯罪案件相較，具有複雜性、抽象性、專業性、損害性、傳染性，被害者眾多、隱匿性高、追訴困難及民眾對金融犯罪非難性較低等特性，且其影響層面甚為深廣。惟長期以來國內金融犯罪頻仍，歸其主因之一，乃在於犯罪所得大於犯罪受懲代價，爰參考國際案例及立法制，並博採專家、學者意見，研修相關法案。由於93年2月4日之修正，所涉及之條文除「銀行法」外，尚有「金融控股公司法」、「票券金融管理法」、「信託業法」、「信用合作社法」、「保險法」及「證券交易法」等七項法律。其中涉及銀行法部分，計有第125條、第125-2條、第125-3條、第125-4條、第136-1條、第136-2條等六條條文，茲連同其他各金融法案，將修正重點敘明於後：

(一) 增訂對犯罪所得達新臺幣1億元以上之重大金融犯罪案件提高刑責：銀行法、金融控股公司法、票券金融管理法、保險法、信託業法、信用合作社法及證券交易法，對前開重大金融犯罪之刑罰，均提高為處7年以上有期徒刑，得併科新臺

幣2,500萬元以上5億元以下罰金。

　　(二) 考量罰責之衡平性，前開七項金融作用法均依下列原則，修法提高罰責：

　　1.刑期1年以上7年以下者，罰金上限訂為新臺幣2,000萬元，不訂下限。

　　2.刑期3年以上10年以下者，罰金上限訂為新臺幣2億元，下限訂為新臺幣1,000萬元。

　　3.刑期7年以上者，罰金上限訂為新臺幣5億元，下限訂為新臺幣2,500萬元。

　　(三) 銀行法、金融控股公司法、票券金融管理法、信託業法及信用合作社法等五項金融作用法中，增訂意圖為自己或第三人不法之所有，以詐術使金融機構將金融機構或第三人之財物交付，或以不正方法將虛偽資料或不正指令輸入金融機構電腦或其相關設備，製作財產權之得喪、變更紀錄而取得他人財產，其犯罪所得達新臺幣1億元以上者，處3年以上10年以下有期徒刑，得併科新臺幣1,000萬元以上2億元以下罰金之刑罰規定。

　　(四) 前開七項金融作用法均增訂於犯罪後自首，如有所得並自動繳交全部所得財物者，減輕或免除其刑，因而查獲其他共犯者，免除其刑；在偵查中自白，如有所得並自動繳交全部所得財物者，減輕其刑，因而查獲其他共犯者，減輕或免除其刑之規定。

　　(五) 前開七項金融作用法均增訂因犯罪所得財物或財產上利益，除應發還被害人或得請求被害賠償之人外，屬於犯人者，沒收之；如全部或一部不能沒收時，追徵其價額或以其財產抵償之規定。

(六) 前開七項金融作用法均增訂規定，所科罰金達新臺幣5,000萬元以上而無力完納者，易服勞役期間為2年以下，其折算標準以罰金總額與2年之日數比例折算；所科罰金達新臺幣1億元以上而無力完納者，易服勞役期間為3年以下，其折算標準為罰金總額與3年之日數比例折算。

民國94年銀行法修正內容

鑑於近年全球經濟金融情事快速變遷，金融犯罪型態日益複雜，為求發揮查緝金融犯罪最大效果，亟需檢討並健全查緝金融犯罪相關法制，以達預防金額犯罪的目的，為此在民國94年5月18日修正銀行法，期能強化防範金融犯罪之法制，發揮打擊金融犯罪之功效；同時配合金融發展需要，適時調整銀行法、證券交易法、保險法、金融控股公司法、票券金融管理法、信託業法及信用合作社法等相關規範，茲就修正重點說明於後：

(一) 參考民法第244條、第245條有關詐害債權的規定，並增加舉證責任轉換的設計，和擴大不法取得財產之保全等三項措施，對銀行法等金融七法中均增訂，銀行負責人、職員或第125-3條第1項之行為人所為之無償行為，有害及銀行之權利者，銀行得聲請法院撤銷；對於有償行為，在行為時明知有損害於銀行之權利，且受益人於受益時亦知其情事者，銀行得聲請法院撤銷，並聲請命受益人或轉得人回復原狀。銀行負責人、職員或行為人與其配偶、直系親屬、同居親屬、家長或家屬間所為之處分其財產行為，均視為無償行為（修正條文§125-5）。

(二) 為防止金融犯罪行為人，掩飾或隱匿因自己或他人重

大犯罪所得財物或財產上利益，增訂若干重大金融犯罪，爲洗錢防制法第3條第1項所規定的重大犯罪，以適用洗錢防制法的規定（修正條文§125-6）。

　　(三) 爲使金融犯罪案件之審理能符合公平正義和社會各界的期待，增訂法院爲審理違反本法之犯罪案件，得設立專業法庭或指定專人辦理規定。金融犯罪案件有其專業性、技術性，一般法庭法官若無銀行法相關專業知識者，較不易掌握案件重點，爲使金融犯罪案件之審理能符合法律正義和社會各界公平的期待，應有設立專業法庭或指定專人辦理的必要（修正條文§138-1）。

　　(四) 爲強化處理問題金融機構的法律基礎，維護金融體系的安定，並審酌銀行之清理程序與公司重整不同，爲此明定主管機關於勒令銀行停業並限期清理，或派員監管或接管時，不適用公司法有關臨時管理人、檢查人及重整之規定（修正條文§62 IV）。

　　(五) 當時金管會雖已訂有「金融機構作業委託他人處理應注意事項」，但爲確保委外作業品質和客戶權益，並降低對銀行可能造成的風險，另增訂銀行作業委託他人處理的法律依據（修正條文§45-1 III）。

　　(六) 爲保護消費者權益，增訂非銀行不得使用易於使人誤認其爲銀行之名稱，違反者應負刑事責任（修正條文§20 III）。

　　(七) 提高刑罰，以重懲重罰方式，使金融犯罪人得到應有懲罰，期能消弭金融犯罪（修正條文§127-5）。

民國95年第一次銀行法修正內容

　　立法院在民國95年4月28日三讀通過銀行法及存款保險條例部分條文修正案，一旦銀行發生經營不善的情況，應優先清償存款債務，也就是先償還一般銀行儲戶的債務，以保障一般大眾權益，該修正條文於95年5月17日公布施行。

　　過去銀行因經營不善必須進行債務清償時，儲戶往往求償無門，造成金融風暴，影響社會民心。此次修正案，增訂銀行法第64-1條及存款保險條例第16-1條規定，一旦銀行發生經營不善的情況，應優先償還存款債務，也就是先償還一般銀行儲戶的債務。

　　根據銀行法第62條第1項規定，銀行因業務或財務狀況顯著惡化，不能支付其債務或有損及存款人利益之虞時，主管機關得勒令停業並限期清理、停止其一部業務、派員監管或接管、或為其他必要之處置，並得洽請有關機關限制其負責人出境。銀行之清理，依同法第62-5條第1項及第2項規定，由主管機關所指定的清理人，負責了結現務、收取債權及清償債務等職務。

　　在實務上，若特定銀行欲結束營業，須清償的債務可分為「存款債務」及「非存款債務」，前者主要是一般民眾、中小企業有關存款的部分，後者則為銀行間相互拆借的款項。參照中央存款保險公司存款保險契約第2條第1項規定，現行法律只保障每人新臺幣100萬元存款上限（自100年1月1日起提高為300萬元），超過的金額必須清理銀行資產後，按比例予以清償。但依新增訂條文規定，銀行或金融機構經營不善，需進行債務清償，存款債務應優先於非存款債務。而除了銀行必須先

清償存款債務外，中央存款保險公司接受主管機關指定，為要保機構停業時之清理人進行清理時，對超過最高保額之存款債權應優先於非存款債權。易言之，中央存保公司在特定銀行結束營業後，必須先清償超過300萬元部分的金額，全部清償完後才能處理非存款債務，「等於是給民眾優先清償權」，讓民眾存款因銀行經營不善所受影響減至最低。

民國95年第二次銀行法修正內容

　　鑑於我國刑法已於民國94年2月2日修正公布，並於95年7月1日施行，其中第四章已由「正犯」修正為「正犯與共犯」，為此95年5月5日修正銀行法時，將第125-4條、第140條配合修正，其修正重點如下：

　　（一）第125-4條第1、2項：「犯第一百二十五條、第一百二十五條之二或第一百二十五條之三之罪，於犯罪後自首，如自動繳交全部犯罪所得者，減輕或免除其刑；並因而查獲其他正犯或共犯者，免除其刑。犯第一百二十五條、第一百二十五條之二或第一百二十五條之三之罪，在偵查中自白，如自動繳交全部犯罪所得者，減輕其刑；並因而查獲其他正犯或共犯者，減輕其刑至二分之一。」將原條文第1、2項由「正犯」修正為「正犯與共犯」。

　　（二）第140條：為配合刑法的施行，而修正第2項：「本法中華民國八十六年五月七日修正公布之第四十二條施行日期，由行政院定之；中華民國九十五年五月五日修正之條文，自中華民國九十五年七月一日施行。」以利援用。

民國96年銀行法修正內容

　　由於銀行為特許行業，其資金的健全與否攸關所有存款戶

資金與社會金融體系的安定，過去政府面對有些金融機構的結構財務已明顯惡化，甚至銀行虧損逾資本三分之一者，均未見積極介入處理，放任該銀行業者財務狀況繼續惡化，造成日後納稅人必需付出極大代價，社會亦付出相當成本。

基於銀行是從事貨幣信用的特許行業，尤其將來金融機構的資本額將不斷擴大，若放任銀行的財務問題惡化，將造成社會不安，為此，民國96年3月21日修正銀行法第62條及第64條條文：

(一) 將原銀行法第62條，銀行因業務或財務狀況顯著惡化，不能支付其債務或有損及存款人利益之虞時，主管機關「得」派員接管、勒令停業清理或為其他必要之處置，必要時得通知有關機關或機構禁止其負責人財產為移轉、交付或設定他項權利，函請入出國管理機關限制其出國；修正為「應」派員接管、勒令停業清理或為其他必要之處置，使金融主管機關能積極主動介入財務狀況惡化銀行的處理。

(二) 將原銀行法第64條，修正為銀行虧損逾資本三分之一者，其董事或監察人應即申報中央主管機關。中央主管機關對具有前項情形之銀行，應於「3個月內」，限期命其補足資本；逾期未經補足資本者，應「派員接管」或勒令停業。修正條文要求金融主管機關應於「3個月內」，立即介入；且處理的方法除勒令停業外，亦可「派員接管」，較富彈性。

民國97年銀行法修正內容

為增進金融市場之競爭力，強化金融監理預警機制，並使銀行退場機制更為法制化，以及實現社會之公平正義，行政院於97年2月4日送請立法院審議之「銀行法」部分條文修正草

案，經立法院院會97年12月9日三讀通過，97年12月30日公布施行，該次修正主要重點如下：

(一) 強化有控制權股東之管理機制：爲貫徹股權之透明化及股東適格性之管理，對於同一人或同一關係人持有銀行股份超過5%時，須向主管機關申報，又如欲持股超過10%、25%或50%者，均須事先報經主管機關核准。另爲強化銀行持股結構，引進健全資金，刪除同一人或同一關係人持有同一銀行之股份不得超過銀行已發行有表決權股份總數25%之規定。

(二) 建立立即糾正措施及退場機制：爲維持銀行穩健經營，降低處理問題金融機構之成本，建立以銀行資本適足率爲監理衡量與退出市場機制之標準，將銀行資本適足率劃分爲資本適足者、資本不足者、資本顯著不足者及資本嚴重不足者四類等級，並採行不同之監理措施。爲使立即糾正措施與金融機構退出市場機制整合，銀行資本等級列入資本嚴重不足者，主管機關行政院金融監督管理委員會原則上將自列入之日起90日內派員接管，以避免延宕處理時效。

(三) 銀行對符合特定條件之轉銷呆帳客戶資料可排除保密義務：在考量維護社會公益及保障個人隱私權平衡之原則下，對於符合大額、短期發生逾期之轉銷呆帳資料，及涉及詐害銀行或違法放款情事之轉銷呆帳客戶資料，排除銀行保密義務，以實現社會公平正義。各銀行網站已公布1億元以上呆帳資料專區，金融監督管理委員會網站係提供連結功能，故未來各銀行可參考類似作法辦理。

(四) 落實差異化管理：對於符合主管機關訂定之財務業務健全具備之標準，並依公司法提供法定盈餘公積之銀行，可不受法定盈餘公積提撥及現金盈餘分配限制之規定，俾使財務業

務健全銀行之盈餘分配更趨活潑化，並落實差異化管理。金融監督管理委員會指出，該次修正案之主要目的在於使問題金融機構可即早處理，故將來業者須隨時注意強化自身體質，有效控管風險，以維護銀行之安全與穩健經營，降低處理問題金融機構之成本。

民國100年銀行法修正內容

立法院在民國100年10月25日三讀通「銀行法第12-1條及第12-2條修正案」，行政院金融監督管理委員會表示，自100年11月9日公布施行後，銀行辦理自用住宅放款及消費性放款，不得要求借款人提供「連帶保證人」，將可望減少「保人變呆人」的爭議。

(一) 修正銀行法第12-1條，禁止銀行在辦理自用住宅放款或消費性放款時，要求借款人提供連帶保證人；若借款人已提供足額擔保，銀行亦不得要求借款人提供普通保證人。另銀行於求償時，應先對借款人為求償，求償不足時，如保證人有數人，應就各保證人平均求償。但為取得執行名義或保全程序者，不在此限。

(二) 另依據新修正銀行法第12-2條，因自用住宅放款及消費性放款而徵取之保證人，其保證契約自成立之日起，有效期間不得逾15年。但經保證人書面同意者，不在此限。

此法案修正後，對未來銀行辦理自用住宅放款及消費性放款將有重大改變，包括自用住宅放款及消費性放款不得再使用連帶保證人制度，不論是否有足額擔保，均不得要求借款人提供連帶保證人。在保證人制度的限縮方面，已取得足額擔保時，也不得要求借款人提供一般保證人。銀行徵取一般保證

人，限於對授信條件不足的補強，或借款人為強化自身授信條件，主動向銀行提供保證人的情形。

對保證人求償方式的改變，依新修正的銀行法，未來求償時，應先就借款人求償，求償不足部分，如保證人有數人者，應先就各該保證人平均求償之，但為取得執行名義或保全程序者，不在此限。此外，在保證契約有效期間的增訂部分，該次修正也明定自用住宅放款及消費性放款的保證契約有效期間，自保證契約成立之日起不得逾15年，但經保證人書面同意者，不在此限。

觀察此次立法通過後，在實務運作上，銀行的營業模式將有所調整，對於自用住宅放款及消費性放款不能再依賴連帶保證制度，而應強化對借款人授信條件的評估。

民國103年銀行法修正內容

為配合行政院金融監督管理委員會組織法於100年6月29日公布，更名為「金融監督管理委員會組織法」，為此立法院在民國103年5月20日三讀通過「銀行法第19條修正案」，將本法之主管機關修正為「金融監督管理委員會」，並於103年6月4日公布施行。

民國104年第一次銀行法修正內容

為促進金融發展，鼓勵銀行發展國內債券類金融商品，提升銀行投資動能，健全銀行辦理衍生性金融商品業務管理，行政院在103年11月13日提出「銀行法部分條文修正草案」，經立法院於104年1月22日三讀通過，104年2月4日公布施行。

該次修正要點如下：

(一) 為使銀行於設計及發行債券時更具彈性，以滿足專業

機構投資人需求並掌握市場商機，爰刪除銀行發行金融債券係為供給中、長期信用及最低還本期限之規定（修正條文§11、§72-1）。

(二) 授權主管機關對於銀行辦理衍生性金融商品業務之相關事項訂定辦法規範（修正條文§45-1）。

(三) 因淨值較能反映公司經營狀況及資本實力，爰將銀行轉投資總額及投資非金融相關事業之總額上限，修正以「淨值」為計算基礎（修正條文§74）。

(四) 電子票證與銀行現金儲值卡之意義與功能幾近完全相同，如僅因名稱不同即受不同規範，關於預收款項之管理、消費者權益之保障、資料安全及罰則等事項之規定，將僅因使用名稱不同而受不同監理規範，未來適用上不免有所爭議，為統一適用電子票證發行管理條例，刪除本法有關銀行現金儲值卡之規定（修正條文§42-1）。

(五) 為保護經濟弱勢的債務人，避免危害國家經濟體系及金融秩序，自104年9月1日起，銀行辦理現金卡之利率或信用卡業務機構辦理信用卡之循環信用利率不得超過年利率15%（修正條文§47-1）。

(六) 增訂商業銀行「經營與文化藝術或公益目的相關之業務，且經目的事業主管機關核定者」，不受商業銀行不得投資非自用不動產之限制（修正條文§75 II）。

民國104年第二次銀行法修正內容

其後，在104年6月24日再度修正公布銀行法，修正要點係認為銀行辦理授信，應訂定合理之定價，考量市場利率、本身資金成本、營運成本、預期風險損失及客戶整體貢獻度等因

素，不得以不合理之定價招攬或從事授信業務，而增訂第34-1條，並修正第131條條文。

民國107年銀行法修正內容

　　為配合104年12月30日修正公布之中華民國刑法增訂第五章之一「沒收」，明定沒收為刑罰及保安處分以外之法律效果，具有獨立性，而非從刑。沒收之範圍擴大至犯罪行為人所有之犯罪所得，並及於犯罪行為人以外之自然人、法人或非法人團體，且因事實上或法律上原因未能追訴犯罪行為人之犯罪或判決有罪者，亦得單獨宣告沒收。另依105年6月22日修正公布之刑法施行法第10-3條規定，上開刑法修正條文自105年7月1日施行；該日前施行之其他法律關於沒收、追徵、追繳、抵償之規定，不再適用。為此行政院在106年6月23日提出「銀行法部分條文修正草案」，經立法院於106年12月29日三讀修正通過，107年1月31日公布施行。該次修正要點如下：

　　(一) 為避免與修正後之刑法第38-1條所定犯罪所得混淆，造成未來司法實務犯罪認定疑義，爰將「犯罪所得」修正為「因犯罪獲取之財物或財產上利益」（修正條文§125、§125-2、§125-3）。

　　(二) 基於刑事立法政策一貫性，為與修正後之刑法第38-1條所定沒收之「犯罪所得」範圍一致，以達所宣示「任何人都不得保有犯罪所得」之立法目的，爰配合刑法沒收新制之犯罪所得範圍酌予修正（修正條文§125-4）。

　　(三) 刪除有關沒收因犯罪所得財物或財產上利益及追徵、抵償之規定，以回歸適用刑法（修正條文§136-1）。

民國108年銀行法修正內容

　　為強化銀行業者的法令遵循、落實負責人恪守競業禁止的基本盡職條件，增進我國防制洗錢及打擊資恐國際合作，有助提升金融監理有效性及金融市場競爭力，行政院於107年12月7日送請立法院審議之「銀行法」部分條文修正草案，經立法院院會108年3月26日三讀通過，108年4月17日公布施行，該次修正主要重點如下：

　　(一) 為落實負責人遵守競業禁止之基本盡職條件，增列授權主管機關得就禁止銀行負責人涉及利益衝突事項，訂定相關規範；並修正銀行負責人未具備授權規範所定之資格條件、違反兼職限制及利益衝突之禁止之法律效果（修正條文§35-2）。

　　(二) 為強化我國防制洗錢國際合作，增訂政府得與外國政府、機構或國際組織簽訂合作條約、協定或協議，並基於互惠原則得請相關機關、機構依法提供必要資訊予該外國政府、機構或國際組織（修正條文§51-2）。

　　(三) 為提升金融監理效能，有效導正銀行違規行為，修正主管機關得採行之處分措施（修正條文§61-1）。

　　(四) 配合公司法已廢除外國公司認許制度，修正刪除有關外國銀行認許之規定（修正條文§116、§117）。

　　(五) 洗錢防制法已將特定犯罪門檻調高，爰刪除相關條文（修正條文§125-6）。

　　(六) 為達到嚇阻違法之效，調高罰則章之罰鍰上限；為求寬嚴並濟，增列主管機關對於違規情節輕微者得予免罰，另採適當之導正措施（修正條文§125、§127-1、§128～§133、§133-1）。

(七) 為強化信用卡業務之管理，增訂違反信用卡業務相關管理辦法之處罰，並明定經營信用卡業務機構得為受罰對象（修正條文§131、§136-3）。

民國112年銀行法修正內容

國家重要關鍵設施之運作，攸關國家社會安定及人民生命財產安全的保障，為強化其保護規範，以防杜危害行為的發生，行政院邀集相關部會，歷經10次會議，凝聚修法共識，由經濟部及金融監督管理委員會等八部會共擬具22項強化關鍵基礎設施保護法案。

有關經營金融機構間資金移轉帳務清算之金融資訊服務事業、證券交易所、證券櫃檯買賣中心、證券集中保管事業及期貨交易所，若遭受他人破壞或侵害，危害其核心資通系統及設備功能正常運作時，將嚴重影響金融、證券交易市場穩定及期貨市場秩序，因普通刑法尚不足以達到有效防護及嚇阻的目的，而擬具相關修正草案。嗣經立法院院會於112年5月30日三讀通過行政院送請立法院審議之「銀行法第125-7條及第125-8條、證券交易法第174-3條及第174-4條，以及期貨交易法第112-1條及第112-2條等修正草案」。該次修正重點如下：

(一) 一致性及層級化處理原則：該次修法雖涉及八個部會、22項作用法，惟修法架構相同，採取一致性處理方式，皆區分實體及虛擬行為態樣，並依危害程度在刑責上作層級化處理。

(二) 實體破壞行為之刑罰：以竊取、毀壞或其他非法方法為實體破壞行為，造成核心資通系統設備功能無法正常運作者，明定處1年以上7年以下有期徒刑，得併科新臺幣1,000萬

元以下罰金。本條刑責較刑法之竊盜罪、毀棄損壞罪為重（修正銀行法§125-7、證券交易法§174-3、期貨交易法§112-1）。

(三) 虛擬侵害行為之刑罰：以惡意軟體、阻斷服務攻擊（DDoS）、社交工程等資安攻擊方式，無故入侵、干擾核心資通系統之電腦或相關設備；無故取得、刪除或變更其電磁紀錄，危害核心資通系統功能正常運作者，處1年以上7年以下有期徒刑，得併科新臺幣1,000萬元以下罰金。本條刑責較刑法第358條至第360條妨害電腦使用罪為重（修正銀行法§125-8、證券交易法§174-4、期貨交易法§112-2）。

(四) 加重處罰之行為態樣：行為人無論是採實體破壞或虛擬侵害方式，如果是意圖危害國家安全或社會安定而犯之者，加重處3年以上10年以下有期徒刑，得併科新臺幣5,000萬元以下罰金；如果行為人造成損及金融、證券交易市場穩定、嚴重影響期貨市場秩序的結果，其惡性重大有嚴懲之必要，爰依所犯法條規定加重其刑至二分之一。

該次銀行法第125-7條、第125-8條等法律修正通過，將提升金融重要設施之安全防護規範，並提供監實執法依據，嚇阻不法，有助金融市場穩定。

銀行法的內容及結構

現行的銀行法共有140個條文，分為通則、銀行之設立變更停業解散、商業銀行、儲蓄銀行（已刪除）、專業銀行、信託投資公司、外國銀行、罰則及附則等九章，以下就各章作簡要說明：

(一) 第一章通則，是其他各章的共通原則，首先於第1條

規定制定銀行法的宗旨，其次第2條至第51-2條則規定銀行的定義、經營業務的範圍、授信的意義和期間、銀行的種類、存款的利率、各種存款準備金比率、主管機關的監督及其他各章共同適用的原理原則。

(二) 第二章銀行之設立、變更、停業、解散，即於第52條至第69條對銀行的組織與設立標準、設立許可的程序、營業執照的核發、分支機構的程序，以及銀行的停業、清算、清理、解散等作詳細規定。

(三) 第三章商業銀行，包括條文由第70條至第76條，共10條。其內容除先規定商業銀行的定義外，並列舉商業銀行的業務項目、發行金融債券、證券資金的流通，最後則規定商業銀行業務經營時的限制。

(四) 第四章儲蓄銀行，包括條文自第77條至第86條，共計10條。其內容主要為儲蓄銀行的定義、業務範圍、金融債券的發行及業務經營上的限制等。（惟89年11月1日修正公布銀行法時，因鑑於現行銀行法雖就長短期金融加以分工，但隨著金融環境變遷而有所改變，使得長短期金融有相當程度之混同，為期健全銀行體制並提高其資金配置及經營管理效率，業將本章及相關條文刪除。）

(五) 第五章專業銀行，包括條文自第87條至第99條，共計14條。其內容首先對專業銀行加以定義，並區分為工業銀行、農業銀行、輸出入銀行、中小企業銀行、不動產信用銀行及國民銀行，將其主要任務及營業限制等加以重點規定。

(六) 第六章信託投資公司，包括條文自第100條至第115-1條，共計17條，其內容係對信託投資公司的定義與任務、業務範圍、資金與業務經營的限制、信託契約的內容，信託人的保

障，分別予以規定。

(七) 第七章外國銀行，包括條文自第116條至第124條，共計九條，規定外國銀行的定義、設立程序、業務限制及業務項目等。

(八) 第八章罰則，包括條文第125條至第136-3條，共26條，規定違反銀行法內容，應受到的行政及刑事制裁。

(九) 第九章附則，包括條文自第137條至第140條，共六條，規定現有金融機構的設立方式、種類、任務和業務若與現行銀行法規定不符時的調整，及銀行法施行細則的制定，與本法的公布施行。

綜觀整部銀行法的設計重點，與各先進國家為因應金融自由化需要，所修訂的方向相同；基本上，現行銀行法強調銀行業務的健全經營和存款人利益的保障兩者兼顧的原則，易言之，必須有健全的銀行業務經營，始能確保國家金融秩序的穩定、社會信用的安定及存款人權益的維護，進而適應產業發展需要，使銀行信用配合國家金融政策，達到「力求經濟成長、維持充分就業、所得公平分配、調節資金供需」等最終目標。

第一章　通　則

解說

　　傳統銀行法的制定，其主要目的在於保障存款人利益，我國銀行法於78年7月17日修正後，著重於銀行業務的健全經營與存款人權益的保障，已如前述，故銀行法的立法宗旨，有下列四端：

　　(一) 健全銀行業務經營：銀行為收受存款、創造信用、便利財產交易的金融機構，其在社會上及經濟上的地位與一般工商企業大不相同，其經營得失影響國家金融的穩定和社會信用安全甚鉅，故國家特別立法，明文規範，以期健全銀行業務。

　　(二) 保障存款人權益：對存款人權益的保障，是世界各主要文明國家銀行所共同揭櫫的原則，此因存款係最基本的銀行業務，倘存款人權益都難確保，銀行將失去存在價值，金融監理也將喪失其目的。

　　(三) 適應產業發展：銀行的經營，除謀求本身利益外，對整個國家、社會、經濟發展也要兼顧，當生產事業需求資金時，應予以融通、貸款，協助更新設備，以增加生產，促進經濟繁榮。

(四) 使銀行信用配合國家金融政策：國家金融政策的最終任務在於達成穩定物價水準，維持充分就業及促進經濟成長，而銀行有溝通儲蓄與投資的功能，抑且兼有創造信用、促進信用交易等機能，故應配合國家金融政策，以期相輔相成。

第2條（銀行之意義）
本法稱銀行，謂依本法組織登記，經營銀行業務之機構。

解說

　　銀行的定義可分為廣義及狹義兩種。廣義的銀行，係指包括商業銀行在內的各種金融機構而言，如保險公司、票券金融公司、證券金融公司、中華郵政股份有限公司、信用合作社等；狹義的銀行，則指具備創造貨幣與消滅貨幣功能的商業銀行而言。由於狹義的銀行定義，未必能完全適用於銀行法；廣義的銀行定義，又不易劃定明確界線，為避免引起適用上的疑義，民國64年7月4日修正銀行法時，乃於第2條明確規定銀行的定義。依此項定義，銀行必須具備三項要件：

　　(一) 依照銀行法有關規定組織登記：銀行經許可成立者，應依公司法規定設立公司（§54）；且除法律另有規定或經專案核准者外，以股份有限公司為限（§52）。

　　(二) 必須經營法定銀行業務：所謂銀行業務，指依照本法第3條所定的業務範圍內，經營中央主管機關所核定或經中央銀行特許的銀行業務。又應注意者，本法所定銀行業務多達22種，並非各銀行俱得經營，有些仍需中央主管機關核准，始得辦理。

(三) 雖辦理銀行業務，如未依本法組織登記，仍不得視同銀行法上的銀行：例如中華郵政股份有限公司、漁會信用部、信用合作社所經辦業務項目——支票存款、活期存款、定期存款、儲蓄存款等，與銀行經辦的業務項目相同，但因其設立所依據的是郵政法、漁會法、合作社法，並非銀行法，自不屬銀行法所稱的銀行，只能列為廣義的金融機構。

第3條（銀行業務）
銀行經營之業務如左：
一　收受支票存款。
二　收受其他各種存款。
三　受託經理信託資金。
四　發行金融債券。
五　辦理放款。
六　辦理票據貼現。
七　投資有價證券。
八　直接投資生產事業。
九　投資住宅建築及企業建築。
十　辦理國內外匯兌。
十一　辦理商業匯票承兌。
十二　簽發信用狀。
十三　辦理國內外保證業務。
十四　代理收付款項。
十五　承銷及自營買賣或代客買賣有價證券。
十六　辦理債券發行之經理及顧問事項。
十七　擔任股票及債券發行簽證人。

十八　受託經理各種財產。
十九　辦理證券投資信託有關業務。
二十　買賣金塊、銀塊、金幣、銀幣及外國貨幣。
二一　辦理與前列各款業務有關之倉庫、保管及代理服務業務。
二二　經中央主管機關核准辦理之其他有關業務。

解說

　　銀行得經營的業務，以銀行法第3條所列22項爲限；各類銀行，如商業銀行、專業銀行、信託投資公司、外國銀行，所經營的業務，均不得超過此22項的範圍，茲將該業務項目分述如下：

　　(一) 收受支票存款：所謂支票存款，係依約定，憑存款人所簽發的支票或利用自動化設備委託支付，隨時提取不計利息的存款。其法律性質，參照我國司法實務的見解，認爲係銀行與存款人間，含有金錢寄託與委任契約的一種混合契約。

　　(二) 收受其他各種存款：銀行存款，除支票存款外，尚有活期存款、定期存款及儲蓄存款三種。此三種存款其存款的方式和存款的目的，各有不同，但其法律上的性質，則同爲銀行與存戶間的消費寄託關係（民§602）。

　　(三) 受託經理信託資金：所謂信託資金，指銀行以受託人地位，收受信託款項，依照信託契約約定的條件，爲信託人指定的受益人利益而經營的資金。

　　(四) 發行金融債券：所謂金融債券，係銀行依照銀行法有關規定，爲供給長期或中期信用，報經中央主管機關核准發行的債券。銀行發行的金融債券，如未記載受款人或領款人時，

在法律上即屬無記名證券，此時銀行與持有人間的權利義務，可適用民法第720、725、727條等規定解決。

(五) 辦理放款：放款為銀行授信業務中最重要者，放款的種類很多，有以期限長短為分類的，有以擔保物的有無為分類的，有以放款的對象或用途為分類的，但各種放款在法律上的性質，都屬消費借貸契約，且以銀行實際上將款項撥給借款人收受後，其契約才可認為有效成立。通說均認為此時客戶與銀行悉依單務契約及有償契約的法律關係來解決。

(六) 辦理票據貼現：票據貼現，乃票據執票人於票載到期日前，為兌換現金而將票據轉讓與銀行，向銀行收取票據金額扣除至到期日止的貼現費及手續費後的款項。因標的物為票據，故原則上依轉讓背書的方式來辦理。

(七) 投資有價證券：銀行的投資，乃是運用資金生利的一種方式，其內容包括買賣短期票券、企業股票、公司債及金融債券等。

(八) 直接投資生產事業：即銀行以資金投資於農、林、漁、牧、工、礦、石油等生產事業。

(九) 投資住宅建築及企業建築：即銀行為因應業務需要，以資金投資於一般住宅用的建築及企業辦公、生產用的建築事業。

(十) 辦理國內外匯兌：乃銀行利用與外地聯行或同業，相互劃撥款項或匯票方式，代理兩地間或國內外債權人與債務人收付款項，使其清理了結，而收取匯費，並獲得無息資金運用的一種服務性業務。

(十一) 辦理商業匯票承兌：銀行所辦理的商業匯票承兌業務，為銀行就國內外商品交易或勞務提供所產生的遠期匯票，

由出售商品或提供勞務的相對人委託銀行爲付款人，而經銀行承兌者；以及由出售商品或提供勞務的人，依交易憑證於交易價款內簽發匯票，委託銀行爲付款人而經銀行承兌者。經銀行承兌的匯票即稱爲銀行承兌匯票。足見此時客戶與銀行間爲委任契約的法律關係，得適用民法有關委任的規定。

(十二) 簽發信用狀：所謂信用狀，指銀行受客戶委託，通知並授權指定受益人，在其履行約定條件後，得依照一定款式開發一定金額以內的匯票或其他憑證，由該行或其指定的代理銀行負責承兌或付款的文書。信用狀的用途，主要在便於國際貿易的進行，使賣方便於取得貨款，買方按期收貨，清償貨款。

(十三) 辦理國內外保證業務：即銀行代客戶辦理保證業務，其方式如下：

1.發行公司債的保證。

2.進口物資分期或延期支付價款的保證。

3.各項稅捐經主管官署核准展期繳付或出口退稅的保證。

4.政府專案令飭辦理的保證。

5.其他配合該銀行他項業務的保證。

(十四) 代理收付款項：指銀行代理客戶或同業收取或支付本埠、外埠的各種款項，例如：稅款、學費、水電費、股款、紅利等。

(十五) 承銷及自營買賣或代客買賣有價證券：承銷乃銀行與政府或某公司訂約，對其新發行或新上市的債券、股票等，負責全部代爲認募、收款和發行。自營買賣指銀行基於投資業務需要，自行利用本身資金，於證券市場買進或賣出各種有價證券。代客買賣則爲銀行應客戶委託，在證券市場代其買進或

賣出各種有價證券。

(十六) 辦理債券發行的經理及顧問事項：即銀行應客戶要求，經理債券發行事宜，以及提供有關財務管理、經營管理、會計分析等顧問工作。

(十七) 擔任股票及債券發行簽證人：銀行受顧客請求擔任該企業股票及債券發行簽證人，以幫助投資人監督企業的財務狀況。

(十八) 受託經理各種財產：銀行受客戶委託，依雙方訂立的信託契約，代為經理各種財產，如：營繕、出租或管理等業務。

(十九) 辦理證券投資信託有關業務：即投資者提供若干資金給銀行，由銀行將此款項集中運用於購買有價證券的投資，並按期給付投資利潤。

(二十) 買賣金塊、銀塊、金幣、銀幣及外國貨幣：乃銀行經中央主管機關核准後，按規定牌價從事金銀及外國貨幣的買賣。

(二一) 辦理與前列各款業務有關的倉庫、保管及代理服務業務：此項業務，約可分為保管寄託物、租賃庫房及為顧客辦理報關、運輸、保險等代理業務。

(二二) 經中央主管機關核准辦理的其他有關業務。

現代銀行業務的發展，一改過去「批發銀行業務」（Wholesale Banking）型態，以工商業為主要對象；轉而注重個人或家庭的業務推展，被稱為「零售銀行業務」（Retail Banking），且業務範圍趨向於多角化的經營，朝向「百貨公司式銀行」（Department Store Banking）的型態。惟無論如何

演變，銀行既以經營信用的授受為要義，其業務經營當以授信及授受為主，是以對上列銀行得經營的業務，可按其性質，劃分如下：

(一) 授信業務：乃銀行授予他人信用的業務，此種信用的授予發端於銀行，故又稱自動業務，如本條文第5、6、11、12、13款等業務。

(二) 受信業務：即銀行接受他人信用的業務，此種信用交易，發端於他人，故又稱被動業務，如本條文第1、2、3、4、10、18、19款等業務。

(三) 投資業務：如本條文第7、8、9款等業務。

(四) 服務、代理性業務：如本條文第14、15、16、17、20、21款等業務。

(五) 其他業務：如本條文第22款的業務。

實例

甲民營商業銀行，因見臺灣銀行所發行的龍年套幣，民眾大排長龍，銷售情況良好，擬依銀行法第3條第20款規定，發行相同或類似的紀念性套幣，是否可行？

不可。按本法第3條第20款固規定銀行可經營的業務，包括「買賣金塊、銀塊、金幣、銀幣及外國貨幣」，但各銀行所得經營的業務項目，仍由中央主管機關按其類別，就本法所定的範圍內分別核定。有關紀念性金幣的發行，依照中央銀行令頒的「紀念性金銀幣發行辦法」第2條規定：「金銀幣及紀念性劵幣之發行，本辦法未規定者，依中央銀行發行新台幣辦法之規定。」目前只有臺灣銀行等公營銀行才可發行，某甲民營銀行不可發行，以免違反該規定。

第4條（業務項目之核定）

各銀行得經營之業務項目，由中央主管機關按其類別，就本法所定之範圍內分別核定，並於營業執照上載明之。但其有關外匯業務之經營，須經中央銀行之許可。

解說

　　本法第3條所列舉22款銀行業務，係全體銀行可以經營的概括範圍，就任一個別銀行而言，均不得經營所列舉的全部業務，或自己選擇經營項目，而應由主管機關按銀行種類，分別核定，並於營業執照上記載明確。如：商業銀行應以第71條所列14款業務項目為其範圍；信託投資公司應以第101條所列15款業務項目為其範圍；至於專業銀行則應依第89條規定，根據該專業銀行的主要任務，並參酌經濟發展需要，就第3條所列22款為範圍予以核定。

　　至於外匯業務方面，由於我國為實施外匯管制的國家，因此各銀行有關外匯業務的經營，須經外匯業務主管機關，即中央銀行的許可，才能辦理；即使係對於大陸地區進出口外匯業務，依本條文但書規定，亦應經由中央銀行許可，在兼顧國內金融穩定與民間實際貿易需求下，予以辦理。

　　在過去20餘年來，由於兩岸經貿往來快速發展，兩岸金融也適時根據政府兩岸經貿政策與經貿關係發展現況，作必要性的調整，以符實際。以兩岸進出口外匯而言，為因應國內廠商從事兩岸間接貿易所衍生的進出口押匯、託收等外匯業務需要，財政部於84年7月20日訂定發布「臺灣地區銀行辦理大陸地區間接進出口外匯業務作業準則」，開放外匯指定銀行及國際金融業務分行得與大陸地區銀行海外分支機構辦理進出口押

匯、託收等業務。繼而為配合經濟部開放兩岸貿易商直接貿易，於91年2月13日修正「臺灣地區銀行辦理大陸地區進出口外匯業務作業準則」，進一步放寬國內外匯指定銀行辦理大陸地區進出口外匯業務之往來對象，將大陸地區銀行及外商銀行在大陸地區分支機構納入，以因應民間廠商從事兩岸貿易所衍生的進出口押匯、託收等業務需求。

嗣為擴大開放大陸人士來臺觀光政策之經濟效益，提高大陸觀光客在國內消費之誘因，以促進國內觀光產業之發展，並增加國內金融業者之收益，爰規劃開放大陸地區之「銀聯卡」在國內刷卡消費。目前大陸地區經營信用卡及轉帳卡跨行資訊交換及資金清算業務之機構為「中國銀聯股份有限公司」（以下簡稱銀聯公司），大陸地區金融機構所發行之信用卡及轉帳卡，卡片外觀印有銀聯公司標誌者，即為「銀聯卡」，係大陸地區市場占有率最高之信用卡及轉帳卡品牌。

有關開放大陸地區之「銀聯卡」在國內刷卡消費，法制作業部分於100年9月7日配合修正「臺灣地區與大陸地區金融業務往來許可辦法」第17條規定，其重點如下：

(一) 明定臺灣地區金融機構經主管機關許可，得與大陸地區經營信用卡、轉帳卡跨行資訊交換及資金清算業務之機構，為信用卡或轉帳卡之業務往來，其範圍如下：1.刷卡消費之收單業務；2.提供交易授權及清算服務；3.其他經主管機關核准辦理之業務（§17Ⅰ）。

(二) 臺灣地區金融機構依前項規定向主管機關申請許可，應檢附下列書件：1.營業計畫書：應載明申請業務項目、業務合作條件內容、效益評估、糾紛處理機制及風險控管措施；2.申請辦理前項第2款業務者，並應檢附交易授權與清算之系

統建置及處理流程；3.其他主管機關規定應提出之資料或文件
（§17Ⅱ）。

在開放兩岸外匯業務往來方面，前述金融業務往來許可辦
法第亦有明確規定，相關重點內容如下：

(一) 臺灣地區經中央銀行指定辦理外匯業務之銀行（以下
簡稱指定銀行）及中華郵政股份有限公司經主管機關許可，得
與大陸地區人民、法人、團體、其他機構及其在大陸地區以外
國家或地區設立之分支機構為外匯業務往來；其範圍比照指定
銀行得辦理外匯業務之範圍，並應依中央銀行相關規定辦理。
但匯出及匯入款業務不包括未經許可之直接投資、有價證券投
資匯款及其他未經法令許可事項為目的之匯出及匯入款。前項
業務往來對象已取得臺灣地區居留資格或登記證照者，比照與
臺灣地區人民、法人、團體及其他機構往來（§13）。

(二) 第11條及前條規定之業務，其使用之幣別，除主管機
關另有規定外，以臺灣地區與大陸地區以外之第三地區發行之
貨幣為限（§14）。

(三) 臺灣地區銀行、信用合作社、票券金融公司、信用卡
業務機構及中華郵政股份有限公司，得與大陸地區人民、法
人、團體、其他機構及其在大陸地區以外國家或地區設立之分
支機構為新臺幣之業務往來。前項業務往來對象已取得臺灣地
區居留資格或登記證照者，比照與臺灣地區人民、法人、團體
及其他機構往來；往來對象未取得臺灣地區居留資格或登記證
照者，除新臺幣授信業務以銀行及信用合作社對未取得臺灣地
區居留資格之大陸地區人民辦理不動產物權擔保放款業務為
限，且授信對象須依大陸地區人民在臺灣地區取得設定或移轉
不動產物權許可辦法之規定在臺灣地區取得、設定不動產物權

者外,其他業務比照與未取得臺灣地區居留資格或登記證照之第三地區人民、法人、團體及其他機構往來(§16)。

(四) 依本辦法規定為業務往來之臺灣地區金融機構,應每月將辦理情形彙報總機構轉報主管機關及中央銀行備查(§18)。

另鑑於財團法人海峽交流基金會於97年11月4日與大陸地區海峽兩岸關係協會簽署「海峽兩岸郵政協議」,依據該協議內容,未來兩岸郵政合作之範圍將包括「郵政匯兌」業務,為此修正「臺灣地區與大陸地區金融業務往來許可辦法」第16條第1項、第17條第1項,規定「中華郵政股份有限公司」得與大陸地區人民、法人、團體、其他機構及其在大陸地區以外國家或地區設立之分支機構為外匯、新臺幣之業務往來。

第5條（授信分類）

銀行依本法辦理授信,其期限在一年以內者,為短期信用;超過一年而在七年以內者,為中期信用;超過七年者,為長期信用。

解說

　　銀行法上所謂信用,與一般心理學上所稱信用(即信任),道德上所稱信用(即誠信),及人際關係上所稱信用(即信譽),均不相同。銀行法上的信用,是以現有的財貨或貨幣,取得於將來支付的一種承諾,故其內容包括:(一)同種財貨或異種財貨的相對給付;(二)時間的間隔;(三)授信人對受信人的信賴等三個要件。

為適應經濟發展情勢，建立一套較為合理公允的銀行信用制度，銀行法對銀行信用體系中的授信期限劃分為：

(一) 短期信用：授信期限在1年以內者，為短期信用。

(二) 中期信用：授信期限超過1年而在7年以內者，為中期信用。

(三) 長期信用：授信期限超過7年者，為長期信用。

實務上，商業銀行以供給短期信用為主，儲蓄銀行及大部分專業銀行以供給中長期信用為主。

第5條之1（收受存款之意義）
本法稱收受存款，謂向不特定多數人收受款項或吸收資金，並約定返還本金或給付相當或高於本金之行為。

解說

銀行法在64年修正公布時，對於銀行收受存款行為的意義並無具體規定，78年間由於地下投資公司的風暴，侵襲了經濟金融秩序的安定，為保障社會大眾權益，及作為法院取締非銀行業不法吸收資金行為的依據，遂增訂本條文，使收受存款行為獲得明確的界定。由本條文意旨，可見收受存款的概念有三：

(一) 須向不特定多數人收受：若為特定多數人，如企業收受員工存款，實務上認為僅係私人間的金錢消費借貸，原則上不認為是收受存款行為。

(二) 須有收受款項或吸收資金的行為：依銀行法規定，存款可分為支票存款、活期存款、定期存款和儲蓄存款，無論何

種存款，只要有收受外來的現款、票據，或經放款轉帳而負償還義務，即屬收受存款。

(三) 須有返還本金或給付相當或高於本金的約定。

銀行是經營貨幣的特殊企業，主要是通過吸收大眾存款來開展業務，屬於高負債、高風險的行業，對社會公眾負有很大責任，也對國民經濟的安定和成長，具有很大的影響，爲此，許多已開發國家對於銀行收受民眾的存款，已確立了幾項重要原則：

(一) 存款自願原則：存款自願係指在銀行辦理存款業務，是出於存款人本身的意願；存款人是否開戶、選擇何種金融機構、選擇何種存款方式、存款金額、期限等都由存款人自己選定，任何機構或個人不得以任何藉口加以干涉。

(二) 取款自由原則：取款自由係指存款人有按照銀行相關規章支取存款的自由；存款人何時取款、提領多少帳戶內存款均由存款人自己決定，即使是未到期的定期存款，在存款人辦理中途解約後，也可提前支取。

(三) 存款有息原則：除支票存款外，銀行對存款人有按照存款金額大小、存款期限、利率等支付利息的義務；存款有息原則，對於鼓勵國人儲蓄，有相當重大影響。

(四) 爲存款人保密原則：由於銀行所得經營的業務繁多，又爲一種大眾服務事業，對於經濟社會的影響很大，所以在外國立法例中，如美國、德國等，都有明文規範銀行對客戶存放款保密的義務。因爲銀行如果隨意將客戶存款放款、信用或財務狀況洩漏予第三人，勢必失去客戶的信賴，而使銀行業務的推展橫生阻力，故銀行對客戶存放款守密的業務，非僅爲法律上業務，同時也是銀行爲獲得客戶信賴及推展業務所不可或

缺的要素。本法第48條第2項也規定「銀行對於顧客之存款、放款或匯款等有關資料，除有下列情形之一者外，應保守秘密：……」。

應特別說明者，以上存款自願、取款自由等原則，係指存款人帳戶資金來源合法，帳戶交易正常的情形而言，對疑似不法或顯屬異常交易之存款帳戶，依本法第45-2條規定，銀行得予暫停存入或提領、匯出款項。前項疑似不法或顯屬異常交易帳戶之認定標準，及暫停帳戶之作業程序及辦法，由主管機關定之。

又我國在民國85年10月23日公布洗錢防制法，112年6月14日修正，依該法第2條規定：「本法所稱洗錢，指下列行為：一、意圖掩飾或隱匿特定犯罪所得來源，或使他人逃避刑事追訴，而移轉或變更特定犯罪所得。二、掩飾或隱匿特定犯罪所得之本質、來源、去向、所在、所有權、處分權或其他權益者。三、收受、持有或使用他人之特定犯罪所得。」為防制洗錢，該法除要求金融機構應訂定防制洗錢注意事項，報請主管機關備查，定期舉辦或參加防制洗錢之在職訓練，指派專責人員負責協調監督本注意事項之執行外；在第7條更明定：「金融機構及指定之非金融事業或人員應進行確認客戶身分程序，並留存其確認客戶身分程序所得資料；其確認客戶身分程序應以風險為基礎，並應包括實質受益人之審查。（I）前項確認客戶身分程序所得資料，應自業務關係終止時起至少保存五年；臨時性交易者，應自臨時性交易終止時起至少保存五年。但法律另有較長保存期間規定者，從其規定。（II）金融機構及指定之非金融事業或人員對現任或曾任國內外政府或國際組織重要政治性職務之客戶或受益人與其家庭成員及有密切關係之

人，應以風險爲基礎，執行加強客戶審查程序。（III）第一項
確認客戶身分範圍、留存確認資料之範圍、程序、方式及前項
加強客戶審查之範圍、程序、方式之辦法，由中央目的事業主
管機關會商法務部及相關機關定之；於訂定前應徵詢相關公會
之意見。前項重要政治性職務之人與其家庭成員及有密切關係
之人之範圍，由法務部定之。（IV）違反第一項至第三項規定
及前項所定辦法者，由中央目的事業主管機關處金融機構新臺
幣五十萬元以上一千萬元以下罰鍰、處指定之非金融事業或人
員新臺幣五萬元以上一百萬元以下罰鍰。（V）」

第5條之2（授信之意義）
本法稱授信，謂銀行辦理放款、透支、貼現、保證、承兌及
其他經中央主管機關指定之業務項目。

解說

　　授信，顧名思義，乃銀行授予他人信用，此種信用，銀行
處於主動地位，故亦稱自動業務。授信的情形很多，如銀行辦
理下列業務：

　　(一) 放款：係銀行立於資金供應者地位，在定期或隨時必
須本利清償下，將自有資金、原始存款或自行創造的資金，
提供予資金需要者，以賺取利息的業務。在實務上，放款爲銀
行授信業務中最重要者，放款之種類甚多，有以期限之長短爲
分類者，有以擔保物之有無爲分類者，有以放款之對象或用途
爲分類者，但各種放款在法律上之性質，均屬消費借貸契約，
且以銀行實際上將款項撥給借款人收受後，其契約方可有效成

立。通說均認為，此時客戶與銀行悉依單務契約及有償契約之法律關係為之。

(二) 透支：指銀行與借款人訂立契約，同意借款人於其支票存款帳戶存款餘額不足支付票款時，可在約定期限及額度內支用款項，亦即由銀行貸款以支付票款，銀行則按借款人實際支用金額及日數收取利息的融資方式。

(三) 貼現：如票據貼現，乃票據執票人於票載到期日前，為兌換現金而將票據轉讓與銀行，向銀行收取票據金額扣除至到期日止的貼現費及手續費後的款項；因標的物為票據，故原則上依轉讓背書的方式來辦理。

(四) 保證：即銀行代客戶辦理保證業務，其方式如下：

1.發行公司債的保證。

2.進口物資分期或延期支付價款的保證。

3.各項稅捐經主管官署核准展期繳付或出口退稅的保證。

4.政府專案令飭辦理的保證。

5.其他配合該銀行他項業務的保證。

銀行經營保證業務，與委任保證人之客戶間其法律關係，應認為係委任契約之一種。此時銀行兼具有保證人及受任人之雙重身分，在客戶所負擔之債務尚未屆清償期前，銀行除對客戶收取報酬（手續費）外，對債權人尚毋庸履行給付之義務；必俟客戶屆期不履行債務時，始對債權人負履行保證之義務而代客戶清償；並於代為給付後，方對客戶取得請求返還墊款本息之權利。

(五) 承兌：依銀行法第15條之規定，銀行之商業匯票承兌業務，乃銀行就國內外商品交易或勞務提供所產生之遠期匯票，由出售商品或提供勞務之相對人委託銀行為付款人，而經

銀行承兌者；以及由出售商品或提供勞務之人，依交易憑證於交易價款內簽發匯票，委託銀行爲付款人而經銀行承兌者。經銀行承兌之匯票，即稱爲銀行承兌匯票。足見此時客戶與銀行間爲委任契約之法律關係，得適用民法有關委任乙節之規定。

(六) 其他經中央主管機關指定的業務項目：例如簽發信用狀，亦屬銀行之授信行爲。所謂信用狀，依銀行法第16條規定：「銀行受客戶之委任，通知並授權指定受益人，在其履行約定條件後，得依照一定款式，開發一定金額以內之匯票或其他憑證，由該行或其指定之代理銀行負責承兌或付款之文書。」按信用狀開狀銀行所承諾履行之主要行爲，參照國際商會1983年修訂之「信用狀統一慣例」總則及定義第2項之規定，計有三種：一爲付款，二爲承兌，三爲讓購（Negotiate），因銀行法之規定在實際適用上有疑異，爲此臺北市銀行公會以64年10月9日會推字第1089號函請財政部對「負責承兌或付款」一語，作廣義適用爲包括讓購行爲；嗣經財政部以64年台財錢字第22957號函復公會，同意嗣後各銀行從事信用狀業務，可逕依信用狀統一慣例辦理。關於信用狀之法律關係，通說均認爲客戶（即進口商或開狀申請人）與開證銀行間爲委任契約關係，雙方之權利義務，應依申請簽發信用狀契約（委任契約）所定之內容爲準。

實例

票據貼現與放款有何區別？

商業票據均屬短期，銀行辦理商業票據貼現業務，應屬於短期放款之範疇。就授信而言，票據貼現與放款同屬授信業務，但兩者性質仍有不同，茲說明如下：

(一) 法律關係不同：放款為銀行與借款人間之一種契約關係；貼現為銀行購買票據上權利之行為。

(二) 資金流動性不同：放款必須到期方可收回；貼現因票據可自由背書轉讓，隨時變現，收回其放出之資金。

(三) 可否辦理展期不同：放款到期如經獲得銀行同意，可辦理展期；貼現因票據到期必須清償，無所謂展期情事。

(四) 收取利息時間不同：放款利息須俟到期日或每屆繳息日，始得收取；貼現利息於支付本金時，即預先扣除。

(五) 關係人不同：放款僅由借款人及保證人負責；票據貼現因發票、背書或承兌關係，凡在票據上簽名之發票人、背書人以及貼現申請人，均須負責。

(六) 是否直接債務人不同：放款申請人即為銀行直接債務人；貼現申請人並非銀行直接債務人，到期時應先向票據付款人收回票款。

(七) 有無擔保品不同：放款常有擔保品；貼現則除跟單匯票有提單可供擔保，少數場合，貼現申請人亦提供擔保品外，通常是無擔保品。

第6條 (支票存款)
本法稱支票存款，謂依約定憑存款人簽發支票，或利用自動化設備委託支付隨時提取不計利息之存款。

解說

所謂支票，乃發票人簽發一定的金額，委託金融業者於見票時，無條件支付予受款人或執票人的票據。至於金融業，

則指經主管機關核准辦理支票存款業務的銀行、信用合作社等（票據法§4）。本條文在於規定支票存款的意義，其特質為：

(一) 應憑存款人所簽發的支票或利用自動化設備提取。

(二) 可隨時提取或存入。

(三) 銀行不計給利息。

(四) 因支票存款可隨時提領，故應提繳的準備金，在各類存款中最高。

(五) 支票存款戶可與銀行訂定透支約款。

在我國商業交易行為中，支票存款是最普遍且最常用的支付工具。依據現行「支票存款戶處理規範」的規定，除無行為能力人、限制行為能力以及被拒絕往來未經解除者外，凡自然人、公司、行號、政府機關、學校、公營事業及其它團體均得向銀行申請開戶。經銀行核准開戶之支票存款戶，均得委託該銀行為其所發本票之擔當付款人，就其支票存款戶內逕行代為付款。銀行對於支票存款戶得於支票存款往來約定書中約定客戶同意將其開戶日期、法人之資本額與營業額、退票及清償注記、撤銷付款委託紀錄、票據交換所通報為拒絕往來戶及其它有關票據信用資料提供予他人查詢。

支票存款的法律性質，通說認為係銀行與存款人間的金錢寄託與委任契約相混合的契約。就存款人根據他與銀行所簽訂的存款往來約定書，將金錢存入銀行，隨時可領取來看，具有金錢寄託性質；另就存款人依據前開約定書，可簽發一定金額支票，委託銀行於見票時，無條件付款予執票人而言，此種約定又兼具委任契約的性質，所以支票存款是一種混合契約。在此混合契約下，客戶固得簽發支票請銀行將票載金額付給執票

人，但其簽發支票須按照票據法的有關規定。

由於支票本身具有強烈的信用性，為免自己的支付能力不被懷疑，宜注意自己經濟能力謹慎開立票據，避免退票，影響個人信用；相對地，接受他人的支票時，也必須養成隨時查核發票人支付能力的習慣。而銀行對支票存款的支付，尤應小心謹慎防止被他人冒領。

為使支票及以銀行為擔當付款人之本票，有關其退票、拒絕往來以及開立支票存款帳戶應備證件等事項，財政部於81年4月13日訂定「支票存款戶處理辦法」，後中央銀行於90年7月1日實施票信管理新制，訂定「支票存款約定書補充條款」範本，將原本以行政命令規定退票及拒絕往來之制度，改以契約加以規範。由於中央銀行所定之「支票存款約定書補充條款」範本，主要針對支票存款戶與金融業者之間補充有關退票及拒絕往來事項之約定條款，並未納入開立支票存款戶應備證件及銀行審核等規定，為使金融機構未來於辦理支票存款開戶作業時有所遵循，92年3月4日財政部核備銀行公會參照「支票存款戶處理辦法」有關開戶規定，重新訂定之「支票存款戶處理規範」。同時，廢止「支票存款戶處理辦法」。

鑑於支票存款在實務上運用的情況非常多，為此本書參照106年5月3日修正之「支票存款戶處理規範」，將其開戶申請、銀行之審核、支票之發給、靜止戶之處理等情，說明如後：

(一) 開戶申請：

1.自然人、公司、行號、政府機關、學校、公營事業及其它團體均得向銀行申請開戶。

2.分公司應以本公司之名義申請開戶，但得將分公司名稱

並列於戶名內。

3.不具法人人格之行號或團體,應以其負責人名義申請開戶,但行號或團體名稱可並列於戶名內。

(二) 銀行之審核:

1.銀行對於申請開戶之自然人,應核對確為本人,並由開戶人依約定當面親自簽名或蓋章或簽名及蓋章於支票存款往來約定書暨印鑑卡上,並留存身分證影本,外國人開戶應在臺設有住所,並須留存護照及居留證影本。

2.無行為能力人及限制行為能力人不得申請開戶。

3.被拒絕往來未經解除者,不得申請開戶。

4.前項之審核,受理開戶之銀行應向其所在地票據交換所查詢,或由申請人依「查詢票據信用資料作業須知」申請本人票信資料以供審核。

(三) 公司、行號、政府機關、學校及其它團體申請開戶,應準備之證件:

1.公司組織者,應提供公司登記證明文件(如主管機關核准公司登記之核准函、公司設立／變更登記表或公司登記證明書等),至經濟部商工登記資料系統查詢公司登記,並列印查詢結果備查。

2.分公司申請開戶,應提出本公司授權分公司開戶之證明書。

3.行號應執有商業登記證明文件。

4.其他團體,應持有主管機關登記證照或核准成立或備案之文件。

5.政府機關、學校、公營事業申請開戶,應憑正式公文辦理。

(四) 支票之發給：

1.銀行核准開戶之支票存款戶，均得委託該銀行為其所發本票之擔當付款人，就其支票存款戶內逕行代為付款。

2.銀行對於支票存款戶得於支票存款往來約定書中約定客戶同意將其開戶日期、法人之資本額與營業額、退票及清償註記、撤銷付款委託紀錄、票據交換所通報為拒絕往來戶及其他有關票據信用資料，提供予他人查詢。

3.各銀行應建立認識客戶（KYC）作業，對其申請空白支票之目的、與營業性質之關聯性及已請領支票之使用情形應予查證，支票存款戶為無業或家管、屬一人公司、經常變更負責人之公司行號或其他銀行認為屬高風險之支票存款戶，應加強實地查核或其他實質查核。

4.各銀行對新開支票存款戶之開戶程序及領用空白支票、空白本票情形，應指定部門或專人作不定期內部檢查。

5.銀行得應存款戶之要求，於空白支票、空白本票上加印存款戶之姓名、電話號碼、身分證或營利事業統一編號及住址，或其指定之樣式。

(五) 靜止戶之處理：各銀行於支票存款往來約定書中應列入靜止戶具體處理條款。

實例

甲商業銀行未照支票存款戶的指示，付款給執票人（例如印鑑卡上原係預留印鑑，後經存戶通知改以親筆簽名，而銀行卻仍對蓋印章的支票付款），甲商業銀行應否負責？

甲商業銀行應負賠償責任。

存戶簽發支票，委託銀行於見票時無條件付款予執票人

時，存戶與銀行間即發生委任關係，此票據法第4條、第5條、第125條第1項、第135條可以參照，既然是委任關係，受任銀行就要遵照存戶指示，處理委任的事務，如本件情形甲商業銀行未照存款戶指示付款，對於存戶應負損害賠償責任（參見最高法院65年度台上字第1253號民事判決）。

第7條（活期存款）
本法稱活期存款，謂存款人憑存摺或依約定方式，隨時提取之存款。

解說

　　本條文是規定活期存款的意義，由條文內容，可見活期存款具有下列特質：

(一) 存款人應憑存摺或依約定方式提取。

(二) 可隨時提取或存款。

(三) 銀行計付利息。

(四) 其應提繳準備金僅次於支票存款。

(五) 不可訂定透支約款。

　　目前銀行常利用活期存款加強對客戶服務，直接依約自存款帳戶內代繳水、電、瓦斯費、信用卡消費帳單或稅款；同時為便利客戶取款，各銀行廣設自動提款機，使客戶不用再排隊憑存摺取款。

　　活期存款的法律性質，依最高法院57年度台上字第2965號民事判決意旨，認為：「金融機關，與客戶間之乙種活期存款契約，具有消費寄託之性質，客戶得隨時請求返還寄託

物，……金融機關，就客戶具領存款，究以何種方法判別印章之眞偽，均爲其內部之事由，縱令金融機關之職員，以肉眼判別印章之眞偽，並無過失，……存款爲第三人僞刻印章所冒領，其受害人爲上訴人，上訴人僅得對該冒領人爲損害賠償之請求，要不得以第三人冒領之事由，主張對於被上訴人亦生清償之效力。」另最高法院85年度台上字第2131號民事判決意旨，亦認爲：「上訴人接受被上訴人活期儲蓄存款，兩造間係屬金錢寄託關係，按寄託物爲金錢時，推定受寄人無返還原物之義務，但須返還同一數額。寄託物之利益及危險於交付時，移轉於受寄人，爲民法第603條第1項及第2項所明定。系爭存款縱如被上訴人主張已爲訴外人林○飛冒領，且爲上訴人職員之過失所致，被上訴人仍得依行使寄託物返還請求權，請求上訴人給付系爭存款。」

銀行與客戶既爲消費寄託關係，兩者間即發生下列的權利義務：

(一) 銀行應負保管及返還同額金錢予客戶的義務。

(二) 銀行應照約定利率，計付利息給客戶。

(三) 銀行如對客戶同時有金錢債權時，倘已符合民法第334條的規定，亦可對客戶主張抵銷。

(四) 除雙方另有約定外，客戶可任意將他的存款，設定權利質權給第三人。

實例

張義持存摺僞刻印章，冒領其隔壁室友王忠的活期存款，銀行依肉眼無法辨認是否僞造而付款，對王忠是否產生清償效力？若已被冒領50萬元，王忠是否仍可向銀行再請求支付？

不生清償效力，王忠仍可再向銀行請求50萬元。

金融機構銀行與客戶間的活期存款契約，具有消費寄託的性質，客戶可隨時請求返還寄託物。銀行就客戶具領存款，究以何種方法判別印章真偽，為其內部處理業務的問題，縱令銀行職員，以肉眼判別印章真偽，並無過失，但存款為第三人偽刻印章所冒領，究不可歸責於存戶，此時銀行僅得對該冒領人張義請求損害賠償，不可主張對王忠已生清償效力（參見最高法院57年度台上字第2965號、85年度台上字第2131號民事判決意旨），故王忠仍可再向銀行請求被冒領的10萬元。

第8條（定期存款）
本法稱定期存款，謂有一定時期之限制，存款人憑存單或依約定方式提取之存款。

解說

本條文是規定定期存款的意義，由條文內容，可見定期存款具有下列特質：

(一) 存款人應憑存單或依約定方式提領。

(二) 須屆期才可領取。

(三) 存款期間較長，故利息高於活期存款。

(四) 所提繳的準備金較低。

依主管機關訂頒的「定期存款中途提取及逾期處理辦法」規定，定期存款業務，其期限至少應在1個月以上，同時定期存款中途解約未存滿1個月者，不予計息。

在定期存款中，有所謂的可轉讓定期存單（Negotiable

Time Certificate of Deposit），是銀行為配合政府鼓勵國民投資，促進貨幣市場的建立，便利工商企業短期資金運用，所發行具有流通性的定期存款單，其與銀行一般定期存款單的區別，主要在於一般定期存款單採記名式，不可轉讓，無流通性，存單無金額限制，利率由存款人自由選擇固定或機動方式，並可中途解約。而可轉讓定期存單，則採取記名或無記名式，可轉讓他人，具有流通性，存單金額有一定限制，利率採固定方式，且不可中途解約，性質上應屬有價證券。

又定期存款，其銀行與存戶間，亦屬消費寄託關係，雙方權利義務，可爰用前條的說明。

第8條之1（定期存款之提取、質借與解約）
定期存款到期前不得提取。但存款人得以之質借，或於七日以前通知銀行中途解約。
前項質借及中途解約辦法，由主管機關洽商中央銀行定之。

解說

如前所述，定期存款是銀行為配合政府鼓勵國民投資，促進貨幣市場的建立，便利工商企業短期資金運用，所發行具有流通性的定期存款單。89年11月1日修正銀行法時，為避免定期存款中途解約，影響金融機構資金運用及妨害貨幣政策之執行，而增列本條文第1項，使得定期存款戶，在存款到期前不得任意提取。

惟過度嚴格限制，將會減低存款客戶儲蓄興趣，且有礙於存款人緊急情況的資金需求，故第1項但書再規定，存款人可

以利用質借或中途解約兩種方式，達到提取定期存款的效果。

所謂質借，乃存款人以定期存款存單向原發行存單之銀行質借，並負擔質借期限的利息。質借的條件如下：

(一) 申請質借人限於原存款人。

(二) 辦理質借之銀行，限於原開發存單之銀行。

(三) 質借期限，照銀行一般貸款之規定期限。但最長不得超過原存單上所約定之到期日。

(四) 質借成數由各銀行在存單面額內自行斟酌辦理。

(五) 質借利率由各銀行自行斟酌辦理。

除質借外，如存款人不擬繼續存款時，為兼顧存款人利益及便利銀行資金調度，得於7日以前通知銀行中途解約；經中途解約後，應將存款一次結清。關於定期存款中途解約利息、違約金之計算，依金融監督管理委員會公布之「定期存款質借及中途解約辦法」規定：

(一) 定期存款中途解約者，得採存款銀行「牌告利率固定計息」之存款，依單利，按其實際存款期間牌告利率八折計息，或由銀行與存戶依公平原則約定之。前項牌告利率，以存入當日之牌告利率為準，但採「牌告利率機動計息」之存款，在實際存款期間內，如遇存款銀行牌告利率調整，應同時改按新牌告利率分段計息（§5）。

(二) 金融機構對於違約金之計算方式，除應向消費者明示其內容外，於契約中並應以紅色或粗黑字體標示（§6）。

(三) 本辦法發布施行前存入之定期存款之逾期處理，於本辦法施行後，未另訂新約者，仍依發布施行前定期存款中途解約及逾期處理辦法及存款銀行規定辦理（§7）。

實例

存款戶陳東，於民國112年1月5日向銀行辦理2年期的定期存款後，不幸於同年7月中旬因車禍死亡，其配偶李玲可否向銀行請求提取該定期存款？

依本法第8條之1第1項規定，在定期存款到期前原則上不得提取。惟因原存款人已死亡，此時其配偶可憑存單、存款人原留印鑑以及其他相關資料，以繼承人身分，於7天前通知存款銀行，辦理中途解約手續，以將存款全部一次結清，此際銀行應按「定期存款質借及中途解約辦法」規定辦理。

第9條（刪除）

第10條（信託資金）
本法稱信託資金，謂銀行以受託人地位，收受信託款項，依照信託契約約定之條件，為信託人指定之受益人之利益而經營之資金。

解說

信託係指信託人移轉財產給受託人，由受託人依信託目的管理處分該信託財產。信託行為的標的物，就是信託資金，正如同存款為一般銀行的主要資金來源一樣，信託資金則為信託投資公司的主要資金來源，在銀行或信託投資公司的資產負債表中，兩者均列入貸方，為金融機構主要的負債。通常信託資金可劃分為由信託人指定用途與由銀行確定用途兩種；根據

信託行為的本旨，受託人應將信託資金與其本身的財產相區別，維護信託資金的獨立性，是其性質與本法第7條所規定的存款，並不相同，法律關係更加複雜。

信託業務為銀行所特有的業務，依照本法第101條規定，信託投資公司所得經營的業務，共列有15款，其中屬於信託業務的計有：收受、經理及運用各種信託資金，募集共同信託基金，擔任債券發行受託人，受託執行遺囑及管理遺產。由於信託業務係以銀行與客戶間的信託關係為基礎，受託人的服務與信託人的信賴中恆存有互動因素，若由銀行出面辦理信託業務，應較其他自然人或法人來得適當；況且我國民間財富累積，重視理財，對個人化的服務需求較前殷切，而公職人員財產申報法又明定總統、副總統、五院院長、副院長、政務官、立委、縣（市）議員等，應將其生活、職業必需以外的財產，信託給信託業，所以國人普遍較以往容易接受信託觀念。現今信託法業已完成立法程序，應係銀行（信託投資公司）發展其信託業務的契機。

第11條（金融債券）
本法稱金融債券，謂銀行依本法有關規定，報經主管機關核准發行之債券。

解說

金融債券是銀行等金融機構為籌措資金而向個人發行的一種有價證券，是表明債務、債權關係的一種憑證。債券按法定發行程序，由銀行承諾按約定利率定期支付利息並到期償還本

金。在舊銀行法，並無金融債券的規定，64年7月4日修正時，為配合中、長期信用體系的建立，新增本條文，作為銀行籌措中長期資金的來源。

民國104年2月4日修正銀行法時，鑑於現行銀行發行金融債券，主要用途係籌措中長期資金，或係發行得計入資本之長期金融債券，以改善體質及財務狀況。惟隨著債券市場蓬勃發展，實務上金融債券之發行條件及種類已日趨多樣化，為因應國際發展趨勢，鼓勵銀行發行債券類金融商品，並使銀行於設計及發行債券時更具彈性，以符合專業機構投資人需求並掌握市場商機，為此刪除金融債券係為供給中期或長期信用之規定。另將中央主管機關用語修正為主管機關，並酌作文字修正。

條文所謂「銀行依本法有關規定」，係指：

(一) 商業銀行得發行金融債券，並得約定此種債券持有人之受償順序次於銀行其他債權人；其發行辦法及最高發行餘額，由主管機關洽商中央銀行定之（§72-1）。

(二) 專業銀行以供給中長期信用為主要任務者，亦得發行金融債券，但所募得資金，應全部用於其專業投資及中、長期放款（§90）。

金融債券的作用，主要因其能有效地解決銀行的資金來源不足，和靈活運用資金。一般來說，銀行的資金來源有三：(一)吸收存款；(二)向其他機構借款；(三)發行債券。存款資金的特點，是在金融秩序不穩定的時候，易發生儲戶爭相提款的現象，從而造成資金來源短缺；向其他金融機構借款所得的資金主要是短期資金，而銀行常需要進行一些期限較長的投資或融資，此時往往出現了資金來源和資金運用在期限上的矛盾，

發行金融債券能有效解決這個問題。債券在到期前一般不能提前兌換，只能在市場上轉讓，從而保證了所籌集資金的穩定性。同時，金融機構發行債券時可以對期限作彈性規定，比如為了一些長期專案投資，可以發行期限較長的債券。因此，發行金融債券可以使金融機構籌措到穩定且期限靈活的資金，從而有利於強化資產結構，擴大長期投資業務。

依金融監督管理委員會發布的「銀行發行金融債券辦法」第2條：「本辦法所稱金融債券，係銀行依照銀行法有關規定，報經主管機關核准發行之債券。其種類包含一般金融債券、次順位金融債券、轉換金融債券、交換金融債券及其它經主管機關核准之金融債券。」

銀行發行金融債券，應檢具申請書，載明應記載事項，連同應檢附書件，向主管機關申請。銀行海外分行發行金融債券，應由總行依前項規定辦理。銀行依第1項規定申請發行一般金融債券、次順位金融債券及其它未涉及股權之金融債券，主管機關自申請書件送達即日起屆滿12個營業日，未表示反對者，視為核准。銀行所提出之申請書件或應記載事項不完備，經限期補正者，主管機關自收到補正書件即日起屆滿12個營業日，未表示反對者，視為核准。銀行依第1項規定申請發行轉換金融債券、交換金融債券及其他涉及股權之金融債券，除依本辦法規定者外，應另依發行人募集與發行有價證券處理準則或發行人募集與發行海外有價證券處理準則辦理。銀行發行外幣金融債券，除應經主管機關核准外，應另依中央銀行規定辦理（發行辦法§3）。

關於金融債券之最高發行額，依發行辦法第6條規定，銀行及其海外分行申請發行金融債券金額加計前已發行流通在外

之餘額，不得超過其發行前一年度決算後淨值之2倍。銀行之海外子銀行依銀行辦理高資產客戶適用之金融商品及服務管理辦法第5條第1項第5款規定發行境外結構型商品，且由母行擔任境內代理人，同意就發行機構或保證機構所負境外結構型商品之義務負連帶責任或自為保證機構者，其本次發行金額加計前已發行流通在外之餘額，應併入前項計算。

金融債券發行之方式，依前述發行辦法第7條規定，銀行於國內發行金融債券應以帳簿劃撥交付，不印製實體方式為之，其發行、轉讓、提供擔保或註銷，應依證券集中保管事業相關規定辦理。銀行發行金融債券，除應依第4條第2項規定辦理者外，其最低面額為新臺幣10萬元。

至於金融債券之轉讓方面，依前述發行辦法第8條規定，金融債券得自由轉讓及提供擔保。但金融債券全面無實體化後，均為記名式，其轉讓及提供擔保，應以帳簿劃撥方式為之，且已無金融債券遺失、被竊或滅失之情形；至其時效，則依民法或發行適用之準據法有關規定辦理。

依發行辦法第10條規定，銀行發行金融債券，應於核准後1年內發行，屆期未能發行完畢者，失其效力。但有下列情形之一者，不在此限：

(一) 依發行人募集與發行有價證券處理準則或發行人募集與發行海外有價證券處理準則申請核准或申報生效之金融債券。

(二) 經主管機關核准得於一定期間內循環發行，且銷售對象以專業投資人及本辦法所稱之高資產客戶為限之金融債券。

第12條（擔保授信之意義）

本法稱擔保授信，謂對銀行之授信，提供左列之一為擔保者：

一　不動產或動產抵押權。

二　動產或權利質權。

三　借款人營業交易所發生之應收票據。

四　各級政府公庫主管機關、銀行或經政府核准設立之信用保證機構之保證。

解說

　　授信係傳統銀行業務上的重要資產，一方面是生利資產，他方面也是風險資產，如何維護授信品質，減低授信風險，乃成為銀行經營良窳的重要關鍵。銀行法為確實保障銀行債權以減少其授信風險，而有本條的規定。條文所列四項擔保物，分別說明如下：

　　(一) 不動產或動產抵押權：此為銀行最常用的擔保方式，在不動產，如土地、建物，係依民法規定設定抵押權或最高限額抵押權。所謂最高限額抵押權，則指所有人提供抵押物，與債權人訂立在一定金額限度內，擔保現在已發生及將來可能發生的債權而設立的抵押權；此種抵押權所擔保的債權，除訂約時已發生的債權外，即將來發生的債權，在約定限額範圍內，亦為抵押權效力所及。至於動產，如機器、汽車、船舶，依動產擔保交易法設定抵押權後，借款人仍保有該抵押物的使用權，僅處分權受限制而已，對雙方均屬便利。

　　(二) 動產或權利質權；動產質權，係指銀行因擔保債權，占有由債務人或第三人移交的動產，並得就其賣得價金優先受償的權利。而權利質權，則為以所有權以外的財產權，如著作

權、商標權、專利權、漁業權等為標的物，而設定的質權。值得注意者，動產質權的設定，必須移轉占有，始為有效；權利質權如為債權，其設定應以書面為之；如為記名式股票，除交付股票外，並應依背書方式辦理過戶手續始為有效。

(三) 借款人營業交易所發生的應收票據：因營業交易所發生的應收票據，屬於自償性票據，包括本票、匯票。至於支票，性質上屬支付工具而非信用憑證，故財政部曾函示銀行公會，認為遠期支票並不屬於本款所規定的應收票據，不得作為擔保授信的擔保物。

(四) 各級政府公庫主管機關、銀行或經政府核准設立的信用保證機構的保證：各級政府公庫主管機關，指財政部、縣市財政局；各銀行，包括本國銀行、外國銀行及信託投資公司；各信用保證機構，則指票券金融公司、中小企業信用保證基金、經核准設立的保險公司所為信用保證等。這些機關的保證，可使授信具有安定性，故頗受放款銀行歡迎。

茲應特別說明者，民國100年9月27日金融監督管理委員會以金管銀法字第10000242030號令，就銀行法第12條釋疑如下，值得參考：

(一) 銀行法第12條第4款所稱銀行之保證，依銀行法施行細則第2條第2項規定包括經主管機關認可之其他國外金融機構之保證。茲補充上揭所稱經主管機關認可之其他國外金融機構如下：

1.已在我國設立分行之外國銀行總（分）行。

2.未在我國設立分行之外國銀行總（分）行，其最近1年總資產或資本在世界排名1,000名以內信用卓著者。

(二) 大陸地區金融機構及其海外分支機構，比照適用前項

規定。

(三) 財政部90年12月6日臺財融（一）字第0908010249號令自即日廢止；本令自即日生效。

實例

債務人李文於民國110年1月向甲銀行借用500萬元，約定於112年1月底償還，並將其所有新北市房地設定第一順位抵押權給甲銀行；復於111年2月向劉政借款400萬元，約定112年2月底清償。屆期劉政以李文逾期未還，起訴請求清償，經法院判處劉政勝訴後，劉政以該民事確定判決為執行名義，請求法院將債務人李文上開房地查封拍賣，經賣得價金600萬元。於拍定前甲銀行檢具法院准許拍賣抵押物裁定，聲明參與分配，主張優先受償。若本件債權人劉政計支出強制執行費用10萬元，而拍賣的土地增值稅為50萬元，則甲銀行、劉政各可分配得若干？

本題為銀行有擔保放款案例。按抵押權乃就抵押物賣得價金受優先清償的權利，如抵押物拍賣時僅有抵押權人一人時，抵押物賣得價金，即歸抵押權人受償，不生分配問題；如有普通債權人時，其分配位次如下：(一)強制執行費用最優先（強§28）；(二)土地增值稅其次（稅徵§6）；(三)普通債權位次，應在抵押債權之後（民§860）。依此，劉政可優先取得10萬元執行費，扣除增值稅50萬元，其餘價款抵押權人甲銀行可優先獲得全部債權500萬元的清償，劉政雖先請求強制執行，仍只能獲得剩餘的40萬元。

第12條之1（禁止徵提連帶保證人）

銀行辦理自用住宅放款及消費性放款，不得要求借款人提供連帶保證人。

銀行辦理自用住宅放款及消費性放款，已取得前條所定之足額擔保時，不得要求借款人提供保證人。

銀行辦理授信徵取保證人時，除前項規定外，應以一定金額為限。

未來求償時，應先就借款人進行求償，其求償不足部分，如保證人有數人者，應先就各該保證人平均求償之。但為取得執行名義或保全程序者，不在此限。

解說

　　長期以來，銀行存放款契約，均係由銀行印備之定型化契約條款為之，該契約條款為確保銀行之權益，難免有濫用免責條款，甚或違反法律強制規定情事；參與締約之相對人就約款內容幾無置喙餘地，以至於此種不合理之條款，乃一再存在於銀行實務中，造成客戶與銀行間許多爭議事件。

　　民國89年11月1日及100年11月9日修正銀行法時，在著重銀行體制綜合化、銀行業務現代化、加強主管機關對問題銀行之處理許可權及充實對各類金融機構之管理規定外，對於消費者之保護，亦加以重視。如本條文即係就銀行擔保授信之保證，加以規定。

　　按在銀行實務操作上，在對客戶辦理放款時，縱然借款人已提供十足之擔保品，但銀行為確保其債權，通常仍會要求借款人協同連帶保證人，辦理對保手續，並在授信約定書之借款人欄、連帶保證人欄中，簽名、蓋章，俟借款人屆期未能清

償時，即逕向該連帶保證人求償。致使未取得任何借款之連帶保證人，需負擔鉅額債務，在經濟不景氣時，此種情況更為嚴重。為此本條文第1、2項即明定：「銀行辦理自用住宅放款及消費性放款，不得要求借款人提供連帶保證人。銀行辦理自用住宅放款或消費性放款，已取得前條所定之足額擔保時，不得要求借款人提供保證人」；且於第3項再規定：「銀行辦理授信徵取保證人時，除前項規定外，應以一定金額為限」，俾使保證人能事先預估其保證之範圍，作為是否簽署該約定書之依據。

對於連帶保證，依最高法院45年台上字第1426號判例意旨認為：「保證債務之所謂連帶，係指保證人與主債務人負同一債務，對於債權人各負全部給付之責任而言，此就民法第272條第1項規定連帶債務之文義參照觀之甚明。故連帶保證與普通保證不同，縱使無民法第746條所揭之情形，亦不得主張同法第745條關於檢索抗辯之權利」，可見連帶保證，事實上亦屬於連帶債務之一種。又依民法第273條規定：「連帶債務之債權人，得對於債務人中之一人或數人或其全體，同時或先後請求全部或一部之給付。（Ⅰ）連帶債務未全部履行前，全體債務人仍負連帶責任。（Ⅱ）」為此在銀行辦理消費性等放款中，對於借款人未按期繳交之欠款，銀行依前開規定原得對於借款人中之一人或數人，乃至連帶保證人，同時或先後請求全部或一部之給付。

民國100年11月修正之銀行法，除禁止銀行辦理自用住宅放款及消費性放款，要求借款人提供連帶保證人外，並考量銀行定型化契約之不公平性，在本條文第4項前段明定：「未來求償時，應先就借款人進行求償，其求償不足部分，如保證人有數人者，應先就各該保證人平均求償之」，使自用住宅放款

或消費性放款之保證人，仍得主張「先訴抗辯權」，而排除前開民法第273條之規定。

惟應注意者，該修正條文僅係就求償或強制執行程序，加以限制。如銀行為取得執行名義，而同時或先後就借款人、保證人提起民事訴訟，請求給付借款，或依強制執行法第132條以下之規定，聲請假扣押或假處分等保全程序者，仍為法之所許。

金融監督管理委員會表示，此案修正後，對未來銀行辦理自用住宅放款及消費性放款將有重大改變，包括：

(一) 自用住宅放款及消費性放款不得再使用連帶保證人制度，不論是否有足額擔保，均不得要求借款人提供連帶保證人，只允許有一般保證人。

(二) 在保證人制度的限縮方面，已取得足額擔保時，也不得要求借款人提供一般保證人。

(三) 銀行徵取一般保證人，限於對授信條件不足的補強，或借款人為強化自身授信條件，主動向銀行提供保證人的情形。

觀察此次立法通過後，在實務運作上，銀行的營業模式將有所調整，對於自用住宅放款及消費性放款不能再依賴連帶保證制度，而應強化對借款人授信條件的評估。

第12條之2（保證契約有效期限）
因自用住宅放款及消費性放款而徵取之保證人，其保證契約自成立之日起，有效期間不得逾十五年。但經保證人書面同意者，不在此限。

解說

　　依金融監督管理委員會96年2月5日金管銀（一）字第09610000040號令，本法所稱自用住宅放款，係指有完全民事行為能力中華民國國民，本身確無自用住宅，為購置自住使用住宅所為金融機構貸款。而消費性放款，則指對於房屋修繕、耐久性消費財產、支付學費及其他個人小額貸款，及信用卡循環信用等。

　　實務上借款銀行往往為了降低授信風險，而在締結保證契約之初，即在保證契約中，特別約定債務人延期清償，不需保證人同意，其結果將無異於剝奪保證人抗辯保證責任期限的權利（民§752、§753），而使保證人的保證責任期限，隨著主債務人延期清償，而永無終期，對保證人有失公平。為此，民國100年11月9日修正銀行法時，增訂本條文，明定因自用住宅放款及消費性放款而徵取之保證人，其保證契約自成立之日起，有效期間不得逾15年。但經保證人書面同意者，不在此限，以保護保證人的合法權益。

第13條（無擔保授信之意義）
本法稱無擔保授信，謂無第十二條各款擔保之授信。

解說

　　本條文是規定無擔保授信的意義，凡未提供任何擔保品或保證的授信，即為無擔保授信。銀行法對於無擔保放款或保證，立法之初原則上並不予以限制，嗣因鑑於我國社會信用尚未普遍建立，而銀行本身效率又不彰，為保障存款人利益，防

止銀行業務偏差,乃於本法第36條第1項規定:「中央主管機關於必要時,經洽商中央銀行後,得對銀行無擔保之放款或保證,予以適當之限制」;第32條第1項前段規定:「銀行不得對其持有實收資本總額百分之三以上之企業,或本行負責人、職員、或主要股東,或對與本行負責人或辦理授信之職員有利害關係者,為無擔保授信」;並於第33-2條規定:「銀行不得交互對其往來銀行負責人、主要股東,或對該負責人為負責人之企業為無擔保授信,其為擔保授信應依第三十三條規定辦理」,以期減少銀行無擔保授信風險,保持銀行資金運用的安全性、流動性、分散性與專業性。

第14條(中、長期分期償還放款)
本法稱中、長期分期償還放款,謂銀行依據借款人償債能力,經借貸雙方協議,於放款契約內訂明分期還本付息辦法及借款人應遵守之其他有關條件之放款。

解說

本條文為中長期分期償還放款的規定,在實務上,中長期分期償還放款,又稱為現金流量放款,係根據借款企業的現金流量表所顯示的盈餘,按借款人償債能力,分別規定分期償還本息的放款。

在美國金融史上,商業銀行為調劑融通社會資金以適應工商企業需要,其放款重心均在短期放款;迨1930年代美國經濟不景氣,銀行普遍不易尋找適當放款對象,乃徵得金融主管機關同意,採行Term Lending,即條件融資制度,將放款期限延

長，資金用途也放寬至可購買生產設備。由於該Term Lending
所採分期償還辦法，其放款期限及條件，由借款人與貸款銀行
雙方磋商；使借款人避免還款負擔過重；簡化銀行作業程序，
並可使貸出的資金，按約定如期收回等優點，我銀行法遂於64
年7月修正時，予以增訂而成為本條文。

分期償還放款的種類，參酌銀行法第40條及第78條的規
定，有下列三種：

(一) 中長期購買或建造住宅或企業用建築放款。

(二) 中期耐久消費品購置放款，所謂「耐久消費品」，指
汽車、機車、鋼琴、音響等。

(三) 中長期生產設備放款。

銀行於辦理中長期分期償還放款時，應於放款契約中訂明
分期還本付息辦法、借款人應遵守的條件，並將所訂契約交付
借款人收執，及說明契約內容，對於雙方權利義務事項，應依
契約規定，不可任意變更。

第15條（商業票據、商業承兌匯票、銀行承兌匯票、貼現）
本法稱商業票據，謂依國內外商品交易或勞務提供而產生之
匯票或本票。
前項匯票以出售商品或提供勞務之相對人為付款人而經其承
兌者，謂商業承兌匯票。
前項相對人委託銀行為付款人而經其承兌者，謂銀行承兌匯
票。出售商品或提供勞務之人，依交易憑證於交易價款內簽
發匯票，委託銀行為付款人而經其承兌者，亦同。
銀行對遠期匯票或本票，以折扣方式預收利息而購入者，謂
貼現。

解說

　　本條文為64年修正時新增，目的在使銀行辦理票據貼現等業務有所依據外，並對商業票據及貼現以立法解釋其意義。又為鼓勵銀行經營匯票承兌業務，推廣基於實際交易行為所產生的票據使用與流通，75年修正時，於第3項後段增列銀行得經營接受賣方委託的匯票承兌業務，以因應實際需要。茲將本條文說明如下：

　　(一) 商業票據：所謂票據，指以支付一定金額為標的，而依票據法發行的有價證券。依我國票據法第1條的規定，票據固包括匯票、本票及支票三種，但因支票限於見票即付，原不得作為融通信用的工具，所以本條文第1項所稱的商業票據，僅指因商品交易或勞務提供而產生的匯票、本票，將遠期支票排除在外。

　　(二) 承兌匯票：所謂承兌匯票，指匯票於到期日前，由付款人在匯票上記載承諾到期兌現字樣，並簽名於匯票正面的票據行為。承兌匯票，依承兌人身分不同，其種類有二：

　　1.商業承兌匯票：依本條文第2項規定，凡依交易行為而產生的匯票，以出售商品或提供勞務的相對人為付款人，而經其承兌的，就是商業承兌匯票。

　　2.銀行承兌匯票：指出售商品或提供勞務的人或其相對人，將商業票據委託銀行為付款人，經銀行承兌的，稱為銀行承兌匯票。依本條文第3項規定，銀行承兌匯票可分為：

　　(1)買方委託的銀行承兌匯票：由出售商品或提供勞務的相對人（即買方），委託銀行為付款人，經銀行承兌的匯票。

　　(2)賣方委託的銀行承兌匯票：由出售商品或提供勞務的人（即賣方），依交易憑證於交易價款內簽發匯票，委託銀行

爲付款人，經銀行承兌的匯票。

　　一般說來，因銀行信用卓著，故匯票經銀行承兌後，信用立即增強，具有安全性高、流動性大、收益性能佳等功能，對工商企業和國內外貿易發展及票據信用的建立，都有莫大助益。又在銀行承兌匯票，銀行與客戶間的法律關係，依本法第31條規定，由雙方契約約定，無約定時，可適用民法有關委任乙節的規定。

　　(三) 票據貼現：票據貼現，即執票人於票載到期日前，爲兌換現金而將票據轉讓予銀行，取得資金，並按未到期日數貼予利息的金融行爲。貼現的標的，依本條文第4項規定，以匯票及本票爲限。銀行辦理貼現的票據，大抵以商業承兌匯票、銀行承兌匯票及工商企業本票爲主。由於貼現爲短期信用的一種，故貼現票據自購入日起算，至票據到期日爲止，最多不得超過180天。關於票據貼現的法律性質，由條文意旨，係採買賣說，但金融界慣例，則兼採消費借貸說。在採「買賣說」時，銀行與客戶間，純爲票據前後手關係，可適用票據法規定，如票據發票人應擔保票據確能兌現，執票人則對前手有追索權；在採「消費借貸說」時，銀行與客戶間的法律關係，與放款業務相似，只有執票人對銀行負給付利息義務，而銀行不給付對待利益予客戶，故均依單務及有償契約來處理雙方的權利義務關係。

實例

　　黃誠持自己所簽發面額新臺幣20萬元、到期日112年2月29日的本票乙張，向李軍購貨，該本票是否有效？

　　仍爲有效。

按票據發票人簽發票據所記載的年月日，須係曆法上所存在的日期，若係2月30日或9月31日等曆法上所無的日期時，參照司法行政部51年10月11日台函民字第5047號函示，認為可以該月的末日為到期日，俾符當事人的真意。故本實例雖112年並無2月29日，但該本票仍然有效，黃誠有於112年2月28日付款的義務。

第16條（信用狀）
本法稱信用狀，謂銀行受客戶之委任，通知並授權指定受益人，在其履行約定條件後，得依照一定款式，開發一定金額以內之匯票或其他憑證，由該行或其指定之代理銀行負責承兌或付款之文書。

解說

信用狀（Letter of Credit）簡稱L/C，由本條文的定義可知，信用狀是一封具有特定要件的信，由進口商委託當地開證銀行，向國外出口商保證，只要出口商按信用狀上所規定的時間、應遵守條件及金額所簽發的匯票，則開證銀行當負付款責任；但如出口商未依照信用狀所規定的條件裝貨，則開證銀行無保證付款責任。在信用狀交易中，買賣貨款是先由開證銀行在出口商當地的往來銀行或代理銀行，先行墊付給出口商，往來銀行再向開證銀行索取，最後開證銀行再向進口商取償。

信用狀現今已成為國際貿易的主要工具，對進口商、出口商分別具有不同的功能：

(一) 對進口商的功能：

1.進口所需的貨物，不必先行預付貨款。

2.出口商為免信用狀失效，須儘可能在約定時間內出貨，相對於進口商，即能確定對方履約的日期。

3.出口商利用信用狀，可辦理押匯，先行取得貨款，因而降低貨物成本，使進口商得到低廉進貨。

4.銀行在承購匯票時，常以其專業，詳細核對裝船單據是否齊全，以保障進口商權利。

(二) 對出口商的功能：

1.接獲信用狀後，無庸考慮進口商的信用，只要將貨物裝運出口，即可收到貨款。

2.賣方因對貨款有把握收取，可以較廉價格出口，使交易愈加靈活。

3.憑信用狀所開匯票，受人歡迎，並易於出售。

又信用狀既已成為進出口貿易商交易往來的運用工具，惟各國家或地區對於信用狀的定義及處理方式未盡相符，國際商會特於1933年制定「信用狀統一慣例」（Uniform Customs and Practice for Documentary Credits），幾經修訂，現已成為各銀行、主要貿易國家處理信用狀有關問題的依據。依該信用狀統一慣例第2條對信用狀的定義為：「本慣例所稱的信用狀，不論其實際名稱與格式如何，係指銀行依客戶請求並照其指示，在符合信用狀條款情形下開發文書，承認憑特定單據：(1)銀行將對第三人（受益人）或對其指定人為付款，或對受益人所簽發的匯票為付款或承兌；(2)銀行授權另一銀行為上述匯票為付款、兌承或讓購。」由上述定義可知開證銀行所履行的行為有三：即付款、承兌或讓購，惟銀行法在本條文的規定，則只有承兌、付款二種，顯示銀行法的規定，似不周延，為此臺

北市銀行公會曾於64年間函請財政部對「負責承兌或付款」一語，作廣義解釋以包括讓購行爲，嗣經財政部以64年台財錢字第22957號函復公會同意嗣後各銀行從事信用狀業務，可逕依信用狀統一慣例辦理。

關於信用狀的法律關係，通說均認爲客戶與開證銀行間爲委任契約關係，雙方的權利義務，應依申請簽發信用狀契約（委任契約）所定的內容爲準。

實例

王明向甲銀行申請開發遠期信用狀貸款，依貸款額度，簽發金額新臺幣1,000萬元的本票乙紙作備償用，並立切結書同意按照銀行帳簿所載餘額償還，則銀行屆時可否依該餘額向王明求償？若本票由王明投資的遠揚國際貿易有限公司背書，該公司可否拒負責任？

本件王明簽發本票係作爲清償其借款的方法，故甲銀行可以向借款戶請求清償借款，但請求的額度應依照銀行帳簿的餘額請求；另外銀行也可以依票據法請求清償票款，惟其中一種債務已履行完畢，另一種債務隨即消滅。若備償本票由第三者，即遠揚國際貿易有限公司背書，則該公司應負票據背書人責任，不得拒負王明所積欠的借款。

第17條（刪除）

第18條（銀行負責人）

本法稱銀行負責人，謂依公司法或其他法律或其組織章程所定應負責之人。

解說

依本法第52條第1項規定：「銀行為法人，其組織除法律另有規定或本法修正施行前經專案核准者外，以股份有限公司為限。」基此，銀行負責人可分析如下：

(一) 銀行依銀行法經許可設立者，應依公司法規定設立股份有限公司，故其負責人，參照公司法第8條規定，應為董事；但監察人、經理人或清算人在執行其職務的範圍內，亦為銀行的負責人。

(二) 銀行依其他法律設立或銀行法修正施行前經專案核准的銀行，其負責人應依該銀行所核准設立的特別法律或其組織章程所定應負責的人。如：中國輸出入銀行，係依73年4月16日修正公布的「中國輸出入銀行條例」而設立，其組織為法人，依該條例第7條規定，理事會為決策機構，故理事主席為銀行負責人；而監事、總經理等依同條例第9、11條規定，在執行職務範圍內，自亦為銀行負責人。

又銀行負責人並不以自然人為限，在法人為銀行股東時，依公司法第27條第1、2項規定，以法人身分或推由其代表人當選為董事、監察人時，此時所謂銀行負責人，除該法人外，並包括其當然負責人及依法指定代表執行職務的自然人與代表法人當選為董事、監察人等代表。

實例

　　皇朝股份有限公司以經營電器的製造、買賣為業，其公司的組織型態為：董事會—總經理—財務部經理—財務課長—吸金承辦員。依銀行法規定，該公司不得經營收受存款業務，惟為求籌措資金，竟經由董事會一致決議通過，利用其組織系統對不特定多數人以「借款」名義，吸收資金，並給予高利，此際應依本法第125條第3項處罰的「行為負責人」究為何人？

　　本法第125條第3項所謂「其行為負責人」，係指對於銀行違法行為實際應負責任的人，亦即指實際為非法吸收資金，辦理存款業務行為的公司負責人。皇朝公司董事會的董事，依公司法第8條第1項規定，為公司負責人；總經理依公司法第29條第1項規定，為公司的經理人，與財務部經理依公司法第8條第2項規定，於執行職務範圍內，亦為公司負責人，故董事會的董事、總經理、財務部經理，均為本法第125條第3項規定應處罰的行為負責人。

　　至於財務課長、吸金承辦員，雖非公司法規定的公司負責人，亦非本法第125條第3項所謂的行為負責人，惟因其對犯罪行為的實施，與該公司行為負責人有犯意聯絡和行為分擔，依刑法第31條第1項規定，仍應論以本法第125條第3項犯罪的共同正犯〔參見最高法院82年4月13日第二次刑事庭會議決議（一）〕。

第19條（主管機關）
本法之主管機關為金融監督管理委員會。

解說

　　銀行的主管機關，在修正前為財政部。民國93年7月1日，行政院為健全金融機構業務經營，維持金融穩定及促進金融市場發展，特別設立金融監督管理委員會，依行政院金融監督管理委員會組織法第2條、第4條及行政程序法第11條第2項：「行政機關之組織法規變更管轄權之規定，而相關行政法規所定管轄機關尚未一併修正時，原管轄機關得會同組織法規變更後之管轄機關公告或逕由其共同上級機關公告變更管轄之事項。」等規定，民國97年修正銀行法時，將銀行的主管機關，由財政部變更為行政院金融監督管理委員會。

　　另在民國93年6月24日，行政院以院臺財字第0930027180號令：為配合行政院金融監督管理委員會於民國93年7月1日成立，相關法律及法規命令條文涉及該會職掌事項，原管轄機關為財政部或財政部證券暨期貨管理委員會者，自民國93年7月1日起變更為行政院金融監督管理委員會。

　　嗣為配合行政院金融監督管理委員會組織法於100年6月29日公布，更名為「金融監督管理委員會組織法」，為此立法院在民國103年5月20日三讀通過「銀行法第19條修正案」，將本法之主管機關修正為「金融監督管理委員會」，103年6月4日公布施行。

　　依金融監督管理委員會組織法第2條規定，金融監督管理委員會主管金融市場及金融服務業之發展、監督、管理及檢查業務。前項所稱金融市場包括銀行市場、票券市場、證券市場、期貨及金融衍生商品市場、保險市場及其清算系統等；所稱金融服務業包括金融控股公司、金融重建基金、中央存款保險公司、銀行業、證券業、期貨業、保險業、電子金

融交易業及其他金融服務業；但金融支付系統，由中央銀行主管。至於本會所稱銀行業、證券業、期貨業及保險業範圍如下：

(一) 銀行業：指銀行機構、信用合作社、票券金融公司、信用卡公司、信託業、郵政機構之郵政儲金匯兌業務與其他銀行服務業之業務及機構。

(二) 證券業：指證券交易所、證券櫃檯買賣中心、證券商、證券投資信託事業、證券金融事業、證券投資顧問事業、證券集中保管事業、都市更新投資信託事業與其他證券服務業之業務及機構。

(三) 期貨業：指期貨交易所、期貨商、槓桿交易商、期貨信託事業、期貨顧問事業與其他期貨服務業之業務及機構。

(四) 保險業：指保險公司、保險合作社、保險代理人、保險經紀人、保險公證人、郵政機構之簡易人壽保險業務與其他保險服務業之業務及機構。

其次，依金融監督管理委員會組織法第3條規定，該委員會掌理下列事項：

(一) 金融制度及監理政策。

(二) 金融法令之擬訂、修正及廢止。

(三) 金融機構之設立、撤銷、廢止、變更、合併、停業、解散、業務範圍核定等監督及管理。

(四) 金融市場之發展、監督及管理。

(五) 金融機構之檢查。

(六) 公開發行公司與證券市場相關事項之檢查。

(七) 金融涉外事項。

(八) 金融消費者保護。

(九) 違反金融相關法令之取締、處分及處理。

(十) 金融監督、管理及檢查相關統計資料之蒐集、彙整及分析。

(十一) 其他有關金融之監督、管理及檢查事項。

金融監督管理委員會有下列次級機關，其業務如下：

(一) 銀行局：規劃、執行銀行市場、票券市場、金融控股公司與銀行業之監督及管理。

(二) 證券期貨局：規劃、執行證券、期貨市場與證券、期貨業之監督及管理。

(三) 保險局：規劃、執行保險市場與保險業之監督及管理。

(四) 檢查局：規劃、執行金融機構之監督及檢查。

關於金融監督管理委員會的職權方面，依組織法第5條規定：「本會及所屬機關辦理金融檢查，於必要時，得要求金融機構及其關係人與公開發行公司提示有關帳簿、文件及電子資料檔等資料，或通知被檢查者到達指定辦公處所備詢。（I）被檢查者認為檢查人員之檢查為不適當者，得要求本會及所屬機關處理之。（II）被檢查者提供資料時，檢查者應掣給收據，除涉有金融犯罪嫌疑者外，應於資料提送完全之日起，十個工作日內發還之。（III）本會及所屬機關對涉有金融犯罪嫌疑之案件，得敘明事由，報請檢察官許可，向該管法院聲請核發搜索票後，會同司法警察，進入疑為藏置帳簿、文件、電子資料檔等資料或證物之處所，實施搜索；搜索時非上述人員不得參與。經搜索獲得有關資料或證物，統由參加搜索人員，會同攜回本會及所屬機關，依法處理。（IV）」

金融監督管理委員會組織法第9條規定，金融監督管理委

員會置主任委員1人，特任；副主任委員2人，其中一人職務比照簡任第14職等，另一人職務列簡任第14職等。另置委員6至12人，其中財政部部長、經濟及能源部部長、法務部部長及本法修正施行前已獲任命之本會專任委員於本法修正施行後原任命之任期屆滿前，為當然委員，其餘由行政院院長就相關機關首長及具有金融專業相關學識、經驗之人士派（聘）兼之。委員由機關代表擔任者，應隨其本職進退，除前項專任委員外，均為無給職。

第20條（銀行之種類）
銀行分為下列三種：
一 商業銀行。
二 專業銀行。
三 信託投資公司。
銀行之種類或其專業，除政府設立者外，應在其名稱中表示之。
非銀行，不得使用第一項名稱或易使人誤認其為銀行之名稱。

解說

銀行為經營存款、放款、匯兌、儲蓄等業務，充當信用媒介和支付媒介的金融機構，已如前述。世界各國為建立專業金融體系，以適應社會、經濟、產業需求，而有各種不同之分類標準：

(一) 以銀行的股權為標準：可以分為官辦銀行、商辦銀行、官商合辦銀行三種。

(二) 以銀行股東與顧客關係為標準：可以分為營利組織的銀行和合作組織的銀行兩種。

(三) 以銀行組織在法律上的不同為標準：可分為無限公司組織（Partnership）、有限公司組織（Limited Company, Private Company）、兩合公司組織（Limited Partnership）、股份有限公司組織（Joint Stock Company of Limited）、股份兩合公司組織（Joint Stock Company of Limited Liability）五種。

(四) 以銀行營業地區為標準：可分為在國內營業的銀行與在國外營業的銀行兩種。

(五) 以銀行股東的國籍為標準：可分為本國銀行、外國銀行與合辦銀行三種。

我國銀行法第20條的立法架構，依金融市場上的專業分工而創設銀行的種類，將不同種類的銀行，介定不同的業務項目及各自放款的對象，例如在57年銀行法第四次修正草案總說明，即曾謂「為適應經濟發展需要，建立一個比較合理且能平衡發展之信用制度起見，……規定商業銀行應以經營短期信用為其主要業務，儲蓄銀行及信託投資公司則以經營中、長期信用業務，協助資本累積，促進經濟成長為其主要任務，而專業銀行則以供給特定經濟部門所需專業信用為其主要任務」；換言之，我國當時的商業銀行制度，乃是基於金融市場短中長期信用業務區隔的劃分，原則上商業銀行只能辦理短期放款，而中期放款嚴格限制，長期放款則完全禁止。因此，商業銀行之業務經營範圍，侷限於銀行法第71條所規定，而不能辦理證券業務、不能投資股票、不能發行金融債券等，均導因其係屬中長期信用機構業務之區隔。

民國89年11月間，有鑑於近10年來，國內外經濟金融情勢

發生急遽變化，各先進國家莫不致力於金融創新與改革，政府相關部門乃將銀行法之修正納為重點工作之一。此次修正之主要重點，在銀行之種類方面，當時中央主管機關財政部衡諸世界各國銀行體制之發展趨勢，長短期金融已難嚴格劃分，且各類型銀行之業務亦漸趨綜合化，故刪除儲蓄銀行章及第77條至第86條，並修正擴大商業銀行之業務範圍，而原儲蓄銀行章之相關規範亦同時於商業銀行章加以檢討修正；且銀行經營信託或證券業務，得由總分支機構獨立設帳管理，毋須另設專門部門辦理，以彰顯商業銀行漸趨綜合經營的方向。

經立法修正後，至今我國銀行分為商業銀行、專業銀行、信託投資公司三種，分述如下：

(一) 商業銀行：謂以收受支票存款、活期存款、定期存款，供給短、中期信用為主要任務的銀行。其特質在於收受支票存款，創造存款貨幣，以承作短期放款與貼現，成為貨幣市場的主要供需者。

(二) 專業銀行：為便利專業信用的供給，經中央主管機關許可設立，或指定現有銀行擔任該項信用供應的銀行。其特質在於以收受存款、發行金融債券為資金來源，在放款或其他授信時，則指定專業信用的任務及範圍。專業銀行依其提供專業信用不同，可再細分為下列六種：

1.工業銀行：供給工業信用之專業銀行為工業銀行，並以供給工、礦、交通及其他公用事業所需中、長期信用為主要任務。

2.農業銀行：供給農業信用之專業銀行為農業銀行，並以調劑農村金融及供應農、林、漁、牧之生產及有關事業所需信用為主要任務。

3.輸出入銀行：供給輸出入信用之專業銀行爲輸出入銀行，並以供給中、長期信用，協助拓展外銷及輸入國內工業所必需之設備與原料爲主要任務。

4.中小企業銀行：供給中小企業信用之專業銀行爲中小企業銀行，並以供給中小企業中、長期信用，協助其改善生產設備及財務結構，暨健全經營管理爲主要任務。

5.不動產信用銀行：供給不動產信用之專業銀行爲不動產信用銀行，並以供給土地開發、都市改良、社區發展、道路建設、觀光設施及房屋建築等所需中、長期信用爲主要任務。

6.國民銀行：供給地方性信用之專業銀行爲國民銀行，並以供給地區發展及當地國民所需短、中期信用爲主要任務。

(三) 信託投資公司：謂以受託人地位，按照特定目的，收受、經理及運用各種信託資金與經營信託財產，或以投資中間人之地位，從事與資本市場有關特定目的投資的金融機構。其特質在於以受託人或中間人地位，取得中長期資金，以從事中長期放款、投資公司債、辦理國內外保證業務、承銷買賣有價證券、擔任債券發行受託人等業務。

如前所述，各類銀行的任務與特質，均不相同，爲明確區分，故本條文第2項特別規定：「銀行之種類或其專業，除政府設立者外，應在其名稱中表示之。」惟若干政府設立而具有悠久歷史的銀行，如臺灣銀行、臺灣土地銀行等，或無法在其名稱中表示其類別與專業，或加註類別後，反將影響其對外信譽，乃例外增列「除政府設立者外」的文字，而允許政府銀行不必在其名稱中表示種類或專業，以適應實際情況，免去更名的困擾及繁瑣手續。

爲保護消費者權益，民國94年5月8日修正銀行法，增訂非

銀行不得使用易於使人誤認其為銀行之名稱，違反者，依本法第127-5條規定，可以判處3年以下有期徒刑、拘役或科或併科新臺幣500萬元以下罰金。法人犯前項之罪者，處罰其行為負責人。

第21條（開始營業之限制）
銀行及其分支機構，非經完成第二章所定之設立程序，不得開始營業。

解說

　　銀行業為涉及公共利益的事業，亟須注意金融秩序的均衡與穩定，為實現此一目標，對於新銀行的設立及各銀行分支機構的增設，我國銀行法逐仿效外國立法例，採取限制性態度，以避免銀行過度集中，造成同業間的惡性競爭，導致金融膨脹和不健全授信，而危及金融安定及存戶的權益。

　　故本條文從程序上限制，當銀行創立或增設分支機構時，應依第二章所定程序（§52～§55），獲得金融監督管理委員會的設立許可，向經濟部辦妥股份有限公司設立登記，並向主管機關申請取得營業執照後，才可以開始營業。違反本條規定開始營業時，依本法第129條第1款規定，可以處罰新臺幣200萬元以上5,000萬元以下的罰鍰。

　　至於銀行在營業廳以外場所設置自動化服務機器，以供民眾提款，是否有抵觸本條文之虞，曾引起金融界廣泛討論。嗣財政部於73年5月30日以台財融字第17847號函示，認為銀行為提高服務品質及配合業務的大眾化，在營業廳以外場所設置自

動化服務機器已爲必然趨勢，惟參考國外推展情形，以共同利用最能發揮效益。爲避免各銀行過度競爭，並達成設備的充分利用及營運的有效化，規定各銀行在營業廳以外場所設置自動化服務機器，應依下列原則辦理，才不抵觸本條文規定：

(一) 設置地點以公共場所及與其有往來關係的機關團體或企業機構爲限。

(二) 銀行應在該機器上明顯標示銀行名稱、所屬營業單位名稱、電話號碼、服務項目及服務時間。

(三) 銀行設置自動化服務機器，不得配置專任人員在場管理，但應注意安全措施。

(四) 銀行設置自動化服務機器，應檢附下列文件報主管機關備查，變更或撤銷時亦同。

1.設置自動化服務機器的場所。

2.自動化服務機器的種類及數量。

3.所屬的營業單位。

4.服務項目。

5.服務時間。

(五) 各銀行設置自動化服務機器的場所、數量，每年應擬定計畫報主管機關核備。

(六) 銀行間跨行共用自動化機器服務網建立後，主管機關得將各銀行設置在公共場所的自動化服務機器劃歸該共用自動化機器服務網辦理。

第22條 (營業範圍之限制)
銀行不得經營未經中央主管機關核定之業務。

解說

　　各銀行可以經營的業務項目，依本法第3、4條規定，由金融監督管理委員會按其類別分別核定，如屬商業銀行應以第71條所列14款業務項目為範圍，如屬信託投資公司應以第101條所列15款業務項目為範圍；而本條文則進一步消極禁止銀行經營「未經核准經營的業務」，以貫徹中央主管機關對銀行業務項目的監督，同時可以防止違規營業的非法金融機構充斥於市場。違反本條文規定時，依同法第129條第1款，可以處罰新臺幣200萬元以上5,000萬元以下的罰鍰。

　　又應注意者，銀行違反本條規定，僅生主管機關可以依前開規定處以罰鍰而已，並不是其所經營的業務全部無效。

實例

　　甲商業銀行某分行營業部，以其營業執照有「收受其他各種存款」項目，故於派員赴乙證券公司辦理收付股票買賣交割款項業務時，順便經辦活期儲蓄存款業務，此時該分行是否有違反銀行法規定？

　　查本法第22條規定，銀行不得經營未經中央主管機關核定的業務。本件甲商業銀行某分行營業執照上所登記的業務項目，應限於在營業執照所載位址內經營，前主管機關財政部曾以78年2月14日台財融字第781229474號函規定：「金融機構派赴證券公司辦理股票交易款項收付，以活期存款為限，其他各種業務不得辦理。」現該分行派赴乙證券公司辦理股票交易款項收付，係經主管機關專案核准，其業務內容已受上開函釋的限制，但竟逾越核准範圍，辦理活期儲蓄存款，該項業務既

未經核定，已違反首揭本法第22條規定，主管機關可依同法第129條、第133條規定，予以處罰。

第22條之1（銀行業務之創新實驗）

為促進普惠金融及金融科技發展，不限於銀行，得依金融科技發展與創新實驗條例申請辦理銀行業務創新實驗。

前項之創新實驗，於主管機關核准辦理之期間及範圍內，得不適用本法之規定。

主管機關應參酌第一項創新實驗之辦理情形，檢討本法及相關金融法規之妥適性。

解說

本條文係107年1月31日修正銀行法時新增。

在目前凡事講求創新的年代，創新是推升產業發展的重要動能，是國家經濟持續成長的關鍵，亦是企業維持競爭力、永續經營的核心要素。對金融業而言亦然，尤其金融市場的發展對國家經濟成長影響至為重大，推動金融創新更是必然的趨勢。基此，金融監督管理委員會於民國105年9月間，提出「金融科技發展推動計畫」，並於107年1月修正銀行法時，增訂第22-1條；嗣於107年4月30日公布施行「金融科技發展與創新實驗條例」，以共同交織擘劃金融科技創新實驗機制，賦予金融科技研發試作之安全環境，同時兼顧金融市場秩序及消費者保護。期望透過創新實驗機制，驗證創新構想可行性，提升金融服務效率與品質，以及實現普惠金融，進而提升我國產業及金融業競爭力，讓民眾享受更好更快速的金融服務。

所謂創新實驗，依「金融科技發展與創新實驗條例」第3條規定，係指以科技創新或經營模式創新方式從事屬於需主管機關許可、核准或特許之金融業務實驗。關於金融科技創新實驗，即俗稱的「金融監理沙盒」（Financial Regulatory Sandbox），源於讓孩子在安全沙池玩耍、發揮創意的概念。首由英國金融行為監理總署（FCA）於2015年提出，並於2016年4月率先推動，其後新加坡、香港、澳洲等亦陸續跟進，但皆係以非屬法律性質之監理沙盒文件或指引方針推動，臺灣則是全球第一個將金融監理沙盒成立專法的國家。此創新實驗機制可免除業者違反金融法規之疑慮，加速金融科技創新發展，提升我國金融業競爭力；同時兼顧消費者權益及金融市場秩序，落實負責任創新之意旨。

修正銀行法第22-1條及「金融科技發展與創新實驗條例」，其立法重點，在於建立創新實驗機制，鼓勵金融科技創新發展，至其具體內容，包括：

(一) 適用以科技創新方式從事屬於需經金管會許可金融業務範疇之實驗者：以創新實驗作為規範主體，只要所提出的創新科技屬於金管會核准的特許金融業務，無論金融服務業或非金融服務業業者就可申請。

(二) 未限制申請對象：創新實驗申請人包括我國自然人、獨資、合夥事業或法人，非我國居住民亦得由代理人協助申請，相較已推出監理沙盒機制的英國、新加坡、澳洲、香港等只限企業或法人，我國更為開放創新。

(三) 享有法規豁免之實驗期最長3年：創新實驗期間以1年為限，必要時得申請延長一次最長6個月，但該實驗內容涉及應修正法律時，延長次數不以一次為限，總實驗期間最長可達

3年；實驗期間內，排除法規命令及行政規則之適用，提供業者研發試作的安全環境。

(四) 實驗完成後，依各業法規申請業務許可：業者創新實驗後擬經營該項實驗之相關業務，仍應依各業現行或修正後之金融法規提出申請，以符合「辦理相同業務，遵守相同規範」之公平原則。

(五) 主動檢討修正金融法規並提供轉介輔導：創新實驗結果如顯示確具創新性、提升金融服務率、降低成本或有利金融消費者之權益時，由金管會參酌創新實驗之辦理情形，主動檢討修正金融法規、協助創業或策略合作，並適時請相關單位提供輔導創業協助，以利金融科技創新發展。

(六) 提供金融科技業者輔導與協助機制：金管會將積極瞭解金融科技業者之需求，並提供必要之協助、輔導與諮詢服務。

(七) 兼顧消費者權益及金融穩定：為保障參與實驗者權益，該條例準用「金融消費者保護法」，對參與實驗者權益訂有多項保障措施；另為維護金融穩定，對於創新實驗過程中有重大不利金融市場或危及參與實驗者權益等情形者，金管會得廢止該項實驗之核准〔以上參見行政院重要政策：「《金融科技發展與創新實驗條例》──鼓勵創新，提升金融競爭力」（107.1.31）；「金融創新，推升產業競爭力」（107.9.25）〕。

金融監督管理委員會在本法及「金融科技發展與創新實驗條例」，經立法院在106年12月29日三讀通過後表示，為迎接金融科技（FinTech）浪潮，政府以專法推動金融科技發展並建置創新實驗機制，期優化臺灣創新創業環境，透過加速金

融服務業與非金融服務業的協力合作、掌握金融科技商機，提升金融市場的效率及品質。國人可因創新科技發展，享有更多元、便利及安全的金融服務，使生活變得更美好，國家競爭力更提升。

第23條（銀行資本最低額之核定）
各種銀行資本之最低額，由中央主管機關將全國劃分區域，審酌各區域人口、經濟發展情形，及銀行之種類，分別核定或調整之。
銀行資本未達前項調整後之最低額者，中央主管機關應指定期限，命其辦理增資；逾期未完成增資者，應撤銷其許可。

解說

　　銀行吸收大眾資金而加以利用，但並不因此即表示銀行本身無需資本。銀行資本為其股東的投資，不但是銀行淨值的主要部分，也是銀行承擔風險的重要表徵，是以銀行資本的多寡，往往反映銀行償債能力大小與信用基礎強弱，和客戶存款安全息息相關，故今世界各國對銀行資本的籌集，普遍採取資本確定、資本維持、資本不變及最低資本額等原則。如韓國銀行法第16條規定，銀行的資本額應在250億元以上；日本銀行法第5條規定，銀行的資本不得低於10億元；新加坡銀行法第9條則規定為300萬元，其他如英國為100萬鎊、法國1,200萬法朗、香港1億港幣、荷蘭500萬元、瑞士200萬瑞士法朗。

　　至於我國，則於本條文規定銀行資本最低額的核定。所謂銀行資本，係指所有股東的總投資，包括銀行法定資本總額、

公積金及未分配盈餘。各銀行資本的最低額，由主管機關金融監督管理委員會將全國劃分區域，分別加以核定調整，其審核基礎有三：

(一) 各區域人口多寡：人口愈多，銀行存戶相對則較多，金融活動頻繁，此時銀行資本最低額應較大；反之，在人煙較少省區，金融交易不多，其資本最低額可較小。

(二) 各區域經濟發展情形：經濟高度發展區域，都市商業集中，廠商消費者對資金需求較高，為防止銀行無法承受經營可能遭受的損失，銀行資本額應核定較高；反之，可較低。

(三) 銀行種類：商業銀行及專業銀行中的農業、工業、不動產信用銀行，因從事放款、保證、貼現、商業匯票承兌、簽發信用狀等重要授信業務，為免信用過度擴張，應有較多資本以符實際需要；其他種類銀行，非以授信業務為主，可較少。

由於臺灣地區僅構成一個區域，故主管機關在核定臺灣地區各地區銀行的資本最低額時，就人口多寡、經濟發展情形，實際上自不必再加以區分，只以銀行種類的不同為審核標準即可，主管機關依據本條文分別核定：

(一) 申請設立商業銀行，其最低實收資本額為新臺幣100億元，發起人及股東出資以現金為限（商業銀行設立準則§2）。

(二) 專業銀行中的工業銀行，最低資本額為新臺幣200億元（工業銀行設立及管理辦法§3）、全國農業金庫，最低資本額為新臺幣200億元（全國農業金庫設立許可辦法§2）。

(三) 申請設立信託公司，其最低實收資本額為新臺幣20億元，發起人及股東之出資以現金為限。但依本條例規定僅辦理不動產投資信託業務之信託公司，其最低實收資本額為新臺幣10億元；僅辦理不動產資產信託業務者，其最低實收資本

額爲新臺幣3億元；僅辦理不動產投資信託及不動產資產信託業務者，其最低實收資本額爲新臺幣10億元（信託業設立標準§3）。

近年來因臺灣經濟成長快速，各金融體系經營規模急遽增大，各銀行爲改善財務結構，以適應業務需要，紛紛奉准調高資本額；在78年修正銀行法，開放民營銀行新設後，主管機關除核定商業銀行的新設所需最低資本額外，另一方面亦要求現有銀行，依本條文第2項規定，其內在資本（即銀行資本）未達前項規定最低資本額者，應於文到3個月內按其實際情形，擬具增資計畫報主管機關，以便分別核定期限，辦理增資，逾期未能完成的，將受撤銷許可的處分。

第24條（貨幣單位）
銀行資本應以國幣計算。

解說

本條文規定，在中華民國境內營業的各種銀行，其銀行資本均須以國幣爲計算單位。所謂國幣，依妨害國幣懲治條例第1條的立法解釋，係指「中華民國境內，由中央政府或其授權機構所發行之紙幣或硬幣」；又司法院釋字第99號解釋指出：「臺灣銀行發行的新臺幣，自中央銀行委託代理發行當日起，如有偽造、變造等行爲者，也構成妨害國幣懲治條例的罪責。經查，中央銀行於民國50年7月1日在臺灣復業後，即已委託臺灣銀行發行新臺幣，所以從該日開始，新臺幣即具有國幣的功能，而爲在中華民國流通的法定幣制」。爲貫徹本條文立法意

旨，配合實際需要，新臺幣既已成為國幣，故各銀行的資本，自得逕以新臺幣為計算單位，似較簡便。

第25條（銀行股票）

銀行股票應為記名式。

同一人或同一關係人單獨、共同或合計持有同一銀行已發行有表決權股份總數超過百分之五者，自持有之日起十日內，應向主管機關申報；持股超過百分之五後累積增減逾一個百分點者，亦同。

同一人或同一關係人擬單獨、共同或合計持有同一銀行已發行有表決權股份總數超過百分之十、百分之二十五或百分之五十者，均應分別事先向主管機關申請核准。

第三人為同一人或同一關係人以信託、委任或其他契約、協議、授權等方法持有股份者，應併計入同一關係人範圍。

本法中華民國九十七年十二月九日修正之條文施行前，同一人或同一關係人單獨、共同或合計持有同一銀行已發行有表決權股份總數超過百分之五而未超過百分之十五者，應自修正施行之日起六個月內向主管機關申報，於該期限內向主管機關申報者，得維持申報時之持股比率。但原持股比率超過百分之十者，於第一次擬增加持股時，應事先向主管機關申請核准。

同一人或同一關係人依第三項或前項但書規定申請核准應具備之適格條件、應檢附之書件、擬取得股份之股數、目的、資金來源及其他應遵行事項之辦法，由主管機關定之。

未依第二項、第三項或第五項規定向主管機關申報或經核准而持有銀行已發行有表決權之股份者，其超過部分無表決

權，並由主管機關命其於限期內處分。
同一人或本人與配偶、未成年子女合計持有同一銀行已發行
有表決權股份總數百分之一以上者，應由本人通知銀行。

解說

　　按銀行的組織，除法律另有規定或經專案核准者外，以股份有限公司為限，而股份有限公司依公司法第166條規定，原得發行無記名股票，但銀行法為防止銀行股份為大股東或利益集團所操縱，以至於影響銀行經營與國家金融，而於本條文第1項明確規定銀行股票，應採記名方式，俾使銀行股票能在證券市場上流通，並便於主管機關的稽核。

　　銀行法對於銀行股票之持有，非常重視，78年7月及89年11月1日銀行法修正時，曾在本條文第2～5項規定：「同一人或同一關係人持有同一銀行之股份，超過銀行已發行有表決權股份總數百分之十五者，應通知銀行，並由銀行報經主管機關核准。但同一人或同一關係人持有同一銀行之股份，除金融控股公司、政府持股、及為處理問題金融機構之需要，經主管機關核准者外，不得超過銀行已發行有表決權股份總數百分之二十五。金融控股公司之設立及管理，另以法律定之。同一人或同一關係人持有同一銀行已發行有表決權股份總數超過百分之十五者，應於每月五日以前，將其上月份之持股變動及設定質權之情形通知銀行；銀行應於每月十五日以前，彙總向主管機關申報。前二項所稱同一人，指同一自然人或同一法人；同一關係人之範圍，包括本人、配偶、二親等以內之血親，及以本人或配偶為負責人之企業。同一人或本人與配偶、未成年子女合計持有同一銀行已發行有表決權股份總數百分之一以上

者，應由本人通知銀行。」其立法說明中，強調爲使銀行股權分散，讓所有權與經營權分離，避免金融壟斷情形發生，而對大股東持股加以限制。茲將當時主要修正理由、內容分述如下：

(一) 爲建立臺灣成爲亞太金融中心，本法相關規定亦應符合國際規範，就同一人（指同一自然人或同一法人）持有銀行股份之限制，參考巴塞爾委員會25項有限銀行監督管理的中心原則，很多國家對大股東的定義係持有銀行資本之10%以上，並鑑於酌予提高大股東比率，可深化其與銀行間之共同利益關係，對銀行之穩定經營有所助益，89年11月1日修正銀行法時，爰對現行條文第2項最高持股限制由5%提高至25%，移列爲修正條文第2項但書。

(二) 其次，政府轉讓其所持有之銀行股份，應依預算法規定之程序辦理，與一般股東持股轉讓之程序不同，故銀行法之限制規定，應排除適用，否則預算程序無法通過時，將有窒礙難行之處；另對於金融控股公司及爲處理問題金融機構需要，經主管機關核准者，既與股權分散原則，不生違背，爰明定政府持股、金融控股公司及爲處理問題金融機構經核准者不受同一人持有同一銀行之股份，不得超過銀行已發行股份總數25%之限制。

(三) 按美國銀行控股公司法授權訂定之Regulation Y 225.31 (d) (2) (I)之規定，就銀行持股達25%成立銀行控股公司，該25%持股規定關係人須併同計算。另同時參考國際間對主要股東要求爲適當人選（fit and proper）之規範，爰規定同一人或同一關係人（包括本人、配偶、二親等以內之血親，以及本人或配偶爲負責人之企業），持股達一定比率者，應經中

央主管機關核准。例如對於股權受讓人有危害銀行安定或存款人權益之虞，或其所提供之資料不足或不確定者，或股權受讓人具有商業銀行設立標準第4條之消極條件者等情形，中央主管機關均可不予核准，爰增訂第2項本文之規定。

(四) 依本條文第2項規定，同一人或同一關係人持有同一銀行之股份超過銀行已發行股份總數15%者，應經中央主管機關核准；另因本法第32條第3項規定持有銀行已發行股份總數1%以上者，係屬銀行之主要股東，為兼顧行政程序經濟原則，爰規定同一人或本人與配偶、未成年子女合計持有同一銀行已發行有表決權總數1%以上者，應由本人通知銀行；且同一人或同一關係人持有同一銀行已發行有表決權股份總數超過15%者，應於每月5日以前，將其上月份之持股變動及設定質權之情形通知銀行；銀行應於每月15日以前，匯總向主管機關申報。

民國97年12月9日修正銀行法時，對於銀行股票之持有，再作大幅度修改，其具體內容分述如下：

(一) 本法立法修正之目的，係為建立對銀行有控制權人審核之管理機制，鑑於國內銀行股權仍屬分散，為貫徹本法之立法目的，強化對銀行股東之管理，參考日本立法例之申報門檻及證券交易法第43-1條申報時限規定，在本條文第2項規定：

1.同一人或同一關係人單獨、共同或合計持有同一銀行已發行有表決權股份總數超過5%者，自持有之日起10日內，應向主管機關申報。

2.持股超過5%後累積增減逾1%者，亦應向主管機關申報。

(二) 參酌美國、英國立法例及日本證券交易法第43-1條對

大股東之定義，在本條文第3項規定，將有控制權股東之最低核准門檻，由15%降為10%：且持有同一銀行已發行有表決權股份總數不論超過10%、25%或50%者，均應分別事先向主管機關申請核准。

(三) 同一人或同一關係人持有銀行股票之情形，法理上應包括第三人為同一人或同一關係人以信託、委任或其他契約、協議、授權等方法持有股份等情形，為此在本條文第4項規定，應併計入同一關係人範圍。

(四) 為貫徹股權之透明化及股東適格性之管理，並基於法律安定行性之考量，為此在本條文第5項規定，本法中華民國97年12月9日修正之條文施行前，同一人或同一關係人單獨、共同或合計持有同一銀行已發行有表決權股份總數超過5%而未超過15%者，應自修正施行之日起6個月內向主管機關申報，於該期限內向主管機關申報者，得維持申報時之持股比率。但原持股比率超過10%者，於第一次擬增加持股時，應事先向主管機關申請核准。

(五) 為確保銀行穩健經營，促進社會安定及存款人權益，對於同一人或同一關係人依第3項或前項但書規定申請核准應具備之適格條件、應檢附之書件、擬取得股份之股數、目的、資金來源及其他應遵行事項之辦法，本條文第6項規定，另授權由主管機關定之。

(六) 為落實主管機關監督銀行有控制權人資格之適當性機制，本條文第7項規定，未依前述第2項、第3項或第5項規定向主管機關申報或經核准而持有銀行已發行有表決權之股份者，其超過部分無表決權，並由主管機關命其於限期內處分。

(七) 凡依本法第32條第3項規定持有銀行已發行股份總

數1%以上者，係屬銀行之主要股東，爲兼顧行政程序經濟原則，本條文第8項規定，同一人或本人與配偶、未成年子女合計持有同一銀行已發行有表決權總數1%以上者，應由本人通知銀行。

第25條之1（銀行股票關係人）

前條所稱同一人，指同一自然人或同一法人。

前條所稱同一關係人，指同一自然人或同一法人之關係人，其範圍如下：

一　同一自然人之關係人：

(一) 同一自然人與其配偶及二親等以內血親。

(二) 前目之人持有已發行有表決權股份或資本額合計超過三分之一之企業。

(三) 第一目之人擔任董事長、總經理或過半數董事之企業或財團法人。

二　同一法人之關係人：

(一) 同一法人與其董事長、總經理，及該董事長、總經理之配偶與二親等以內血親。

(二) 同一法人及前目之自然人持有已發行有表決權股份或資本額合計超過三分之一之企業，或擔任董事長、總經理或過半數董事之企業或財團法人。

(三) 同一法人之關係企業。關係企業適用公司法第三百六十九條之一至第三百六十九條之三、第三百六十九條之九及第三百六十九條之十一規定。

計算前二項同一人或同一關係人持有銀行之股份，不包括下列各款情形所持有之股份：

一　證券商於承銷有價證券期間所取得，且於主管機關規定
　　期間內處分之股份。

二　金融機構因承受擔保品所取得，且自取得日起未滿四年
　　之股份。

三　因繼承或遺贈所取得，且自繼承或受贈日起未滿二年之
　　股份。

解說

　　為防止銀行股東以迂迴、間接之方法，規避本法對同一人或同一關係人持有銀行股份之規範，民國97年12月9日修正銀行法時，參考證券交易法第43-1條及金融控股公司法第5條等有關共同持有人及同一關係人之規定，特別在本條文明確介定同一人或同一關係人的範圍，分述如下：

　　所謂同一人，指同一自然人或同一法人。法人乃自然人以外，由法律所創設，得為權利及義務主體之團體，法人自其設立基礎觀察，有以社員的結合為中心者稱為社團，有以固定財產的結合為中心者稱為財團。惟不論何者，均有本條文之適用。至於同一關係人，則指同一自然人或同一法人之關係人，其中同一自然人之關係人範圍如下：

　　(一) 同一自然人與其配偶及二親等以內血親。

　　(二) 前述之人持有已發行有表決權股份或資本額合計超過三分之一之企業。

　　(三) 前述之人擔任董事長、總經理或過半數董事之企業或財團法人。

　　關於同一法人之關係人，根據本條文第2項規定，其範圍如下：

(一) 同一法人與其董事長、總經理，及該董事長、總經理之配偶與二親等以內血親。

(二) 同一法人及前述之自然人持有已發行有表決權股份或資本額合計超過三分之一之企業，或擔任董事長、總經理或過半數董事之企業或財團法人。

(三) 同一法人之關係企業。該關係企業適用公司法第369-1條至第369-3條、第369-9條及第369-11條之規定。茲就關係企業之內容說明如下：

1.公司法第369-1條，將關係企業之類型，界定為「有控制與從屬關係之公司」及「相互投資公司」兩種。

2.控制與從屬關係之成立，我國公司法在第369-2條作定義性之規定。其又可分為兩類：(1)公司持有他公司有表決權之股份或出資額，超過他公司已發行有表決權之股份總數或資本總額半數者為控股公司，該他公司為從屬公司（公§369-2Ⅰ）；(2)除前項外，公司直接或間接控制他公司之人事、財務或業務經營者亦為控制公司，該他公司為從屬公司（公§369-2Ⅱ）。

3.第369-3條則規定公司間有多數執行業務股東或董事，或者是公司間之已發行有表決權之股份總數或資本總額有半數以上為相同之股東持有或出資者，推定其為控制與從屬關係。此係我國參照德國股份法並考慮我國之現狀，而制定之規範。

4.至於相互投資公司，公司法第369-9條第1項明定，公司與他公司相互投資各達對方有表決權之股份總數或資本總額三分之一以上者，為相互投資公司。在相互投資公司各持有對方已發行有表決權之股份總數或資本總額超過半數者，或互可直接或間接控制對方之人事、財務或業務經營者，互為控制公司

與從屬公司。

　　5.計算公司持有他公司之股份或出資額，第369-11條規定，相互投資公司知有相互投資之事實者，其得行使之表決權，不得超過被投資公司已發行有表決權股份總數或資本總額之三分之一。但以盈餘或公積增資配股所得之股份，仍得行使表決權。公司依第369-8條規定通知他公司後，於未獲他公司相同之通知，亦未知有相互投資之事實者，其股權之行使不受前項限制。

　　本法另鑑於證券商於承銷有價證券期間所取得之股份，承受擔保物權，或因繼承或遺贈所取得之股份或出資額，因非自願性之交易所得，為此參酌金融控股公司法第5條第2項，在本條文第3項規定，計算前開同一人或同一關係人持有銀行之股份，不包括下列各款情形所持有之股份：(一)證券商於承銷有價證券期間所取得，且於主管機關規定期間內處分之股份；(二)金融機構因承受擔保品所取得，且自取得日起未滿4年之股份；(三)因繼承或遺贈所取得，且自繼承或受贈日起未滿2年之股份。

第26條（增設銀行或分行之限制）
中央主管機關得視國內經濟、金融情形，於一定區域內限制銀行或其分支機構之增設。

解說

　　銀行法認為一國金融單位的多寡，應斟酌國家經濟與金融活動的需要，如完全採取放任態度，使金融單位過多，恐將降

低各銀行的經營效率及減少獲利能力，甚而引發不健全的放款和投資行為，危及金融安定。為此，對於銀行設立與分支機構增設，乃有下列三種限制：

(一) 程序上限制：參見第21條。

(二) 區域性限制，即本條文。

(三) 國外設立分支機構的限制：參見第27條。

條文中「限制銀行或其分支機構之增設」，所謂「銀行」，指新設銀行；而「分支機構」，依金融監督管理委員會111年4月19日修正公布之「金融機構國內分支機構管理辦法」第2條規定：「在銀行指國內分行及簡易型分行，在信用合作社指分社及簡易型分社。簡易型分行（社）指小型分支機構，其經營之業務項目，由金融監督管理委員會（以下稱主管機關）就下列範圍內核定：一、收受各種存款。二、辦理存單質借。三、辦理消費性貸款。四、辦理信用卡預借現金。五、辦理中小企業放款。六、辦理國內匯兌。七、買賣外幣現鈔及旅行支票。八、代理收付款項。九、辦理特定金錢信託投資國外有價證券及國內證券投資信託基金。十、辦理本機構其他業務之代收件。十一、其他經主管機關核准辦理之業務。前項第七款規定業務，應取得中央銀行許可，始得辦理。」

依前述「金融機構國內分支機構管理辦法」第3條規定：「銀行及信用合作社（以下稱金融機構）申請增設分支機構，主管機關得視國內經濟、金融情形，限制其增設。（Ⅰ）金融機構申請增設分支機構，除配合金融監理政策協助處理經營不善金融機構或申請設置地點有益城鄉均衡發展者，應符合下列條件：一、本國銀行申請前半年底自有資本與風險性資產之比率達銀行資本適足性及資本等級管理辦法第五條規定加計二個百

分點以上。信用合作社申請前半年底自有資本與風險性資產之比率達信用合作社資本適足性及資本等級管理辦法第三條第一項規定加計二個百分點以上。二、申請當年度最近一季底逾期放款比率未逾百分之一點五。三、申請當年度最近一季底備抵呆帳覆蓋率達百分之八十以上。四、申請前三年度平均稅前淨值報酬率達本國銀行及信用合作社同業三年平均值之一倍以上。但本國銀行及信用合作社同業三年平均值之一倍逾百分之四時，信用合作社申請前三年度平均稅前淨值報酬率達百分之四以上，或申請前三年底平均自有資本與風險性資產比率達百分之十二以上者，亦得為之。五、申請前一年度決算或當年度半年結算後無虧損及累積虧損。六、最近一年內無因違反金融相關法規，受主管機關處分之情事，或有違法情事，已具體改善，並經主管機關認可。七、最近一年內負責人無因業務上故意犯罪，經判處罪刑確定之情事。八、最近一年內發生舞弊案均依規定呈報且無情節重大之情事。九、申請前一年底或當年度六月底前經主管機關或中央銀行糾正之缺失，均已切實改善。十、最近一年內無未注意安全維護致生重大危安事故之情事。(II)銀行依銀行法第五十八條第一項規定，申請變更為商業銀行者，得同時申請設立分支機構，惟併計已設立之分支機構，以五家為限。(III)」

　　金融監督管理委員會對於一定區域內新設銀行或分支機構的增設，應依本條文從經濟及金融需要方面，進行通盤考慮，必要時可加以限制；尤其長期以來我國銀行有過度集中於臺北市東區的現象，故主管機關更應妥善運用本條文，注意全省各地經濟發展差距，適時介入，以切實防止銀行間的惡性競爭與金融資源的浪費。

第27條（設立國外分支機構之核准）

銀行在國外設立分支機構，應由中央主管機關洽商中央銀行後核准辦理。

解說

　　銀行在國內增設分支機構，應獲主管機關許可，已如前述；至於銀行在國外設立分支機構，因通常都會經營外匯業務，並與國際金融層面相關，而外匯業務在我國係由中央銀行主管，故銀行國外分支機構的核准設立，應會商中央銀行辦理始可。

　　邇來我國已有兆豐銀行、華南銀行、第一銀行、中國國際商業銀行等多家銀行獲准在國外設立分行，以臺灣經濟實力的雄厚，未來銀行業申請在國外設立分支機構，必日益增多，惟本條文只規定核准設立的法律依據，至對本國銀行在國外分支機構的管理，卻尚嫌不足，在我國朝向金融國際化努力中，允宜儘早修訂增列，以供適用。

　　針對前述缺失，財政部業於89年5月19日公布「本國銀行設立國外分支機構應注意事項」，嗣經金融監督管理委員會108年2月12日修正公布，共計13項條文，分述如後：

一、為依銀行法（以下稱本法）第27條規定審核本國銀行申請設立國外分支機構，訂定本注意事項。

二、本注意事項所稱國外分支機構，指本國銀行之國外代表人辦事處、分行、子銀行及合資銀行。

三、本國銀行設立國外分支機構，應由主管機關洽商中央銀行後核准辦理。

　　本國銀行申請設立國外分行，主管機關自申請書件送達之次日

起30個營業日內，未表示反對者，視為已核准。但擬前往設立之國家（或地區）已有本國銀行設立分行者，主管機關自申請書件送達之次日起20個營業日內，未表示反對者，視為已核准。

本國銀行申請設立代表人辦事處，主管機關自申請書件送達之次日起20個營業日內，未表示反對者，視為已核准。

第2項前段申請設立國外分行之本國銀行，已具有優良全球營運管理能力者，主管機關自申請書件送達之次日起25個營業日內，未表示反對者，視為已核准。

四、本國銀行有下列情形之一者，不得申請設立國外分支機構：

(一) 申請設立代表人辦事處，其設立國外部尚未滿1年者；申請設立分行、子銀行或合資銀行，其設立國外部尚未滿2年者。

(二) 前半年底之自有資本與風險性資產比率未達銀行資本適足性及資本等級管理辦法第5條規定加計2個百分點者（最近一次金融檢查或經主管機關審查，有新增之累積虧損或備抵呆帳提列不足者，銀行應重新核算該比率）。

(三) 備抵呆帳提列不足者（以最近一次金融檢查及最近一年度經會計師查核簽證之財務報表為基準）。

五、本國銀行申請設立國外分支機構，應檢附下列文件分別向主管機關提出申請，並副知中央銀行（含申請書件）：

(一) 設立國外分支機構申請書（如附件）。

(二) 可行性研究報告：載明擬前往設立國家（或地區）之選定因素，包括當地之政治、經貿（含當地人口、面積及國內生產毛額）、金融情勢；我國與當地之雙邊貿易、相互投資情形；當地適用於外國銀行之金融法令規定（包括對於外國銀行申請設立分支機構之程序及審核標準、業務經營限制，我國金融主管機關得否蒐集及檢查該分支機構財務、經營狀況等資料，以合資方式設立者，其出資比率之規定等）、賦稅法令規定及自評本設立案符合當地法令規定之說明；本國銀行在當地已設立分支機構之情形及其經營概況分析；擬設分支機構之經營風險評

估及效益分析（包含所擬設立海外據點與促進我國經貿往來評估情形）。

(三) 已設立國外分支機構之營運情形：包括已設立國外分支機構之家數及營運狀況分析；母行及當地金融主管機關最近一次對該等分支機構查核結果之說明。

(四) 營業計畫書：載明擬經營之業務範圍、市場定位及未來業務發展計畫與策略、已儲備具有國際金融業務專業知識與經驗暨良好外語能力之人員名單（詳列各項學、經歷）；申請設立之國外分支機構之內部組織分工、在全行之隸屬關係圖、人員配置及招募培訓計畫；預估未來3年之資產負債表、損益表及資金來源去路表，並敘明其預估基礎；提升總行全球營運管理能力（包括對國外分支機構之支援及人才養成）之具體作法。

(五) 預定負責人之資格條件符合第8點及第8點之1規定之證明文件。

(六) 對國外分支機構內部控制及稽核制度（包括重大事件通報機制與防制洗錢及法令遵循機制之具體計畫，其中防制洗錢及法令遵循機制具體計畫應經會計師、律師或設立當地專業顧問公司出具符合當地金融主管機關要求及法令規定之意見）暨營運管理及績效考核辦法。

申設代表人辦事處者，得免檢附前項第4款及第6款規定之文件。

六、本國銀行申請設立國外分支機構，有下列情形之一者，主管機關得予否准：

(一) 有第4點所列各款情事之一者。

(二) 檢附書件不完備、內容欠缺周延或可行性，經要求補正而未能補正者。

(三) 有其他事實顯示業務未能審慎經營或財務健全性不足者。

七、本國銀行經核准設立國外分支機構，應確實依第8點至第10點規定辦理。主管機關核准後發現申請事項有虛偽情事或有第6點第1款或第3款情事者，得廢止原處分。

八、本注意事項所稱負責人，指本國銀行國外代表人辦事處之代表人、國外分行之經理、轉投資之子銀行或合資銀行由本國銀行派任副總經理以上之人員。該等人員應具備良好之語言能力、品德操守及專業領導能力，且無銀行負責人應具備資格條件準則第3條第1項所列各款情事；國外分行之經理及轉投資之子銀行或合資銀行由本國銀行派任副總經理以上之人員，並應符合前開準則第6條規定。

八之一、國外分行主管及非主管人員應依下列規定參加訓練課程：

(一) 國外分行主管於充任前應依金融機構自行擬訂之具體訓練計畫，參加相關訓練課程及測驗，足證其已具備防制洗錢及熟知當地法令規定之相關能力。

(二) 國外分行主管及非主管人員，每年應參加由國外主管機關或相關單位舉辦之金融法令訓練課程分別至少15小時及6小時，或參加主管機關或其認定機構所舉辦或所屬金融控股公司（含子公司）或銀行業（含母公司）自行舉辦之教育訓練課程。自行舉辦之訓練方式應提報董事會通過，總機構需留存相關人員上課紀錄備查。

九、本國銀行經主管機關核准後始得向外國政府提出申請設立國外分支機構。外國金融主管機關許可後，本國銀行應於開業前檢附下列資料報主管機關備查：

(一) 外國金融主管機關之核准函（其須經外國金融主管機關核發營業執照者，並檢附執照影本）。

(二) 外國金融主管機關核准經營之業務項目。

(三) 設立日期及詳細地址。

(四) 負責人姓名；該負責人若非為原先所報之預定負責人，則應另檢附該員符合第8點及第8點之1規定之證明文件。

(五) 總機構法令遵循主管出具本設立案符合法令規定之聲明書。

十、國外分支機構設立後（含已成立者），總行應依下列規定辦理：

(一) 國外分行配合當地金融法規與商業習慣辦理之各項銀行業務，

如有不符我國金融法令規定者,應事先報主管機關核准。

(二) 國外分支機構發生重大偶發及舞弊事件,應依主管機關規定處理及通報。

(三) 應於主管機關網際網路申報系統填報國外分支機構相關資料,如有異動應確實更新。

(四) 對於代表人辦事處以外之國外分支機構,另應辦理事項如下:

1. 應依金融控股公司及銀行業內部控制及稽核制度實施辦法辦理內部查核。業務稽核報告、會計師查核報告及所在地金融主管機關之檢查報告等資料,應送主管機關備查。

2. 每季應於主管機關網際網路申報系統填報營運狀況基本資料。

3. 每年度應連同國外分支機構編製合併財務報表,依本法第49條規定報主管機關備查。

(五) 本國銀行擬裁撤國外分支機構,應事先報主管機關核准。

國外分支機構設立後,營業地址或營業項目之變動,得事後報主管機關備查。

十一、本國銀行已設立國外分支機構者,其在同一個國家增設新分支機構,仍應依照本注意事項辦理。

本國銀行持股比率超過50%之國外子銀行辦理轉投資子銀行或增設分行,母行應檢附第5點第1項第4款規定之文件報主管機關備查。

十二、本國銀行擬先行派員常駐其尚未經主管機關核准設立國外分支機構之地點,辦理商情蒐集及籌備等事宜,應檢附派駐人員及地點等資料報經主管機關核准後,始得派駐。

十三、本國銀行擬併購國外銀行,應檢具有關資料,專案報主管機關核准。

　　至於大家最關注之國內銀行赴大陸地區設立分支機構情形,有鑑於臺商在大陸地區投資,國內銀行為其主要資金來源之一,為便於國內銀行瞭解授信客戶在大陸地區的經營實況,

並提供臺商財務諮詢服務，協助其解決融資問題，實有開放國內銀行赴大陸地區設立代表人辦事處的必要；而且代表人辦事處可從事諮詢、聯絡及市場調查等活動，有助於瞭解客戶的需求、客戶的實際狀況及提供客戶實際的金融諮詢服務，對協助臺商金融方面的服務，將有積極的意義，為此財政部於89年8月就開放銀行赴大陸設立辦事處的可行性問題進行研究，並與陸委會及中央銀行研商確立朝開放的方向規劃，並就開放所涉及的金融監理、風險管理及法制作業等問題，作通盤檢討，嗣於91年6月26日正式開放銀行赴大陸地區設立代表人辦事處。緊接著財政部已許可臺灣土地銀行、合作金庫銀行、世華銀行、中國國際商業銀行、第一銀行、華南銀行、彰化銀行、中國信託商業銀行等八家銀行赴大陸地區設立代表人辦事處。

　　然而伴隨兩岸經貿往來的密切度上升，大陸臺商希望融資管道通暢，而臺灣之銀行業鑑於面臨國際金融同業之競爭、本身客戶之外移或全球化布局，以及憧憬大陸之潛在商機，因此，前往大陸設點正式營業之意願，日益殷切。 另在經濟全球化發展趨勢下，金融國際化成為維繫國際競爭力之不二法門。發展國際金融業務分行（以下簡稱OBU）成為海外臺商及外商之資金調度中心，係諸多臺商之共同意見及金融市場套案既定計畫，故為強化OBU提供海外臺商及外商金融服務之功能，允宜放寬銀行之OBU及海外分支機構辦理兩岸金融業務範圍，以有效吸引其利用OBU及海外分支機構作為資金調度中心。

　　近年來大陸地區加速開放金融市場，國際性銀行乃積極對大陸市場進行投資布局，初期以透過金控公司及銀行之海外子銀行投資大陸地區銀行，較具可行性。金控公司及銀行之海

外子銀行投資大陸地區銀行，係以策略投資者角色，非為取得經營控制權（依據大陸地區現行規定，個別外資金融機構投資當地銀行之持股比例不得逾20%），運用大陸地區銀行之營業據點及人民幣業務，協助國內銀行業者加強對大陸臺商之金融服務；至於投資風險方面，則能與國內母公司作有效區隔。是項投資所涉及之跨境監理問題，依據金融監理之國際慣例，主要監理者（Primary Regulator）為海外子銀行所在地之金融監理機關，為能有效掌握大陸地區被投資銀行之經營實況，主管機關於許可海外子銀行投資大陸地區銀行前，應先與海外子銀行所在地及大陸地區之金融監理機關建立三方金融監理合作機制。

為提升國內銀行業之國際競爭力，主管機關金融監督管理委員會亦於97年3月14日、100年9月7日修正「臺灣地區與大陸地區金融業務往來許可辦法」，開放國內銀行赴大陸地區設立代表人辦事處、分行、子銀行或參股投資，及臺灣地區金融控股公司赴大陸地區參股投資，其相關重點如下：

(一) 臺灣地區銀行赴大陸地區設立代表人辦事處、分行、子銀行或參股投資，及臺灣地區金融控股公司赴大陸地區參股投資，應依本辦法報經主管機關許可（§5Ⅰ）。

(二) 臺灣地區銀行或金融控股公司在第三地區設立之子銀行赴大陸地區設立代表人辦事處、分行、子銀行或參股投資，臺灣地區母公司應依本辦法報經主管機關許可（§5Ⅱ）。

(三) 依本辦法申請從事業務往來、設立代表人辦事處、分行、子銀行或參股投資，主管機關於許可前應洽商中央銀行之意見。前項情形有事實顯示有礙健全經營業務之虞或未能符合金融監理之要求者，主管機關得不予許可；已許可者，得廢止

之。第1項之申請，經許可後如發現其申請或申報事項或檢附之文件有虛偽不實者，主管機關得撤銷之（§10）。

　　民國98年以來，臺灣與大陸地區相繼簽署了兩岸金融合作協議、兩岸金融監管合作備忘錄（MOU）以及兩岸經濟合作架構協議（ECFA），逐步推進兩岸金融合作向前邁進。金融監督管理委員會亦已修正「臺灣地區與大陸地區金融業務往來許可辦法」，准許臺灣銀行赴大陸設立分行，截至112年6月底，大陸銀監會已核准多家臺灣銀行業在大陸設立分行或辦事處，包括：第一商業銀行上海分行、國泰世華商業銀行上海分行、土地銀行上海分行、臺灣銀行上海分行、中國信託商業銀行上海分行、永豐銀行南京分行、彰化商業銀行昆山分行、合作金庫商業銀行蘇州分行、華南銀行深圳分行、玉山銀行東莞分行等90個分行或辦事處。

第28條（經營信託或證券業務）
商業銀行及專業銀行經營信託或證券業務，其營業及會計必須獨立；其營運範圍及風險管理規定，得由主管機關定之。
銀行經營信託及證券業務，應指撥營運資金專款經營，其指撥營運資金之數額，應經主管機關核准。
除其他法律另有規定者外，銀行經營信託業務，準用第六章之規定辦理。
銀行經營信託及證券業務之人員，關於客戶之往來、交易資料，除其他法律或主管機關另有規定外，應保守秘密；對銀行其他部門之人員，亦同。

解說

銀行業務的經營模式，可分為專業經營與兼業經營兩類。專業經營係指不同的金融業務，分由不同種類的銀行經營的制度，在此制度下，各類銀行如商業銀行只負責提供工商企業界短期營運資金，而專業銀行則只供應長期設備資金。兼業經營又稱混合經營，指不同的金融業務，可由同種類銀行分別經營的制度。大致而言，早期英國、法國、荷蘭等，採行專業經營的銀行制度；而美國、德國、比利時等，則實施兼業經營的制度。二次大戰結束後，因國際經濟與各國經濟金融條件的劇烈變動，使各國銀行不斷擴大業務範圍，以多角化經營，對客戶提供廣泛服務，致使銀行業務的經營，有逐漸朝向兼業經營的趨勢。

我國有鑑於「百貨商品式的銀行」已成為時代潮流，社會各界需要銀行服務的事項及方式日增，乃於89年11月1日修正本條文時，明定商業銀行及專業銀行得兼營他類銀行業務，茲分析如下：

(一) 本法對銀行兼營他類銀行業務，係採取部分開放原則，僅商業銀行及專業銀行得兼營證券、信託業務；惟信託投資公司則不可附設商業銀行部，以兼營短期金融業務。

(二) 銀行經營信託或證券業務，得視實際需要，由總分支機構獨立設帳管理，毋須另設專部辦理，爰將現行條文第1項有關銀行得設儲蓄部與信託部之規定刪除。商業銀行及專業銀行經營信託、證券之業務，應與其原有業務相區隔，以避免銀行與客戶間利益衝突之可能性，除規定其營業及會計必須各自獨立外，並授權中央主管機關於必要時得對其營運之範圍及風險管理予以規定，列為修正條文第1項。例如其以受託人之地

位辦理信託業務時，得規定其辦理信託業法第16條、第17條之業務範圍，或規定其投資種類及投資比率。又如兼營證券業務時，係限制其應依證券商設置標準第14條規定辦理，而銀行如欲經營全部證券業務時，則應申請設立證券子公司；同時，本條所稱證券業務尚不包含期貨在內。

(三) 銀行法修正施行後，信託部改為一般分行，其辦理信託業務，除其他法律另有規定者外，應依業務之性質，分別準用第六章相關之規定，例如第103條第1項但書及第2項有關信託資金準備以資本總額為計算基礎之規範，在信託部與資本獨立之規定經刪除後，將無準用之餘地，應逕依同條第1項規定辦理。又如第102條有關以銀行淨值10%專款經營證券業務之規範（現係以信託部淨值計算），因已無信託部之資本，故亦無信託部獨立之淨值，自不再準用第102條規定，將另以行政命令規範提撥營運資金之數額，爰增列第2、3項，其餘第六章有關信託業務及受託人之注意業務部分，均可準用。

(四) 為進一步確保客戶之權益，防範內部人交易，以建立防火牆制度，同時為貫徹信託法第22條及信託業法第22條之忠實義務，故要求信託與證券部門之人員，關於客戶之往來、交易資料，除其他法律或中央主管機關另有規定外，對第三人及銀行其他部門之人員，均應保守秘密，爰增訂第4項規定。

應說明者，本條文所涉及之銀行業務與證券業務之兼營問題，早在80年代即廣受各國法學界、銀行界人士所重視。對此，美國、日本等國家原先係採取「銀證分離」原則，惟所謂「銀證分離」係非銀行不得經營銀行業務（§29），而非證券商不得經營證券業務（證券交易法§44），基於專業經營原則，嚴格區分銀行業務與證券業務之藩籬；因之，證券商不得

經營銀行業務，而銀行不得經營證券業務。銀證分離的政策是美日兩國規範銀行兼營證券業務的大前提，就歷史發展而言，美國乃因1929年股市崩盤所引發之金融危機，嚴重波及銀行業，造成經濟大恐慌，而在1933年由參議員卡特‧格拉斯和眾議員亨利‧B‧斯蒂格爾提出對於銀行業務與證券業務分離的格拉斯—斯蒂格爾（Glass-Steagall）法案，以嚴格區分商業銀行不得兼營證券業務的制度；其次是日本在二次世界大戰後，美軍占領時期建構戰後日本的金融秩序，接受美軍總司令部（General Head Quarter）的強力指導，於日本證券交易法第65條第1項明文銀行不得兼營證券業務的規定，仿照美國制度而調整銀行業與證券業，確立銀證分離的原則。然而，相對於銀證分離的概念，以德國為代表的綜合銀行業務，未因業務性質之不同而調整銀行經營的方式，而完全開放金融機關兼營銀行業務與證券業務的型態。質言之，銀行業務與證券業務的分離與否，在金融政策上是頗具爭議性之議題。

然金融市場的發展日新月異，尤其是70年代開始的利率與匯率自由化政策，金融業務的快速變化，伴隨著人類科技與商品的研究開發，模糊傳統的銀行市場與證券市場之區隔界線；貨幣市場共同基金等新金融商品，誘發銀行與證券業務間的爭議，從80年代後半開始，即使是堅守銀證分離的美國，在金融市場環境遽變下，完全體會到禁止銀行兼營證券業務的銀證分離制度，已無法滿足現代金融市場的需求，而認為1933年的格拉斯—斯蒂格爾法案似乎是限縮美國銀行競爭優勢的主要障礙，必須重新檢討銀行業務與證券業務的相互衝擊。

在我國早期銀行界對兼營證券業務意願並不高，但89年11月間之銀行法修正，已藉由商業銀行本身得視實際需要，由總

分支機構獨立設帳管理，經營證券業務，而毋須另設專部辦理的變革，導向我國綜合銀行業務的新趨勢。

但應注意者，銀行業與證券業的本質互異，銀行與證券商分別扮演貨幣市場與資本市場之金融中介機能，倘若允許同一金融交易主體，例如銀行兼有銀行業務與證券業務時，是否致生以自己之利益為重，而優先於其他顧客之利益衝突？銀行有無可能為維護銀行業務的籌碼，而將證券業務視為銀行業務的補充地位？尤其是銀行因授信企業業務而握有客戶重要的即時資訊，倘若銀行利用職務上的方便，不當或濫用其權限時，是否暗藏內線交易而致生利益衝突？例如銀行基於金融上的交易關係，所取得相關企業的內部訊息，若不慎流用於證券業務時，而使銀行自己或其他客戶利用該訊息，從事證券交易獲得利益之不法情事。

針對上述銀行兼營證券業務所衍生利益衝突的隱憂，學者乃提出防火牆制度的設計。關於防火牆的概念，一般係指美國聯邦準備理事會Allan Greenspan在銀行與證券業務問題的改革上，提出所謂防火牆制度（Firewalls）的建立，其目的在於防範銀行或證券業務任何部門之風險擴大波及效應，影響銀行經營的安全性與健全性之問題，所因應的管理建議；雖然至今，防火牆的概念尚未形成嚴密的定義與適用範圍，但就銀行兼營證券業務的制度而言，當屬非常重要的議題。該制度的基本理念是要將銀行業務或證券業務可能引起的火花，限制於個別業務的部門之內，不使其蔓延至不同業務部門或關聯企業的防火措施，而重點將在於資訊、資金與人員的制度管理等等為其規範架構的主軸，尤其是資訊流用的問題。

為此，本條文於第4項明文「銀行經營……證券業務之人

員，關於客戶之往來、交易資料，除其他法律或主管機關另有規定外，應保守秘密；對銀行其他部門之人員，亦同」，以確保客戶的權益，防範內部人交易的不法行為，而建立防火牆的機制；其次是資金管理的問題，於同條文第1項明文「商業銀行⋯⋯經營⋯⋯證券業務，其營業及會計必須獨立；其營運範圍及風險管理規定，得由主管機關定之」，而同條第2項明文「銀行經營⋯⋯證券業務，應指撥營運資金專款經營，其指撥營運資金之數額，應經主管機關核准」，區隔兼營證券業務與其原有的銀行業務，以避免利益衝突之可能發生，除規定其營業及會計必須各自獨立外，並授權中央主管機關得對其營運之範圍與風險管理明定行政命令，同時依中央主管機關所核准之額度，銀行提撥營運資金專款經營證券業務，確保資金獨立。

第29條（專業經營原則）
除法律另有規定者外，非銀行不得經營收受存款、受託經理信託資金、公眾財產或辦理國內外匯兌業務。
違反前項規定者，由主管機關或目的事業主管機關會同司法警察機關取締，並移送法辦；如屬法人組織，其負責人對有關債務，應負連帶清償責任。
執行前項任務時，得依法搜索扣押被取締者之會計帳簿及文件，並得拆除其標誌等設施或為其他必要之處置。

解說

　　收受存款、受託經理信託資金及辦理國內外匯兌，原屬銀行始得經營的業務，我銀行法為保障社會大眾權益，確保金融

業務安定，特別於本條文，對非銀行的工商企業或個人經營銀行業務，以明文加以禁止。條文第1項規定，非銀行不得經營的業務，包含：(一)收受存款；(二)受託經理信託資金；(三)受託經理公眾財產；(四)辦理國內外匯兌業務。

　　本條第1項前段所稱「法律另有規定」，如：(一)信用合作社依「信用合作社管理辦法」，可辦理社員存、放款及國內匯兌業務；(二)中華郵政股份有限公司依郵政儲金等相關法規，可辦理郵政儲金的收付及郵政匯兌業務等。

　　違反本條文第1項規定，非銀行而經營收受存款等銀行業務者，已觸犯本法第125條規定，可處3年以上10年以下有期徒刑，得併科新臺幣1,000萬元以上2億元以下罰金。其因犯罪獲取之財物或財產上利益達新臺幣1億元以上者，處7年以上有期徒刑，得併科新臺幣2,500萬元以上5億元以下罰金。法人犯該項罪名時，處罰其行為負責人。對該項違法行為，金融監督管理委員會或經濟部可依本條文第2項，會同法務部、調查局、司法警察機關前往取締，並移送法辦。為使取締工作能有效運作，本條第3項再賦予取締機關，可以按照刑事訴訟法的相關規定，依法搜索扣押被取締者的會計帳簿及文件，並可拆除其標誌等設施或為其他必要的處置。又本法為加重行為人，非銀行經營銀行業務的責任，復於第2項後段規定，如屬非銀行的法人違反前開業務限制時，其負責人對相關債務，應負連帶清償責任（民§272）。

實例

　　某設有銀行、企管系的工商專科學校，設置學生實習銀行，收受師生儲蓄存款，是否違反銀行法第29條規定？

不違反。因依教育部訂頒「各級學校附設實習銀行管理要點」第2點規定，凡在專科以上設有銀行、會計、金融、企業管理等相關科系的學校即可設立實習銀行，以收受師生儲蓄、活期及定期存款，此為銀行法第29條第1項的除外規定，尚不違反銀行專業經營原則，惟該實習銀行在設置前應報請教育部核准，且其業務限於學校內部的教學實習，利率應以中央銀行牌告利率為準，並應轉存金融機構，校方不得動用。

第29條之1（收受存款之擬制）
以借款、收受投資、使加入為股東或其他名義，向多數人或不特定之人收受款項或吸收資金，而約定或給付與本金顯不相當之紅利、利息、股息或其他報酬者，以收受存款論。

解說

按除法律另有規定外，非銀行不得收受存款業務，本法第29條第1項已定有明文。惟由於社會游資氾濫，以驚人高利吸收民間游資的投資公司大量增加，業務發展甚為迅速，其中如馬勝投資、im.B公司、紅富海公司、鴻源等投資公司所吸收的資金，動輒上百億，甚至遠高於地區性的中小企業銀行或合作社。面對這種利用借款、收受投資等名義，以遂行其收受存款的不法行為，我過去司法實務上，只能以違反修正前公司法第15條第3項經營登記範圍以外業務，而論以1年以下有期徒刑、拘役或科或併科5萬元以下罰金的處罰，以至於無法發揮有效遏止作用。為保障社會投資大眾的權益，及有效維護經濟金融秩序，實有將此種脫法收受存款行為，擬制規定為收受存款的

必要，這就是本條文在78年7月修正銀行法時，予以增訂的主要理由。

一般違法吸收資金的公司，吸收資金的名目很多，為此本條文除例示最常見的「借款」、「收受投資」、「使加入為股東」等名義外，並以「其他名義」作概括規定，以求周延。

違法吸收資金公司，其所以能蔓延滋長，往往在於行為人與投資人間約定或給付與本金顯不相當的紅利、股息、利息或其他報酬，本條文乃參考刑法第344條重利罪的規定，併予規範為成立要件，以期適用明確。凡違反本規定時，依本法第125條第1項規定，可處3年以上10年以下有期徒刑，得併科新臺幣1,000萬元以上2億元以下罰金。其因犯罪獲取之財物或財產上利益達新臺幣1億元以上者，處7年以上有期徒刑，得併科新臺幣2,500萬元以上5億元以下罰金。

第30條（反面承諾）

銀行辦理放款、開發信用狀或提供保證，其借款人、委任人或被保證人為股份有限公司之企業，如經董事會決議，向銀行出具書面承諾，以一定財產提供擔保，及不再以該項財產提供其他債權人設定質權或抵押權者，得免辦或緩辦不動產或動產抵押權登記或質物之移轉占有。但銀行認為有必要時，債務人仍應於銀行指定之期限內補辦之。

借款人、委任人或被保證人違反前項承諾者，其參與決定此項違反承諾行為之董事及行為人應負連帶賠償責任。

解說

本條文係64年7月4日修正銀行法時新增，因抵押權的設定登記及質物的移轉占有，對於銀行與受信人均有不便，為簡化此項手續，故參照美國反面承諾（Negative Pledge）辦法增列本條。所謂「反面承諾」，指由借款人、委任人或被保證人主動承諾不將財產抵押或設定質權予第三人，如銀行認為滿意，即可給予放款、授信的行為。反面承諾制度的優點，可以簡化銀行授信手續、便利企業資金調度，及促使受信人承諾責任進而建立商業信用體系；至其缺點，則為此種承諾僅有債權效力，當借款公司倒閉時，儘管公司負責人會受到法律制裁，但銀行對被承諾提供擔保的財產，並無如擔保物權般，有優先受償的權利，影響所及，反面承諾在實際金融作業中，受銀行接受的案例，並不多見。茲就反面承諾內容，分析如下：

(一) 適用範圍：限於放款、開發信用狀或提供保證三種授信行為。

(二) 適用對象：限於借款人、委任人或被保證人為股份有限公司的企業，才可受理。

(三) 承諾手續：應經公司董事會決議，向銀行出具書面承諾書。

(四) 承諾內容：以一定財產提供擔保，及不再以該項財產提供其他債權人設定質權或抵押權。所謂「一定財產」，包括動產、不動產，且能確定所有權與數量。

(五) 承諾效果：得免辦或緩辦不動產或動產抵押權登記或質物的移轉占有，但銀行認為有必要時，債務人仍應於銀行指定的期限內補辦該手續。

(六) 違反承諾的處罰：違反內容包括以所提供擔保的財

產，重複提供或設定與他人，以及未於銀行指定期限內辦理設定登記手續，此時，其參與決定該違反承諾行為的董事及行為人，在民事上應負連帶賠償責任，在刑事上構成本法第126條的罪責，依法可判處3年以下有期徒刑、拘役或科或併科新臺幣180萬元以下罰金。

附件——承諾書

```
                        承　諾　書
一、立承諾書人　　　　　股份有限公司，經本公司董事會於
    年　　月　　日合法決議，向貴行
            放款　　　　（　　）
    申請　開發信用狀（　　），依銀行法第30條之規定，
            保證　　　　（　　）
    承諾提供如附表所列之本公司所有財產作為擔保，決不再以
    所列之不動產或動產提供其他債權人設定抵押權或質權，或
    就同一標的物，另向其他債權人作重複之承諾。
二、貴行認有必要時，得通知立承諾書人限期補辦抵押權登記或
    質物之移轉占有，如立承諾書人逾期不辦者，視同拋棄一切
    債務期限利益。
三、立承諾書人如違反承諾者，參與決定之董事及行為人除應負
    連帶賠償責任外，並願受銀行法第126條規定之處罰。
四、特立此承諾書並附董事會議紀錄及提供擔保財產目錄表各乙
    份為據。
            此致
    ○○銀行

                            立承諾書人○○股份有限公司
                            法定代理人○○○
```

```
┌─────────────────────────────────────────────────┐
│                    董      事○○○                 │
│                    董      事○○○                 │
│                    董      事○○○                 │
│  中    華    民    國      年        月        日  │
└─────────────────────────────────────────────────┘
```

第31條（開發信用狀或擔任承兌契約）

銀行開發信用狀或擔任商業匯票之承兌，其與客戶間之權利、義務關係，以契約定之。

銀行辦理前項業務，如需由客戶提供擔保者，其擔保依第十二條所列各款之規定。

解說

　　本法第3條第12款規定，銀行可經營簽發信用狀業務，信用狀經銀行簽發，銀行即應依照與信用狀申請人所訂的契約，承擔償付賣方匯票的義務。故銀行與客戶的權利義務關係，應依申請簽發信用狀契約所定的內容為準，通常雙方的權益關係為：

　　(一) 開狀銀行應按照與客戶所定契約簽發信用狀，及通知受益人；並以善良管理人的注意，對於受益人所提示與信用狀外觀上相符的匯票、單據，經審核無誤後，有付款、承兌等義務。

　　(二) 客戶有向銀行支付手續費，償還銀行所墊付的票款；或循銀行要求，依本法第12條所列各款，提供擔保品，以擔保其償還票款的義務。

　　另本法第3條第11款規定，銀行可辦理商業匯票承兌業

務，經銀行承兌的匯票，通稱為銀行承兌匯票，由於銀行信用可靠，故受款人或執票人均樂於接受該種商業匯票。然則銀行為何肯擔任匯票承兌人，乃因客戶與銀行間訂有票據資金提供的契約，客戶依該契約應在匯票到期日前將票款交付銀行備付，此為票據的資金關係；不過當客戶未依限交付票據資金時，銀行在匯票到期後，仍應對執票人履行付款責任，但可依本條文規定，依據雙方所訂的票據承兌契約，要求客戶返還所墊付的票款、利息及違約金。為保障銀行權利，在與客戶訂約時，銀行可要求客戶依本法第12條規定，提供擔保品，以便客戶違約時可以優先受償。

實例

　　關於開發信用狀申請書背面的「商業信用狀約定書」所列特約條款，未經保證人於保證書簽章欄簽章，如該項開發信用狀係基於借款而發生，則該借款合約上的保證人，應否就前述特約款亦負擔保證責任？

　　按保證債務原則上以保證契約所訂的範圍為準，因此，如商業信用狀約定書所訂的特約條款，超逾進口貸款契約所訂，而保證人並未在開狀申請書上簽章，在理論上該保證人似可就特約條款所生事項的責任加以抗辯。但開發信用狀如係基於借款行為而發生，在進口貸款契約中通常都訂有該借款係用以開發信用狀、進口貨品或原料的條款，因此開狀申請書背面約定書常見的特約條款，自為保證人於簽約當時所預見，似仍應負責。

　　為周全起見，許多銀行於進口貸款契約中，常以特約條款，明定：「債務人另立的（各種）約定書，均為本契約的一

部分，借款人及保證人均願共同遵守。」如此則可減少保證人抗辯的機會，避免糾紛。

第32條 （行員放款之限制(一)）

銀行不得對其持有實收資本總額百分之三以上之企業，或本行負責人、職員、或主要股東，或對與本行負責人或辦理授信之職員有利害關係者，為無擔保授信。但消費者貸款及對政府貸款不在此限。

前項消費者貸款額度，由中央主管機關定之。

本法所稱主要股東係指持有銀行已發行股份總數百分之一以上者；主要股東為自然人時，本人之配偶與其未成年子女之持股應計入本人之持股。

解說

　　1988年美國基層金融機構Loan Association曾發生經營危機，1991年間國際商業信用銀行（簡稱BCCI）所爆發的金融醜聞，均與銀行內部對關係人不良放款有關；而我國在84年下旬及85年2月間，所發生的華僑銀行、臺東中小企業銀行的擠兌風潮，也都或多或少與銀行主要股東、董監事的大量借款相牽涉，為防範經營者公器私用，未依正常程序貸借資金，危害銀行健全經營，銀行法遂於第32條至第33-5條規範內部授信的限制。

　　本條文為對持有實收資本總額3%以上企業等「無擔保授信」的限制，茲說明如下：

　　(一) 限制對象：

1.銀行持有實收資本總額3%以上的企業。

2.銀行負責人：所謂銀行負責人，依本法第18條規定，謂依公司法或其他法律或其組織章程所定應負責的人。

3.銀行職員：依民法第482條規定，應係指受僱於銀行的有償工作者，不問職務為何、位階高低、權限大小，均包括在內。

4.主要股東：指持有銀行已發行股份總數1%以上的人；主要股東如為自然人時，計算該1%時，應將本人、配偶及未成年子女的持股合併計算。

5.與銀行負責人或辦理授信的職員有利害關係的人：所謂「辦理授信的職員」，係指辦理該筆授信有最後決定權的人，如對於授信案的審核，係由放款審議委員會作最後決定，則各委員均為有最後決定權的人員。至於「利害關係人」一詞，可參閱第33-1條的規定。

(二) 限制內容：即不得為無擔保授信。所謂無擔保授信，解釋上係指授信全無擔保或擔保不足的部分；依本法第13條規定，凡無第12條所列擔保的授信，稱為無擔保授信。

(三) 例外規定：

1.消費性貸款：指對於房屋修繕、耐久性消費品、支付學費及其他個人小額貸款；其總額以每一消費者不超過新臺幣80萬元為限。

2.對政府貸款：因對政府貸款風險性較小，且部分係為配合經濟發展需要，故本條文將其列為不受禁止的例外規定。

第33條（行員放款之限制(二)）
銀行對其持有實收資本總額百分之五以上之企業，或本行負責人、職員、或主要股東，或對與本行負責人或辦理授信之職員有利害關係者為擔保授信，應有十足擔保，其條件不得優於其他同類授信對象，如授信達中央主管機關規定金額以上者，並應經三分之二以上董事之出席及出席董事四分之三以上同意。
前項授信限額、授信總餘額、授信條件及同類授信對象，由中央主管機關洽商中央銀行定之。

解說

本條文為對持有實收資本總額5%以上企業等「擔保授信」的限制，分析如下：

(一) 限制對象：

1.銀行持有實收資本總額5%以上的企業。

2.銀行的負責人、職員或主要股東。

3.與銀行負責人或辦理授信的職員有利害關係者。

(二) 限制內容：

1.為擔保授信，應有相當足夠的擔保。

2.授信條件不得優於其他同類授信對象：所謂「授信條件」，指授信的各種條件，如金額、利率、擔保、期限、保證人等；至所謂「不得優於」，則指如欲對內部人員提供優厚的授信條件，須其他非內部人員的授信人也可享有，才能允許，而「同類授信對象」，就實務操作觀點，指申貸用途、授信科目相同的授信客戶。

3.授信達中央主管機關規定金額以上時，應經三分之二以

上董事出席及出席董事四分之三以上同意。

（三）補充規定：為補充本條文無法詳盡規定的缺點，並作為執法的依據起見，有關擔保授信的授信限額、授信總餘額、授信條件及同類授信對象，由主管機關金融監督管理委員會洽商中央銀行後訂定。

第33條之1（行員利害關係人）
前二條所稱有利害關係者，謂有左列情形之一而言：
一 銀行負責人或辦理授信之職員之配偶、三親等以內之血親或二親等以內之姻親。
二 銀行負責人、辦理授信之職員或前款有利害關係者獨資、合夥經營之事業。
三 銀行負責人、辦理授信之職員或第一款有利害關係者單獨或合計持有超過公司已發行股份總數或資本總額百分之十之企業。
四 銀行負責人、辦理授信之職員或第一款有利害關係者為董事、監察人或經理人之企業。但其董事、監察人或經理人係因投資關係，經中央主管機關核准而兼任者，不在此限。
五 銀行負責人、辦理授信之職員或第一款有利害關係者為代表人、管理人之法人或其他團體。

解說

由於本法第32、33條原規定「與本行負責人或職員有利害關係之企業或個人」，不易劃定界限，74年5月銀行法修正

時，特增列本條，以便執法者及銀行容易判斷與遵循。從條文定義可見，利害關係者係指：

（一）與銀行負責人或辦理授信職員有下列親屬關係的人：

1.配偶。

2.三親等以內血親：包括父母、子女、兄弟、姊妹、孫女、祖父母、曾祖父母等。

3.二親等以內姻親：包括女婿、子婦、兄弟妻、姊妹夫等。

（二）與銀行負責人或辦理授信職員或其配偶、三親等內血親、二親等內姻親有下列關係的企業或團體：

1.獨資、合夥經營的事業。

2.單獨或合計持有超過公司已發行股份總數或資本總額10%的企業。

3.擔任董事、監察人或經理人的企業，但如係因投資關係，經主管機關核准而兼任者，則不受此限。

4.擔任代表人、管理人的法人或其他團體。

實例

沈崎為某甲銀行分行經理，見其兄嫂在股市失利，亟需資金，乃核准以個人名義為無擔保放款新臺幣300萬元，是否違法？

本件沈崎為銀行分行經理，依本法第18條規定為銀行負責人，而其兄嫂為二親等以內姻親，屬於第33-1條所謂的「利害關係者」，故沈某對其兄嫂核准無擔保放款達300萬元（已逾消費性貸款額度），顯然違反第32條規定，依同法第127-1

條，可處3年以下有期徒刑、拘役或科或併科新臺幣500萬元以上2,500萬元以下罰金。

第33條之2（行員放款之限制(三)）
銀行不得交互對其往來銀行負責人、主要股東，或對該負責人為負責人之企業為無擔保授信，其為擔保授信應依第三十三條規定辦理。

解說

　　本條文又稱為「交叉放款的限制」規定，目的在防止銀行利用對往來銀行內部人員等進行交互授信的方法，以規避第32、33條的限制，而脫法圖利。分述如下：

　　(一) 限制對象：往來銀行負責人、主要股東或往來銀行負責人另為負責人的企業。

　　(二) 限制內容：

　　1.禁止為無擔保的授信。

　　2.限制為擔保授信：為擔保授信時，應依第33條規定，提出十足擔保、條件不得優於其他同類授信，超額授信應經三分之二以上董事出席，及出席董事四分之三以上同意。

第33條之3（主管機關就銀行授信之限制）
主管機關對於銀行就同一人、同一關係人或同一關係企業之授信或其他交易得予限制，其限額、其他交易之範圍及其他應遵行事項之辦法，由主管機關定之。

前項授信或其他交易之同一人、同一關係人或同一關係企業範圍如下：

一　同一人為同一自然人或同一法人。

二　同一關係人包括本人、配偶、二親等以內之血親，及以本人或配偶為負責人之企業。

三　同一關係企業適用公司法第三百六十九條之一至第三百六十九條之三、第三百六十九條之九及第三百六十九條之十一規定。

解說

　　本條文為「單一客戶授信的限制」規定，其立法目的在於避免銀行授信風險，集中單一或少數客戶，同時可對銀行資金作合理分配。民國97年12月9日修正銀行法時，依授權明確原則，參考保險法第146-7條，在本條文第1項規定，對於銀行就同一人、同一關係人或同一關係企業之授信或其他交易得予限制，其限額、其他交易之範圍及其他應遵行事項之辦法，由主管機關定之。對此金融監督管理委員會業於99年1月28日發布「銀行法第三十三條之三條授權規定事項辦法」，以供遵行。

　　本法第25-1條有關同一人或同一關係人之定義，係針對銀行「股東持股」而為規定，而本條文則為對銀行同一人或同一關係人之「辦理授信或其他交易予以限制」之規定，兩者監理目的及規範之範圍有別，讀者宜加以區別。

　　關於單一客戶授信或其他交易的限制對象、限制內容、限制方法，依本條文第2項說明如後：

　　(一) 限制對象：包括同一人、同一關係人或同一關係企業，所謂「同一人」，指同一自然人或法人；「同一關係

人」，則包括本人、配偶、二親等以內血親及以本人或配偶
為負責人的企業。至「同一關係企業」，則應適用公司法第
369-1條至第369-3條、第369-9條及第369-11條之規定。茲就關
係企業之內容說明如下：

1.公司法第369-1條，將關係企業之類型，界定為「有控
制與從屬關係之公司」及「相互投資公司」兩種。

2.控制與從屬關係之成立，我國公司法在第369-2條作定
義性之規定。其又可分為兩類：(1)公司持有他公司有表決權
之股份或出資額，超過他公司已發行有表決權之股份總數或資
本總額半數者為控股公司，該他公司為從屬公司（公§369-2
Ⅰ）；(2)除前項外，公司直接或間接控制他公司之人事、
財務或業務經營者亦為控制公司，該他公司為從屬公司（公
§369-2Ⅱ）。

3.第369-3條則規定公司間有多數執行業務股東或董事，
或者是公司間之已發行有表決權之股份總數或資本總額有半數
以上為相同之股東持有或出資者，推定其為控制與從屬關係。

4.至於相互投資公司，公司法第369-9條第1項明定，公司
與他公司相互投資各達對方有表決權之股份總數或資本總額三
分之一以上者，為相互投資公司。在相互投資之情形，又符合
第369-2條之情形時，第369-9條第2項明定其為互為控制與從
屬之關係。

5.計算公司持有他公司之股份或出資額，第369-11條特別
規定，即該公司之從屬公司、第三人為該公司或第三人為該
公司之從屬公司而持有他公司之股份或出資額均併入該公司計
算之。

(二) 限制內容：包括授信或其他交易，所稱「授信」，謂

銀行辦理放款、透支、貼現、保證、承兌及其它經主管機關指定的業務項目;「其他交易」,包括投資乃至其他商業交易所發生的債權。

(三) 限制方法:限制授信須兼顧銀行業務的發展以及銀行承擔風險的能力,其方法由主管機關斟酌國情及金融監理之目的予以制定。依金融監督管理委員會所發布「銀行法第三十三條之三授權規定事項辦法」,該辦法第2條明白指出:本法第33-3條第1項所稱銀行對同一人、同一關係人或同一關係企業之授信限額規定如下:

1.銀行對同一自然人之授信總餘額,不得超過該銀行淨值3%,其中無擔保授信總餘額不得超過該銀行淨值1%。

2.銀行對同一法人之授信總餘額,不得超過該銀行淨值15%,其中無擔保授信總餘額不得超過該銀行淨值5%。

3.銀行對同一公營事業之授信總餘額,不受前項規定比率之限制,但不得超過該銀行之淨值。

4.銀行對同一關係人之授信總餘額,不得超過該銀行淨值40%,其中對自然人之授信,不得超過該銀行淨值6%;對同一關係人之無擔保授信總餘額不得超過該銀行淨值10%,其中對自然人之無擔保授信,不得超過該銀行淨值2%。但對公營事業之授信不予併計。

5.銀行對同一關係企業之授信總餘額不得超過該銀行淨值40%,其中無擔保授信總餘額不得超過該銀行淨值之15%。但對公營事業之授信不予併計。

6.左列授信得不計入本辦法所稱授信總餘額:

(1)配合政府政策,經本部專案核准之專案授信或經中央銀行專案轉融通之授信。

　　(2)對政府機關之授信。

　　(3)以公債、國庫券、中央銀行儲蓄券、中央銀行可轉讓定期存單、本行存單或本行金融債券爲擔保品之授信。

　　(4)依加強推動銀行辦理小額放款業務要點辦理之新臺幣100萬元以下之授信。

　　7.公司因合併、收購或分割致銀行對其授信額度總額超逾本辦法之限額者，於經目的事業主管機關或經濟部就其資金需求計畫是否符合產業發展必要出具意見，並經銀行依授信風險評估核貸後，自合併、收購或分割基準日起算5年內，該銀行得以原授信額度總額爲其授信限額。但企業併購法另有規定者，從其規定。

　　8.本辦法所稱淨值，係指上一會計年度決算後淨值。銀行年度中之現金增資，准予計入淨值計算，並以取得中央銀行驗資證明書爲計算基準日。

第33條之4（利用他人名義之授信）
第三十二條、第三十三條或第三十三條之二所列舉之授信對象，利用他人名義向銀行申請辦理之授信，亦有上述規定之適用。
向銀行申請辦理之授信，其款項為利用他人名義之人所使用；或其款項移轉為利用他人名義之人所有時，視為前項所稱利用他人名義之人向銀行申請辦理之授信。

解說

　　本條文爲銀行法89年11月1日修正時，新增條文，其目的

係為防範銀行所持有實收資本總額3%以上之企業或5%以上之企業、或銀行負責人、職員、主要股東及利害關係人利用人頭規避第32條、第33條或第33-2條之規定，爰於第1項規定彼等利用他人名義向本行或往來銀行辦理授信者，亦有上述規定之適用，俾對於違反者得依第127-1條規定處罰之，以期有效遏止人頭戶之現象。

　　至條文第2項係參考美國聯邦準備法第23Aa(2)、23Ab(7)條而增訂，以列舉方式說明，凡向銀行申請辦理之授信，其款項為利用他人名義之人所使用；或其款項移轉為利用他人名義之人所有時，視為前項所稱利用他人名義之人向銀行申請辦理之授信，以加強本條文之實效。

第33條之5（銀行出資額之計算）
計算第三十二條第一項、第三十三條第一項有關銀行持有實收資本總額百分之三以上或百分之五以上之企業之出資額，應連同下列各款之出資額一併計入：
一　銀行之從屬公司單獨或合計持有該企業之出資額。
二　第三人為銀行而持有之出資額。
三　第三人為銀行之從屬公司而持有之出資額。
前項所稱銀行之從屬公司之範圍，適用公司法第三百六十九條之二第一項規定。

解說
　　本條文為銀行法89年11月1日修正時，新增條文，其立法意旨在於防止銀行以迂迴間接之方法將轉投資企業之出資額，

分散由銀行之從屬公司持有，藉以規避本法對銀行辦理關係人授信限制之規範，爰參考公司法關係企業章第369-11條規定，將銀行轉投資企業之出資額明定應將銀行之從屬公司單獨或合計持有該企業之出資額、第三人為銀行而持有之出資額及第三人為銀行之從屬公司而持有之出資額等情形一併計入，以因應企業集團形成後，將造成本法現行規範之漏洞，而予以適當合理之補強。

至於前項所稱銀行從屬公司之範圍，可適用公司法第369-2條第1項之規定，當「公司持有他公司有表決權之股份或出資額，超過他公司已發行有表決權之股份總數或資本總額半數」者，此公司即為控制公司，該他公司為從屬公司。本項之規定分別將持有他公司有表決權之股份超過他公司已發行有表決權之股份總數與出資額超過資本額總數半數明定之，並處同等之地位。即只要符合其中一種類型，即可成立控制與從屬關係。

第34條（吸收存款方法之限制）
銀行不得於規定利息外，以津貼、贈與或其他給與方法吸收存款。但對於信託資金依約定發給紅利者，不在此限。

解說

鑑於國內部分金融單位，以不當給予方式，競爭客戶，吸收存款，導致成本增加，影響銀行的正常營運收益，本條文即在禁止銀行於規定利息外，以常見的津貼，給予贈品或其他如：發給紅利、變相提高存款利率、核發補助金等方式，來吸

收存款。至於信託資金，因係銀行以受託人地位，收受信託款項，依照信託契約約定的條件，為信託人指定的受益人權益而經營的資金，如雙方於所訂立的信託契約內，已載明紅利的發給，此為信託資金受託管理的收益，自不得再加以限制。違反本條規定而吸收存款時，依第131條第2款規定，可處新臺幣50萬元以上1,000萬元以下罰鍰。

第34條之1（銀行授信之定價）
銀行辦理授信，應訂定合理之定價，考量市場利率、本身資金成本、營運成本、預期風險損失及客戶整體貢獻度等因素，不得以不合理之定價招攬或從事授信業務。

解說

本條文係104年6月24日修正銀行法時，新增訂之條文。

其立法理由係因現行銀行辦理授信定價，應考量要素及相關作業事項係遵循「中華民國銀行公會會員授信準則」辦理，依該授信準則第26條規定：

(一) 會員辦理授信業務，不論採何種方式定價，或對任何授信客戶（包括公營事業或政府機關），應避免惡性削價競爭，其實際貸放利率，宜考量市場利率、本身資金成本、營運成本、預期風險損失成本及合理利潤等，訂定合理之放款定價。在考量市場競爭因素時，得將授信客戶整體貢獻度，作為放款定價減項評估之因素。

(二) 前項整體貢獻度包括授信個案利息以外之其他收益、授信客戶與銀行其他金融業務往來收益（如存款、外匯、信

託、財產管理等）、授信關係戶創造之收益等。

(三) 會員承作授信個案時，如納入放款定價減項因素，應敘明減項事由，並於核定授信條件前進行損益分析。

(四) 會員應訂定放款定價減項因素及調整幅度暨核定權限之內部規範，作為授信單位辦理之依據，且應建立內部定期彙整陳報及檢討機制，並納入內部控制及內部稽核。

本法為符合法律明確性原則，促使銀行落實授信定價政策，以健全銀行業務經營，爰參酌前開授信準則，在第34-1條，明定銀行辦理授信應訂定合理之定價，不得以不合理之定價招攬或從事授信業務。

其次，銀行實際貸放利率，除應考量市場利率、本身資金成本、營運成本、預期風險損失、合理利潤，亦得考量市場競爭因素，將授信客戶整體貢獻度，作為放款定價減項評估之因素。所稱整體貢獻度，包括授信個案利息以外之其他收益、授信客戶與銀行其他金融業務往來收益（如存款、外匯、信託、財富管理等）、授信關係戶創造之收益等。

第35條（行員收受不當利益之禁止）
銀行負責人及職員不得以任何名義，向存戶、借款人或其他顧客收受佣金、酬金或其他不當利益。

解說

銀行從業人員，在經營財務與辦理授信業務中，與客戶往來頻繁，舞弊機會甚多，如有收取不當利益行為，不但增加客戶負擔，並嚴重損害銀行公眾形象，甚而破壞金融秩序，為

對少數不肖銀行人員的不當獲取業務上利益，從根本上加以禁止，而制定本條文。

本條文適用情形可分述如下：

(一) 規範主體：限於銀行負責人及職員。

(二) 規範客體：包括佣金、酬金及其他不當利益。所謂「不當利益」，指佣金、酬金以外其他足以供人需要或滿足人類慾望的一切有形或無形的利益，如致送禮品、回扣、飯店住宿、娛樂享受等。

(三) 規範內容：不論以何種名義，向存戶、借款人或其他顧客收取不當利益，均應禁止。

(四) 法律效果：違反本條文規定者，依第127條規定，可處3年以下有期徒刑、拘役或科或併科新臺幣500萬元以下罰金。若該銀行為公營銀行，則行為人因具有公務員身分，應從較重的貪污治罪條例，予以處罰。

第35條之1（競業禁止）
銀行負責人及職員不得兼任其他銀行任何職務。但因投資關係，並經中央主管機關核准者，得兼任被投資銀行之董事或監察人。

解說

本條文學理上稱為「競業的禁止」，所謂競業禁止，乃特定地位的人不得與其所服務的營業為具有營業競爭性質的行為，在公司法第209條第1項有對董事競業的限制；另對經理人也有競業禁止的規定，如同法第32條即規定經理人不得兼任其

他營利事業的經理人，經理人不得自營或為他人經營同類的業務。

在銀行經營實務中，銀行負責人及職員，對於銀行的營業狀況及發展計畫最為熟悉，如允許其兼營或兼任其他銀行任何職務，勢必引起利益衝突，使銀行直接或間接蒙受損害，為防止國內相互投資銀行、信託投資公司，其董事長、常務董事、常駐監察人及各級經理人相互兼任所造成的前述流弊，銀行法遂增列本條文，要求銀行負責人、職員不得兼任其他銀行任何職務。違反競業禁止規定者，依本法第131條第4款規定，可處新臺幣50萬元以上1,000萬元以下罰鍰；若兼職行為係銀行指派時，受罰人為銀行。

上項增列規定施行後不久，發現與現行金融界的實際情況無法配合，如第一銀行、彰化銀行、土地銀行等公營銀行，對其他銀行的投資，早在68年12月本條文修正前，就已存在多年；並常有指派董事長、總經理或其他職員為被投資銀行的董、監事，以行使其投資權利情事。為免執行困難，乃再於本條文但書規定，因投資關係，經中央主管機關核准者，該被指派擔任被投資銀行的董、監事，即有所依據，不再遭受處罰。

第35條之2（銀行負責人資格之限制）
銀行負責人應具備之資格條件、兼職限制、利益衝突之禁止及其他應遵行事項之準則，由主管機關定之。
銀行負責人未具備前項準則所定資格條件者，主管機關應予解任；違反兼職限制及利益衝突之禁止者，主管機關得限期命其調整，無正當理由屆期未調整者，應予解任。

解說

　　由於銀行經營的成敗，影響社會大眾權益與金融秩序，較一般公司尤鉅，為確保銀行穩健經營，先進國家對於銀行負責人的資格多加以限制。本法對銀行負責人應具備的資格條件，也相當重視，希望透過較嚴格的規定，對銀行負責人予以積極或消極限制，俾能提升銀行功能。

　　通常銀行負責人除了要有豐富的主管領導能力、銀行專業知識或銀行經營經驗外，負責人的品格，也是重要的考慮因素，為期周延，本條文即對於銀行負責人所應具備的資格條件，授權由主管機關訂定。金融監督管理委員會依此條文，於112年4月13日修正的「銀行負責人應具備資格條件兼職限制及應遵行事項準則」中，即曾對銀行負責人的消極資格和積極資格、兼職限制、當然解任，加以規定，簡述如下：

　　(一) 消極資格方面：依該準則第3條規定，有下列情事之一者，不得充任銀行之負責人：

　　1.無行為能力、限制行為能力或受輔助宣告尚未撤銷者。

　　2.曾犯組織犯罪防制條例規定之罪，經有罪判決確定者。

　　3.曾犯偽造貨幣、偽造有價證券、侵占、詐欺、背信罪，經宣告有期徒刑確定，尚未執行、尚未執行完畢，或執行完畢、緩刑期滿或赦免後尚未逾10年者。

　　4.曾犯偽造文書、妨害秘密、重利、損害債權罪或違反稅捐稽徵法、商標法、著作權法或其他工商管理法規定，經宣告有期徒刑確定，尚未執行、尚未執行完畢，或執行完畢、緩刑期滿或赦免後尚未逾5年者。

　　5.曾犯貪污治罪條例之罪，經判決有罪確定，尚未執

行、尚未執行完畢，或執行完畢、緩刑期滿或赦免後尚未逾5年者。

　　6.違反本法、金融控股公司法、信託業法、票券金融管理法、金融資產證券化條例、不動產證券化條例、保險法、證券交易法、期貨交易法、證券投資信託及顧問法、管理外匯條例、信用合作社法、農業金融法、農會法、漁會法、洗錢防制法、資恐防制法或其他金融管理法，受刑之宣告確定，尚未執行、尚未執行完畢，或執行完畢、緩刑期滿或赦免後尚未逾5年者。

　　7.受破產之宣告或經法院裁定開始清算程序，尚未復權者。

　　8.曾任法人宣告破產時之負責人，破產終結尚未逾5年，或調協未履行者。

　　9.使用票據經拒絕往來尚未期滿者，或期滿後3年內仍有存款不足退票紀錄者。

　　10.有重大喪失債信情事尚未了結、或了結後尚未逾5年者。

　　11.依本法、金融控股公司法、信託業法、票券金融管理法、金融資產證券化條例、不動產證券化條例、保險法、證券交易法、期貨交易法、證券投資信託及顧問法、信用合作社法、農業金融法、農會法、漁會法或其他金融管理法，經主管機關命令撤換或解任，尚未逾5年者。

　　12.有事實證明從事或涉及其他不誠信或不正當之活動，顯示其不適合擔任銀行負責人者。

　　(二) 擔任總經理之積極資格方面：依「銀行負責人應具備資格條件兼職限制及應遵行事項準則」第4條規定，銀行之總

經理或與其職責相當之人應具備良好品德、領導及有效經營銀行之能力，並具備下列資格之一：

1.國內外專科以上學校畢業或具同等學歷、銀行工作經驗9年以上，並曾擔任3年以上銀行總行經理以上或同等職務，成績優良者。

2.銀行工作經驗5年以上，並曾擔任3年以上銀行副總經理以上或同等職務，成績優良者。

3.有其他經歷足資證明其具備主管領導能力、銀行專業知識或經營銀行之能力，可健全有效經營銀行業務者。

(三) 擔任副總經理、協理、經理之積極資格方面：依「銀行負責人應具備資格條件兼職限制及應遵行事項準則」第5條規定，銀行之副總經理、協理、總行經理或與其職責相當之人應具備良好品德、領導及有效經營銀行之能力，並具備下列資格之一：

1.國內外專科以上學校畢業或具有同等學歷，銀行工作經驗5年以上，並曾擔任銀行總行副經理以上或同等職務，成績優良者。

2.銀行工作經驗3年以上，並曾擔任銀行總行經理以上或同等職務，成績優良者。

3.從事資訊、科技、法律、電子商務、數位經濟、財務會計、行銷或人力資源等專業領域之工作經驗10年以上，成績優良者。

4.有其他事實足資證明其具備專業知識或經營銀行之能力，可健全有效經營銀行業務，並事先報經主管機關認可者。

(四) 擔任分行經理之積極資格方面：依「銀行負責人應具備資格條件兼職限制及應遵行事項準則」第6條規定，銀行之

分行經理或與其職責相當之人應具備良好品德及有效經營銀行之能力，並具備下列資格之一：

　　1.國內外專科以上學校畢業或具有同等學歷，銀行工作經驗3年以上，並曾擔任銀行總行襄理以上或同等職務，成績優良者。

　　2.銀行工作經驗2年以上，並曾擔任總行副經理以上或同等職務，成績優良者。

　　3.有其他事實足資證明其具備銀行專業知識或經營銀行之能力，可健全有效經營銀行業務，並事先報經主管機關認可者。

　　(五) 兼職限制方面：對於兼職限制方面，依「銀行負責人應具備資格條件兼職限制及應遵行事項準則」第3-1條規定：

　　1.銀行之董事長不得兼任總經理。但有下列情形之一，經主管機關核准者，不在此限：

　　(1)董事長或總經理因離職無法繼續執行職務。

　　(2)董事長或總經理經主管機關撤換或解任。

　　(3)董事長或總經理發生其他重大變故，無法繼續執行職務。

　　2.銀行依前項但書向主管機關申請董事長兼任總經理時，主管機關得核定最長3個月之兼任期限；銀行於期限屆滿1個月前，得視需要向主管機關申請展延一次。

　　3.銀行負責人不得兼任其他銀行、金融控股公司、信託公司、信用合作社、農（漁）會信用部、票券金融公司、證券公司、證券金融公司、證券投資信託公司、證券投資顧問公司、期貨商或保險業（不包括保險輔助人）之負責人。但下列情形，不在此限：

(1)因銀行與該等機構間之投資關係，且無董事長、經理人互相兼任情事，得擔任其他銀行之董事、監察人或銀行以外其他機構之負責人。但擔任其他銀行之董事、監察人者，應經主管機關核准。

(2)為進行合併或處理問題金融機構之需要，經主管機關核准者，得擔任該等機構之董事長。但兼任其他銀行董事長者，該二銀行間仍應具備投資關係。

(3)銀行為金融控股公司之法人董事、監察人者，其負責人因擔任該控股公司之負責人，且銀行與該控股公司子公司無董事長、經理人互相兼任情事，得兼任該控股公司子公司之負責人。但兼任該控股公司銀行子公司職務以董事、監察人為限，且應經主管機關核准。

(4)銀行為金融控股公司之股東，且與該控股公司子公司無董事長、經理人互相兼任情事，銀行負責人得兼任該控股公司子公司之董事、監察人。但兼任該控股公司銀行子公司之董事、監察人者，應經主管機關核准。

(5)銀行為金融控股公司之子公司，且與該控股公司其他子公司無董事長、經理人互相兼任情事，銀行負責人得兼任該控股公司、該控股公司其他子公司，及該等公司轉投資之境外公司負責人。但下列兼任行為，應經主管機關核准：①兼任該控股公司其他銀行子公司之職務，以董事、監察人為限；②為進行合併或組織改造以提升綜合經營效益需要，或其他特殊因素需要，董事長得於一定期間內兼任該控股公司其他子公司之董事長。

4.銀行之董事長或總經理不得擔任非金融事業之董事長、總經理或職責相當之人。但擔任財團法人或非營利之社團法人

職務者，不在此限。

　　5.違反前四項兼職限制規定者，主管機關得限期命其調整；無正當理由屆期未調整者，應予解任。

　　6.政府或法人為股東時，其代表人或被指定代表行使職務之自然人，擔任董（理）事、監察人（監事）者，準用前條及前五項規定。

　　(六)利益衝突及應予解任方面：依「銀行負責人應具備資格條件兼職限制及應遵行事項準則」第3-3條規定：

　　1.銀行董（理）事、監察人（監事）本人或其關係人同時擔任第3-1條第3項所列其他金融機構之董（理）事、監察人（監事），推定有利益衝突之情事。但銀行與其他金融機構屬公司法所稱控制與從屬關係者，或依本法或金融控股公司法令規定兼任者，不在此限。

　　2.銀行總經理本人或其關係人同時擔任其他銀行之董（理）事、監察人（監事）或總經理，推定有利益衝突之情事。但銀行與其他銀行屬公司法所稱控制與從屬關係者，或依本法或金融控股公司法令規定兼任者，不在此限。

　　3.第1項所稱董（理）事、監察人（監事）本人，範圍如下：

　　(1)法人及其指定行使職務之自然人。

　　(2)法人及代表法人當選之自然人代表人。

　　(3)非以政府、法人或其代表人當選之自然人。

　　4.第1、2項所稱董（理）事、監察人（監事）及總經理本人之關係人，指同一自然人或同一法人之關係人，其範圍如下：

　　(1)同一自然人之關係人：該自然人之配偶及直系血親；

該自然人與前目之人持有已發行有表決權股份或資本額合計超過三分之一之企業，或擔任董事長、總經理或過半數董事之企業或財團法人。

(2)同一法人之關係人：該法人之董事長、其配偶及直系血親；該法人與前目之自然人持有已發行有表決權股份或資本額合計超過三分之一之企業，或擔任董事長、總經理或過半數董事之企業或財團法人；以及該法人之關係企業。關係企業適用公司法第369-1條至第369-3條、第369-9條及第369-11條規定。

5.政府及其直接、間接持有百分之百股份之銀行，不適用前四項規定。但其所指派之法人董（理）事、監察人（監事）代表或代表人，除經主管機關核准外，不得兼任其他金融機構之董（理）事、監察人（監事）或其他銀行之總經理。

6.銀行董（理）事、監察人（監事）本人及總經理或其關係人，有第1、2項或前項利益衝突情事時，主管機關得限期命其調整；無正當理由屆期未調整者，應予解任。

本條文第2項原規定「未具備前項準則所定之資格條件者，不得充任銀行負責人；已充任者，當然解任」。按當然解任之法律效果，應自構成要件該當時即生解任之效果，惟負責人應具備資格條件之當然解任事由有明確及不明確者，不明確之事由須經由主管機關依個案情節判斷、裁量，而主管機關之認定結果易衍生解任時點及法律效果之爭議。鑑於當然解任涉及人民之工作權，同時有善意與金融機構交易之第三人保護及民法無因管理法則等問題，且主管機關之判斷結果將直接對人民產生不利益之具體法律效果，應給予人民合理陳述意見及救濟之機會。為使法律關係明確並保障人民權益，對於不符合第

1項授權準則所定資格條件者，應由主管機關以行政處分為之
較為妥適，為此在108年4月17日修正銀行法時，爰將第2項有
關不符資格條件之「當然解任」規定，修正為「應予解任」。

　　另考量違反兼職限制及利益衝突之禁止者，與未具備消
極資格條件有別，得給予當事人一定期限調整，爰增訂違反兼
職限制及利益衝突之禁止者，主管機關得限期命其調整，及無
正當理由屆期未調整之法律效果。另銀行負責人經主管機關依
第2項規定為解任處分確定時，如有應辦理公司變更登記者，
主管機關應通知公司登記主管機關廢止其負責人登記，併予
敘明。

第36條 （無擔保放款或保證之限制）
中央主管機關於必要時，經洽商中央銀行後，得對銀行無擔
保之放款或保證，予以適當之限制。
中央主管機關於必要時，經洽商中央銀行後，得就銀行主要
資產與主要負債之比率、主要負債與淨值之比率，規定其標
準。凡實際比率未符規定標準之銀行，中央主管機關除依規
定處罰外，並得限制其分配盈餘。
前項所稱主要資產及主要負債，由中央主管機關斟酌各類銀
行之業務性質規定之。

解說

　　按修正前銀行法第51條、第52條、第61條等對銀行信用放
款及不動產抵押放款，原有不得超過所收存款總額一定比例的
限制，此項限制卻成為銀行放款必須要求提供抵押品的藉口，

長期以來使銀行被批評為「當鋪」，為改善此種情形，本條文第1項，即對於無擔保放款或保證，在原則上使不受一定比率的限制，俾銀行能斟酌實際需要，有效控制其授信；但另一方面，鑑於我國社會信用尚未普遍建立，而銀行本身的效率也未盡理想，為保障存款人權益，防止銀行業務有所偏差，故再規定中央主管機關於必要時經洽商中央銀行後可為適當的限制。本項所稱「必要時」，一般係指在通貨膨脹壓力大而亟需採取緊縮性金融政策時，才可執行；且其限制時應考量金融情況，對無擔保放款或保證採取停止貸放、減少貸放，或單一客戶的授信總額限制等，但無論如何，該項限制應以適當為限。

為健全銀行經營，使保持充分的償債能力，並加強金融機構資產與負債的管理，本條文第2項，進一步對銀行主要資產與主要負債比率、主要負債與淨值比率，由主管機關於必要時，可在洽商中央銀行後，規定其標準，以防止銀行舉債過度。凡實際比率未符合規定標準的銀行，中央主管機關除可依本法第129條第4款，處新臺幣200萬元以上5,000萬元以下罰鍰外，並可限制銀行於每營業年度終了的盈餘分配。

又主要資產及主要負債，因各類銀行業務性質不同，且隨環境、景氣好壞，而使認定標準隨著變動，為此本條文第3項再明定，授權由金融監督管理委員會斟酌各類銀行的業務性質予以規範。

第37條（擔保物放款值與最高放款率之規定）
借款人所提質物或抵押物之放款值，由銀行根據其時值、折舊率及銷售性，覈實決定。

> **中央銀行因調節信用，於必要時得選擇若干種類之質物或抵押物，規定其最高放款率。**

解說

　　爲保障銀行的債權，對於有擔保品的放款，原則上，每筆授信金額應低於擔保品的時價，以保留適當空間，使銀行能因應呆帳的沖銷，所以擔保品放款值的決定，構成銀行經營管理中相當重要的一環。

　　就借款人而言，他們爲取得較多借款，自然希望擔保品放款值，估價愈高愈好；而銀行爲確保債權，則多採取較保守態度。爲有一公定標準，修正前銀行法第37條曾規定，銀行抵押放款金額，不得超過其抵押物、質物時價的70%；此項過於僵化的立法結果，對於以政府公債、國庫券或銀行定期存單等爲擔保品的借款，未能考慮其信用卓著、品質優良、價格穩定等優點，仍一律以70%爲上限貸放，確實有欠妥適，基此，銀行法改爲授權銀行根據不同種類的擔保物（如土地、房屋、機器設備、定期存單等）其當時價值、累積折舊的比例及銷售性來彈性決定放款值，在決定時尚應參酌企業景氣、借款人信用狀況及擔保物性質、現況切實估價計算。又對於鑽石、珠寶及其加工完成的首飾，不得作爲擔保品，以免發生估價錯誤。

　　另因中央銀行主要職權之一，乃在負責貨幣政策，即於特定期間內控制貨幣供應量、信用供給量及信用成本（利率），來穩定物價、促進經濟成長和維持對外均衡，所以本條文第2項再明定：中央銀行遇國家經濟情況發生極端變動等「必要時」，可選擇某些種類擔保物，規定最高放款利率，藉以控制放款值，收縮信用。

第38條（購屋或建築放款）
銀行對購買或建造住宅或企業用建築，得辦理中、長期放款，其最長期限不得超過三十年。但對於無自用住宅者購買自用住宅之放款，不在此限。

解說

　　本條文因鑑於不動產買賣在我國經濟活動中日漸重要，其購屋或建造房屋向銀行融資的期限，大抵均屬於中、長期性質，本條文為配合此種實際情況，明文加以呼應。應說明者：

　　(一) 融通對象：購買者、建造住宅者、企業用建築者，不論個別購買房屋或整批建築房屋，都可申請此類貸款。

　　(二) 融通期限：

　　1.中期放款為1年以上7年以內的放款。

　　2.長期放款為7年以上，但不可超過30年。

　　3.無自用住宅者購買自用住宅的長期放款，則沒有最高期限規定，以期使無自用住宅的人，能以較低利息購屋居住，達到政府「住者有其屋」的理想。

第39條（購置耐久消費品放款或貼現）
銀行對個人購置耐久消費品得辦理中期放款；或對買受人所簽發經承銷商背書之本票，辦理貼現。

解說

　　所謂「耐久消費品」，指汽車、機車、電腦、音響、鋼琴、電視等有效使用年限較長的消費品。由於此類消費品價格

普遍較高，並非一般消費者所能負擔，廠商為達促銷目的，常以代替客戶向銀行辦理信用融資方式，來獲取利潤；惟此類消費品，因多屬動產，使用年限有一定期限，加以若銀行給予長期貸款，恐將造成使用者不予汰舊更新，致對新產品的推出發生不利影響，故本法規定以辦理中期放款為原則，以免過長期限融資，放款期限未到，所擔保的耐久消費品已滅失或不存在的矛盾。

本條文後段係規定，銀行可以對買受人所簽發經承銷商背書的本票，辦理貼現，一般又稱此為「客票融資」。在辦理貼現時，銀行必須明瞭借款人的產銷近況、賒銷金額、賒欠天數、賒欠的買方信用狀況等，俾對本票是否依交易行為產生，有無偽造、變造情事，及到期可否順利兌付，作適當的判斷。

第40條（中長期分期償還放款方式之適用）
前二條放款，均得適用中、長期分期償還放款方式；必要時，中央銀行得就其付現條件及信用期限，予以規定並管理之。

解說

在前面兩個條文分別規定購屋或建築的貸款，與耐久消費品貸款，可以辦理中、長期放款，本條文則進一步規定此類貸款得適用中、長期分期償還方式的放款。這類分期還本付息方式，對借款人及銀行雙方均屬有利，因銀行與借款人應在計畫評估認可而尚未正式核定中長期融資前，先就放款合約中的條款，逐條協議，該合約條款較短期放款合約繁複，除放款額

度、放款用途、利率、撥款條件、攤還辦法等約定外，尚列明許多借款人正反面承諾事項等條款。同時，其還款時間，可以視實際情況酌定寬限期，在寬限期內借款人僅付利息不還本金，使無需馬上面對還款壓力。

至於中央銀行，為使全國經濟趨向合理化，適應產業需要與維持本國貨幣等立場，在必要時（如發生經濟大恐慌、金融風暴、股市崩盤、通貨膨脹等），可以對本項中長期分期償還放款的付現條件（如頭期款應付多少錢、每期撥還金額），以及信用期限，加以規定和管理，以實現管理全國金融政策的目標。

第41條（年率之揭示）
銀行利率應以年率為準，並於營業場所揭示。

解說

修正前銀行法第41條為避免銀行以提高利率，作為相互爭取客戶存款的手段，造成銀行間惡性競爭而影響金融安定，曾規定各種存款的最高利率，由中央銀行核定；另由於企業經營良窳不一，借款人信譽各不相同，故放款利率採彈性政策，由各銀行公會議定其幅度，報請中央銀行核准後實施。但銀行界認為這種官方管制的利率，不能反映資金狀況，影響市場經濟，為推動銀行業務自由化的世界潮流，政府乃逐漸朝向利率自由化原則而努力。

利率自由化原則，主要在消除各種存款的最高利率和核定放款利率的上下限幅度，使利率由貨幣或資金的市場供需決

定，產生自然調節功能，因而引導儲蓄投資，促進產經發展。以下係我國利率自由化之過程：

依據民國64年所修正公布的銀行法規定，各類存款的最高利率由中央銀行訂定，各類放款利率，由銀行公會議定其幅度後，報請央行核定實施，銀行之利率稍有彈性。迄65年貨幣市場成立，其利率不受中央銀行利率之限制。

為推動利率自由化，中央銀行於69年11月7日公布實施「銀行利率調整要點」，在暫不修改現行有關法令之情況下，加強銀行公會議訂利率之功能，以期銀行利率順應資金供需情勢，經常作小幅度的調整。銀行利率調整要點的主要內容包括：

(一) 銀行最高存款利率仍由中央銀行決定，但銀行公會得視金融市場之情況向中央銀行建議調整。

(二) 授權銀行公會訂定銀行放款利率幅度，報請中央銀行核定後施行。惟放款利率上、下限之幅度應酌予擴大，以利銀行作業之彈性運用。

(三) 銀行發行可轉讓定期存單及金融債券之利率，得由發行銀行參酌金融市場情形自行訂定其利率，不受最高存款利率之限制。

(四) 銀行業經營票據貼現業務，得參酌短期票券市場之市況，自行訂定其貼現率，並得按照期限之長短，規定差別利率。

(五) 外國銀行在臺分行外幣放款與本國指定銀行，利用國外資金承作遠期信用狀融資，得由各銀行參酌國外資金成本議定其利率。

銀行公會隨即採取配合措施，決定由臺灣銀行等九家行庫

總經理組成銀行業利率審議小組，負責審議銀行業利率調整事宜。自69年11月17日起，各種放款利率上、下限已予擴大。各銀行亦依據客戶之財務結構、獲利能力、償還能力、業務成長趨勢，以及往來績效等信用評等資料，參酌其本身的資金狀況及營運成本，分別訂定各種放款的差別利率結構。

74年3月起，臺灣10大銀行陸續實施單一放款利率制度，銀行在央行核定的利率上下限間，按本身資金鬆緊、客戶信用、同業標準等，自行訂定其基本放款利率；且自74年8月起廢止利率管理條例，提高金融機構訂定存放款利率之彈性；74年9月將基本放款利率制度實施範圍擴及各銀行、信用合作社及農漁會信用部。75年1月，為進一步擴大銀行自主決定存款利率之空間，中央銀行將存款種類由原先的13種簡化為四種。至78年7月修正之銀行法，正式取消第40條對銀行存、放款利率管制之規定，至此利率已完全自由化，此舉咸認是我國金融史上的一件大事。

惟無論銀行的利率如何多樣化，為使社會大眾易於瞭解，本條文規定應一律以年利率為準，以與國際慣例相符；再者為減少爭議及方便大眾，本條文再要求銀行利率，應在營業場所公開揭示，以使借款人可以作為比較各銀行利率高低的準據。

第42條（存款準備金比率）
銀行各種存款及其他各種負債，應依中央銀行所定比率提準備金。
前項其他各種負債之範圍，由中央銀行洽商主管機關定之。

解說

銀行存款準備金比率（Reserve Requirement），也譯作現金準備比例、準備金比例、準備金要求，乃銀行的存款中不能用於放貸的部分的比例。依修正前本法第17條規定，係指銀行按其每日存款餘額，依照中央銀行核定比率存於中央銀行的存款及本行庫內的現金。為保障存款人的利益，銀行機構不能將吸納的存款全部用於發放貸款，必須保留一定的資金，繳存在中央銀行，以備客戶提款的需要，這部分的存款就叫作存款準備金。而存款準備金與存款總額的比例，就是銀行存款準備金比率。

銀行存款準備金比率是銀行會計帳目中，資產負債表內的一個項目，其高低變化，將直接影響該銀行放款的能力。比如說，如果中央銀行要求準備金率是25%，該銀行可以把餘下75%銀行存款拿來放款。如果中央銀行突然把存款準備金率提高至35%，銀行則只餘65%可向外放款。在這情況下，銀行為保障利潤，可能要提高放款利率，或者減低給存款客戶的利息，反之亦然。存款準備金制度有利於保證金融機構對客戶的正常支付，比如說預防擠兌。

隨著金融制度的發展，存款準備金逐步演變為重要的貨幣政策工具。中央銀行通過調整存款準備金率，可直接影響金融機構的信貸擴張能力，從而達到調控目的。又如，當中央銀行降低存款準備金率時，金融機構可用於貸款的資金增加，社會的貸款總量和貨幣供應量也相應增加；反之，通過提高存款準備金率，可減少金融機構的可貸金額，從而減少市場貨幣供應量，社會的貸款總量和貨幣供應量亦會相應減少。

至於銀行究竟應保留多少存款準備金，其考慮因素計有：

(一) 就存款種類來說，支票存款提取頻率最高，應適用最高的存款準備率；儲蓄存款非到期不能提取，故準備金無需太高。

(二) 就銀行設置地點來說，凡設立在大都會、商港的銀行，其存、放款業務發達，應提供較高的存款準備金。

(三) 就銀行規模來說，愈大規模的銀行，愈容易獲得大企業或國外貿易商的信賴，其存款回轉率較高，加以此等銀行又常參與貨幣市場的活動，所以存款準備金需較多。

根據前開說明，銀行法86年5月7日修正前，曾於第1項規定：「銀行各種存款準備金比率，由中央銀行在左列範圍內定之：一、支票存款：百分之十五至四十。二、活期存款：百分之十至三十五。三、儲蓄存款：百分之五至二十。四、定期存款：百分之七至二十五。」即採法定存款準備制度，就各類存款分別適用不同比率，以求一致，而不再因銀行性質不同造成差異。

另由於存款準備金比率與存款貨幣的擴張或緊縮，關係密切，故修正前本條文的存款，另定額外準備率，不受原則最高比率的限制，以增強中央銀行調節信用的功能。例如銀行原有支票存款10億元，當時支票存款依本條第1項規定的準備率為30%，是其法定存款準備金應為3億元；現如該銀行新增加支票存款5億元，而中央銀行依本條第3項所訂的超額存款準備率為80%，則此項新增存款的法定準備金應為4億元，此即超額存款準備金，連同前者3億元，其法定準備金總額應為7億元，平均準備率約為47%。

民國86年5月間修正本條文時，其立法背景主要鑑於我國經濟發展需要與國家整體利益考量，而申請加入WTO，以期確保與各貿易對手國間互享自由貿易之利益與地位之平等。在WTO架構下，各國必須遵守之實體規範有：

(一) 商品貿易之相關協定，包括1994年關稅暨貿易總協定、農業協定、動植物衛生檢疫協定、紡織品及成衣協定、關稅估價協定、反傾銷協定、補貼暨平衡措施協定、原產地規則協定、裝船前檢驗協定、防衛協定、技術性貿易障礙協定、輸入許可程序協定、與貿易有關之投資措施協議。

(二) 規範國際間服務貿易之「服務貿易總協定」。

(三) 針對保護智能財產權之「與貿易有關之智慧財產權協議」等。

依WTO設立協定第16條第4項規定，所有會員均應使其國內法規與WTO下之國際規範相一致。我國既申請加盟WTO，則國內現行規定若與國際規範不一致時，均須予以修正，俾以履行成為WTO會員之基本義務。在銀行法方面，因第42條為關於銀行應提存存款準備金之規定，而中央銀行法在86年5月21日配合修正時，業已於第23條明文規定：「本行收管應適用銀行法規定之金融機構存款及其他各種負債準備金，並得於左列最高比率範圍內隨時調整各種存款及其他負債準備金比率，其調整及查核辦法，由本行定之：一、支票存款，百分之二十五。二、活期存款，百分之二十五。三、儲蓄存款，百分之十五。四、定期存款，百分之十五。五、其他各種負債，百分之二十五。（I）前項其他各種負債之範圍，由本行另定之。（II）本行於必要時對自一定期日起之支票存款、活期存款及其他各種負債增加額，得另訂額外準備金比率，不受前項所列

最高比率之限制。（III）本行對繳存準備金不足之金融機構，得就其不足部分按第十九條第一項第二款無擔保短期融通，依第二十一條所定之利率加收一倍以下之利息。（IV）」為避免產生相互歧異，立法上有統一規定必要，而就金融管理及國際慣例而言，以在中央銀行法中統一規定為宜，故修正為現行條文。

對於存款準備率的運用，銀行法係採取彈性準備金制，使中央銀行可以根據當時情況或政策需要，來適當調整。中央銀行依據修正前本條文第2項所規定：「前項存款準備金應按銀行每日存款餘額調整；其調整及查核辦法，由中央銀行定之。」而發布「金融機構存款及其他各種負債準備金調整及查核辦法」，並以該辦法先後於90年10月4日、97年9月18日、12月15日、98年1月10日、甚至最近在111年6月16日，多次調降存款準備率，以降低通膨、振興股市，減緩資金外流，刺激經濟成長。

目前銀行實際上採用的存款準備率，依中央銀行111年10月1日核定為：

(一) 支票存款：11.25%。

(二) 活期存款：10.275%。

(三) 活期儲蓄存款：6%。

(四) 定期儲蓄存款：4.5%。

(五) 定期存款：5.5%。

第42條之1（刪除）

第43條（流動資產與負債比率之最低標準）
為促使銀行對其資產保持適當之流動性，中央銀行經洽商中
央主管機關後，得隨時就銀行流動資產與各項負債之比率，
規定其最低標準。未達最低標準者，中央主管機關應通知限
期調整之。

解說

　　銀行將其資產轉換成貨幣，以迅速籌足應付活期存款人
提取現金的能力，稱為「銀行流動能力」。銀行資產的流動能
力，牽涉到銀行本身業務發展、存款人利益，乃至整個金融市
場的安定，故各國金融管理機構多有「流動資產比率」的規
定，例如英國各銀行經常維持8%的現金資產比率及28%的流
動資產比率，使英格蘭銀行可以透過此兩項比率，確保銀行的
支付能力。

　　本條文秉於同一意旨，亦明定中央銀行經洽商主管機關
後，得就銀行流動資產與各項負債之比率，規定最低標準。條
文所謂「流動資產」，包括：庫存現金、存入中央銀行準備
金、國庫券、可轉讓定期存單、銀行承兌匯票、商業承兌匯
票、商業本票、金融債券、公司債、公債等。而銀行所支應的
各項負債項目，則為支票存款、活期存款、儲蓄存款、定期存
款、公庫存款；此兩者間的比率，即為流動資產比率，更明白
地說，就是流動資產除以各項負債的比率，流動比率愈高，表
示對客戶的清償能力愈雄厚。

　　中央銀行依本條文，經洽商主管機關金融監督管理委員
會後，在100年7月19日以台央業字第1000033927號公告，修正
「金融機構流動資產與各項負債比率之最低標準」。明定銀

行、信用合作社、全國農業金庫、農會信用部及漁會信用部流動資產與各項負債比率之最低標準（最低流動準備比率）為10%，並按日計提。自中華民國100年10月1日生效。未達該項標準的銀行，經中央主管機關通知後，仍未限期調整時，依本法第129條第5款規定，可以處新臺幣200萬元以上5,000萬元以下罰鍰。

第44條（自有資本與風險性資產之比率）

銀行自有資本與風險性資產之比率，不得低於一定比率。銀行經主管機關規定應編製合併報表時，其合併後之自有資本與風險性資產之比率，亦同。

銀行依自有資本與風險性資產之比率，劃分下列資本等級：

一　資本適足。

二　資本不足。

三　資本顯著不足。

四　資本嚴重不足。

前項第四款所稱資本嚴重不足，指自有資本與風險性資產之比率低於百分之二。銀行淨值占資產總額比率低於百分之二者，視為資本嚴重不足。

第一項所稱一定比率、銀行自有資本與風險性資產之範圍、計算方法、第二項等級之劃分、審核等事項之辦法，由主管機關定之。

解說

　　本條文在學理上又稱為「銀行資本適足性」，其立法精神

著眼於銀行的償付能力，以避免銀行過度膨脹其風險性資產，改善資本結構，健全財務基礎，以保障存款安全。在外國立法例上，如英、美等國之金融單位，鑑於金融自由化、證券化之時代趨勢，銀行所經營之地區及業務範圍日益擴大，為追求發展和提升競爭能力，各銀行不但傾全力於國內或國際業務，同時亦積極開拓收益高風險之商品，故銀行經營之風險，已較往昔提高，所以訂定銀行自有資本比率，確有其必要。

英國首先於西元1987年1月8日提出有關充實銀行自有資本評估協定方案；同年5月美國聯邦準備理事會亦表示同意，不久，國際清算銀行（Bank for International Settlement），根據上開提案，發布銀行自有資本與風險性資產之比率統一標準，並要求從事國際業務之銀行，在1990年應達到7.25%，至1992年則應提高至8%。

由於實施前開最低比率標準，有助於健全銀行財務結構，凡自有資本除以風險性資產所求得之比率愈高，表示銀行財務狀況愈良好、經營基礎愈穩固，對顧客之償付能力也愈雄厚，因此民國89年11月1日修正銀行法時，明定銀行自有資本與風險性資產的比率，不得低於8%；同時為利於彈性調整銀行自有資本與風險性資產之比率，以符合國際清算銀行之規定，爰於第1項增列授權主管機關視國際金融監理趨勢而訂定，當時國際標準為不得低於8%，必要時，並得提高其比率。

97年12月9日修正銀行法時，基於各國對銀行自有資本與風險性資產之比率其標準不一，現行條文所稱參照國際標準，於執行上恐有爭議，為此將第1項不得低於「8%」，修正為不得低於「一定比率」。另鑑於銀行相互投資之情況普遍，為健

全銀行整體之財務狀況，應使其編制合併之財務報表，以瞭解銀行整體之經營風險，爰明定在此基礎下，亦適用本項規定，而列於修正條文第1項後段。

關於銀行自有資本與風險性資產之比率，其判斷標準，本法參考美國聯邦存款保險法第38條立法例，以「銀行資本適足率」為基準之監理制度，建立以銀行資本適足率為監理衡量與退出市場機制之標準，為此在第2項，將銀行依自有資本與風險性資產之比率，劃分下列四個資本等級，並於「銀行資本適足性及資本等級管理辦法」中第2條規定：「銀行自有資本與風險性資產之比率，係指普通股權益比率、第一類資本比率及資本適足率」、第5條規定：「銀行依第三條規定計算之本行及合併之資本適足比率，應符合下列標準：一、普通股權益比率不得低於百分之七。二、第一類資本比率不得低於百分之八點五。三、資本適足率不得低於百分之十點五」。

至於本法所稱之資本等級，其劃分標準如下：

(一) 資本適足：指符合法定資本適足比率者。

(二) 資本不足：指未達法定資本適足比率者。

(三) 資本顯著不足：指資本適足率為2%上，未達8.5%者。

(四) 資本嚴重不足：指資本適足率低於2%者。銀行淨值占資產總額比率低於2%者，視為資本嚴重不足。

又為加速充實銀行自有資本，使銀行符合此一標準，本法另在第44-1條規定，凡銀行資本等級為資本不足、顯著不足或嚴重不足者，不得以現金分配盈餘或買回其股份；除非經主管機關核准，也不得對負責人發放報酬以外之給付。對於銀行資本等級為資本適足者，如以現金分配盈餘或買回其股份，有致其資本等級降為前款等級之虞時，亦不得以現金分配盈餘或買

回其股份。如有違反，各該銀行依本法第129條第6款規定，得處新臺幣200萬元以上5,000萬元以下罰鍰外，此外，依修正條文第44-2條規定，主管機關應依銀行資本等級，採取下列措施之一部或全部：

(一) 資本不足者：

1.命令銀行或其負責人限期提出資本重建或其他財務業務改善計畫。對未依命令提出資本重建或財務業務改善計畫，或未依其計畫確實執行者，得採取次一資本等級之監理措施。

2.限制新增風險性資產或為其他必要處置。

(二) 資本顯著不足者：

1.適用前款規定。

2.解除負責人職務，並通知公司登記主管機關於登記事項註記。

3.命令取得或處分特定資產，應先經主管機關核准。

4.命令處分特定資產。

5.限制或禁止與利害關係人相關之授信或其他交易。

6.限制轉投資、部分業務或命令限期裁撤分支機構或部門。

7.限制存款利率不得超過其他銀行可資比較或同性質存款之利率。

8.命令對負責人之報酬酌予降低，降低後之報酬不得超過該銀行成為資本顯著不足前十二個月內對該負責人支給之平均報酬之70%。

9.派員監管或為其他必要處置。

(三) 資本嚴重不足者：除適用前款規定外，應採取第62條第2項之措施。

　　應說明者，銀行的經營難免遭遇風險，資本適足性係衡量銀行承擔風險能力的指標，至於其一定比率、銀行自有資本與風險性資產之範圍、計算方法、資本等級之劃分、審核等事項等，則應衡量國情、時代背景及銀行業務取向而有不同，為配合我國需要，金融監督管理委員會已於98年6月3日依本條文第4項授權規定，發布「銀行資本適足性及資本等級管理辦法」，108年12月23日再進行修正，以供適用。

第44條之1（不得以現金分配盈餘或買回股份之情形）
銀行有下列情形之一者，不得以現金分配盈餘或買回其股份：
一　資本等級為資本不足、顯著不足或嚴重不足。
二　資本等級為資本適足者，如以現金分配盈餘或買回其股份，有致其資本等級降為前款等級之虞。
前項第一款之銀行，不得對負責人發放報酬以外之給付。但經主管機關核准者，不在此限。

解說

　　如前所述，本法第44條第1項所稱銀行自有資本與風險性資產之比率，不得低於一定比率，參照「銀行資本適足性及資本等級管理辦法」第8條規定，係指不得低於法定資本適足比率，其資本等級之劃分標準如下：

　　(一) 資本適足：指符合法定資本適足比率（10.5%）以上者。

　　(二) 資本不足：指未達法定資本適足比率（10.5%）者。

　　(三) 資本顯著不足：指資本適足率為2%以上，未達8.5%者。

(四) 資本嚴重不足：指資本適足率低於2%者。銀行淨值占資產總額比率低於2%者，視爲資本嚴重不足。

銀行資本等級依前項劃分標準，如同時符合兩類以上之資本等級，以較低等級者爲其資本等級。

對於這些「銀行資本適足率」未達要求之銀行，如以現金分配盈餘或買回其股份，將致其資本適足率更加降低，爲使銀行資本適足率維持於資本適足水平以上，本條文第1項明文規定，銀行有下列情形之一者，不得以現金分配盈餘或買回其股份：

(一) 資本等級爲資本不足者。

(二) 資本等級爲顯著不足者。

(三) 資本等級爲嚴重不足者。

(四) 資本等級爲資本適足者，如以現金分配盈餘或買回其股份，有致其資本等級降爲前款等級之虞。

又爲督促銀行維持銀行資本適足率，及促使負責人積極改善資本適足率，於本條文第2項規定，銀行資本等級列爲資本不足、顯著不足或嚴重不足者，禁止對該銀行負責人發放報酬以外之傭金、紅利、認股權憑證或其他類似性質之給付。惟爲增加特殊情況之處理彈性，另列「經主管機關核准者，不在此限」之但書規定，保留主管機關裁量權限。

資本等級列爲資本不足、顯著不足或嚴重不足之銀行，如有違反本條文規定，仍以現金分配盈餘或買回其股份；或未經主管機關核准，逕對負責人發放報酬以外之給付，各該銀行依本法第129條第6款規定，得處新臺幣200萬元以上5,000萬元以下罰鍰。

第44條之2（銀行資本等級之措施）

主管機關應依銀行資本等級，採取下列措施之一部或全部：

一 資本不足者：

(一) 命令銀行或其負責人限期提出資本重建或其他財務業務改善計畫。對未依命令提出資本重建或財務業務改善計畫，或未依其計畫確實執行者，得採取次一資本等級之監理措施。

(二) 限制新增風險性資產或為其他必要處置。

二 資本顯著不足者：

(一) 適用前款規定。

(二) 解除負責人職務，並通知公司登記主管機關於登記事項註記。

(三) 命令取得或處分特定資產，應先經主管機關核准。

(四) 命令處分特定資產。

(五) 限制或禁止與利害關係人相關之授信或其他交易。

(六) 限制轉投資、部分業務或命令限期裁撤分支機構或部門。

(七) 限制存款利率不得超過其他銀行可資比較或同性質存款之利率。

(八) 命令對負責人之報酬酌予降低，降低後之報酬不得超過該銀行成為資本顯著不足前十二個月內對該負責人支給之平均報酬之百分之七十。

(九) 派員監管或為其他必要處置。

三 資本嚴重不足者：除適用前款規定外，應採取第六十二條第二項之措施。

銀行依前項規定執行資本重建或財務業務改善計畫之情形，主管機關得隨時查核，必要時得洽商有關機關或機構之意

見，並得委請專業機構協助辦理；其費用由銀行負擔。

銀行經主管機關派員監管者，準用第六十二條之二第三項規定。

銀行業務經營有嚴重不健全之情形，或有調降資本等級之虞者，主管機關得對其採取次一資本等級之監理措施；有立即危及其繼續經營或影響金融秩序穩定之虞者，主管機關應重新審核或調整其資本等級。

第一項監管之程序、監管人職權、費用負擔及其他應遵行事項之辦法，由主管機關定之。

解說

　　為建立立即糾正措施，民國97年12月9日立法院三讀通過修正銀行法時，參考美國聯邦存款保險法第38條立法例，增訂本條文，並在第1項規定，主管機關應依銀行資本不足、顯著不足或嚴重不足之等級，採取不同之限制措施，俾銀行於資本適足率或淨值有惡化徵兆出現時，能適時且儘速採行限制與補救措施，維護銀行之安全與穩健經營。

　　對於銀行資本等級列為資本不足者（指未達法定資本適足比率10.5%者）、資本顯著不足者（指資本適足率為2%以上，未達8.5%者）或資本嚴重不足者（指資本適足率低於2%者；銀行淨值占資產總額比率低於2%者，視為資本嚴重不足），主管機關可對銀行業務、人事或其資產，採行各項限制措施，包括督促銀行增強自有資本，對銀行或其負責人命令，限期提出資本重建或其他財務業務改善計畫等積極作為；若銀行未依限提出資本重建、財務業務改善計畫，或未確實執行者，得採取次一資本等級之監理措施，及其他限制業務或處分等措施，

以達成銀行積極提升其自有資本之目的，強化及早處理之效果。

　　根據本條文第1項，主管機關應依銀行資本等級不同，分別採取下列措施之一部或全部：

　　(一) 資本不足者：

　　1.命令銀行或其負責人限期提出資本重建或其他財務業務改善計畫。對未依命令提出資本重建或財務業務改善計畫，或未依其計畫確實執行者，得採取次一資本等級之監理措施。

　　2.限制新增風險性資產或為其他必要處置。

　　(二) 資本顯著不足者：

　　1.適用前款規定。

　　2.解除負責人職務，並通知公司登記主管機關於登記事項註記。

　　3.命令取得或處分特定資產，應先經主管機關核准。

　　4.命令處分特定資產。

　　5.限制或禁止與利害關係人相關之授信或其他交易。

　　6.限制轉投資、部分業務或命令限期裁撤分支機構或部門。

　　7.限制存款利率不得超過其他銀行可資比較或同性質存款之利率。

　　8.命令對負責人之報酬酌予降低，降低後之報酬不得超過該銀行成為資本顯著不足前十二個月內對該負責人支給之平均報酬之70%。

　　9.派員監管或為其他必要處置。

　　(三) 資本嚴重不足者：

　　1.適用前款規定。

2.對資本嚴重不足之銀行，其監理重點在儘速處理，爲此，本條文第1項第3款規定，主管機關者應採取第62條第2項：「銀行資本等級經列入嚴重不足者，主管機關應自列入之日起九十日內派員接管。但經主管機關命令限期完成資本重建或限期合併而未依限完成者，主管機關應自期限屆滿之次日起九十日內派員接管」之措施，以啓動退場機制。

為強化主管機關，對資本不足者立即糾正之效果，掌握及確保銀行執行資本重建或財務業務改善計畫之情形，本條文第2項規定，資本不足、顯著不足或嚴重不足銀行依前項規定執行資本重建或財務業務改善計畫之情形，主管機關得隨時查核，必要時得洽商有關機關或機構之意見，並得委請專業機構協助辦理；其費用由銀行負擔。

銀行經主管機關派員監管時，銀行有將其業務、財務有關之一切帳冊、文件、印章及財產等列表移交之義務，並應將債權、債務有關之必要事項告知或應其要求爲進行監管之必要行爲，爲此，本條文第3項明訂，可以準用第62-2條第3項規定：「銀行負責人或職員於接管處分書送達銀行時，應將銀行業務、財務有關之一切帳冊、文件、印章及財產等列表移交予接管人，並應將債權、債務有關之必要事項告知或應其要求爲配合接管之必要行爲；銀行負責人或職員對其就有關事項之查詢，不得拒絕答覆或爲虛僞陳述。」

銀行業務經營有嚴重不健全之情形，或有調降資本等級之虞者，爲督促銀行及早強化其自有資本，爲此，本條文第4項規定，銀行有前開情事時，主管機關得對其採取次一資本等級之監理措施；如有立即危及其繼續經營或影響金融秩序穩定之虞者，主管機關應重新審核或調整其資本等級。

　　至於監管之程序、監管人職權、費用負擔及其他應遵行事項之辦法，本條文第5項規定，授權由主管機關定之。金融監督管理委員會業於99年12月23日發布「金融機構監管辦法」，其主要重點如下：

　　(一) 第4條規定：主管機關派員監管金融機構時，得指定適當機關（構）為監管人，執行監管職務。監管人為執行監管任務，得遴選人員或報請主管機關派員或調派其他機關（構）人員，組成監管小組，執行監管任務。

　　(二) 第5條規定：監管人得委聘律師、會計師或其他專業人員協助處理監管有關事項，所需費用由受監管金融機構負擔。

　　(三) 第6條規定：監管人因執行監管任務所生之費用，包括監管小組差旅費、延長工時薪資、人身意外險及責任險之費用及其他為執行監管任務所必要之支出，應由受監管金融機構負擔，其支給標準依監管人之內部規定辦理。

　　(四) 第7條規定：監管人應按月向主管機關報告受監管金融機構之重要財務業務狀況，並副知中央銀行及中央存款保險公司。監管人發現受監管金融機構、其負責人或職員有下列情事之一者，應即報告主管機關及其他有關機關（構）處理：

　　1.有違反法令或章程之情事，其情節重大。

　　2.自有資本與風險性資產之比率降低逾一個百分點。

　　3.虧損逾資本（股金）三分之一。

　　4.流動性不足有支付不能之虞。

　　5.對監管人所提意見或所為之處置未配合辦理，其情節重大。

　　6.其他有損及受監管金融機構本身或其債權人利益之行

為，其情節重大。

　　(五) 第8條規定：監管人之職務如下：

　　1.監督及輔導改善業務經營方針。

　　2.監督及輔導業務、財務缺失及自有資本與風險性資產比率之改善。

　　3.監督及輔導應收債權之確保。

　　4.監督資產、權狀、憑證、合約及權利證書之控管。

　　5.監督及輔導對資產提列評價準備、備抵呆帳及轉銷呆帳。

　　6.監督及輔導營業帳目之處理及財務報表之編製。

　　7.監督及輔導財產之購置與處分。

　　8.監督及輔導授信與投資案件之審核及負債之管理。

　　9.監督及輔導辦理票據交換及有關事項之聯繫。

　　10.要求董（理）事會更換經理人。

　　11.列席董（理）事會、監察人（監事、監事會）或審計委員會、股東會（社員代表大會）、放款投資審查會議、其他法定會議或相關重要會議。

　　12.要求監察人行使職務。

　　13.要求受監管金融機構於限期內據實造具及提出業務、財務或其他報告。

　　14.查核有關帳冊、文件及財產，監督及輔導內部稽核單位加強內部控制及業務或費用之查核。

　　15.其他經主管機關指定或核准之事項。

　　(六) 第9條規定：受監管金融機構為下列事項時，應先研擬具體方案，並檢具專業評估報告，報主管機關核准，並同時知會監管人：

1.增資、減資或減資後再增資。

2.讓與全部或部分營業及資產負債。

3.與其他銀行或金融機構合併。

4.其他經主管機關指定之重要事項。

(七) 第11條規定：受監管金融機構應主動將重大債權、債務、契約或訴訟案件告知監管人，且應配合執行監管任務之必要行為；受監管金融機構之董（理）事、監察人（監事）、經理人或職員對監管人就有關事項之查詢，不得拒絕答覆或為虛偽陳述。監管人所發相關監管函件或告知書及於重要會議提出之處置或意見，受監管金融機構應責成專人負責追蹤辦理改善情形，並定期陳報。

(八) 第12條規定：有下列情形之一者，監管人應擬具終止監管計畫報請主管機關核准終止監管：

1.受監管金融機構財務、業務恢復正常營運。

2.受監管金融機構全部之營業、資產及負債概括讓與其他金融機構，或與其他金融機構合併。

3.有事實足以認定無法達成監管之目的。

4.受監管金融機構資本持續惡化至資本嚴重不足。

5.受監管金融機構發生嚴重流動性問題，已無其他融資管道，致支付不能。

6.監管期限屆至。

7.其他必要終止監管之情形。

前項之終止監管計畫，應包括監管人就受監管金融機構提出終止監管計畫之前一個月月底資產負債狀況及後續之處理措施。

第45條（檢查銀行業務及帳目）
中央主管機關得隨時派員，或委託適當機構，或令地方主管機關派員，檢查銀行或其他關係人之業務、財務及其它有關事項，或令銀行或其他關係人於限期內據實提報財務報告、財產目錄或其他有關資料及報告。
中央主管機關於必要時，得指定專門職業及技術人員，就前項規定應行檢查事項、報表或資料予以查核，並向中央主管機關據實提出報告，其費用由銀行負擔。

解說

　　為加強主管機關金融檢查功能，推動金融資訊公開，及督促銀行確實遵守銀行法的規定，辦理業務，銀行法第45條特別賦予主管機關對銀行及業務財產的檢查權，其內容如下：

　　(一) 檢查機關：

　　1.中央主管機關即金融監督管理委員會。

　　2.中央銀行，依中央銀行法規定可直接檢查或受金融監督管理委員會委託檢查各銀行。

　　3.地方主管機關（直轄市財政局），受金融監督管理委員會命令檢查銀行或其他關係人。

　　4.中央存款保險公司，依據存款保險條例規定，檢查要保銀行的業務專案。

　　5.合作金庫銀行，可辦理對信用合作社及農會、漁會信用部的檢查和輔導。

　　6.金融監督管理委員會委託的其他適當機構，如律師事務所、會計師事務所等，亦可辦理金融檢查業務。

　　(二) 檢查對象：

1.銀行。

2.其他關係人：包括銀行董、監事、職員等。

(三) 檢查方式：

1.實地檢查方式：由檢查機關派員實地檢查銀行或其他關係人的業務、財務或其他有關事項。

2.報表查核方式：即命令銀行或其他關係人於限期內據實提報財務報告、財產目錄或其他有關資料及報告。

3.必要時指定律師、會計師等專業人員，就應行檢查事項、報表或資料予以查核後，提出報告，該項檢查費用由銀行負擔。

第45條之1（銀行之內部控制與稽核）

銀行應建立內部控制及稽核制度；其目的、原則、政策、作業程序、內部稽核人員應具備之資格條件、委託會計師辦理內部控制查核之範圍及其他應遵行事項之辦法，由主管機關定之。

銀行對資產品質之評估、損失準備之提列、逾期放款催收款之清理及呆帳之轉銷，應建立內部處理制度及程序；其辦法，由主管機關定之。

銀行作業委託他人處理者，其對委託事項範圍、客戶權益保障、風險管理及內部控制原則，應訂定內部作業制度及程序；其辦法，由主管機關定之。

銀行辦理衍生性金融商品業務，其對該業務範圍、人員管理、客戶權益保障及風險管理，應訂定內部作業制度及程序；其辦法，由主管機關定之。

解說

　　銀行是資金仲介機構，融通資金供需，創造信用，促進社會經濟發展，肩負著保管並運用社會大眾存款，以促進經濟繁榮的使命。然而長期以來層出不窮的銀行行員監守自盜、盜用公款、竊取客戶信用卡密碼、以不法方法刺探、竊用或搜集儲存在電腦中之程式或資訊，透過電腦更改資料以竊取客戶存款等等，此種銀行內部的舞弊情況，相當嚴重，不僅使許多銀行發生難以計數之財務損失，連帶在無形損失方面，也減損公眾對銀行業的信賴，因此，銀行內部之防弊工作，確實非常重要，除要求行員要有高度的向心力、忠誠感、責任感外，他方面更應積極加強內部的稽核與舞弊控制。

　　89年11月1日修正銀行法時，為促進銀行健全經營，並維護銀行資產之安全及確保會計資訊之可靠及完整性，而新增本條文第1項，要求銀行應建立內部控制制度，作為內部稽核之依據，同時應確實執行，以建立整體性金融稽核體系，使金融危機發生初期，即得掌握機先，有效防範。94年5月18日修正銀行法時，為符合授權明確性要求，將銀行應建立內部控制及稽核制度的目的、原則、政策、作業程序、內部稽核人員應具備之資格條件、委託會計師辦理內部控制查核之範圍及其他應遵行事項之辦法，均加以明確規範，以利適用。

　　另為確保銀行資產品質之健全性，主管機關規範銀行建立並遵守適當之方針、措施及程序，以評估其資產品質、確實提列損失準備及轉銷呆帳，爰於第2項授權主管機關得訂定辦法，以明定規範之依據。

　　又銀行作業委託他人處理，應建立內部作業制度及程序，以確保作業之品質及客戶之權益，並減低對銀行可能造

成的風險，爲此，94年5月18日修正銀行法時，新增本條文第3項，規定銀行作業委託他人處理的法律授權依據，並授權由主管機關對委託事項範圍、客戶權益保障、風險管理及內部控制原則，訂定辦法。

關於本條文第1項所述之銀行應建立內部控制及稽核制度方面，金融監督管理委員會業於99年3月29日訂定「金融控股公司及銀行業內部控制及稽核制度實施辦法」，110年9月23日進行第七次修正，茲將該實施辦法，分別從內部控制制度、內部稽核制度與風險管理機制等方面加以說明：

(一) 內部控制之目的：爲使金融機構建立內部控制制度，以爲內部稽核之依據，藉以釐訂內部稽核工作手冊，確實執行，從而建立整體性金融稽核體系，促進金融市場健全發展，維護金融安定，而訂定前開實施辦法。內部控制之基本目的在於促進金融控股公司及銀行業健全經營，並應由其董（理）事會、管理階層及所有從業人員共同遵行，以合理確保達成下列目標：

1.營運之效果及效率。

2.報導具可靠性、及時性、透明性及符合相關規範。

3.相關法令規章之遵循（實施辦法§4）。

(二) 內部控制制度之組成要素：金融控股公司（含子公司）與銀行業之內部控制制度應包含下列組成要素：

1.控制環境：係金融控股公司及銀行業設計及執行內部控制制度之基礎。控制環境包括金融控股公司及銀行業之誠信與道德價值、董（理）事會及監察人（監事、監事會）或審計委員會治理監督責任、組織結構、權責分派、人力資源政策、績效衡量及獎懲等。董（理）事會與經理人應建立內部行爲準

則，包括訂定董（理）事行爲準則、員工行爲準則等事項。

2.風險評估：風險評估之先決條件爲確立各項目標，並與金融控股公司及銀行業不同層級單位相連結，同時需考慮金融控股公司及銀行業目標之適合性。管理階層應考量金融控股公司及銀行業外部環境與商業模式改變之影響，以及可能發生之舞弊情事。其評估結果，可協助金融控股公司及銀行業及時設計、修正及執行必要之控制作業。

3.控制作業：係指金融控股公司及銀行業依據風險評估結果，採用適當政策與程序之行動，將風險控制在可承受範圍之內。控制作業之執行應包括金融控股公司及銀行業所有層級、業務流程內之各個階段、所有科技環境等範圍、對子公司之監督與管理、適當之職務分工，且管理階層及員工不應擔任責任相衝突之工作。

4.資訊與溝通：係指金融控股公司及銀行業蒐集、產生及使用來自內部與外部之攸關、具品質之資訊，以支持內部控制其他組成要素之持續運作，並確保資訊在金融控股公司及銀行業內部與外部之間皆能進行有效溝通。內部控制制度須具備產生規劃、執行、監督等所需資訊及提供資訊需求者適時取得資訊之機制，並保有完整之財務、營運及遵循資訊。有效之內部控制制度應建立有效之溝通管道。

5.監督作業：係指金融控股公司及銀行業進行持續性評估、個別評估或兩者併行，以確定內部控制制度之各組成要素是否已經存在及持續運作。持續性評估係指不同層級營運過程中之例行評估；個別評估係由內部稽核人員、監察人（監事、監事會）或審計委員會、董（理）事會等其他人員進行評估。對於所發現之內部控制制度缺失，應向適當層級之管理階層、

董（理）事會及監察人（監事、監事會）或審計委員會溝通，並及時改善（實施辦法§7）。

(三) 內部控制制度之範圍：

1.內部控制制度應涵蓋所有營運活動，並應訂定下列適當之政策及作業程序，且應適時檢討修訂：

(1)組織規程或管理章則：包括訂定明確之組織系統、單位職掌、業務範圍與明確之授權及分層負責辦法。

(2)相關業務規範及處理手冊：包括投資準則，客戶資料保密，利害關係人交易規範，股權管理，財務報表編製流程、總務、資訊、人事管理（銀行業應含輪調及休假規定），對外資訊揭露作業管理，金融檢查報告之管理、重大偶發事件之處理機制、防制洗錢及打擊資恐機制及相關法令之遵循管理，包括辨識、衡量、監控洗錢及資恐風險之管理機制、其他業務之規範及作業程序。

2.金融控股公司業務規範及處理手冊應另包括子公司之管理及共同行銷管理。

3.銀行業務規範及處理手冊應另包括出納、存款、匯兌、授信、外匯、新種金融商品及委外作業管理。

4.信用合作社業務規範及處理手冊應另包括出納、存款、授信、匯兌及委外作業管理。

5.票券商業務規範及處理手冊應另包括票券、債券及新種金融商品等業務。

6.信託業作業手冊之範本由信託業商業同業公會訂定，其內容應區分業務作業流程、會計作業流程、電腦作業規範、人事管理制度等項。信託業應參考範本訂定作業手冊，並配合法規、業務項目、作業流程等之變更，定期修訂。

7.股票已在證券交易所上市或於證券商營業處所買賣之金融控股公司及銀行業，應將薪資報酬委員會運作之管理納入內部控制制度。

8.金融控股公司及銀行業設置審計委員會者，其內部控制制度，應包括審計委員會議事運作之管理。

9.金融控股公司及銀行業應於內部控制制度中，訂定對子公司必要之控制作業，其為國外子公司者，並應考量該子公司所在地政府法令之規定及實際營運之性質，督促其子公司建立內部控制制度。

10.金融控股公司及銀行業應建立集團整體性防制洗錢及打擊資恐計畫，包括在符合國外分公司（或子公司）當地法令下，以防制洗錢及打擊資恐為目的之集團內資訊分享政策及程序。

11.前十項各種作業及管理規章之訂定、修訂或廢止，必要時應有法令遵循、內部稽核及風險管理單位等相關單位之參與（實施辦法§8）。

(四) 內部稽核之目的：在於協助董（理）事會及管理階層查核及評估內部控制制度是否有效運作，並適時提供改進建議，以合理確保內部控制制度得以持續有效實施及作為檢討修正內部控制制度之依據（實施辦法§9）。

(五) 內部稽核之配置：金融控股公司及銀行業應建立總稽核制，綜理稽核業務。總稽核應具備領導及有效督導稽核工作之能力，其資格應符合各業別負責人應具備資格條件規定，職位應等同於副總經理，且不得兼任與稽核工作有相互衝突或牽制之職務。總稽核之聘任、解聘或調職，應經審計委員會全體成員二分之一以上同意及提董（理）事會全體董（理）事三

分之二以上之同意，並報請主管機關核准後為之（實施辦法§10）。

銀行應依據投資規模、業務情況（分支機構之多寡及其業務量）、管理需要及其他相關法令之規定，配置適任及適當人數之專任內部稽核人員，以超然獨立、客觀公正之立場，執行其職務。內部稽核人員執行業務應本誠實信用原則，並不得有下列情事：

1.明知所屬金融控股公司（含子公司）或銀行業之營運活動、報導及相關法令規章遵循情況有直接損害利害關係人之情事，而予以隱飾或作不實、不當之揭露。

2.逾越稽核職權範圍以外之行為或有其他不正當情事，對於所取得之資訊，對外洩漏或為己圖利或侵害所屬金融控股公司（含子公司）或銀行業之利益。

3.因職務上之廢弛，致有損及所屬金融控股公司（含子公司）或銀行業或利害關係人之權益等情事。

4.對於以前曾服務之部門，於一年內進行稽核作業。

5.對於以前執行之業務或與自身有利害關係案件未予迴避，而辦理該等案件或業務之稽核工作。

6.直接或間接提供、承諾、要求或收受所屬金融控股公司（含子公司）或銀行業從業人員或客戶不合理禮物、款待或其他任何形式之不正當利益。

7.未配合辦理主管機關指示查核事項或提供相關資料。

8.其他違反法令規章或經主管機關規定不得為之行為（實施辦法§13）。

(六) 內部稽核應辦理之事項：

1.規劃內部稽核之組織、編制與職掌，並編撰內部稽核工

作手冊及工作底稿，其內容至少應包括對內部控制制度各項規定與業務流程進行評估，以判斷現行規定、程序是否已具有適當之內部控制，管理單位與營業單位是否切實執行內部控制及執行內部控制之效益是否合理等，並隨時提出改進意見。

2.督導業務管理單位訂定自行查核內容與程序，並督導各單位自行查核之執行情形。

3.擬訂年度稽核計畫，並依子公司或各單位業務風險特性及其內部稽核執行情形，訂定對子公司或各單位之查核計畫（實施辦法§14）。

(七) 內部稽核報告應揭露之項目：內部稽核單位辦理一般查核，其內部稽核報告內容應依受檢單位之性質，分別應揭露下列項目：

1.查核範圍、綜合評述、財務狀況、資本適足性、經營績效、資產品質、股權管理、董（理）事會及審計委員會議事運作之管理、法令遵循、內部控制、利害關係人交易、各項業務作業控制與內部管理、客戶資料保密管理、資訊管理、員工保密教育、消費者及投資人權益保護措施及自行查核辦理情形，並加以評估。

2.對各單位發生重大違法、缺失或弊端之檢查意見及對失職人員之懲處建議。

3.金融檢查機關、會計師、內部稽核單位（含母公司內部稽核單位）、自行查核人員所提列檢查意見或查核缺失，及內部控制制度聲明書所列應加強辦理改善事項之未改善情形（實施辦法§17）。

(八) 內部稽核報告之交付：金融控股公司及銀行應將內部稽核報告交付監察人（監事、監事會）或審計委員會查閱，

除主管機關另有規定外，應於查核結束日起2個月內報主管機關，設有獨立董事者，應一併交付（實施辦法§19）。

(九) 年度稽核計畫執行情形之申報：

1.金融控股公司及銀行業應於每會計年度終了前將次一年度稽核計畫及每會計年度終了後2個月內將上一年度之年度稽核計畫執行情形，依主管機關規定格式以網際網路資訊系統申報主管機關備查。

2.金融控股公司及銀行業應於每會計年度終了前將次一年度稽核計畫以書面交付監察人（監事、監事會）或審計委員會核議，並作成紀錄，如未設審計委員會者，並應先送獨立董事表示意見。年度稽核計畫並應經董（理）事會通過；修正時，亦同。

3.前項提交稽核計畫內容至少應包括：計畫編列說明、年度稽核重點項目、計畫受檢單位、查核性質（一般檢查或專案檢查）、查核頻次與主管機關規定是否相符等，如查核性質屬專案檢查者，應註明專案查核範圍（實施辦法§22）。

(十) 風險管理機制：

1.金融控股公司及銀行業應訂定適當之風險管理政策與程序，建立獨立有效風險管理機制，以評估及監督整體風險承擔能力、已承受風險現況、決定風險因應策略及風險管理程序遵循情形。前項風險管理政策與程序應經董（理）事會通過並適時檢討修訂（實施辦法§35）。

2.金融控股公司及銀行應設置獨立之專責風險控管單位，並定期向董（理）事會提出風險控管報告，若發現重大暴險，危及財務或業務狀況或法令遵循者，應立即採取適當措施並向董（理）事會報告（實施辦法§36）。

3.銀行之風險控管機制應包括下列事項：(1)應依其業務規模、信用風險、市場風險與作業風險狀況及未來營運趨勢，監控資本適足性。(2)應建立衡量及監控流動性部位之管理機制，以衡量、監督、控管流動性風險。(3)應考量整體暴險、自有資本及負債特性進行各項資產配置，建立各項業務風險之管理。(4)應建立資產品質及分類之評估方法，計算及控管大額暴險，並定期檢視，覈實提列備抵損失。(5)應對業務或交易、資訊交互運用等建立資訊安全防護機制及緊急應變計畫（實施辦法§37）。

另應說明者，關於本條文第3項所述之銀行作業委託他人處理，應建立內部作業制度及程序部分，金融監督管理委員會亦於101年2月8日、103年5月9日、108年9月30日、112年8月25日修正訂定「金融機構作業委託他人處理內部作業制度及程序辦法」，依該辦法規定：

(一) 金融機構作業委託他人處理者（以下簡稱為委外），應簽訂書面契約，並依本辦法辦理，但涉及外匯作業事項並應依中央銀行有關規定辦理。本辦法適用之金融機構，包括本國銀行及其國外分行、外國銀行在臺分行、信用合作社、票券金融公司及信用卡業務機構（§2）。

(二) 金融機構對於涉及營業執照所載業務項目或客戶資訊之相關作業委外，以下列事項範圍為限：

1.資料處理：包括資訊系統之資料登錄、處理、輸出，資訊系統之開發、監控、維護，及辦理業務涉及資料處理之後勤作業。

2.表單、憑證等資料保存之作業。

3.代客開票作業，包括支票、匯票。

4.貿易金融業務之後勤處理作業。但以信用狀開發、讓購、及進出口託收為限。

5.代收消費性貸款、信用卡帳款作業，但受委託機構以經主管機關核准者為限。

6.提供信用額度之往來授信客戶之信用分析報告編製。

7.信用卡發卡業務之行銷業務、客戶資料輸入作業、表單列印作業、裝封作業、付交郵寄作業，及開卡、停用掛失、預借現金、緊急性服務等事項之電腦及人工授權作業。

8.電子通路客戶服務業務，包括電話自動語音系統服務、電話行銷業務、客戶電子郵件之回覆與處理作業、電子銀行客戶及電子商務之相關諮詢及協助，及電話銀行專員服務。

9.車輛貸款業務之行銷、貸放作業管理及服務諮詢作業，但不含該項業務授信審核之准駁。

10.消費性貸款行銷，但不含該項業務授信審核之准駁。

11.房屋貸款行銷業務，但不含該項業務授信審核之准駁。

12.應收債權之催收作業。

13.委託代書處理之事項，及委託其他機構處理因債權承受之擔保品等事項。

14.車輛貸款逾期繳款之尋車及車輛拍賣，但不含拍賣底價之決定。

15.鑑價作業。

16.內部稽核作業，但禁止委託其財務簽證會計師辦理。

17.不良債權之評價、分類、組合及銷售。但應於委外契約中訂定受委託機構參與作業合約之工作人員，於合約服務期間或合約終止後一定合理期間內，不得從事與委外事項有利益

衝突之工作或提供有利益衝突之顧問或諮詢服務。

18.有價證券、支票、表單及現鈔運送作業及自動櫃員機（ATM）裝補鈔作業。

19.金塊、銀塊、白金條塊等貴金屬之報關、存放、運送及交付。

20.其他經主管機關核定得委外之作業項目。金融機構應依主管機關規定方式，確實申報有關作業委外項目、內容及範圍等資料（§3）。

(三) 前條規定之委外事項範圍，信用卡發卡業務及車輛貸款以外之消費性貸款之行銷作業、應收債權催收作業之委外，依第11條、第12條規定報經主管機關核准辦理，其餘委外事項範圍金融機構應在不影響健全經營、客戶權益及相關法令之原則下，依董（理）事會核定之委外內部作業規範辦理。但外國金融機構在臺分支機構（包括外國銀行在臺分行及外國信用卡公司）之核定，得由經總機構授權之人員為之。前項所稱委外內部作業規範應載明下列事項：

1.作業委外之政策及原則，包括委外之決策評估、風險管理機制、核決層級及治理架構。

2.專責單位及相關單位對委外事項控管之權責分工。

3.委外事項範圍及委外程序。

4.客戶權益保障之內部作業及程序。

5.風險管理原則及作業程序。

6.內部控制原則及作業程序。

7其他委外作業事項及程序（§4）。

民國104年2月4日修正銀行法時，認為銀行辦理衍生性金融商品業務，應建立內部作業制度及程序，以健全銀行風險管

理並確保客戶權益保障，爰增訂本條文第4項，並授權主管機關針對其辦理該業務範圍、人員管理、客戶權益保障及風險管理訂定辦法規範。主管機關金融監督管理委員會旋於104年6月2日，以金管銀外字第10450001700號令，訂定發布「銀行辦理衍生性金融商品業務內部作業制度及程序管理辦法」全文39條，以供適用。

第45條之2（加強安全維護）
銀行對其營業處所、金庫、出租保管箱（室）、自動櫃員機及運鈔業務等應加強安全之維護；其辦法，由主管機關定之。
銀行對存款帳戶應負善良管理人責任。對疑似不法或顯屬異常交易之存款帳戶，得予暫停存入或提領、匯出款項。
前項疑似不法或顯屬異常交易帳戶之認定標準，及暫停帳戶之作業程序及辦法，由主管機關定之。

解說

　　臺灣曾發生多次運鈔車搶案和結夥強劫銀行事件，為維護銀行營業處所、金庫、出租保管箱（室）、ATM及運鈔業務之安全，提高金融從業人員之警覺，依行政院強化社會治安第18次專案會議結論，94年5月18日修正銀行法時，新增本條文第1項。

　　如眾所周知，銀行是經營貨幣的特殊企業，主要是通過吸收大眾存款來開展業務，屬於高負債、高風險的行業，對社會公眾負有很大責任，也對國民經濟的安定和成長，具有很大的影響，為此，本條文第2項前段明定，銀行對存款帳戶應負善

良管理人責任。例如：銀行在客戶提領款項時，要仔細核對帳戶、印鑑等資料，以避免客戶資金遭他人冒領，如有違反本條文，致客戶蒙受損失，銀行應承擔損害賠償責任。

　　目前許多國家對於銀行收受民眾的存款，已確立了存款自願、取款自由、存款有息、為存款人保密等幾項重要原則，客戶在銀行辦理存款業務，是出於存款人本身的自願；存款人是否開戶、選擇何種金融機構、選擇何種存款方式、存款金額、期限等都由存款人自己選定；在取款時，客戶有按照銀行相關規章支取存款的自由，存款人何時取款、提領多少帳戶內存款均由存款人自己決定，即使是未到期的定期存款，在存款人辦理中途解約後，也可提前支取，任何機構或個人不得以任何藉口加以干涉。

　　應特別說明者，以上存款自願、取款自由等原則，係指存款人帳戶資金來源合法，帳戶交易正常的情形而言，然而隨著社會經濟迅速發展及科技日益昌明，高科技資訊產品如手機、網路及ATM等工具，為國人生活提供諸多便利，惟亦為不法之徒肆行詐財等不法勾當，侵害民眾財產及金融秩序。為遏止此類不法行為，並期身處第一道防線之金融機構得以貫徹政府打擊犯罪決心，對疑似不法或顯屬異常交易之存款帳戶，依銀行法第45-2條規定，銀行得予暫停存入或提領、匯出款項。同時金融監督管理委員會依據本條文第3項規定，亦訂定了「銀行對疑似不法或顯屬異常交易之存款帳戶管理辦法」，其主要規範重點如下：

　　(一) 訂定疑似不法或顯屬異常交易存款帳戶之認定標準及分類，包括司法機關因偵辦刑事案件需要依法扣押之帳戶、偽冒開戶之帳戶、警示帳戶（指法院、檢察署或司法警察機關

為偵辦刑事案件需要，通報銀行將存款帳戶列為警示者）、衍生管制帳戶（指警示帳戶之開戶人所開立之其他存款帳戶，包括依第13條第2項第5款但書規定所開立之存款帳戶）、及其他疑似不法或顯屬異常交易之存款帳戶等共計三類（管理辦法§3）。

(二) 訂定銀行對疑似不法或顯屬異常交易帳戶之處理措施，賦予銀行得暫停該帳戶全部或部分交易功能之權利、通知員警機關及金融聯合徵信中心，及對該等帳戶進行查證及持續進行監控等（管理辦法§5、§6）。

(三) 為求儘速阻斷不法資金流向，以降低民眾損失，銀行接獲司法或警調機關通報並列為警示帳戶前，該帳戶之款項如遭移轉出至其他帳戶，銀行應將相關款項轉出之資料，通知原通報機關及相關款項之受款行採取必要措施。

(四) 為保障消費者權益，訂定警示帳戶之警示期限，自通報時起算，不得逾2年。但有繼續警示之必要者，原通報機關應於期限屆滿前再行通報之，通報延長以一次及一年為限，且開戶人如有疑義，原通報機關之司法或警調機關應負責處理，銀行於必要時並應提供協助（管理辦法§9）。

(五) 銀行應建立明確之認識客戶政策及作業程序，包括接受客戶開立存款帳戶之標準、對客戶之辨識、存款帳戶及交易之監控及必要教育訓練等重要事項，如有特定情形，並得拒絕客戶之開戶申請（管理辦法§12、§13）。

(六) 為防止歹徒利用分散交易之方式規避申報或查核，規定銀行應以資訊系統整合其全行存款客戶之基本資料及交易資料，供其總分支機構查詢，對於各單位調取及查詢客戶之資料，應建立內部控制程序，並注意資料之保密性（管理辦法

§14）。

　　(七) 銀行應以資訊系統輔助清查存款帳戶之異常交易，對於交易額超過一定門檻、交易金額與帳戶平均餘額顯不相當、或交易方式明顯改變等狀況，應設立預警指標，每日至少查核追蹤乙次（管理辦法§16）。

　　(八) 銀行之國外分行及子銀行在其所在國法令許可範圍內，應遵守本辦法之規定，但所在國之法令與本辦法牴觸時，銀行應將相關事實陳報主管機關備查（管理辦法§17）。

　　(九) 銀行應依本辦法訂定其內部作業準則，其內容應至少包括疑似不法或顯屬異常交易帳戶之認定標準及應採取之措施、第6條第1款所稱專責單位之指定、第11條第3項第1款所稱一定金額、第16條第1項所稱預警指標之建立、紛爭處理、員工教育訓練及稽核功能等（管理辦法§18）。

　　(十) 銀行應將前條所稱內部作業準則之規範納入內部控制及內部稽核項目，並依據金融控股公司及銀行業內部控制及稽核制度實施辦法之規定，辦理內部稽核及自行查核（管理辦法§19）。

第46條（存款保險組織）
為保障存款人之利益，得由政府或銀行設立存款保險之組織。

解說

　　在銀行法第2條我們曾提到，對存款人權益的保障，是世界各主要文明國家銀行所共同揭櫫的原則，倘存款人權益都難以確保，則銀行將失去存在價值，金融監理也將喪失其目的。

早在西元1920年代美國經濟大恐慌期間，曾有每年銀行倒閉500餘家之歷史經驗，尤其在1930至1934年間，平均每年倒閉多達2,000餘家，迫使當時美國羅斯福總統不得不採取暫停銀行營業3天之強制措施；眾多銀行倒閉的結果，不僅使銀行信用破產，存款人權益受損，尤其使民眾對整個國家金融體系喪失信心。

事實上，歸究銀行倒閉的主要原因，除了銀行結構不健全、經營不善外，存款保險制度未能適時建立，造成銀行受經濟波動影響，如骨牌效應，一蹶不振，亦為重要原因。美國政府有鑑於此，乃率先於西元1933年依據銀行法成立「聯邦存款保險公司」，繼而於1950年通過「聯邦存款保險條例」，以辦理銀行各項存款保險業務，保障存款人權益。其後英國、法國、加拿大、日本、荷蘭、比利時等，紛紛仿效，使存款保險制度成為國家重要的金融政策。

我國銀行在成立初期，多為公營，有雄厚的政府資金為後盾，且當時民營銀行尚不多見，因而甚少有倒閉情事，故相關存款保險制度乃遲遲未能建立。迨民國74年1月9日公布施行「存款保險條例」，同年9月27日成立「中央存款保險公司」，以保障存款人利益，鼓勵儲蓄，維護信用秩序，促進金融業務健全發展為立法目的，至此我國之存款保險制度方始建立。

惟存款保險制度創立之初採自由投保方式，係以尊重金融機構投保意願為前提，並無強制金融機構加入存款保險，造成部分金融機構因未加入存款保險，而使其存款人無法受到存款保險之保障，故為保障全體存款人權益，爰修正存款保險條例，於88年1月20日經總統公布，將存款保險投保方式改採全

面投保。

嗣為控制存保公司之承保風險，又修正存款保險條例，將存款保險投保方式改採強制申請核准制，於96年1月18日經總統公布，並自同年1月20日起施行，凡經依法核准收受存款、郵政儲金或受託經理具保本保息之代為確定用途信託資金之金融機構，應向存保公司申請參加存款保險，經存保公司審核許可後為要保機構。

關於中央存款保險公司之具體內容如下：

(一) 資本：由財政部、中央銀行及要保的金融機構認股，財政部與中央銀行的出資額應超過50%。

(二) 要保機構：限於

1.銀行（包括公營銀行：如臺灣銀行、土地銀行，民營銀行：如第一銀行、華南銀行、國泰世華銀行、高雄銀行、王道銀行等）。

2.信用合作社（如淡水信用合作社、基隆第一信用合作社、台中第二信用合作社等）。

3.農會、漁會信用部。

4.中華郵政公司。

5.其他經主管機關指定的金融機構，如外國銀行。

(三) 承保範圍：包括支票存款、活期存款、定期存款、信託資金以及其他經主管機關核准承保的存款；但不包括可轉讓定期存單、各級政府機關之存款、中央銀行之存款、其他經主管機關核准不予承保之存款。

(四) 經營項目：

1.辦理存款保險業務。

2.檢查要保機構之業務及帳目。

3.輔導要保機構之業務經營。

4.停業之要保機構尚有扶助其復業之必要時，對其辦理貸款或購買其資產。

5.對停業之要保機構暫以本公司名義繼續經營。

6.對停業之要保機構辦理清理或清算。

7.經主管機關核准辦理之其他業務。

(五) 保險費率：依據存款保險條例第16條第3項規定，存款保險費率由中央存保公司擬訂，報請主管機關金融監督管理委員會核定。要保機構存款保險費率依主管機關於107年12月18日金管銀合字第10701191780號函核定之「存款保險費率實施方案」修正案第5點規定如下：

1.銀行、外國銀行在臺分行保額內存款之差別費率分為萬分之5、萬分之6、萬分之8、萬分之11、萬分之15等五級，保額以上存款固定費率為萬分之0.5。

2.信用合作社保額內存款之差別費率分為萬分之4、萬分之5、萬分之7、萬分之10、萬分之14等五級，保額以上存款固定費率為萬分之0.5。

3.農、漁會信用部保額內存款之差別費率分為萬分之2、萬分之3、萬分之4、萬分之5、萬分之6等五級，保額以上存款固定費率為萬分之0.25。

(六) 保險金額：採用限額保險制，即每家要保機構的每一存款客戶，其存款被保險額度最高自100年1月1日起為新臺幣300萬元，在此範圍內，中央存保公司負擔百分之百風險。

(七) 保險責任之履行：依存款保險條例第28條規定，要保機構經主管機關或農業金融中央主管機關勒令停業時，存保公司應依下列方式履行保險責任：

1.根據停業要保機構帳冊紀錄及存款人提出之存款餘額證明，將賠付金額以現金、匯款、轉帳或其他撥付方式支付。

2.商洽其他要保機構，對停業要保機構之存款人，設立與賠付金額相等之存款，由其代為支付。

3.對其他要保機構或金融控股公司提供資金、辦理貸款、存款、保證或購買其發行之次順位債券，以促成其併購或承受該停業要保機構全部或部分之營業、資產及負債。

4.存保公司辦理前項第2款或第3款所需預估成本，應小於第1款賠付之預估損失。但如有嚴重危及信用秩序及金融安定之虞者，經存保公司報請主管機關洽商財政部及中央銀行同意，並報行政院核定者，不在此限。

5.存保公司辦理前項但書規定事項，致一般金融保險賠款特別準備金或農業金融保險賠款特別準備金不足時，得分別向一般金融要保機構及農業金融要保機構收取特別保險費。特別保險費費率及收取期間，由存保公司擬訂，報請主管機關核定。

中央存保公司成立後，對於歷年所發生的金融擠兌風暴，均能及時介入，使存款人之損失降至最低，確實達到穩定金融秩序功能；再者，因存款保險條例的授權，可以檢查要保銀行的業務及帳冊，防止銀行違規營運，而間接促進金融業務的健全發展，值得肯定。

第47條（同業間借貸組織）
銀行為相互調劑準備，並提高貨幣信用之效能，得訂定章程，成立同業間之借貸組織。

解說

　　同業拆款，在我國銀行界間由來已久，此一短期性同業借貸的產生，係因銀行法要求各銀行必須按每日存款餘額保有一定金額的存款準備金，惟各銀行保有的準備金，有時過剩，有時不足，如能透過同業間的借貸組織，除可使銀行間準備金餘絀互補，兼能充分運用資金，提高貨幣效能，為此臺北市銀行公會即曾於民國69年間成立「同業拆款中心」，使銀行同業間有一個公開拆款的活動市場，以相互調節準備，撥補票據交換差額，將我國銀行同業間的借貸活動，朝向市場化與制度化發展。

　　民國80年間，為配合中央銀行增加同業拆款市場的深度與廣度政策，健全貨幣市場的成長，將原來的「臺北市銀行公會設置同業拆款中心要點」，修訂為「中華民國銀行商業同業公會全國聯合會設置『金融業拆款中心』要點」，而以「金融業拆款中心」取代原先借貸組織，該「金融業拆款中心要點」在91年5月30日經中央銀行核准修正發布，讓各核准設立的銀行及其他金融機構，都可以成為拆款中心的會員，使銀行同業拆款明朗化，提供交易場所，加強同業聯繫，讓超額準備可以適當運用，而反映全體銀行的高度流動能力。關於「金融業拆款中心」之內容如下：

一、中華民國銀行商業同業公會全國聯合會（以下簡稱本會）為銀行調劑準備，並提高金融業貨幣信用之效能，依據銀行法第47條及第139條規定，設置「金融業拆款中心」（以下簡稱本中心）。

二、凡奉准設立之銀行、信託投資公司、票券金融公司及中華郵政

股份有限公司，以及符合中央銀行所訂條件之信用合作社均
得依本要點之規定申請本中心之會員。每一會員單位應指派
一至三人為聯絡員，報本中心核備。

三、本中心由中央銀行公開市場操作一般指定交易商（以下簡稱一
般指定交易商）各指派一人組成執行小組，並互推召集人一
人，綜理小組一切事務。執行小組商決事項，會員單位有共
同遵守之義務。

四、執行小組下設執行秘書與副執行秘書各一人及工作人員若干
人，處理會員單位拆款有關事宜。

五、會員單位拆款以本中心為中介人或自行交易，其方式如下：

(一) 以本中心為中介人者：由聯絡員通知本中心可拆出或需拆進之
金額、利率及天期。

(二) 自行交易者：會員單位自行互相拆借。
會員單位應於成交後立即通報本中心；相關拆款手續，自行辦
理。

六、會員單位辦理拆款交易得參酌交易對象之信用評等，訂定拆款
額度及議定交易利率。

七、會員單位每次拆款期限，最長不得超過1年，但票券金融公司
依「票券金融管理法」第37條規定辦理。

八、會員單位拆款以新臺幣100萬元為單位。

九、會員單位拆款情況，由本中心透過資訊系統即時公布並傳送中
央銀行業務局。

十、會員單位不得對非會員單位拆放，但另有法令規定或經中央銀
行核准者不在此限。

十一、違反本要點第5點及第10點規定者，暫停其會員資格，並須
經申請後始予恢復。

十二、本中心拆款作業細則另訂之。

十三、本要點經本會理事會通過，並報請中央銀行同意後實施；修
正時亦同。

第47條之 1（貨幣市場業務、信用卡業務經營之許可）
經營貨幣市場業務或信用卡業務之機關，應經中央主管機關之許可；其管理辦法，由中央主管機關洽商中央銀行定之。
自一百零四年九月一日起，銀行辦理現金卡之利率或信用卡業務機構辦理信用卡之循環信用利率不得超過年利率百分之十五。

解說

　　早在民國50年，國內觀光事業剛開始起步，即常有國外觀光客手持VISA等信用卡在大飯店、精品店等用餐、購物，以展現出高貴的身分、地位；民國62年，國內百貨業仿照發行所謂的「購物卡」，使國人也能享受到「買東西不用先付款」的快感；到了63年，中國信託投資公司發出國內第一張信用卡後，深獲民眾喜愛，紛紛加入申請。民國64年國泰信託投資公司亦開辦信用卡業務。民國65年第一商業銀行及合作金庫銀行亦準備開辦。惟財政部恐發行信用卡，若不加以統一管理，易生弊端，乃通令中信、國泰兩信託投資公司停發新卡；但配合社會經濟快速成長之需要，及便利市場交易與減少攜帶現金之不便，並減少印刷鈔票成本等因素，行政院經濟建設委員會於民國68年，建議臺北市商業銀行同業公會設置「聯合簽帳卡處理中心」，開辦聯合簽帳卡業務，以代替信託投資公司發行之信用卡。

　　財政部旋於民國70年10月29日頒布「銀行辦理聯合簽帳卡業務管理要點」。民國72年7月，即由中信、國泰、亞洲、華僑信託投資公司、中央信託局、中國國際商業銀行及臺北市銀行等捐助資金，成立「財團法人聯合簽帳卡處理中心」。72

年9月16日聯合簽帳卡處理中心第一屆第五次董事會通過「聯合簽帳卡業務處理準則」（嗣修正為聯合信用卡業務處理準則），72年10月16日財政部以(72)臺財融字第2518號函准予備查，至73年6月1日，聯合簽帳卡正式啟用。

　　聯合簽帳卡係由經財團法人聯合簽帳卡處理中心董事會通過並報請主管機關核准之銀行或信託投資公司發行，發卡機構負責對申請人辦理信用調查、核定申請人之每月消費限額及透支額度、受理申請人開立活期性存款戶或繳交定額保證金，於持卡人持卡簽帳消費後，自其指定帳戶中扣付帳款，餘額不足時應負責墊付，並填發持卡人指定帳戶之往來對帳單，及對違約持卡人停止其簽帳卡之使用等工作。故聯合簽帳卡之持卡人須預先在發卡機構開立存款帳戶或繳交定額之保證金，以證明其有支付能力，始能在「須先有存款，始能消費」之條件下簽帳消費。惟實際運作上，因財團法人聯合簽帳卡處理中心、特約商店與發卡機構間未能完全建立電腦連線，根本無法確知持卡人之消費額是否超過其存款，無法建立全面之電腦轉帳系統，自難推展簽帳卡制度；再加上部分發卡機構違規爭取客戶，將持卡人最低存款額由1萬元降至100元，並經財政部以73年台財融字第21810號函准予備查，致使「須先有存款，始能消費」之簽帳卡制度形同虛設，惟聯合簽帳卡已具有信用卡之性質，仍值得肯定。嗣財政部於民國77年9月8日，將「銀行辦理聯合簽帳卡業務管理要點」修正為「銀行辦理聯合信用卡業務管理要點」，准國內金融機構自民國78年1月1日起發行聯合信用卡，聯合簽帳卡自民國79年起全部自動作廢，並將「財團法人聯合簽帳卡處理中心」改名為「財團法人聯合信用卡處理中心」，以供援用。

時至今日，隨著經濟快速成長，在新型消費時代中，帶著大把鈔票逛街已經落伍了，金融卡、信用卡早已流行，而信用卡對消費與出國旅行都非常方便，更可以辦理資金融通周轉，增加信用，故其普遍性幾乎已達到「一人一卡」，甚至「一人多卡」的地步。如今金融資訊中心更在研究一種集金融卡、信用卡、電話卡、油卡、捷運車票卡用途於一身的IC卡，它的方便性更是不在話下。面對我國這些新型態貨幣市場業務，以及各新成立銀行相繼推出信用卡業務來服務客戶，我銀行法於民國81年修正時增訂本條文，規定銀行要辦理此類業務，應另經主管機關許可，並由主管機關洽請中央銀行訂定管理辦法，以供依循。

民國82年6月，財政部依本條文制定了「信用卡業務管理辦法」共計11條，99年2月2日起改由金融監督管理委員會修正發布，全文共56條，其後復歷經數次修正，依110年10月13日最新修正內容，該辦法採酌「大量開放市場，自由競爭」的精神，凡經主管機關核准辦理信用卡業務的機構，即可作一部或全部的信用卡業務，亦得單獨、合作辦理，致造成國內外金融業群起效尤，先後加入信用卡市場，促使臺灣的信用卡市場因而蓬勃發展。而本管理辦法具體內容，要求發卡銀行（機構）應將持卡人的信用資料，送交財政部指定的聯合徵信中心建立檔案，除此之外，持卡人的一切資料應予保密。發卡機構須用書面，以顯著明確的文字告知年費、手續費、利率、利息計息方式及可能負擔的一切費用，若有變更，應於60日前以書面通知持卡人，持卡人如有異議時得解除契約。可見該管理辦法不僅消極地保護持卡人的權益，也積極地形成了用卡的遊戲規則，使主管機關不再無法可管，而減少弊端。

　　至於有關經營貨幣市場業務，首先應釐清者，為貨幣市場係短期資金供需交易之市場，該市場交易之金融工具，如國庫券、可轉讓之銀行定期存單、本票或匯票，以及其他經主管機關核准之短期債務憑證，其到期期限均不超過1年。我國政府為促進合格商業票據與政府債權之流通，便利政府與企業對短期資金之調度及活潑貨幣市場之操作等，以配合經濟發展與社會進步之需要，中興票券金融股份有限公司率先於民國65年5月成立，國際與中華票券金融股份有限公司相繼成立於66年1月與67年12月。民國85年財政部開放票券公司新設，而使家數由三家遽增至16家以上；而部分銀行亦自84年8月24日起可從事票券業務，截至目前為止，亦有30家以上本國銀行可以辦理票券業務。

　　為避免票券市場出現空前惡性競爭，使所有票券公司能導入合法之經營管道，並由主管機關適度介入監督，為此銀行法修正時，於本條文增列經營貨幣市場業務之機構，應經中央主管機關之許可；其管理辦法，由中央主管機關洽商中央銀行定之。

　　據此，財政部曾依本條文於86年12月31日、90年5月15日、90年6月29日修正公布「票券商管理辦法」共40條條文，依該管理辦法第7條規定，所謂經營貨幣市場業務之票券商係指經財政部之許可，得經營下列業務之全部或含第1款以上業務之銀行或票券金融股份有限公司（以下簡稱票券金融公司），但銀行不包括信託投資公司：

　　(一) 短期票券之經紀、自營業務。

　　(二) 擔任本票之簽證人。

　　(三) 擔任本票之承銷人。

(四) 擔任本票或匯票之保證人或背書人。

(五) 擔任金融機構同業拆款經紀人。

(六) 有關企業財務之諮詢服務工作。

(七) 政府債券之經紀、自營業務。

(八) 經財政部核准辦理之其他有關業務。

各票券商得經營之業務項目，由財政部就前條所定之範圍內分別核定，並於營業執照上載明之。一般票券金融公司須為股份有限公司，其最低實收資本額為新臺幣20億元。發起人及股東之出資以現金為限。前項最低實收資本額，財政部得視經濟、金融情況及實際需要調整之。最低實收資本額經修訂後，未達最低實收資本額者，財政部應函告各票券金融公司辦理增資，並限期繳足；逾期未繳足者，財政部得限制其業務項目及業務量。

嗣為因應貨幣市場之快速發展，並落實對票券商之監督管理，原主管機關財政部研擬「票券金融管理法」，在90年7月9日公布施行，其相關授權規定或子法共27項，亦已發布施行，原依據本法第47-1條之授權規定，所發布之「票券商管理辦法」，於92年3月18日經主管機關明令廢止，又票券商及票券金融相關事項之管理，主管機關已改為金融監督管理委員會，讀者允宜注意。

民國104年2月4日修正銀行法時，復考量當時存款及放款利率大幅調降的事實，但民法卻遲遲沒有加以反應修正，致使法律與社會現況脫勾，產生許多銀行強力推銷現金卡及信用卡，來規避財政部對一般消費貸款降息之管制，對於現金卡或是信用卡循環利息，採取20%的高利率的脫法行為，已經嚴重盤剝經濟弱勢的債務人，並且危害到國家經濟體系及金

融秩序，爰有必要加以修正，因此修正銀行法第47-1條，增訂第2項規定，明定自104年9月1日起，銀行辦理現金卡之利率或信用卡業務機構辦理信用卡之循環信用利率不得超過年利率15%，以解決因利率過高造成之社會問題。

　　本條文之立法目的，主要係為減輕持卡人之利息負擔，為利各發卡機構知悉前開銀行法修正條文之適用範圍，並處理發卡機構反映之執行疑義，金融監督管理委員會旋於104年5月22日邀集全體發卡機構召開會議研商，並達成下列共識：

　　(一) 所有持卡人之信用卡循環信用餘額及現金卡借款餘額，包含「既有未清償款項餘額」及「新增款項」，自104年9月1日起所收取之利率均不得超過15%；至104年9月1日前已產生之「未清償款項餘額」，自該等款項起息日起至104年8月31日止之期間利息，發卡機構依原契約利率計收。

　　(二) 無論持卡人屬正常戶、逾期戶或各類債務協商戶皆適用前開銀行法利率上限規定；另發卡機構亦同意「已進入非訟或訴訟程序或已取得執行名義」或強制執行中之案件，自104年9月1日起所收取之利率，將不得超過15%。

第47條之2（經營貨幣市場業務機構之準用規定）
第四條、第三十二條至第三十三條之四、第三十五條至第三十五條之二、第三十六條、第四十五條、第四十五條之一、第四十九條至第五十一條、第五十八條至第六十二條之九、第六十四條至第六十九條及第七十六條之規定，於經營貨幣市場業務之機構準用之。

解說

　　金融市場係指金融工具發行與買賣者相互結合，共同決定資金價格（利率或收益率）以進行交易的市場。我國的金融市場有三：

　　(一) 外匯市場：係指外匯參與者及持有各種不同通貨請求權之買主或賣主，透過電話、電傳電報（Telex）及其他電訊系統等不同方式，得以相互出價、還價，終至成交的場所或網路。我國外匯市場，自民國67年8月匯率制度由固定匯率制度改為機動匯率制度以後始逐漸發展。自此以後，各種外幣匯率不再是一成不變的官價，而係由市場供需所決定，央行只在必要時才進場干預。換言之，新的匯率制度之主要目的在使新臺幣之匯率經由市場之供需力量，尋求一較合理之價位，以緩和外來因素對國內經濟所可能造成之衝擊，同時准許外匯所得者得以外匯存款方式持有外匯，以減輕外匯集中清算制度下對貨幣供給額所可能造成之擴充壓力。

　　我國的外匯市場原本無外匯經紀商或外匯交易商，而係以臺灣銀行、中國國際商銀、第一銀行、華南銀行、彰化銀行共同籌設的「外匯交易中心」，為外匯操作之媒介機構。78年8月，成立外匯經紀商籌備小組，嗣於79年2月正式成立財團法人臺北外匯市場發展基金，該基金會由中國國際商銀、世華銀行、華僑銀行及上海商業銀行等四家民營銀行共同捐助新臺幣120萬元，經財政部核准，並向臺北地方法院登記為財團法人後正式成立。該基金會所附設之臺北外匯銀行聯誼會，為外匯市場之主要媒介機構，負責每日匯率之訂定，指定銀行間外匯買賣之中介事宜。83年7月27日我國第一家專業外匯經紀

商「臺北外匯經紀股份有限公司」開始營業，臺北外匯市場發展基金會旋即解散臺北外匯銀行聯誼會，停止外匯交易仲介業務，專職於研究發展工作。

(二) 資本市場：係將中長期資金以債券或股票型式，由剩餘單位移轉給資金不足單位的一個市場。一般而言，資本市場工具係到期日在一年以上的債務工具與股權工具。這些工具的價格波動的比貨幣市場工具大，屬於風險較高的投資工具。資本市場依交易工具之不同區分為債券市場與股票市場。債券市場又分成公債市場、公司債市場以及金融債券市場。我國資本市場並不十分發達，廠商大多依賴企業融資，以短期貸款的展期融通長期資金的需要，所以債券市場的規模亦較小。在股票市場方面，臺灣證券交易所於民國51年2月開業，提供上市公司股票集中交易場所。

(三) 貨幣市場：係短期資金供需交易之市場，此一市場交易之金融工具，其到期期限均不超過1年，投資此類金融工具是有效運用短期餘裕資金的最佳方式之一。我國有組織的貨幣市場自民國60年代初期開始創立，65年5月中興票券金融股份有限公司開始成立，其後國際與中華兩家票券金融股份有限公司亦相繼成立。我國貨幣市場在這三家票券金融公司之努力推動下，成長頗為迅速，其所決定之利率，已頗能反映市場資金之供求情況，而成為銀行利率調整的重要指標。

目前在貨幣市場流通之信用工具主要有：國庫券、商業本票、銀行承兌匯票及可轉讓定期存單等。民國73年6月，政府為提高若干資本市場信用工具之流動性並活絡其次級市場交易，准許公債、公司債及金融債券其到期期限在1年以內者亦得在貨幣市場交易買賣。

對於外匯市場之管理，有「管理外匯條例」可供適用；在資本市場方面，除「公司法」外，亦有「證券交易法」及許多相關行政法規可供援用。民國89年11月1日修正銀行法時，則著重於對經營貨幣市場業務之機構之管理和監督，並增列本條文明定違反相關規定之罰則，茲將其應準用銀行監管之相關規定內容，說明如下：

(一) 準用第4條有關得經營之業務項目應經核定，並載明於營業執照以及外匯業務應經許可之規範。

(二) 準用第32條至第33-4條有關授信限制之規範。

(三) 準用第35條至第35-2條有關負責人及職員之行為及資格條件之規範。

(四) 準用第36條有關無擔保放款或保證之限制及資產負債比率之規範。

(五) 準用第45條有關檢查之規範。

(六) 準用第45-1條有關建立內部控制等制度之規範。

(七) 準用第49條至第51條有關營業報告書、法定盈餘公積之提列、營業時間之規範。

(八) 準用第58條及第59條有關合併或申報事項變更之許可、公告及違反時之規範。

(九) 準用第60條營業執照費及第61條決議解散之規範。

(十) 準用第62條至第62-9條有關處理問題金融機構之程序及效力規定。

(十一) 準用第64條至第69條有關虧損處理程序、勒令停業、撤銷許可、註銷執照、特別清算及退還股本或分配股利之規定。

（十二）準用第76條有關因行使抵押權或質權承受擔保物之處分期間規定等。

第47條之3（金融資訊服務中心、聯合徵信中心之許可及管理）

經營金融機構間資金移轉帳務清算之金融資訊服務事業，應經主管機關許可。但涉及大額資金移轉帳務清算之業務，並應經中央銀行許可；其許可及管理辦法，由主管機關洽商中央銀行定之。

經營金融機構間徵信資料處理交換之服務事業，應經主管機關許可；其許可及管理辦法，由主管機關定之。

解說

　　財政部為促進金融業之資源共享、資訊互通，並提升金融體系全面自動化，於民國73年以任務編組方式成立「金融資訊規劃設計小組」，負責金融機構間跨行網路的規劃、設計及建置重責。嗣於民國77年完成階段性任務後，改設置「金融資訊服務中心」（以下簡稱「金資中心」）作業基金並接辦營運。

　　為適應金融市場自由化、國際化的發展情勢，財政部於民國87年報奉行政院核定，並依據「銀行間資金移轉帳務清算之金融資訊服務事業許可及管理辦法」，將「金資中心」改制為公司組織，由財政部及公、民營金融機構共同出資籌設「財金資訊股份有限公司」，概括承受「金資中心」的業務，於同年11月正式承作跨行金融資訊系統的規劃、建置與營運。復於103年財金公司股權由財政部移轉予中央銀行，賡續提供跨行交易轉接，以及結（清）算服務，與金融機構及國際組織連

接，共同建構我國的電子金融支付網絡，同時也為社會大眾提供安全便捷的金流服務。

財金資訊股份有限公司之業務範圍：

(一) 金融機構跨行資訊系統之營運。

(二) 金融機構間跨行業務之帳務清算。

(三) 辦理與金融機構間業務相關之各類資訊傳輸、交換。

(四) 金融機構間資訊系統災變備援之服務。

(五) 金融機構間業務自動化之規劃、諮詢及顧問業務。

(六) 其他經主管機關指定或核准辦理之有關業務。

本條文係89年11月1日修正銀行法時新增之條文。當時係緣於立法院第三屆第四次會期財政、預算委員會第四次聯席會之決議，為現有之金融資訊服務事業（即財金資訊股份有限公司）及聯合徵信中心之許可及管理，取得法律依據。本增訂條文明定金融資訊服務事業由中央主管機關許可，涉及大額資金移轉清算之業務，並應經中央銀行許可，如此將可兼顧與中央銀行連線交易部分之支付，與結算風險及業務管理。

我國目前辦理銀行間徵信資料處理交換之服務事業為財團法人金融聯合徵信中心，該中心之會員除銀行外，尚包括票（證）券金融公司、信用合作社、農漁會信用部、產壽險公司、信用卡公司及中華郵政股份有限公司等，為此在108年4月17日修正銀行法時，將第1、2項所定「銀行」修正為「金融機構」，以符合實務運作現況。

第48條（接受第三人請求之限制）

銀行非依法院之裁判或其他法律之規定，不得接受第三人有關停止給付存款或匯款、扣留擔保物或保管物或其他類似之請求。

銀行對於客戶之存款、放款或匯款等有關資料，除有下列情形之一者外，應保守秘密：

一　法律另有規定。

二　對同一客戶逾期債權已轉銷呆帳者，累計轉銷呆帳金額超過新臺幣五千萬元，或貸放後半年內發生逾期累計轉銷呆帳金額達新臺幣三千萬元以上，其轉銷呆帳資料。

三　依第一百二十五條之二、第一百二十五條之三或第一百二十七條之一規定，經檢察官提起公訴之案件，與其有關之逾期放款或催收款資料。

四　其他經主管機關規定之情形。

解說

　　銀行與客戶間因訂立存款、放款、抵押、保證等契約，而發生法律上關係，為保障客戶對銀行的信賴與其本身權益，本條文第1項明文要求，除非經合法程序，否則不得任意停止給付存款、匯款、扣留擔保物等損害客戶權益的行為。條文所謂的合法程序，一般指：

　　(一) 法院之裁判：如法院民事確定判決、假執行判決、假扣押裁定、假處分裁定或法院依強制執行法所為的查封、扣押程序等。

　　(二) 其他法律的規定：如刑事訴訟法的扣押程序、票據法的止付通知的程序。

　　原銀行主管機關財政部曾於民國63年6月18日以台財錢字第15431號函表示：「支票經止付後，發票人之其他債權人，得依已取得之執行名義，聲請法院扣押，並命令銀行支付該筆止付保留款；但付款銀行於接受法院命令後，得向執行法院聲明此項止付事由，並應通知止付人俾其得向執行法院聲明參與分配」，可供參照。銀行如未經合法程序而逕接受第三人之請求，對於給付客戶之存款或匯款予以停止支付；或扣留客戶之擔保物、保管品等，均係違反契約行為而有損害客戶之權益，銀行應負擔損害賠償責任。

　　本條文第2項為銀行對客戶秘密保護的規定，如前所述，銀行所得經營的業務繁多，又為一種大眾服務事業，對於經濟社會的影響很大，所以在外國立法例中，如德國、美國等，都有明文規範銀行對客戶存放款保密的義務。因為銀行如果隨意將客戶存款放款、信用或財務狀況洩漏予第三人，勢必失去客戶的信賴，而使銀行業務的推展橫生阻力，故銀行對客戶存放款守密的業務，非僅為法律上業務，同時也是銀行為獲得客戶信賴及推展業務所不可或缺的要素。

　　關於銀行秘密之本質，參酌外國立法例及國內學者通說之見解，認為至少應具備下列三大特徵：(一)須有機密性：按秘密之價值，需賴具有機密性以維持，亦即僅容許特定人或可得限定之人知悉為限；惟該秘密並不以絕對性機密為必要（即只限於秘密所有人知情），故凡法律准許，或秘密所有人授權，為某種事業或營業上利用之目的，亦得為被授權人、員工、合夥人等人所知，故本書所謂之秘密，只需具有相對性機密即可（亦即具有某一合理程度之秘密性）。(二)須有商業價值：任何資訊要為機密，須在所有人之事業或商業上，對所有人而

言，該秘密之存在及保有，將優越居於其他並無該情報之競爭人地位，故所有客戶之資料，並非全屬秘密，只有屬於秘密所有人對保密具有正當利益者，才可認為係有價值性之秘密；是以客戶之商業秘密存在與否，並非取決於當事人之分類或稱呼或主觀意見，而係關鍵於該資訊之具有實際或潛在之經濟價值而言。(三)須有保密之意思及採取相當管理行為：銀行客戶就其存、放款等秘密，本質上應有排除經容許以外之人知悉之意願，且將該資料，交付銀行，以秘密之方式加以管理之行為。

由於銀行對客戶之存、放款予以保密，不僅關係銀行與客戶間之民事法律關係，嚴重者亦涉及刑法規範之適用，故對其法理依據，本書亦加以探討：

(一) 契約說：此說為日本學者之見解，認為銀行縱與客戶授信、受信之過程中，未曾明訂保密義務，本諸誠實信用、信賴原則，認為此時仍有保密之默示契約存在，銀行對客戶負有保密義務。依此見解，保密義務之違反，即為契約之違反，將發生債務不履行之賠償責任。誠然以銀行對客戶之存放款，負有保密義務作為契約之擬制，固不失為一種有力之學說，然將當事人並未約定之事項，強以法律擬制，顯與民事契約當事人意思自由原則有違，自不足采。

(二) 信義說：此說認為銀行既以經營信用之授受為要務，當銀行與客戶發生業務往來時，即基此而發生一定之信任關係；凡接觸並知悉客戶存放款業務之銀行職員，如將該秘密洩漏，將構成信義關係之違反。該學說認為銀行之存放款保密義務，係附隨於銀行往來契約之信義基礎上，惟該契約之附隨義務，與一般契約之規範內容有別，更乏法理上依據，對於上開附隨義務之違反，是否得據以解除本契約，均將造成解釋上困

難，故本書亦不採之。

(三) 商事慣例說：此說認為銀行對客戶之存放款保密義務，乃緣於金融界多年之慣例而來；具體言之，即將民法「行使債權，履行債務應依誠實及信用方法」之誠信原則加以擴張，而認為銀行對客戶之存放款保密，即係誠信原則之履行，並將此原則認為係一種商事慣例，而予以法制化。惟細觀商事慣例說之內容，實係前開信義說之擴張，論理上亦陷入信義說之缺點，且各國商事慣例不同，其範圍如何界定，均屬難以處理之問題，是以本書亦不採之。

(四) 侵權行為說：依民國97年12月30日修正銀行法第48條第2項前段所規定「銀行對於客戶之存款、放款或匯款等有關資料，除有下列情形之一者外，應保守秘密」觀之，其立法目的不僅在保護銀行本身之利益，同時亦在兼顧客戶之權益，顯已非單純之商事慣例或信義關係之違反；而在銀行實務上，亦鮮有所謂銀行與客戶保密義務之約定，故本書採此學說，認為銀行職員如有違反保密義務，即對客戶之權利（益）構成侵害，不論其出於故意或過失，均應對客戶構成侵權行為。

銀行客戶保守其存放款秘密之權利，為隱私權之一種，亦為其利益，已如前述。有關客戶之存款、放款、匯款等資料，關係著個人信用及經濟上利益甚巨，與之往來之銀行若率將職務上所知悉此等秘密予以洩漏，將使客戶遭受損害，是故德國、新加坡、香港等國之法律，均就銀行從業人員之保密義務加以規範。日本銀行法就銀行對客戶存款秘密雖未設明文規定，但該國法學界、銀行界人士咸以誠實信用原則、信賴原則、商事習慣及保密之默示契約等為根據，構築銀行保密義務之法律基礎。除司法、稅務機關外，銀行對於其他個人或機關

均不得洩漏客戶之秘密，足見銀行對客戶存款保密之義務，為各先進國家普遍之立法趨勢。

我國銀行法於民國78年修正前，並無銀行對客戶存款保密義務之規定，僅由財政部於67年函訂「金融保險人員生活道德規範要點」，並於該要點第1項第16款規定金融人員不得洩漏客戶之商業秘密；嗣於71年間，財政部再函訂金融機構對司法、軍法機構之查詢應予照辦外，對其他單位應洽財政部核准後辦理。因該函屬行政命令，不具法律之位階，為加強銀行對客戶之保密義務，於78年7月修法時，特增訂銀行法第48條第2項，以供適用。

依該項規定，銀行對客戶保密之範圍，限於下列四種：(一)存款：乃銀行收受客戶之現金、支票、匯票或其他債權，對客戶負有即期或定期償付之一種債務；但就存戶而言，則對銀行取得一種金錢債權。銀行存款，通常可分為支票存款、活期存款、定期存款、儲蓄存款，不論何種存款，銀行對該客戶存款之時間、金額、到期日、存款人姓名、存款來源，均有保密之義務。(二)放款：是銀行自居於債權人之地位，在定期或隨時必須本利還清之條件下，將現金或現金請求權貸與他人之一種授信業務，為銀行運用資金之主要途徑。一般而言，銀行經營放款業務，應遵守安全、流動、利益及成長等原則。至於放款之種類，依放款之時間長短，可分為短期及中、長期分期償還放款；另依客戶向銀行貸款時，是否提供擔保品，可分為擔保放款及無擔保放款，對上開各種放款之數額、時間、所提供之擔保品等內容，銀行亦不得任意公開，以維護客戶之權益。(三)匯款：乃銀行受客戶委託，將客戶交付之金錢，用文書、簽發票據、電話或電報等方式，送交某地某人（收款

人）之業務；目前國內常見之匯款有電匯、信匯及票匯三種，在匯款過程中，銀行對於其受客戶委託過程中所知悉之相關資料，亦應予以保密，不得洩漏。(四)其他有機密性、價值性的資料：如客戶存放款帳號、期間長短、金融卡號碼，甚或身分證資料、公司財務報表、資產負債表、損益表等，均為保密之對象。

又為健全銀行業務經營，適應產業需要，並使銀行信用能配合國家金融政策的發展，我國銀行法對客戶存款保密義務，係採相對保障制度，即於下列情形，銀行仍應提供客戶的相關資料，以供有關單位查證：

(一) 其他法律另有規定時：如刑事訴訟法第134條、民事訴訟法第350條、監察法第26條、稅捐稽徵法第30條、所得稅法第85條第1項等，法律規定應予提供時，此際銀行對客戶的存款保密義務，自不適用於上開機關因辦案需要所為的查證。

(二) 對同一客戶逾期債權已轉銷呆帳者，累計轉銷呆帳金額超過新臺幣5,000萬元，或貸放後半年內發生逾期累計轉銷呆帳金額達新臺幣3,000萬元以上，其轉銷呆帳資料：銀行資金來源於大眾，呆帳的發生，或涉及人謀不臧，有害於公眾利益，為維護社會公益，兼顧個人之隱私權，對於大額、短期轉銷呆帳資料，在民國97年12月9日修正銀行法時，特別在本條文明定不在銀行保密義務範圍。

(三) 依第125-2條、第125-3條或第127-1條規定，經檢察官提起公訴之案件，與其有關之逾期放款或催收款資料：凡涉及詐害銀行或違法放款情事者，經檢察官提起公訴案件之逾期放款或催收款資料，因與公眾利益相關，亦於97年12月9日立法院三讀通過修正銀行法時，增訂不在銀行保密義務範圍。

(四) 其他經主管機關規定之情形：如財政部曾於71年7月2日以台財融字第18326號函謂：金融機構對於司法、軍法、稅務、監察、審計及法務部調查局等機關，因辦案需要，正式備文查詢與該案有關客戶的存放款資料，應予照辦，惟其他機關若有查詢時，應洽經本部核轉後辦理。

(五) 客戶的事前承諾：銀行對於因業務上知悉的客戶秘密，固負有不得洩漏的義務，但如預先獲得客戶的承諾，則構成保密義務基礎的信任關係已無被侵害可能，自應免除其責任，但銀行在提供資料時，仍應注意不要逾越客戶承諾的範圍。

(六) 銀行公會會員間徵信資料的交換：按銀行公會會員早在民國60年3月間，即成立「臺北市銀行公會聯合徵信中心」，以便為銀行間徵信資料搜集、匯整、交換，其中難免涉及客戶的秘密事項，此時應嚴格限制該徵信資料，僅止於銀行內部的情報交換，絕不可溢出銀行對客戶保密義務的範圍。

違反銀行存款保密義務規定時，應負：

(一) 行政上責任：依本法第129條第11款規定，可處新臺幣200萬元以上5,000萬元以下罰鍰。

(二) 民事上責任：應依契約規定，負損害賠償責任，若契約無規定時，被害人亦可依侵權行為規定，請求賠償。

(三) 刑事上責任：銀行員若有洩密情形，依具體情節，可能構成刑法第317條、第318條的洩漏工商秘密罪或第342條的背信罪。

實例

某中央民意代表因欲查明有無特權干預，而要求公營銀行

提供最近2年來的逾期放款、催收款、呆帳名單和詳細資料，銀行可否拒絕？

按銀行法第48條第2項規定，旨在保障銀行對客戶財產上秘密及防止客戶與銀行往來資料的公開，以維護人民的隱私權；惟公營銀行的預算、決算依法應受議會的審議，議會因審議上必要，就公營銀行依規定已屬逾期放款中列報呆帳或經裁判回收無望部分，已無機密性，可以提供；如係對同一客戶逾期債權已轉銷呆帳者，累計轉銷呆帳金額超過新臺幣5,000萬元，或貸放後半年內發生逾期累計轉銷呆帳金額達新臺幣3,000萬元以上，其轉銷呆帳資料；或依本法第125-2條、第125-3條或第127-1條規定，經檢察官提起公訴之案件，與其有關之逾期放款或催收款資料，亦可以提供。其餘部分，依司法院釋字第293號解釋，需有相當理由足認其放款顯有不當者，經議會決議，在銀行不透露個別客戶姓名及議會不公開有關資料情形下，要求銀行提供該項資料時，為兼顧議會對公營銀行的監督，才應予以提供。

第49條（年終報表）
銀行每屆營業年度終了，應編製年報，並應將營業報告書、財務報表、盈餘分配或虧損撥補之決議及其他經主管機關指定之項目，於股東會承認後十五日內；無股東會之銀行於董事會通過後十五日內，分別報請主管機關及中央銀行備查。年報應記載事項，由主管機關定之。
銀行除應將財務報表及其他經主管機關指定之項目於其所在地之日報或依主管機關指定之方式公告外，並應備置於每

一營業處所之顯著位置以供查閱。但已符合證券交易法第
三十六條規定者，得免辦理公告。
前項應行公告之報表及項目，應經會計師查核簽證。

解說

　　依銀行法第52條規定，銀行為法人，其組織除法律另有
規定或本法修正施行前經專案核准者外，以股份有限公司為限
定，故公司法相關條文，在銀行之經營或業務監督方面，亦有
適用餘地。

　　以公司之監督而言，參照公司法第20條第1項規定，公司
（銀行）每屆營業年度終了，應將營業報告書、資產負債表、
損益表、股東權益變動表、現金流量表及盈餘分配或虧損撥補
之議案，提請股東會同意或股東會承認。上述書表，主管機關
（公司之主管機關，在中央為經濟部，直轄市為建設局）得
隨時派員查核，其查核辦法由中央主管機關定之。又銀行之
資本額，如商業銀行實收資本額最少為新臺幣100億元，專業
銀行中之工業銀行、農業銀行為新臺幣200億元以上，信託投
資公司為新臺幣20億元以上，其資本額均已達中央主管機關所
定3,000萬元以上之標準，依公司法第20條第2項規定，其資產
負責表、損益表、股東權益變動表及現金流量表，除公營事業
外，並應先經會計師簽證，以期正確。銀行負責人如違反上開
規定，依同條文第5項規定，得處新臺幣1萬元以上5萬元以下
罰鍰；妨礙、拒絕前項查核或逾期不申報時，各處新臺幣2萬
元以上10萬元以下罰鍰；對於表冊為虛偽記載者，依刑法或特
別刑法有關規定處罰。

　　另由於銀行是吸收國民儲蓄及融通工商業資金的橋梁，對

國家經濟建設、國民生活改善、經濟繁榮促進以及物價穩定，均負有重大責任。爲此除公司法規定外，本條文強制要求各銀行應於年度結束後，編制年報，將營業報告書、資產負債表、損益表、股東權益變動表、現金流量表、盈餘分配或虧損撥補之決議，及其它經中央主管機關指定之項目等相關資料，於股東會承認後15日內，報請主管機關及中央銀行備查；如無股東會之銀行，則於董事會通過後15日內，亦應報請備查。

94年5月18日修正銀行法時，因鑑於銀行財產目錄甚多，編列成冊耗時費事，並無實益，且財產目錄有監察人隨時查核，股東會的查閱和抄錄等機制進行監督，爲此刪除財產目錄，邇後銀行每屆營業年度終了，編制年報，並將營業報告書、財務報表、盈餘分配或虧損撥補之決議及其他經主管機關指定之項目，分別報請主管機關及中央銀行備查時，不須再年年檢送繁複的財產目錄。

按企業資訊的揭露，即所謂企業營運內容的公開制度。一般而言，公司法明文企業資訊內容公開的揭露義務，其重點在於董事會依該法第228條規定，編造營業報告書、各項財務報表以及盈虧派補的議案，提報股東會查核決議，分發給股東或提供公司債權人，適時瞭解公司經營狀況的基本需求（公司法§230）。誠如公司法權威Louis D. Brandise所言：「公開方可矯正社會上及產業上之弊病，而太陽是最佳之防腐劑，電燈是最有效能之員警」，落實企業資訊的充分揭露，其理念在於提供投資判斷的必要資訊、提供公司關係人的正確資訊，行使其權利，同時資訊公開是防制企業不法行爲的方法之一，而寓有企業自我治癒的機能。

特別是銀行的企業組織，正如銀行法第1條所規範之立法

目的，「為健全銀行業務經營，保障存款人權益，適應產業發展，並使銀行信用配合國家金融政策」的大前提下，銀行扮演著金融市場上資金供給與需求的仲介角色，合理有效地分配其資金的職責，或謂負有國家政策使命之「公共政策性」的企業組織；因此，銀行資訊是否充分揭露，其意義實是關係著國家金融體系的健全與穩定。申言之，銀行制度之於國家金融政策的達成，當是建立於國民的信任為基礎，以企業法人──股份有限公司的型態，而銀行資訊的透明化正是社會責任的指針之一，故銀行應對社會公開其業務與財務狀況，接受全體國民之判斷，這將有助於銀行之自律規範。

為此，本條文第3項同時要求銀行，除應將資產負債表、損益表、股東權益變動表、現金流量表及其它經主管機關指定之項目，於其所在地之日報或依主管機關指定之方式公告外，並應備置於每一營業處所之顯著位置，以供查閱，俾使國民對各銀行經營金融業務、資金運用、信用狀況作客觀比較，以增進社會大眾對銀行經營情形的瞭解及選擇往來銀行的參考；再者，透過銀行財務內容的公開，更可使銀行自我約束，減少舞弊，適時調整財務結構，積極業務辦理，使銀行朝向企業化、效率化、大眾化目標邁進。

惟銀行財務資訊之公開，若屬銀行自行編造，未經獨立第三者之驗證，如有虛偽不實之記載，反因錯誤資訊之公開，使存款人蒙受其害。基於保護存款人權益之考量，89年11月1日修正銀行法時，爰參考我國證券交易法第36條，新加坡銀行法第47條及泰國銀行法第16條之規定，增訂本條文第2、3項，規定應行公告之財務報表，須經會計師查核簽證，以確定財務報表得以允當表達受查者之財務狀況及經營成果。惟銀行如符合

證券交易法第36條規定者，得免辦理公告，以免重複辦理，滋生不便。

上開規定，除適用於本國銀行外，對於外國銀行在臺分行，依金融監督管理委員會於111年12月29日修正發布「外國銀行分行及代表人辦事處設立及管理辦法」，該設立及管理辦法第17條規定，外國銀行分行之資產負債表、損益表及現金流量表、其與國際金融業務分行之合併資產負債表、合併損益表、合併現金流量表及其他經主管機關指定之項目應經會計師查核簽證，並應於營業年度終了後4個月內並同總行年報申報主管機關備查，於其所在地之日報或依主管機關指定之方式公告，及備置於每一營業處所之顯著位置以供查閱。

外國銀行分行應於每月營業終了，將資產負債表、損益表及其他經主管機關指定之業務相關月報表，依主管機關規定之格式、內容、申報方式及期限向主管機關申報。每年營業終了應另加申報該歷年之年度營業報告書。

第50條（法定盈餘公積之提存）
銀行於完納一切稅捐後分派盈餘時，應先提百分之三十為法定盈餘公積；法定盈餘公積未達資本總額前，其最高現金盈餘分配，不得超過資本總額之百分之十五。
銀行法定盈餘公積已達其資本總額時，或財務業務健全並依公司法提法定盈餘公積者，得不受前項規定之限制。
除法定盈餘公積外，銀行得於章程規定或經股東會決議，另提特別盈餘公積。
第二項所定財務業務健全應具備之資本適足率、資產品質及守法性等事項之標準，由主管機關定之。

解說

　　公積金簡稱公積，乃銀行在決算時，提出若干盈餘，準備將來在遇到虧損時，用以彌補損失，或作為其他用途，備為擴充資本或鞏固財務的一定金額。公積制度的目的，在於充實銀行的資本，健全銀行的財務基礎，增進銀行的信用，以保護客戶權益。

　　為達到這些目的，銀行法除於第36條第2項規定：「中央主管機關於必要時，經洽商中央銀行後，得就銀行主要資產與主要負債之比率、主要負債與淨值之比率，規定其標準。凡實際比率未符規定標準之銀行，中央主管機關除依規定處罰外，並得限制其分配盈餘」、第44-1條規定：「銀行有下列情形之一者，不得以現金分配盈餘或買回其股份：一、資本等級為資本不足、顯著不足或嚴重不足。二、資本等級為資本適足者，如以現金分配盈餘或買回其股份，有致其資本等級降為前款等級之虞。（I）前項第一款之銀行，不得對負責人發放報酬以外之給付。但經主管機關核准者，不在此限。（II）」此外，本條文再就法定盈餘公積與特別盈餘公積的提列，加以規定，分述如下：

　　(一) 法定盈餘公積：

　　1.法定盈餘公積，又稱強制公積，係銀行營業上所獲得利潤，於完納一切稅捐後，分派盈餘時，應先提出30%為法定盈餘公積，法定盈餘公積未達資本總額前，其最高現金盈餘分配，不得超過資本總額的15%；但法定盈餘公積已達其資本總額時，則不在此限。所謂資本總額，係指銀行已發行股份總數的資本而言。又條文規定應提列30%，係鑑於我國銀行的淨值

普遍偏低，以至於負債比率偏高，若提高法定盈餘公積的提列比率，未達資本總額前，限制分配現金盈餘，以強化銀行資本結構。

2.過去主管機關對銀行之監理，係規定銀行藉由提存法定盈餘公積，積累較高盈餘，以提高銀行資本承擔風險及健全財務結構。惟目前對於銀行資本承擔風險能力及健全財務結構，係改以較客觀更嚴謹之認定方式，為此本條文第2項後段規定，除銀行法定盈餘公積已達其資本總額外，在財務業務健全並依公司法提法定盈餘公積者，得不受前項規定之限制。所謂依公司法提法定盈餘公積者，係指依公司法第237條：「公司於完納一切稅捐後，分派盈餘時，應先提出百分之十為法定盈餘公積。但法定盈餘公積，已達實收資本額時，不在此限。（I）除前項法定盈餘公積外，公司得以章程訂定或股東會議決，另提特別盈餘公積。（II）公司負責人違反第一項規定，不提法定盈餘公積時，各處新臺幣二萬元以上十萬元以下罰鍰。（III）」

3.為使財務結構健全銀行之盈餘分配更趨靈活，對於財務業務健全並依公司法第237條，提出10%為法定盈餘公積者（按此為所有公司皆應適用之最低標準），可排除本條文第1項提撥法定盈餘公積及現金盈餘分配比率之規定，已如前述，至於上開財務業務健全指標，將從資本適足率、資產品質及守法性情形等方面，加以審核，該審核指標，本條文第3項規定，由主管機關定之。

(二) 特別盈餘公積：

1.除上述法定盈餘公積外，銀行得於章程訂定或股東會決議，另提特別盈餘公積。

2.其提列目的，或為填補虧損，或為平衡盈餘分配，或為擴充或改良設備，或為償還公司債或特別股等不一而足，亦可不指定用途而提列，至其提列的額度，則應依章程訂定或股東會決議積存的目的為何而定，嗣後用途如有變更，自可依變更章程方法或股東會決議來變更。

實例

甲商業銀行原編決算銀行部盈餘15億元，儲蓄部虧損3億元，信託部盈餘5億元，此時究應提存若干法定盈餘公積？

依本法第50條規定，銀行於完納一切稅捐後分派盈餘時，應先提30%為法定盈餘公積，以強化銀行資本結構；又依財政部68年3月12日台財錢字第12403號函示，銀行業提存法定盈餘公積時，應依本法第28條及第85條規定，就銀行部、儲蓄部及信託部盈餘個別提計，虧損者不提。故本案例情形，該銀行就其銀行部盈餘15億元，應提存法定盈餘公積4.5億元；儲蓄部虧損，無庸提存；信託部盈餘5億元，應提存1.5億元，共計提存法定盈餘公積6億元。又如果該商業銀行前幾年已提列的法定盈餘公積，已達資本總額時，可以不必再提存到30%。

第51條（銀行營業時間及休假日）
銀行之營業時間及休假日，得由中央主管機關規定，並公告之。

解說

銀行為具有公共性的金融機構，平常社會大眾的薪水支

付、水電費繳交、支票存款、債權債務了結，大多透過銀行的運作而清理，所以銀行的營業和作息時間，與社會經濟活動息息相關，為此，本條文規定銀行的營業時間及休假日，由金融監督管理委員會核定並公告。

　　實際上，銀行的營業時間及休假日，係由銀行公會議定後，報請金融監督管理委員會核備，並於年度開始前通報各銀行。現今各銀行除星期日外，僅於國定假日及結算日、決算日休息。每日營業時間，星期一至星期五，大部分銀行為上午9時至下午3時30分，中午不休息；有些銀行如：王道銀行臺北市忠孝敦化分行因屬於數位體驗分行，主要是提供民眾數位金融服務體驗，和一般分行屬性不同，則營業至下午6點。

　　最近銀行為擴大商業化、服務化經營，滿足上班族需求，常在營業地點外，普遍裝置24小時ATM，或延長客戶至出租保管箱提領物品的時間，凡此，均須事先專案報經主管機關金融監督管理委員會許可後，始得辦理。

第51條之1（金融專業人才之培育）
為培育金融專業人才，銀行應提撥資金，專款專用於辦理金融研究訓練發展事宜；其資金之提撥方法及運用管理原則，由中華民國銀行商業同業公會全國聯合會擬訂，報請主管機關核定之。

解說

　　按金融政策之目的，在於配合經濟政策，以實現下列兩個主要目標：(一)維持經濟安定：即透過各種政策工具之使用，

以調節經濟社會信用之供給量，使其不至於太多而造成通貨膨脹，也不至於太少而形成通貨緊縮，藉以維持經濟安定，減少經濟失衡之損失；(二)協助經濟發展：即有效動員社會儲蓄，融通經濟發展所需資金，並提高金融中介機構之資金分配效率，使經濟資源作最佳之利用，以利於經濟發展。爲達成上述目標，金融政策當隨著經濟環境的變遷有所調整。

　　臺灣光復初期（民國34～41年），由於戰後生產幾陷停頓，軍政支出龐大，通貨膨脹嚴重，故金融政策之重點，在於達成物價穩定。當時金融體系並不健全，金融活動之範圍及數量亦極爲有限，因此調節信用的工具甚難實施，故金融措施重點在於控制通貨發行。從民國42年起開始分期推行經濟建設，政策重點在於配合進口替代、出口擴張等經濟發展階段需要，採行若干金融管制措施，包括銀行信用管制、利率管制及外匯管制。隨著經濟逐漸發展，金融活動之範圍與數量均大幅增加，金融體制在政府積極的輔導與改革下亦日趨健全發達，從而貨幣政策工具實施所應具備之條件，也漸趨成熟，效力漸能發揮。惟當時因中央銀行尚未復業，因此這些工具之操作都委由臺灣銀行進行，一直到50年7月中央銀行復業後，始歸還建制。68年1月，由於貨幣市場之發展已頗具規模，中央銀行開始嘗試公開市場操作之調節措施，貨幣政策工具之使用，至此更臻完備。

　　其後，由於國內外經濟情勢已有明顯變化，例如：外匯存底迅速累增、金融體系資金寬鬆、產業結構改變、資訊科技創新等，皆促成國內外金融市場的革新，並提高金融競爭程度。此外，國際間金融自由化之思潮蓬勃，亦形成國內金融自由化與國際化的壓力。總之，由於我國金融面對的經濟環境與過去

迥然不同,金融政策自需調整以資回應。80年代我國金融政策是在維持金融穩定下,貫徹政府既定的「自由化、國際化」目標,以加速「發展臺灣成為亞太金融中心計畫」之實現。

惟上開金融政策之推展,務需從金融專業人才之培育作起。89年11月1日朝野修正銀行法時,對此取得共識,而增訂本條文,規定各銀行應提撥一部分資金,專款專用於辦理金融人才之培訓事宜。至其資金之提撥方式及運用管理原則,由中華民國銀行商業同業公會全國聯合會擬訂,報請中央主管機關核定,以作為執行之依據。

第51條之2（國際合作）
為促進我國與其他國家金融主管機關之國際合作,政府或其授權之機構依互惠原則,得與外國政府、機構或國際組織,就資訊交換、技術合作、協助調查等事項,簽訂合作條約、協定或協議。
除有妨害國家或公共利益外,主管機關依前項簽訂之條約、協定或協議,得洽請相關機關、機構依法提供必要資訊,並基於互惠及保密原則,提供予與我國簽訂條約、協定或協議之外國政府、機構或國際組織。

解說

本條文為民國108年4月17日修正銀行法時新增訂。

其立法理由係鑑於本國銀行積極布局海外,有強化與外國主管機關協調合作之必要,且巴塞爾有效銀行監理核心原則（Core Principles for Effective Banking Supervision）第13項有關

母國與集團所在國監理機關應建立資訊分享及合作機制，以對集團及集團內機構進行有效監理之原則；另依防制洗錢金融行動工作組織（Financial Action Task Force）評鑑方法論第40項建議之評鑑準則第12點規定，金融監理機關與外國政府、機構或國際組織合作應有法律依據，俾進行基於防制洗錢或打擊資恐目的之相關金融監理資訊交換。為此參酌證券交易法第21-1條第1項、保險法第175-1條第1項及洗錢防制法第21條第1項，增訂本條文第1項，明定主管機關從事國際監理合作之法律依據，以強化相關國際金融合作機制與防制洗錢或打擊資恐工作之廣度及深度。

另國際刑事司法互助法第7條已明定外國政府、機構或國際組織向我國提出刑事司法互助請求，應經由外交部向法務部為之，本條文第1項所定「協助調查」係指行政調查，併予敘明。

我國主管機關與外國政府、機構或國際組織進行資訊交換，係國際監理合作主要工作之一，為此另參酌證券交易法第21-1條第2項、保險法第175-1條第2項及洗錢防制法第21條第2項，增訂本條文第2項，明定除有妨害國家或公共利益者外，主管機關依前項簽定之合作條約、協定或協議，得洽請相關機關、機構依個人資料保護法、稅捐稽徵法或其他法律規定提供必要資訊，並基於互惠及保密原則提供之。

第二章 銀行之設立、變更、停業、解散

第52條（銀行之組織）
銀行為法人，其組織除法律另有規定或本法修正施行前經專案核准者外，以股份有限公司為限。
銀行股票應公開發行。但經主管機關許可者，不在此限。
依本法或其他法律設立之銀行或金融機構，其設立標準，由主管機關定之。

解說

　　由本條文可以明確知道，銀行的組織型態，原則上以股份有限公司為限。依公司法第2條第1項的規定，股份有限公司是指二人以上的股東或政府、法人股東一人所組織，全部資本分為股份，股東就其所認股份，對公司負有限責任的公司。股份有限公司普遍資本較大，能貫徹企業所有與企業經營原則，保障股東權益，並公開財務以避免大股東的壟斷，對於社會大眾及存款人的利益，最能兼顧，所以我銀行法採取此種組織型態。

　　不過我國許多早先成立的銀行或基於特殊背景，或基於政策需要，尚有部分非屬股份有限公司型態，如：(一)中央信託局、中國輸出入銀行、中國農民銀行等並非基於銀行法，而係依據其他法律而設立；(二)臺灣銀行、土地銀行等，係在銀行法修正施行前，經政府專案核准，此等銀行未依銀行法規定辦理公司登記，也未另行立法使成為具有法人資格的銀行，以至

於這些銀行在訴訟時，司法實務上常認其僅為具有當事人能力的非法人團體，勝訴時無法逕以銀行名義，取得不動產移轉登記，仍需以銀行負責人身分登記；在國外涉訟時，因未具法人資格，在權利保護方面影響甚巨；惟上開銀行欲強令辦理股份有限公司登記，實有困難，如臺灣銀行因依法發行紙幣，無法登記為公司；土地銀行一旦辦理登記，亦無力繳交龐大的地價稅，為求根本解決，使該等非股份有限公司組織的銀行，也具有法人資格，實為當務之急，是以本條文歷經10年的爭議和醞釀，終在74年修正時於第1項明白揭示「銀行為法人」，俾能在具體案例中，取得當事人能力。

我國公司法於民國90年修正後，將原條文第156條第3項「公司資本額達中央主管機關所定一定數額以上者，除經目的事業中央主管機關專案核定者外，其股票應公開發行。」修正為「公司得依董事會之決議，向證券管理機關申請辦理公開發行程序。……」惟銀行股票宜公開發行，以促使其財務公開和資本大眾化，為此，民國94年5月18日修正銀行法時，增訂本條文第2項，明確規定銀行股票應公開發行；又鑑於修正時尚有中央信託局、臺灣銀行、土地銀行等股票未公開發行，為此設除外規定。

政府為因應金融業務國際化及自由化時代來臨，開放民營商業銀行的設立，已為時勢所趨，本條文第3項於民國78年7月間修正時，遂增列授權原銀行法主管機關財政部，訂定有關銀行或金融機構的設立標準。財政部基於該法源，旋即於同年7月14日發布「商業銀行設立標準草案」，該草案經行政院核定後，於79年4月10日發布，並接受新銀行的設立申請，當時核准設立的新銀行達15家之多；民國97年修正銀行法後，已將銀

行的主管機關，由財政部變更爲金融監督管理委員會。

實例

　　某林姓公務員有意投資500萬元，並擔任新設商業銀行的發起人是否可行？

　　按商業銀行設立標準第3條、第8條、第11條規定，固未排斥公務員不得爲新設商業銀行的發起人，且其投資金額也無一定限制，但銀行發起人責任重大，甚至對於銀行設立前所負債務，也負連帶責任，此與股東僅就所認股份負有限責任，並不相同；爲免公務員兼任，於其本職有重大影響，銓敘部79年1月18日台華法一字第0361623號函示，公務員應避免投資擔任新設商業銀行發起人，以貫徹公務員服務法，適度規範公務員投資行爲的立法意旨。

第53條（報請許可應載事項）
設立銀行者，應載明左列各款，報請中央主管機關許可：
一　銀行之種類、名稱及其公司組織之種類。
二　資本總額。
三　營業計畫。
四　本行及分支機構所在地。
五　發起人姓名、籍貫、住居所、履歷及認股金額。

解說

　　銀行對於社會所負的責任，除確保存款的安全性外，尙應以存款貨幣供應者的地位，考慮國民經濟發展，所以現代銀行

的經營，除應考量營利性、安定性外，公共性也要兼顧，為此我銀行法對銀行的設立與營業所的設置，即採取限制方式，須經主管機關核准的「許可主義」，方可設立。

在申請許可設立時，應檢附本條文所規定的各項重要文件，向金融監督管理委員會提出。金融監督管理委員會應就所提資料逐項審核，斟酌有無依本法第26條加以限制必要；其所提銀行種類、名稱是否符合本法規定；資本總額是否超過最低額的規定；所擬營業計畫有無違法的地方；並注意發起人的信譽是否良好，有無認足發行股份總額80%或相當比率的股份等。以上各項經審查合格，即應發給設立許可，此為銀行設立的第一個步驟。

第54條（申請核發營業執照）

銀行經許可設立者，應依公司法規定設立公司；於收足資本全額並辦妥公司登記後，再檢同下列各件，申請主管機關核發營業執照：

一　公司登記證件。

二　驗資證明書。

三　銀行章程。

四　股東名冊及股東會會議紀錄。

五　董事名冊及董事會會議紀錄。

六　常務董事名冊及常務董事會會議紀錄。

七　監察人名冊及監察人會議紀錄。

銀行非公司組織者，得於許可設立後，準用前項規定，逕行申請核發營業執照。

解說

　　銀行經金融監督管理委員會許可設立後，應依公司法規定設立公司，即由籌組銀行的發起人訂立章程，認募股份，收足資本全額後，召開創立會，選任董事及監察人，並向經濟部申請設立股份有限公司的登記，俟經濟部准予登記，並發給公司執照後，即完成銀行設立的第二個步驟。

　　原本股份有限公司的設立，依公司法第131條第1項規定，只需認足第一次應發行之股份，繳足股款並選任董事及監察人，即可召開創立會，不需收足資本全額；但銀行係授信（受信）機關，其營業性質與一般企業不同，故銀行法特別規定須「收足資本全額」，始得辦理申請核發營業執照；在向金融監督管理委員會申請核發時，仍應再檢附公司執照、驗資證明書，銀行章程，股東、董事、常務董事、監察人名冊及會議紀錄等相關資料，以供審核，俟查驗無誤後，即應核發營業執照，使銀行得以開業營運，此為銀行設立的第三個步驟。

　　至於依其他法律設立的銀行，或本法修正施行前經專案核准的銀行，因其銀行的組織型態並非公司，無需依公司法辦理設立，而可逕依本條文第1項檢附相關文件，向金融監督管理委員會申請核發營業執照。

第55條（開始營業之公告事項）
銀行開始營業時，應將中央主管機關所發營業執照記載之事項，於本行及分支機構所在地公告之。

解說

　　銀行在獲得金融監督管理委員會許可設立，向經濟部辦妥公司登記，及取得主管機關所核發的營業執照後，一切手續完備，可以正式對外營業。但為方便社會各界瞭解新設立銀行的資本額、營業項目、負責人姓名等，俾能放心開戶與其往來，本條文規定銀行開始營業時，應將金融監督管理委員會所發營業執照記載的事項，在本行及分支機構所在地公告，其方法除將營業執照揭示於各營業場所外，通常係將開始營業的公告，登載於網站或全國性報紙，以廣獲顧客注意，提高業績。

第56條（撤銷許可）
中央主管機關核發營業執照後，如發現原申請事項有虛偽情事，其情節重大者，應即撤銷其許可。

解說

　　銀行經依法定程序，完成登記，取得營業執照，開始營業後，如發現原申請事項有虛偽情事，其情節重大者，例如：銀行發起人有重大喪失債信行為尚未了結，而虛偽記載無此情事者；或所附公司執照是偽造等。此時該銀行發起人或負責人除應依刑法或特別刑法有關規定處罰外，金融監督管理委員會應即撤銷其許可。

　　銀行經中央主管機關撤銷其許可後，須立即解散，辦理清算；同時應限期繳銷營業執照，逾期不繳銷時，由中央主管機關公告註銷。

第57條（增設分支機構）

銀行增設分支機構時，應開具分支機構營業計劃及所在地，申請中央主管機關許可，並核發營業執照。遷移或裁撤時，亦應申請中央主管機關核准。

銀行設置、遷移或裁撤非營業用辦公場所或營業場所外自動化服務設備，應事先申請，於申請後經過一定時間，且未經中央主管機關表示禁止者，即可逕行設置、遷移或裁撤。但不得於申請後之等候時間內，進行其所申請之事項。

前二項之管理辦法，由中央主管機關定之。

解說

　　所謂銀行的分支機構，是指銀行在總機構以外的固定場所所設立會計獨立的營業單位，如銀行的分行、信託投資公司的分公司、商業銀行的儲蓄部等。分支機構的本質，須具備三項條件：(一)總機構以外的固定場所；(二)會計應予獨立；(三)應係經營業務的單位。

　　銀行一旦設立後，其持續經營的結果，在正常情況下往往有設立分支機構的必要，若申請增設國內分支機構，應開具營業計畫及所在地，申請金融監督管理委員會許可，此時依同法第26條規定，金融監督管理委員會得視國內經濟、金融情形，於一定區域內為准否增設的決定；而分支機構的遷移或裁撤，同樣要申請主管機關核准。

　　在國外設立分支機構，也是增設分支機構的一種，自應依前述規定，開具分支機構營業計畫書等相關資料，申請金融監督管理委員會許可，此際金融監督管理委員會應依本法第27條規定，洽商中央銀行後，始得核准辦理，以確實監督其未來的

外匯業務。事後該分支機構的遷移或裁撤，同樣要申請金融監督管理委員會核准。

　　非營業用辦公場所，如銀行的電腦中心，雖與分支機構不同，但與銀行經營有密切關係；而營業場所外自動化服務設備，形同銀行營業據點的延伸，法律上雖尚未肯定其分支機構，但實務上頗有視同分支機構的趨勢。為此民國81年修正銀行法時，即於本條文第2項，增訂其設置、遷移或裁撤，應事先申請，申請後一定期間如未遭主管機關禁止，即可逕行設置、遷移或裁撤，不過在申請後的等待期間，不可先行設置（遷移或裁撤亦同）等規定。

　　有關銀行分支機構、非營業用辦公場所、營業場所外自動化服務設備的管理辦法，由金融監督管理委員會擬訂。金融監督管理委員會已先後奉行政院核准，完成「金融機構國內分支機構管理辦法」、「金融機構營業場所外自動化服務設備管理辦法」、「金融機構非營業用辦公場所管理辦法」等，以供適用。

　　茲將前述金融監督管理委員會111年4月19日發布之「金融機構國內分支機構管理辦法」之具體條文，列明於後，以供參酌：

第 1 條		本辦法依銀行法第57條第3項及信用合作社法第37條規定訂定之。
第 2 條		本辦法所稱分支機構，在銀行指國內分行及簡易型分行，在信用合作社指分社及簡易型分社。
		簡易型分行（社）指小型分支機構，其經營之業務項目，由金融監督管理委員會（以下稱主管機關）就下

列範圍內核定：

一、收受各種存款。

二、辦理存單質借。

三、辦理消費性貸款。

四、辦理信用卡預借現金。

五、辦理中小企業放款。

六、辦理國內匯兌。

七、買賣外幣現鈔及旅行支票。

八、代理收付款項。

九、辦理特定金錢信託投資國外有價證券及國內證券
　　投資信託基金。

十、辦理本機構其他業務之代收件。

十一、其他經主管機關核准辦理之業務。

前項第7款規定業務，應取得中央銀行許可，始得辦
理。

第　3　條　銀行及信用合作社（以下稱金融機構）申請增設分支
機構，主管機關得視國內經濟、金融情形，限制其增
設。

金融機構申請增設分支機構，除配合金融監理政策協
助處理經營不善金融機構或申請設置地點有益城鄉均
衡發展者，應符合下列條件：

一、本國銀行申請前半年底自有資本與風險性資產之
　　比率達銀行資本適足性及資本等級管理辦法第5條
　　規定加計2個百分點以上。信用合作社申請前半年
　　底自有資本與風險性資產之比率達信用合作社資
　　本適足性及資本等級管理辦法第3條第1項規定加
　　計2個百分點以上。

二、申請當年度最近一季底逾期放款比率未逾1.5%。

三、申請當年度最近一季底備抵呆帳覆蓋率達80%以
　　上。

四、申請前三年度平均稅前淨值報酬率達本國銀行及信用合作社同業3年平均值之1倍以上。但本國銀行及信用合作社同業3年平均值之1倍逾4%時，信用合作社申請前三年度平均稅前淨值報酬率達4%以上，或申請前三年底平均自有資本與風險性資產比率達12%以上者，亦得為之。

五、申請前一年度決算或當年度半年結算後無虧損及累積虧損。

六、最近1年內無因違反金融相關法規，受主管機關處分之情事，或有違法情事，已具體改善，並經主管機關認可。

七、最近1年內負責人無因業務上故意犯罪，經判處罪刑確定之情事。

八、最近1年內發生舞弊案均依規定呈報且無情節重大之情事。

九、申請前一年底或當年度6月底前經主管機關或中央銀行糾正之缺失，均已切實改善。

十、最近1年內無未注意安全維護致生重大危安事故之情事。

銀行依銀行法第58條第1項規定，申請變更為商業銀行者，得同時申請設立分支機構，惟併計已設立之分支機構，以五家為限。

第　4　條　主管機關就符合前條第2項規定之金融機構財務業務狀況，決定得增設分支機構之金融機構名單。信用合作社分支機構之增設，並得考量申設地區之信用合作社密集度及全體信用合作社之均衡發展予以核定。

金融機構經主管機關指定業務區域者，限於該地區內增設分支機構。

金融機構因申請設置地點有益城鄉均衡發展而獲准增設之分支機構，除經主管機關核准遷移至其他有益城

鄉均衡發展地區者外，於設立後7年內不得遷移。

第　5　條　金融機構申請增設分支機構者，應於每年5月及11月，檢具下列書件，向主管機關申請增設分支機構。但申請設置地點有益城鄉均衡發展者，其申請時間不在此限：

一、增設國內分支機構申請書（格式如附表一）。

二、增設國內分支機構營業計畫書。

三、董（理）事會會議紀錄。

四、其他經主管機關指定之書件。

前項營業計畫書應載明下列事項：

一、機構之發展沿革。

二、機構財務業務狀況，包括：

(一) 財務業務健全性。

(二) 風險管理及銀行公司治理能力（在信用合作社係指理、監事會運作之健全性及內部控制）。

(三) 公益及服務貢獻度。

(四) 業務開發及創新能力。

三、增設分支機構地點對城鄉均衡發展之貢獻度。

四、最近3年營業單位擴充情形。

五、市場分析。

六、業務經營分析。

七、財務預測及可行性分析。

八、綜合評估。

第　6　條　金融機構得申請將現有二家簡易型分行（社）整併為一家分行（社）。符合主管機關所定加強辦理中小企業放款規定者，得申請將現有一家簡易型分行（社）變更為一家分行（社）。

前項申請應檢具下列書件，向主管機關申請：

一、整併或變更為分行（社）申請書（格式如附表二）。

　　　　　二、整併或變更為分行（社）計畫書。

　　　　　三、董（理）事會會議紀錄。

　　　　前項整併或變更計畫書，應載明下列事項：

　　　　　一、整併或變更之理由（含現有分支機構之營業狀況
　　　　　　　分析）。

　　　　　二、對原有客戶權利義務之處理或其他替代服務方
　　　　　　　式。

　　　　　三、該分行（社）之營業計畫（含業務經營分析及目
　　　　　　　標市場）。

　　　　以簡易型分行（社）整併為分行（社）者，若有併同
　　　　申請遷移之情事，適用第8條之規定。

第 7 條　金融機構申請遷移分支機構，應檢具下列書件，向主
　　　　管機關提出申請：

　　　　　一、遷移國內分支機構申請書（格式如附表三）。

　　　　　二、遷移計畫書。

　　　　　三、董（理）事會會議紀錄。

　　　　前項遷移計畫書應載明下列事項：

　　　　　一、遷移之主要理由。

　　　　　二、新營業地點附近金融機構及郵局分布狀況。

　　　　　三、原有客戶反映意見、對原有客戶權利義務之處理
　　　　　　　或其他替代服務方式。

　　　　　四、新營業地點之營業計畫。

　　　　　五、該分支機構最近3年之資產負債表及損益表。

　　　　　六、該分支機構最近3年及遷移後未來3年經營狀況比
　　　　　　　較分析。

　　　　　七、員工安置計畫。

第 8 條　金融機構申請遷移分支機構，其遷移地區應符合第4條
　　　　第3項規定。除有正當理由，並符合金融監理政策，
　　　　經主管機關核准外，銀行限於原址所屬之同一直轄
　　　　市、省轄市或縣內遷移。

第　9　條　金融機構申請裁撤分支機構，應檢具下列書件，向主
　　　　　管機關提出申請：
　　　　　一、裁撤國內分支機構申請書（格式如附表四）。
　　　　　二、裁撤計畫書。
　　　　　三、董（理）事會會議紀錄。
　　　　　前項裁撤計畫書應載明下列事項：
　　　　　一、裁撤之主要理由。
　　　　　二、該分支機構所在地附近金融機構及郵局分布狀
　　　　　　　況。
　　　　　三、原有客戶反映意見、對原有客戶權利義務之處理
　　　　　　　或其他替代服務方式。
　　　　　四、該分支機構最近3年之資產負債表、損益表及營業
　　　　　　　狀況分析。
　　　　　五、員工安置計畫。

第　10　條　金融機構經核准增設、遷移、裁撤、整併或變更分支
　　　　　機構者，應自核准之日起1年內，向主管機關申請核
　　　　　發、換發或繳銷營業執照，並開始或停止營業。但有
　　　　　正當理由，無法在前開期限內開始或停止營業者，應
　　　　　事先報經主管機關核准延長期限。屆期未開始或停止
　　　　　營業者，應廢止其核准。
　　　　　金融機構增設、遷移、整併或變更之分支機構，於開
　　　　　始營業前，應檢具警察機關對該分支機構安全維護評
　　　　　估合格之文件，報主管機關備查。裁撤之分支機構，
　　　　　於停止營業前，應報主管機關備查。

第　11　條　金融機構應於簡易型分行（社）營業處所門首表明簡
　　　　　易型分行（社）之標示。
　　　　　簡易型分行（社）營業員工人數上限為八人，並應符
　　　　　合安全維護及內部控制原則。但辦理中小企業放款
　　　　　者，營業員工人數上限得提高為10人。
　　　　　簡易型分行（社）經理人應具備有效經營金融機構之

能力，除應符合銀行負責人應具備資格條件準則第3條
規定外，並具備下列資格之一：
一、國內外專科以上學校畢業或具有同等學歷，金融
　　機構工作經驗4年以上，成績優良者。
二、金融機構工作經驗6年以上，成績優良者。
三、有其他事實足資證明其具備金融專業知識或金融
　　經營經驗，可健全有效經營金融機構業務者。
第　12　條　本辦法自發布日施行。

實例

　　某商業銀行為擴大營業，自112年11月起，未經申請陸續
將銀行所屬管理部、稽核室及會計室等總行管理單位，由臺北
市遷移至新北市板橋區。該銀行管理單位的遷移，是否應受本
法第57條第2項的規範？

　　按銀行法第57條第2項的立法目的，除鑑於「自動化服務
設備」效能日益增強，具有類似分行的功能，應予以納入規
範外，對於「非營業用辦公場所」的管理，為兼顧金融自由化
與區域金融發展的需要，亦應增列必要規範。故本條文所謂的
「非營業用辦公場所」的文義，非僅以自動化服務的電腦中心
為限，尚應包括諸如管理部、稽核室、會計室等管理單位，始
符法律意旨。故本件的某商業銀行如未經申請，即遷移銀行的
管理部、稽核室等單位，顯係違反本法第57條第2項規定，主
管機關可逕依同法第129條第1款規定，裁處新臺幣200萬元以
上5,000萬元以下罰鍰。

第58條（合併或變更之許可及公告）

銀行之合併或對於依第五十三條第一款、第二款或第四款所申報之事項擬予變更者，應經中央主管機關許可，並辦理公司變更登記及申請換發營業執照。

前項合併或變更，應於換發營業執照後十五日內，在本行及分支機構所在地公告之。

解說

　　本條文可分爲銀行的合併與銀行申報事項變更二方面來討論，先說銀行的合併。

　　銀行往往爲了擴充營業，排除無謂的競爭，改善財務與事務管理，援助發生破綻的銀行，使銀行經營合理化與效率化，以強化銀行體質等目的，而需要與其他銀行合併。銀行合併的態樣有兩種：

　　(一) 新設合併：兩個或兩個以上的銀行合併，參與合併的銀行悉歸消滅，而另成立一新銀行，又稱創設合併。

　　(二) 吸收合併：兩個或兩個以上的銀行合併，其中一銀行存續，而其餘銀行歸於消滅，其結果存續銀行的組織因而變更。換句話說，消滅銀行由存續銀行所吸收，因此又稱爲併呑合併。

　　銀行合併的程序如下：

　　(一) 股東會的決議：銀行與他銀行合併時，董事會應就合併有關事項，作成合併契約，提出於股東會；股東會對於合併的決議，應有代表已發行股份總數三分之二以上股東之出席，以出席股東表決權過半數同意，決議解散；公開發行股票的銀行，出席股東的股份總數不足前述定額者，得以有代表已發行

股份總數過半數股東的出席，出席股東表決權三分之二以上的同意，才可合併（公§316、§317）。

(二) 經中央主管機關許可：由銀行敘明理由，檢附股東會會議紀錄、合併契約等，報請金融監督管理委員會許可。

(三) 辦理變更登記：經金融監督管理委員會許可後，應於15日內，依公司法第387條授權訂定之「公司登記辦法」規定，提供相關會議紀錄、變更登記表、公司章程、資產負債表等，向經濟部分別依左列各項辦理變更登記：

1.因合併而存續的銀行，為變更登記。

2.因合併而消滅的銀行，為解散登記。

3.因合併而另立的銀行，為設立登記。

(四) 換發營業執照：辦理變更登記後，檢同本法第54條所規定有關文件，向金融監督管理委員會申請換發營業執照。

(五) 合併的公告：應於換發營業執照後15日內，在本行及分支機構所在地分別公告周知。

其次，在銀行申報事項的變更方面，如：(一)銀行的種類、名稱及其公司組織的種類；(二)資本總額；(三)本行及分支機構所在地等重要事項變更時；若涉及銀行組織型態變更時，可適用銀行合併的程序，其餘申報事項的變更程序如下：

(一) 股東會的決議：銀行的種類、名稱、資本總額或營業所在地的變更，常涉及章程的變更，此際應提經股東會決議，決議時應有代表已發行股份總數三分之二以上的股東出席，以出席股東表決權過半數的同意，始可辦理。

(二) 經中央主管機關核可：銀行申報事項有意變動，應將變動內容，報經金融監督管理委員會核可。

(三) 辦理變更登記：在獲得許可及完成變更後的15日內，

由銀行負責人向經濟部辦理變更登記。

(四) 換發營業執照：辦理公司變更登記後，檢具該公司變更登記證件等相關資料，再向金融監督管理委員會申請換發營業執照。

(五) 變更登記的公告：取得金融監督管理委員會換發的營業執照後，15日內，將變更內容在本行及分支機構所在地，分別公告。

第59條（勒令停業之事由(一)）
銀行違反前條第一項規定者，主管機關應命限期補正，屆期不補正，其情節重大者，得勒令其停業。

解說

　　銀行的合併或種類、名稱、公司組織型態、資本總額、本行及分支機構所在地的變更，均為有關銀行組織及營運的重要變動，如果未經主管機關的許可，未向經濟部辦妥公司變更登記，或尚未取得換發的營業執照，即就合併或變更事項為營業行為，顯係違法行為，破壞政府對銀行業務的監管並有損及社會信用等情事，為防止此項弊端存在，金融監督管理委員會應依本條文規定，命於一定期限內補正，屆期不補正或情節重大者，除得勒令其停業外，可再依本法第65條規定，撤銷該銀行的許可。

　　至於銀行的合併或申報事項的變更，業經金融監督管理委員會許可，完成公司變更登記，取得換發的營業執照，只是未按前條第2項規定，於15日內為合併或變更事項的公告時，因

其情節較輕，僅依本法第132條規定，裁處50萬元以上1,000萬元以下罰鍰即可，不得勒令停業，或撤銷銀行的許可。

第60條（刪除）

第61條（決議解散）
銀行經股東會決議解散者，應申敘理由，附具股東會紀錄及清償債務計畫，申請主管機關核准後進行清算。
主管機關依前項規定核准解散時，應即撤銷其許可。

解說

銀行的解散，係指銀行喪失其法律上權利義務的程序，銀行解散的事由有三：

(一) 公司法所規定事由：依公司法第315條第1項規定「股份有限公司，有左列情事之一者，應予解散：一、章程所定解散事由。二、公司所營事業已成就或不能成就。三、股東會為解散之決議。四、有記名股票之股東不滿二人。但政府或法人股東一人者，不在此限。五、與他公司合併。六、分割。七、破產。八、解散之命令或裁判。」

(二) 股東會決議：銀行得由股東會所代表已發行股份總數三分之二以上股東之出席，以出席股東表決權過半數同意，決議解散；公開發行股票的銀行，出席股東的股份總數不足前述定額者，得以有代表已發行股份總數過半數股東的出席，出席股東表決權三分之二以上的同意，解散銀行（公§316）。

　　(三) 主管機關撤銷許可：銀行經勒令停業，於期限內未經核准復業；或經限期補正，逾期未補正，經金融監督管理委員會撤銷許可者，應即解散（§65）。

　　銀行的存廢，關係股東的投資權益、存款人的利益、銀行從業人員的生計，甚至於影響國家金融的安定，其地位自與一般公司企業不同，能否准其逕依股東會決議，即予解散，主管機關應有通盤性、政策性的考量，故本條文特別規定，銀行的自動解散，應敘明理由，檢附股東會會議紀錄及清償債務計畫，報請金融監督管理委員會核准後，再進行清算。

　　銀行經主管機關核准解散時，應進行清算，在清算期間，除爲了結現務及便利清算等目的，得暫時繼續營業外，原則上喪失其營業活動能力。又金融監督管理委員會依本條文第1項核准解散時，應即撤銷許可。並限期繳銷營業執照。

第61條之1（對違規或管理不善銀行之處分）
銀行違反法令、章程或有礙健全經營之虞時，主管機關除得予以糾正、命其限期改善外，並得視情節之輕重，爲下列處分：
一　撤銷法定會議之決議。
二　停止銀行部分業務。
三　限制投資。
四　命令或禁止特定資產之處分或移轉。
五　命令限期裁撤分支機構或部門。
六　命令銀行解除經理人、職員之職務或停止其於一定期間內執行職務。
七　解除董事、監察人職務或停止其於一定期間內執行職務。

八　命令提撥一定金額之準備。

九　其他必要之處置。

依前項第七款解除董事、監察人職務時，由主管機關通知公司登記主管機關撤銷或廢止其董事、監察人登記。

為改善銀行之營運缺失而有業務輔導之必要時，主管機關得指定機構辦理之。

解說

　　為因應金融自由化，加強金融紀律化，以確保銀行之健全經營，並保障存款大眾之權益，對於違反法令、章程或有礙健全經營之虞之金融機構，在89年11月1日修正銀行法時，參酌信用合作社法第27條、證券交易法第66條等規定，增訂本條文。

　　其後在108年4月17日修正，明定中央主管機關可參酌其缺失之輕重，除得予以糾正、命限期改善外，並得為下列處分：

　　(一) 撤銷法定會議之決議；但其決議內容明顯違反法令或章程者，則當然無效，無待於撤銷。

　　(二) 停止銀行部分業務。

　　(三) 限制投資：該次修正時，依巴塞爾有效銀行監理核心原則第11項規定，對於銀行有害銀行健全經營或銀行體系健全之行為，主管機關應得運用各種適當之監理措施，以督促該等銀行及時採取改善行動。監理措施之範圍相當廣泛，不限於裁罰，監理機關應依據情節嚴重性採取適當之處置，包括限制銀行業務活動、限制資產移轉；主管機關除得對銀行進行處罰外，必要時，可對董事會成員、管理階層或相關人員裁處，如解除職務、限制經理人、董事權力等。除現行明列之處分外，

為多元化主管機關行政處分措施態樣，為此修正本條文第1項，並參酌上開核心原則，增訂第3款至第5款，主管機關得限制銀行投資、命令或禁止銀行對於特定資產出租、設定負擔等處分或移轉、命令限期裁撤分支機構或部門等監理措施。

(四) 命令或禁止特定資產之處分或移轉。

(五) 命令限期裁撤分支機構或部門。

(六) 命令銀行解除經理人、職員之職務或停止其於一定期間內執行職務。

(七) 解除董事、監察人職務或停止其於一定期間內執行職務。主管機關依本款解除董事、監察人職務時，應通知公司登記主管機關撤銷或廢止其董事、監察人登記。

(八) 命令提撥一定金額之準備：為督促銀行有效處理金融消費糾紛等客戶爭議案件或為業務上之不確定性風險為財務準備，該次修正時增訂第8款，明定可命令銀行提撥一定準備金處理以資因應。銀行提撥此種準備金，可依國際會計準則第37號「負債準備、或有負債及或有資產」之規定，提列負債準備。

(九) 其他必要之處置等。

第62條（勒令停業之事由(二)）
銀行因業務或財務狀況顯著惡化，不能支付其債務或有損及存款人利益之虞時，主管機關應派員接管、勒令停業清理或為其他必要之處置，必要時得通知有關機關或機構禁止其負責人財產為移轉、交付或設定他項權利，函請入出國管理機關限制其出國。
銀行資本等級經列入嚴重不足者，主管機關應自列入之日起

九十日內派員接管。但經主管機關命令限期完成資本重建或限期合併而未依限完成者,主管機關應自期限屆滿之次日起九十日內派員接管。

前二項接管之程序、接管人職權、費用負擔及其他應遵行事項之辦法,由主管機關定之。

第一項勒令停業之銀行,其清理程序視為公司法之清算。

法院對於銀行破產之聲請,應即將聲請書狀副本,檢送主管機關,並徵詢其關於應否破產之具體意見。

解說

　　為維護銀行的營運安全,因應經營危機,使主管機關行政處分權能適時適當發揮效果,且可通知有關機關或機構禁止其負責人財產為移轉、交付或設定他項權利,函請入出國管理機關限制其出國,乃於民國97年12月9日修正時規定,銀行經營惡化、不能支付債務時的處置方式,茲詮釋如下:

　　(一) 適用對象:

　　1.依銀行法設立的銀行:包括商業銀行、專業銀行及信託投資公司。

　　2.依其他法律設立的銀行:例如依「中國輸出入銀行條例」設立的中國輸出入銀行等。

　　3.依其他法律設立的金融機構:如依「農業金融法」設立的全國農業金庫,依「信用合作社法」設立的信用合作社及票券金融公司等。

　　4.依法許可的外國銀行:依照外國法律組織登記的銀行,經我國主管機關許可,在我國境內依公司法及銀行法登記營業的分行,如美商美國銀行臺北分行。

(二) 處置原因：銀行因業務或財務狀況顯著惡化，不能支付其債務，或有損及存款人利益的傾向時，主管機關金融監督管理委員會即可以採取危機處理，不必像以前臺北十信案發生擠兌，合作社財務早已惡化，才採取措施，進行監管。所謂不能支付，指銀行欠缺清償能力，對於已屆清償期的一般金錢債務，長久且繼續不能清償的業務狀態而言。

(三) 處理方式：

1.銀行發生嚴重危機者，應勒令停業，並限期清理：鑑於實務上，受勒令停業之銀行，進行清理程序時，已無回復支付能力之可能，惟經停業清理之銀行，其清理程序視為公司之清算，仍有維持之必要，為此，本條文第4項規定：「第一項勒令停業之銀行，其清理程序視為公司法之清算」。

2.業務發生偏差者，得停止其一部業務的執行。

3.情況雖惡劣，但尚能改善者，可以派員接管：

(1)為整合立即糾正措施與銀行退出市場機制，本條文第2項規定，銀行資本等級經列入嚴重不足者，主管機關應自列入之日起90日內派員接管。但經主管機關命令限期完成資本重建或限期合併而未依限完成者，主管機關應自期限屆滿之次日起90日內派員接管。

(2)依企業併購法規定，企業併購之型態包括合併、收購及分割，依本條文第2項僅規定銀行如經命令合併者，方得例外不派員接管。按其理由係因收購或分割僅應處理部分營業或資產、負債，雖然有現金挹注，仍難提升銀行自有資本，促其達到資本適足水準，故有關收購或分割仍列入除外條件，併予敘明。

(3)又為預期接管的方式、程序、接管人職權、費用負擔

及其他應遵行事項之辦法更明確,俾利執行,本條文第3項授權主管機關,可以另訂辦法來詳細規範。

4.其他必要處置:

(1)例如主管機關金融監督管理委員會於派員接管時,可以令受接管銀行於限期內據實造具及提出業務、財務或其他報告,並查核有關帳冊、文件及財產,以使接管能產生預期效果。

(2)茲應特別強調者,本條文第1項主管機關對於業務或財務狀況顯著惡化之銀行,應派員接管、勒令停業清理或為其他必要之處置規定,其中「其他必要之處置」,是否包括概括承受的命令?有無違憲之虞?其乃肇始於84年財政部命令合作金庫銀行概括承受彰化四信所引發的爭議,雖然司法院釋字第489號的解釋理由書中,認為所謂「必要之處置」,係指在銀行法第62條第1項銀行因業務或財務狀況顯著惡化,不能支付其債務或有損及存款人利益之虞時的前提下,因情況急迫,縱然採取銀行法或信用合作社法所列舉的法定措施,亦不能實現其預期的效果時,所為之不得已的合理手段而言;但主管機關命令其他金融機構之概括承受,不僅應符合上述要件外,尚須被概括承受的金融機構未能適時提供相當資金、擔保或其他解決其資產不足清償債務之有效方法時,經依相關法令規定辦理概括承受之程序,始符本法必要處置的意旨。

5.必要時得通知有關機關或機構禁止其負責人財產為移轉、交付或設定他項權利。民國97年12月9日修正銀行法時,考量到銀行在財務或業務狀況惡化,且主管機關還來不及派員接管時,銀行負責人即有趁機著手財產為移轉之準備,為此在本條文第1項增訂,在必要時主管機關有權力通知有關機關或

機構（如地政機關、車輛監理所等），禁止其負責人財產為移轉、交付或設定他項權利等行為。

6.有必要時，並可洽請入出國管理機關，限制銀行負責人出境，以便利業務的監督及查核。

為保障存款大眾權益，避免銀行因債權人聲請破產，致無法依銀行法之接管或監管程序退場，97年12月9日立法院三讀通過修正銀行法時，參酌公司法第284條第1項規定，增訂本條文第5項：「法院對於銀行破產之聲請，應即將聲請書狀副本，檢送主管機關，並徵詢其關於應否破產之具體意見」，以利主管機關能適時處理。

基於上開規定，金融監督管理委員會業於99年12月23日發布「金融機構接管辦法」，其主要重點如下：

(一) 第4條：「接管之處分書應由接管人指派之人員送達，並於受接管金融機構於中華民國境內之總機構或外國金融機構在我國之分支機構宣達。（I）受接管金融機構之負責人或職員應依接管人員之指示，將金融機構業務、財務有關之帳冊、文件、印章及財產等列表移交予接管人，並應將債權、債務有關之必要事項告知或應其要求為配合接管之必要行為。（II）」

(二) 第5條：「主管機關派員接管金融機構時，接管人應向主管機關申請其不繼續公開發行。（I）前項情形，受接管金融機構原未印製實體股票者，於廢止公開發行後，仍維持無實體股票登錄。（II）」

(三) 第6條：「金融機構經主管機關派員接管者，金融機構之經營權及財產之管理處分權均由接管人行使之；接管人有代表受接管金融機構為訴訟上及訴訟外一切行為之權責。

（I）受接管金融機構股東會（社員代表大會）、董（理）事會、董（理）事、監察人（監事、監事會）或審計委員會之職權自接管時起當然停止，其原應提報股東會（社員代表大會）、董（理）事會、董（理）事、監察人（監事、監事會）或審計委員會審議事項，由接管人審議之。（II）接管人對受接管金融機構爲下列處置時，應研擬具體方案，報經主管機關核准：一、委託其他銀行、金融機構或中央存款保險公司經營全部或部分業務。二、增資、減資或減資後再增資。三、讓與全部或部分營業、資產及負債。四、與其他銀行或金融機構合併。五、營業行爲以外之重大財產處分。六、重大權利之拋棄、讓與或重大義務之承諾。七、重要人事之任免。八、其他經主管機關指定之重要事項。（III）」

(四) 第7條：「接管人應按月向主管機關報告受接管金融機構之財務業務狀況，並副知中央銀行。（I）接管人發現受接管金融機構、其負責人或職員有下列情事之一者，應即報告主管機關及其他有關機關（構）處理：一、違反法令或章程之情事。二、流動性嚴重不足有支付不能之虞。三、對接管人所爲之處置未配合辦理。四、其他有損及受接管金融機構本身或其債權人利益之行爲。（II）」

(五) 第9條：「接管人執行接管職務，接管前已簽訂契約之履行或展期案件，得不適用銀行法第三十三條第二項、信用合作社法第三十七條及票券金融管理法第四十九條準用銀行法第三十三條第二項利害關係人之授信限額、銀行法第三十三條之三、信用合作社法第三十七條準用銀行法第三十三條之三同一人、同一關係人或同一關係企業之授信或其他交易所爲之限制，及票券金融管理法第三十條同一企業、同一關係人或同一

關係企業辦理短期票券之保證、背書所為之限制。」

(六) 第14條第1項：「有下列情形之一者，接管人應擬具終止接管計畫報請主管機關核准終止接管：一、接管期限屆至。二、受接管金融機構全部之營業、資產及負債概括讓與其他金融機構，或與其他金融機構合併。三、有事實足認接管之目的已完成。四、有事實足認無法達成接管之目的。五、其他必要終止接管之情形。」

實例

彰化市第四信用合作社在民國84年間，因合作社財務狀況顯著惡化，經財政部指示合作金庫銀行概括承受彰化四信的營業、資產及負債，有無法令依據？

對此，司法院大法官會議在民國88年7月30日，就彰化市第四信用合作社代表人對於合作金庫銀行受主管機構指示「概括承受」彰化四信的營業、資產及負債的法令依據，以及監察院就財政部援用該等法令，有無違憲或違法的解釋案，作成第488號及第489號解釋。此兩項解釋對於上述及其後概括承受經營失敗金融機構的案例，及政府未來處理類似問題的許可權及保障存款人權益的作法均產生重大而深遠的影響。本書就該大法官會議的兩個解釋臚列於後，以供讀者參考：

(一) 釋字第488號解釋：憲法第15條規定，人民財產權應予保障。對人民財產權之限制，必須合於憲法第23條所定必要程度，並以法律定之，其由立法機關明確授權行政機關以命令訂定者，須據以發布之命令符合立法意旨且未逾越授權範圍時，始為憲法之所許，迭經本院解釋在案。信用合作社法第27條第1項及銀行法第62條第1項係為保障存款人權益，並兼顧金

融秩序之安定而設，金融機構監管接管辦法第11條第1項第3款及第14條第4款雖亦有銀行法第62條第3項授權之依據，惟基於保障人民權利之考量，法律規定之實體內容固不得違背憲法，其為實施實體內容之程序及提供適時之司法救濟途徑，亦應有合理規定，方符憲法維護人民權利之意旨；法律授權行政機關訂定之命令，為適當執行法律之規定，尤須對採取影響人民權利之行政措施時，其應遵行之程序作必要之規範。前述銀行法、信用合作社法及金融機構監管接管辦法所定之各種措施，對銀行、信用合作社之股東（社員）、經營者及其它利害關係人，既皆有重大影響，該等法規僅就主管機關作成行政處分加以規定，未能對作成處分前，如何情形須聽取股東、社員、經營者或利害關係人陳述之意見或徵詢地方自治團體相關機關（涉及各該地方自治團體經營之金融機構）之意見設置明文。又上開辦法允許主管機關逕行指派機關（機構）或人員為監管人或接管人，並使接管人取得經營權及財產管理處分權，復由接管人及主管機關決定概括讓與全部或部分業務及資產負債，或與他金融機構合併，無須斟酌受接管之金融機構股東或社員大會決議之可行性，亦不考慮該金融機構能否適時提供相當資金、擔保或其他解決其資產不足清償債務之有效方法，皆與憲法保障人民財產權之意旨未盡相符。前述法規主管機關均應依本解釋儘速檢討修正。

(二) 釋字第489號解釋：信用合作社法第27條第1項及銀行法第62條第1、2項所稱主管機關，對違反法令、章程或無法健全經營而損及社員及存款人權益之合作社或因業務或財務狀況顯著惡化之銀行，得分別為撤銷決議、撤換職員、限制發給理監事酬勞或停止、解除其職務，停止業務限期清理、派員監

管、接管、合併、命令解散、撤銷許可及其它必要處置。其
中必要處置係指在符合信用合作社法第27條第1項「無法健全
經營而有損及社員及存款人權益之虞時」，或銀行法第62條第
1項「銀行因業務或財務狀況顯著惡化，不能支付其債務或有
損及存款人利益之虞時」之前提下，因情況急迫，縱然採取上
開法律所舉之措施，勢將不能實現預期效果時，所為不得已之
合理手段而言。主管機關對財務狀況顯著惡化、無法健全經營
之銀行或信用合作社促使其由其他金融機構概括承受，應合於
前述要件外，尚須被概括承受之銀行或信用合作社未能適時提
供相當資金、擔保或其他解決其資產不足清償債務之有效方法
時，經依相關法令規定辦理概括承受之程序，始符合必要處置
之意旨。

> **第62條之1**（銀行之保全）
> 銀行經主管機關派員接管或勒令停業清理時，其股東會、董
> 事會、董事、監察人或審計委員會之職權當然停止；主管機
> 關對銀行及其負責人或有違法嫌疑之職員，得通知有關機關
> 或機構禁止其財產為移轉、交付或設定他項權利，並得函請
> 入出國管理機關限制其出國。

解說

　　本條文係關於主管機關對銀行負責人或有違法嫌疑之職
員，財產凍結、限制出境和停止股東會、董事會、董事、監察
人職權之相關規定，說明如後：

　　(一) 銀行因業務或財務狀況顯著惡化，不能支付其債務或

有損及存款人利益之虞時，主管機關金融監督管理委員會依本法第62條規定，指定特定機構派員接管或勒令停業進行清理時，爲避免爭議，本條文特別規定被接管銀行的股東會、董事會、董事、監察人或審計委員會之職權當然停止。

　　(二) 依金融監督管理委員會99年12月23日所發布「金融機構接管辦法」，第3條規定：「主管機關派員接管金融機構時，得指定適當機關（構）爲接管人，執行接管職務。（Ⅰ）接管人爲執行接管職務，得遴選人員或報請主管機關派員或調派其他機關（構）之人員，組成接管小組，並指派其中一人代表接管人行使職務。（Ⅱ）前二項情形主管機關應囑託公司法主管機關爲接管人及法定代表人之登記。（Ⅲ）」另第6條第2項亦規定：「受接管金融機構股東會（社員代表大會）、董（理）事會、董（理）事、監察人（監事、監事會）或審計委員會之職權自接管時起當然停止，其原應提報股東會（社員代表大會）、董（理）事會、董（理）事、監察人（監事、監事會）或審計委員會審議事項，由接管人審議之。」可供參照。

　　(三) 爲防止銀行負責人或有違法嫌疑之職員，在銀行經主管機關派員接管或勒令停業清理時，有移轉財產或有逃匿之疑慮，本法參考關稅法第25-1條、稅捐稽徵法第24條、入出國及移民法規，明定主管機關得視個案需要，通知有關機關或機構，就銀行及其負責人或有違法嫌疑之職員之財產不得爲移轉（如買賣、互易、贈與等）、交付或設定他項權利（如不得再設定地上權、抵押權等）；並得函請入出國管理機關，限制銀行負責人或有違法嫌疑之職員出境，以利接管程序之進行。

第62條之2（接管之處分程序）

銀行經主管機關派員接管者，銀行之經營權及財產之管理處分權均由接管人行使之。

前項接管人，有代表受接管銀行為訴訟上及訴訟外一切行為之權責，並得指派自然人代表行使職務。接管人因執行職務，不適用行政執行法第十七條之規定。

銀行負責人或職員於接管處分書送達銀行時，應將銀行業務、財務有關之一切帳冊、文件、印章及財產等列表移交予接管人，並應將債權、債務有關之必要事項告知或應其要求為配合接管之必要行為；銀行負責人或職員對其就有關事項之查詢，不得拒絕答覆或為虛偽陳述。

銀行於受接管期間，不適用民法第三十五條、公司法第二百零八條之一、第二百十一條、第二百四十五條、第二百八十二條至第三百十四條及破產法之規定。

銀行受接管期間，自主管機關派員接管之日起為二百七十日；必要時經主管機關核准得予延長一次，延長期限不得超過一百八十日。

接管人執行職務聲請假扣押、假處分時，得免提供擔保。

解說

　　如前所述，主管機關對於問題金融機構，派員接管時，得指定適當機關（構）為接管人，執行接管職務。接管人為執行接管職務，得遴選人員或報請主管機關派員或調派其他機關（構）之人員，組成接管小組，並指派其中一人代表接管人行使職務。關於接管人之職權，本條文規定如下：

　　(一) 銀行於受主管機關接管處分後，其經營權及財產權之管理處分，將由接管人行使之，為此89年11月1日修正銀行法

時，參考當時之金融機構監管接管辦法第13條：「金融機構於受財政部接管處分後，其經營權及財產之管理處分權均由接管人行使之」規定，增訂本條文第1項，使接管人能順利接管銀行之經營權和財產管理處分等許可權。

(二) 至於前項接管小組或接管人，有無代表受接管銀行進行訴訟之當事人適格性，法院見解歧異，為此，民國97年12月9日修正銀行法時，在本條文第2項規定，接管人有代表受接管銀行為訴訟上及訴訟外一切行為之權責，並得指派自然人代表行使職務，俾利接管之進行。

(三) 又接管人在執行職務時，其身分已屬該問題金融機構之負責人，同樣有行政執行法之適用，依行政執行法第17條規定：「義務人有下列情形之一者，行政執行處得命其提供相當擔保，限期履行，並得限制其住居：一、顯有履行義務之可能，故不履行。二、顯有逃匿之虞。三、就應供強制執行之財產有隱匿或處分之情事。四、於調查執行標的物時，對於執行人員拒絕陳述。五、經命其報告財產狀況，不為報告或為虛偽之報告。六、經合法通知，無正當理由而不到場。（Ⅰ）前項義務人有下列情形之一者，不得限制住居：一、滯欠金額合計未達新臺幣十萬元。但義務人已出境達二次者，不在此限。二、已按其法定應繼分繳納遺產稅款、罰鍰及加徵之滯納金、利息。但其繼承所得遺產超過法定應繼分，而未按所得遺產比例繳納者，不在此限。（Ⅱ）義務人經行政執行處依第一項規定命其提供相當擔保，限期履行，屆期不履行亦未提供相當擔保，有下列情形之一，而有強制其到場之必要者，行政執行處得聲請法院裁定拘提之：一、顯有逃匿之虞。二、經合法通知，無正當理由而不到場。（Ⅲ）法院對於前項聲請，應

於五日內裁定；其情況急迫者，應即時裁定。（IV）義務人經拘提到場，行政執行官應即訊問其人有無錯誤，並應命義務人據實報告其財產狀況或為其他必要調查。（V）行政執行官訊問義務人後，認有下列各款情形之一，而有管收必要者，行政執行處應自拘提時起二十四小時內，聲請法院裁定管收之：一、顯有履行義務之可能，故不履行。二、顯有逃匿之虞。三、就應供強制執行之財產有隱匿或處分之情事。四、已發見之義務人財產不足清償其所負義務，於審酌義務人整體收入、財產狀況及工作能力，認有履行義務之可能，別無其他執行方法，而拒絕報告其財產狀況或為虛偽之報告。（VI）義務人經通知或自行到場，經行政執行官訊問後，認有前項各款情形之一，而有聲請管收必要者，行政執行處得將義務人暫予留置；其訊問及暫予留置時間合計不得逾二十四小時。（VII）拘提、管收之聲請，應向行政執行處所在地之地方法院為之。（VIII）法院受理管收之聲請後，應即訊問義務人並為裁定，必要時得通知行政執行處指派執行人員到場為一定之陳述或補正。（IX）行政執行處或義務人不服法院關於拘提、管收之裁定者，得於十日內提起抗告；其程序準用民事訴訟法有關抗告程序之規定。（X）抗告不停止拘提或管收之執行。但准拘提或管收之原裁定經抗告法院裁定廢棄者，其執行應即停止，並將被拘提或管收人釋放。（XI）拘提、管收，除本法另有規定外，準用強制執行法、管收條例及刑事訴訟法有關訊問、拘提、羈押之規定。（XII）」

　　為避免問題金融機構因積欠稅款，接管人有遭限制住居、拘提、管收之虞，為此明定不適用行政執行法第17條之規定。

(四) 由於接管人係受政府指定而執行職務，在接管期間，對於問題金融機構之財產，亦有進行保全措施之必要，其聲請係為穩定金融秩序及大眾存款人之權益，並非為銀行之利益，與一般債權人為滿足其私人之請求權，而聲請強制執行者，在性質上有別。為使該保全措施可以順利進行，本條文第6項特別規定，接管人執行職務聲請假扣押、假處分時，得免提供擔保。

主管機關派員監管之目的，在於整頓問題金融機構，為此參考公司法第293條第2、3項所規定：「前項交接時，公司董事及經理人，應將有關公司業務及財務之一切帳冊、文件與公司之一切財產，移交重整人。公司之董事、監察人、經理人或其他職員，對於重整監督人或重整人所為關於業務或財務狀況之詢問，有答覆之義務。」而於本條文第3項增訂銀行負責人或職員於接管處分書送達銀行時，應將銀行業務、財務有關之一切帳冊、文件、印章及財產等列表移交予接管人，並應將債權、債務有關之必要事項告知或應其要求為進行接管之必要行為；銀行負責人或職員對其就有關事項之查詢不得拒絕答復或為虛偽陳述，以供適用。

鑑於主管機關維護金融秩序之穩定，派員接管問題金融機構時，目的係在即時處理問題金融機構，為避免銀行之接管程序與民法、公司法臨時管理人之管理、檢查人之檢查、董事會聲請宣告破產、重整程序、董事向法院聲請破產及破產法等相關規定，於適用上發生衝突，並避免法院於不同個按案之裁判結果有異，為此在本條文第4項規定，銀行於受接管期間，不適用下列民法、公司法規定：

(一) 不適用民法第35條規定：「法人之財產不能清償債務

時，董事應即向法院聲請破產。（I）不爲前項聲請，致法人之債權人受損害時，有過失之董事，應負賠償責任，其有二人以上時，應連帶負責。（II）」

（二）不適用公司法第208-1條規定：「董事會不爲或不能行使職權，致公司有受損害之虞時，法院因利害關係人或檢察官之聲請，得選任一人以上之臨時管理人，代行董事長及董事會之職權。但不得爲不利於公司之行爲。（I）前項臨時管理人，法院應囑託主管機關爲之登記。（II）臨時管理人解任時，法院應囑託主管機關註銷登記。（III）」

（三）不適用公司法第211條規定：「公司虧損達實收資本額二分之一時，董事會應於最近一次股東會報告。公司資產顯有不足抵償其所負債務時，除得依第二百八十二條辦理者外，董事會應即聲請宣告破產。（I）代表公司之董事，違反前二項規定時，處新臺幣二萬元以上十萬元以下罰鍰。（II）」

（四）不適用公司法第245條規定：「繼續六個月以上，持有已發行股份總數百分之一以上之股東，得檢附理由、事證及說明其必要性，聲請法院選派檢查人，於必要範圍內，檢查公司業務帳目、財產情形、特定事項、特定交易文件及紀錄。（I）法院對於檢查人之報告認爲必要時，得命監察人召集股東會。（II）對於檢查人之檢查有規避、妨礙或拒絕行爲者，或監察人不遵法院命令召集股東會者，處新臺幣二萬元以上十萬元以下罰鍰。再次規避、妨礙、拒絕或不遵法院命令召集股東會者，並按次處罰。（III）」

（五）不適用公司法第282條至第314條公司重整程序之規定。

（六）不適用破產法之規定。

　　基於接管性質上類似於緊急處分，爲避免影響債權人權益，爲此，本條文第5項增訂，銀行受接管期間，自主管機關金融監督管理委員會派員接管之日起爲270日；必要時經主管機關核准得予延長一次，延長期限不得超過180日。

第62條之3（接管人得爲之處置）
接管人對受接管銀行爲下列處置時，應研擬具體方案，報經主管機關核准：
一　委託其他銀行、金融機構或中央存款保險公司經營全部或部分業務。
二　增資、減資或減資後再增資。
三　讓與全部或部分營業及資產負債。
四　與其他銀行或金融機構合併。
五　其他經主管機關指定之重要事項。
接管人爲維持營運及因執行職務所生之必要費用及債務，應由受接管銀行負擔，隨時由受接管銀行財產清償之；其必要費用及債務種類，由主管機關定之。
前項費用及債務未受清償者，於受接管銀行經主管機關勒令停業清理時，應先於清理債權，隨時由受清理銀行財產清償之。

解說
　　依前述銀行法第62-2條，銀行經主管機關派員接管者，銀行之經營權及財產之管理處分權均由接管人行使。前項接管人，有代表受接管銀行爲訴訟上及訴訟外一切行爲之權責，並得指派自然人代表行使職務。受接管金融機構股東會、董事

會、董事、監察人或審計委員會之職權自接管時起當然停止，其原應提報股東會、董事會、董事、監察人或審計委員會審議事項，由接管人審議之。又依「金融機構接管辦法」，第7條規定，「接管人應按月向主管機關報告受接管金融機構之財務業務狀況，並副知中央銀行。（I）接管人發現受接管金融機構、其負責人或職員有下列情事之一者，應即報告主管機關及其他有關機關（構）處理：一、違反法令或章程之情事。二、流動性嚴重不足有支付不能之虞。三、對接管人所為之處置未配合辦理。四、其他有損及受接管金融機構本身或其債權人利益之行為。（II）」

　　為保障存款人權益，並妥適處理受接管銀行之債權債務關係，應明確界定接管人得為之處置範圍，為此89年11月修正銀行法時，參考當時之金融機構監管接管辦法第11條、美國聯邦存款保險法第13條第C項第2款第A目及日本存款保險法第59條規定，增訂本條文，對於比較重大的銀行合併、增資、減資、讓與全部或部分營業及資產、負債等，明定接管人在研擬具體方案，報經主管機關核准後，才可以為下列處分：

　　(一) 委託其他銀行、金融機構或中央存款保險公司經營全部或部分業務。

　　(二) 增資、減資或減資後再增資。

　　(三) 讓與全部或部分營業及資產負債。

　　(四) 與其他銀行或金融機構合併。

　　(五) 其他經主管機關指定之重要事項。

　　依財政部原發布「金融機構監管接管辦法」第6條規定，接管人因執行接管職務所生之必要費用，應由受接管銀行負擔，該規定因涉及人民權利義務之事項，宜提升於法律明定，

為此，民國97年12月9日立法院三讀通過修正銀行法時，在本條文第2項增訂，接管人為維持營運及因執行職務所生之必要費用及債務，應由受接管銀行負擔，隨時由受接管銀行財產清償。

又考量接管期間，銀行仍繼續運營，對存款債權人、營運之必要費用及債務，均應正常支付，惟銀行之可運用資產有限，故對維持營運及因執行職務所生之必要費用及債務，於第2項後段增訂，由主管機關定之。金融監督管理委員會業於99年12月23日發布「金融機構接管辦法」，在第13條規定必要費用及債務種類如下：

(一) 受接管金融機構與信用卡業務之機構、存款保險組織或依銀行法第47-3條設立之服務事業之契約所生之費用及負債者。

(二) 裁判費用、強制執行程序之費用及依有執行力之確定裁判應給付者。

(三) 其他受接管金融機構因維持日常營運所生之業務及管理之費用或債務。

(四) 受接管金融機構之非存款債務，有提供財產設定質權、抵押權或留置權擔保該債務，其債務可完全受償者。

(五) 接管人員之通訊費用、延長工時薪資、差旅費、人身意外險及責任險之費用。接管人員之差旅費支給標準應依接管人內部規定辦理。

(六) 接管人為執行接管職務，委聘或調派專業人員或委外處理之費用。

(七) 代理收付業務及其他服務性業務所生之應支付款項。

受接管銀行於接管期間所生之費用及債務，尚未受清償

者，於受接管銀行經主管機關勒令停業清理時，本條文第3項明定，應優先於清理債權，隨時由受清理銀行財產清償之。

　　至本條文修正當時之相關立法例，亦列述於後，以供參酌：

　　(一) 金融機構監管接管辦法第6條：「金融機構經主管機關派員接管者，金融機構之經營權及財產之管理處分權均由接管人行使之；接管人有代表受接管金融機構為訴訟上及訴訟外一切行為之權責。(Ⅰ) 受接管金融機構股東會、董事會、董事、監察人或審計委員會之職權自接管時起當然停止，其原應提報股東會、董事會、董事、監察人或審計委員會審議事項，由接管人審議之。(Ⅱ) 接管人對受接管金融機構為下列處置時，應研擬具體方案，報經主管機關核准：一、委託其他銀行、金融機構或中央存款保險公司經營全部或部分業務。二、增資、減資或減資後再增資。三、讓與全部或部分營業、資產及負債。四、與其他銀行或金融機構合併。五、營業行為以外之重大財產處分。六、重大權利之拋棄、讓與或重大義務之承諾。七、重要人事之任免。(Ⅲ) 」

　　(二) 美國聯邦存款保險法第13條第C項第2款第A目：「為促成第B目之要保機構能順利與另一要保機構合併，或由另一要保機構購買其部分或全部資產，或承受其部分或全部負債，或承購其股票，本公司經董事會決議並依董事會所訂定之條件，有權提供下列援助：(1)購買第B目要保機構之任何資產或承擔其任何債務。(2)對已控制或將取得第B目要保機構股權之另一要保機構或公司辦理貸款或捐贈，或存款或購買其發行之證券。(3)擔保已控制或將取得B目要保機構股權之其他要保存款機構或公司免於因與該要保機構合併，或承擔其債務或購買

其資產，或取得其股權而發生損失；或綜合(1)至(3)之方式爲之。」

　　(三) 日本存款保險法第59條：「進行合併之金融機構得向機構申請爲援助合併所爲之金錢贈與、資金融通或存入資金資產之購買、債務之保證或債務之承受。依前項規定提出申請之金融機構，應即向大藏大臣提出報告。第一項之『合併』係指左列情事之一者：(1)與經營失敗金融機構合併之存續合併。(2)經營失敗金融機構將其營業全部讓與其他金融機構之營業讓與。(3)爲確保經營失敗金融機構業務健全且適切營運，由其他金融機構依大藏大臣所規定之必要事項，而進行對經營失敗金融機構股份之取得。」

第62條之4（接管或合併之適用）

銀行或金融機構依前條第一項第三款受讓營業及資產負債時，適用下列規定：

一　股份有限公司經代表已發行股份總數過半數股東出席之股東會，以出席股東表決權過半數之同意行之；不同意之股東不得請求收買股份，免依公司法第一百八十五條至第一百八十八條規定辦理。

二　債權讓與之通知以公告方式辦理之，免依民法第二百九十七條規定辦理。

三　承擔債務時，免依民法第三百零一條經債權人之承認規定辦理。

四　經主管機關認為有緊急處理之必要，且對金融市場競爭無重大不利影響時，免依公平交易法第十一條第一項規

定向行政院公平交易委員會申報。

銀行依前條第一項第三款規定讓與營業及資產負債時，免依大量解僱勞工保護法第五條第二項規定辦理。

銀行或其他金融機構依前條第一項第四款規定與受接管銀行合併時，除適用第一項第四款規定外，並適用下列規定：

一　股份有限公司經代表已發行股份總數過半數股東出席之股東會，以出席股東表決權過半數之同意行之；不同意之股東不得請求收買股份；信用合作社經社員（代表）大會以全體社員（代表）二分之一以上之出席，出席社員（代表）二分之一以上之同意行之；不同意之社員不得請求返還股金，免依公司法第三百十六條第一項至第三項、第三百十七條及信用合作社法第二十九條第一項規定辦理。

二　解散或合併之通知以公告方式辦理之，免依公司法第三百十六條第四項規定辦理。

銀行、金融機構或中央存款保險公司依前條第一項第一款受託經營業務時，適用第一項第四款規定。

解說

為求順利迅速解決問題金融機關所造成的社會不安，經主管機關以派員接管等相關程序，俾穩定金融秩序，對於接管人依前條第1項規定委託其他銀行、金融機構或中央存款保險公司經營受接管銀行業務，或讓與受接管銀行營業及資產負債，或使其他銀行與受接管銀行合併時，在權衡社會法益之保護重於個人法益，並防止金融風暴造成連鎖反應，以避免緊急危難及維持社會秩序之考量下，本條文明定可適用下列程序：

(一) 銀行或金融機構受讓全部或部分營業及資產負債時，適用下列規定：

1.股份有限公司之受讓營業及資產負債：銀行法第52條第1項：「銀行為法人，其組織除法律另有規定或本法修正施行前經專案核准者外，以股份有限公司為限。」對於股份有限公司受讓全部或部分營業及資產負債，原本應依公司法下列程序辦理：

(1)須經股東會特別決議：公司法第185條：「公司為下列行為，應有代表已發行股份總數三分之二以上股東出席之股東會，以出席股東表決權過半數之同意行之：一、締結、變更或終止關於出租全部營業，委託經營或與他人經常共同經營之契約。二、讓與全部或主要部分之營業或財產。三、受讓他人全部營業或財產，對公司營運有重大影響。（I）公開發行股票之公司，出席股東之股份總數不足前項定額者，得以有代表已發行股份總數過半數股東之出席，出席股東表決權三分之二以上之同意行之。（II）前二項出席股東股份總數及表決權數，章程有較高之規定者，從其規定。（III）第一項之議案，應由有三分之二以上董事出席之董事會，以出席董事過半數之決議提出之。（IV）」

(2)反對股東之股份收買請求權：公司法第186條：「股東於股東會為前條決議前，已以書面通知公司反對該項行為之意思表示，並於股東會已為反對者，得請求公司以當時公平價格，收買其所有之股份。但股東會為前條第一項第二款之決議，同時決議解散時，不在此限。」

(3)請求收買之日期及價格：公司法第187條：「前條之請求，應自第一百八十五條決議日起二十日內，提出記載股份

種類及數額之書面爲之。（Ⅰ）股東與公司間協議決定股份價格者，公司應自決議日起九十日內支付價款，自第一百八十五條決議日起六十日內未達協議者，股東應於此期間經過後三十日內，聲請法院爲價格之裁定。（Ⅱ）公司對法院裁定之價格，自第二項之期間屆滿日起，應支付法定利息，股份價款之支付，應與股票之交付同時爲之，股份之移轉於價款支付時生效。（Ⅲ）」

(4)股份收買請求權之失效：公司法第188條：「第一百八十六條股東之請求，於公司取銷第一百八十五條第一項所列之行爲時，失其效力。（Ⅰ）股東於前條第一項及第二項之期間內，不爲同項之請求時亦同。（Ⅱ）」可資參照。

足見公司法對於股份有限公司受讓全部或部分營業及資產負債之程序，相當繁複，顯不適合於緊急處理組織型態爲股份有限公司之銀行。爲此本條文第1項第1款明定「股份有限公司經代表已發行股份總數過半數股東出席之股東會，以出席股東表決權過半數之同意行之；不同意之股東不得請求收買股份」，即以股東會普通決議方式爲之即可，且不同意之股東不得請求收買股份，並免依公司法第185條至第188條之程序辦理。

2.債權讓與之通知：民法第297條：「債權之讓與，非經讓與人或受讓人通知債務人，對於債務人不生效力。但法律另有規定者，不在此限。（Ⅰ）受讓人將讓與人所立之讓與字據提示於債務人者，與通知有同一之效力。（Ⅱ）」上開規定，將造成接管人依前條第1項規定讓與受接管銀行營業及資產負債之困擾，爲此本條文第1項第2款明定，債權讓與之通知，以公告方式辦理即可，免再踐行民法第297條規定之

程序。

　　3.債務承擔之程序：民法第301條：「第三人與債務人訂立契約承擔其債務者，非經債權人承認，對於債權人不生效力。」上開規定勢必造成接管人受讓銀行或金融機構之營業及資產負債時之不便，故本條文於第1項第3款明定，承擔債務時，免依民法第301條，須經債權人承認之規定辦理。

　　4.事業結合之許可：公平交易法第11條第1項：「事業結合時，有下列情形之一者，應先向主管機關提出申報：一、事業因結合而使其市場占有率達三分之一。二、參與結合之一事業，其市場占有率達四分之一。三、參與結合之事業，其上一會計年度銷售金額，超過主管機關所公告之金額。」惟在銀行或金融機構依前條第1項第3款受讓營業及資產負債時，為爭取時效，經金融監督管理委員認為有緊急處理之必要，且對金融市場競爭無重大不利之影響時，可免向行政院公平交易委員會申請許可。

　　(二) 銀行讓與營業及資產負債時，免依大量解僱勞工保護法第5條第2項規定辦理：

　　1.我國為保障勞工工作權及調和雇主經營權，避免因事業單位大量解僱勞工，致勞工權益受損害或有受損害之虞，並維護社會安定，特別在民國92年2月7日，制定大量解僱勞工保護法。

　　2.大量解僱勞工保護法第2條：「本法所稱大量解僱勞工，指事業單位有勞動基準法第十一條所定各款情形之一、或因併購、改組而解僱勞工，且有下列情形之一：一、同一事業單位之同一廠場僱用勞工人數未滿三十人者，於六十日內解僱勞工逾十人。二、同一事業單位之同一廠場僱用勞工人數在

三十人以上未滿二百人者，於六十日內解僱勞工逾所僱用勞工人數三分之一或單日逾二十人。三、同一事業單位之同一廠場僱用勞工人數在二百人以上未滿五百人者，於六十日內解僱勞工逾所僱用勞工人數四分之一或單日逾五十人。四、同一事業單位之同一廠場僱用勞工人數在五百人以上者，於六十日內解僱勞工逾所僱用勞工人數五分之一或單日逾八十人。五、同一事業單位於六十日內解僱勞工逾二百人或單日逾一百人。（Ⅰ）前項各款僱用及解僱勞工人數之計算，不包含就業服務法第四十六條所定之定期契約勞工。（Ⅱ）」

　　3.大量解僱勞工保護法第5條：「事業單位依前條規定提出解僱計畫書之日起十日內，勞雇雙方應即本於勞資自治精神進行協商。（Ⅰ）勞雇雙方拒絕協商或無法達成協議時，主管機關應於十日內召集勞雇雙方組成協商委員會，就解僱計畫書內容進行協商，並適時提出替代方案。（Ⅱ）」

　　4.有關受接管銀行受僱員工之處理，實務上係於交割前一日，由讓與銀行終止員工之委任或雇傭關係，再由承受銀行重新聘用，鑑於問題金融機構之處理，係為維持金融之穩定，其與一般公司股東出售企業營業及資產，係為其利益之自願性合併，顯有不同。如勞雇雙方拒絕協商或無法達成協定時，依大量解僱勞工保護法第5條第2項規定，主管機關應於10日內召集勞雇雙方組成協商委員會，就解僱計畫書內容進行協商，並適時提出替代方案。如此，恐將造成接管程序之障礙，降低承購者之承購意願；若無人承購，員工權益將更難獲得保障，為避免延誤問題金融機構之處理時效，並兼顧金融秩序安定及員工權益，民國97年12月9日修正銀行法時，在本條文第2項增訂，銀行依前條第1項第3款規定讓與營業及資產負債時，免依大量

解僱勞工保護法第5條第2項規定辦理。

(三) 銀行與受接管銀行合併時，依其種類不同：

1.股份有限公司之受接管銀行合併：對於股份有限公司組織型態之銀行，在辦理合併時，原本應依公司法下列程序辦理：

(1)須經股東會特別決議：公司法第316條：「股東會對於公司解散、合併或分割之決議，應有代表已發行股份總數三分之二以上股東之出席，以出席股東表決權過半數之同意行之。（I）公開發行股票之公司，出席股東之股份總數不足前項定額者，得以有代表已發行股份總數過半數股東之出席，出席股東表決權三分之二以上之同意行之。（II）前二項出席股東股份總數及表決權數，章程有較高之規定者，從其規定。（III）公司解散時，除破產外，董事會應即將解散之要旨，通知各股東。（IV）」

(2)合併之程序及股東之股份收買請求權：依公司法第317條第1項規定：「公司分割或與他公司合併時，董事會應就分割、合併有關事項，作成分割計畫書、合併契約，提出於股東會；股東在集會前或集會中，以書面表示異議，或以口頭表示異議經紀錄者，得放棄表決權，而請求公司按當時公平價格，收買其持有之股份。」同條第3項規定：「第一百八十七條及第一百八十八條之規定，於前項準用之。」等程序辦理。

上開股份有限公司一般合併之程序，顯不足以應付緊急而來之金融風暴，為此本條文第3項第1、2款再明文規定，銀行依前條第1項第4款與受接管銀行合併時，除免依公平交易法第11條第1項規定，向行政院公平交易委員會申請許可外，「股份有限公司只需經代表已發行股份總數過半數股東出席之股東

會，以出席股東表決權過半數之同意行之」即可，免依公司法第316條第1～3項、第317條之規定辦理；且其解散或合併之通知以公告方式辦理之，無須再依公司法第316條第4項規定，通知所有股東。

2.信用合作社之受接管銀行合併：對於信用合作社之合併，原本依信用合作社法第29條規定：「信用合作社決議合併或經中央主管機關命令合併時，其合併程序及辦法由中央主管機關定之。（I）因合併而消滅之信用合作社，其權利義務，應由合併後存續或另立之信用合作社承受。（II）」另信用合作社合併程序及辦法第6條則規定：「信用合作社合併之決議，應有全體社員或社員代表四分之三以上出席，出席社員或社員代表三分之二以上同意。（I）前項決議如由社員代表大會行之者，信用合作社應將決議內容及合併契約書於各營業單位門口公告至少七日，並於公告期間內於當地發行之報紙刊登至少三日，該公告應指定二十日以上之期限，不同意之社員得於指定期限內請求返還股金，信用合作社應於合併日前返還之。（II）信用合作社得依視員或社員代表大會之決議，於前項指定期限屆滿時至合併日前之期間，限制社員申請出社或減少、轉讓其股金。（III）」惟為使銀行依前條第1項第4款規定，儘速與受接管之信用合作社合併，本條文第3項第1款再明定「信用合作社經社員（代表）大會以全體社員（代表）二分之一以上之出席，出席社員（代表）二分之一以上之同意行之」即可；且不同意之社員不得請求返還股金，免依信用合作社法第29條第1項規定辦理。

(四) 銀行、金融機構或中央存款保險公司依前條第1項第1款受託經營業務時，為爭取時效，經金融監督管理委員認為

有緊急處理之必要，且對金融市場競爭無重大不利之影響時，
依本條文第4項規定，亦可免向行政院公平交易委員會申請
許可。

> **第62條之5**（銀行之清理）
> 銀行之清理，主管機關應指定清理人為之，並得派員監督清
> 理之進行；清理人執行職務，準用第六十二條之二第一項至
> 第三項及第六項規定。
> 清理人之職務如下：
> 一　了結現務。
> 二　收取債權、清償債務。
> 清理人執行前項職務，將受清理銀行之營業及資產負債讓與
> 其他銀行或金融機構，或促成其與其他銀行或金融機構合併
> 時，應報經主管機關核准。
> 其他銀行或金融機構受讓受清理銀行之營業及資產負債或與
> 其合併時，應依前條第一項及第三項規定辦理。

解說

　　銀行因業務或財務狀況顯著惡化，不能支付其債務或有損
害存款人利益之虞時，主管機關依本法第62條規定，應派員接
管、勒令停業清理或為其他必要之處置，必要時得通知有關機
關或機構禁止其負責人財產為移轉、交付或設定他項權利，函
請入出國管理機關限制其出國。經勒令停業之銀行，如於清理
期限內，已回復支付能力者，得申請主管機關核准復業；逾期
未經核准復業者，應撤銷其許可，並自停業時起視為解散，原
有清理程序視為清算。

　　關於清理人之選任或指定，除存款保險條例第16條已規定要保機構經主管機關勒令停業時，應即進行清理，並以中央存款保險公司為清理人外，依本條文第1項規定，銀行之清理，主管機關應指定清理人為之，以利清理之進行。另銀行之清理，因涉及公益，主管機關並得派員監督清理之進行，以期順利圓滿完成任務，為此規定清理人執行職務時，準用第62-2條第1～3項及第6項有關接管人執行職務之相關規定，基此，清理人之權限如下：

　　(一) 銀行經主管機關派員清理者，銀行之經營權及財產之管理處分權均由清理人行使之。

　　(二) 清理人，有代表受清理銀行為訴訟上及訴訟外一切行為之權責，並得指派自然人代表行使職務。

　　(三) 清理人因執行職務，不適用行政執行法第17條規定。

　　(四) 銀行負責人或職員應將銀行業務、財務有關之一切帳冊、文件、印章及財產等列表移交清理人，並應將債權、債務有關之必要事項告知或應其要求為配合清理之必要行為；銀行負責人或職員對其就有關事項之查詢，不得拒絕答覆或為虛偽陳述。

　　(五) 由於清理人係受政府指定而執行職務，故其在聲請假扣押、假處分時，係為穩定金融秩序及大眾存款人之權益，與一般債權人為滿足其私人之請求權，而聲請強制執行者，在性質上有所不同。同時，政府公權力介入受清理銀行之債權債務關係，並指定清理人執行時，清理人具有類似於被授與行使公權力之團體之地位，本法爰參考稅捐稽徵法第24條第2項有關稅捐稽徵機關實施假扣押免提供擔保之規定，以及外國立法例，在本條文第1項明定準用第62-2條第6項規定，使清理人執

行職務聲請假扣押、假處分時，得免提供擔保。

　　清理人之職務有二：(一)了結現務；(二)收取債權、清償債務。在執行清理事務過程中，爲銀行之代表機關，關於前項職務有爲訴訟上或訴訟外一切行爲之權。但若將銀行營業及資產負債轉讓於其他銀行或機構，或促成其與其他銀行或金融機構合併時，對於全體銀行股東影響至深且鉅，本條文第3項乃特別明定，應報經主管機關核准，始得爲之。清理人有數人時，關於清理事務之執行，參照公司法第85條規定，以其過半數之同意定之，並得推舉一人或數人代表公司，未經推舉者，均有代表公司之權。

　　清理期間，爲求順利迅速完成相關程序，俾穩定金融秩序，對於其他銀行或金融機構受讓清理銀行之營業及資產負債或與其合併時，應依本法第62-4條第1、3項規定辦理。

第62條之6（銀行之清理）

清理人就任後，應即於銀行總行所在地之日報爲三日以上之公告，催告債權人於三十日內申報其債權，並應聲明逾期不申報者，不列入清理。但清理人所明知之債權，不在此限。

清理人應即查明銀行之財產狀況，於申報期限屆滿後三個月內造具資產負債表及財產目錄，並擬具清理計畫，報請主管機關備查，並將資產負債表於銀行總行所在地日報公告之。

清理人於第一項所定申報期限內，不得對債權人爲清償。但對信託財產、受託保管之財產、已屆清償期之職員薪資及依存款保險條例規定辦理清償者，不在此限。

解說

　　為切實查明被清理銀行之負債，以求盡速進行清理程序，本條文第1項規定清理人就任後，應即於被清理銀行總行所在地之日報刊登3日以上之公告，催告債權人即刻申報其債權；由於申報之目的，旨在便於清理人擬訂清理計畫及辦理清償，以迅速解決相關紛爭，防止影響擴大，其時效之掌握非常重要，故規定申報之期限為30日，且對於怠於申報者規定其不列入清理，以免妨礙全部清理程序，但清理人明知之債權，得不在申報範圍，例如存款人之存款債權及受清理銀行職員因雇傭契約所生之債權等或其他清理人所明知之債權，得由清理人依職權逕行列入清理。

　　其次，為使主管機關及社會大眾能瞭解被清理銀行資產負債之真實狀況，本條文第2項規定清理人應即查明銀行之財產狀況，於申報期限屆滿後3個月內造具資產負債表、損益表及財產目錄，擬具清理計畫，報請主管機關備查，並將資產負債表於銀行所在地日報辦理公告，以昭公信。

　　債權人於第1項所定申報期限內應即向清理人申報其債權，俾依清理程序處理，故清理人於上述期限內自不得對債權人為清償。至於信託財產、受託保管之財產、職員薪資及依存款保險條例規定辦理清償者，與一般債權不同，本條文第3項特別規定，渠等均不受上述不得對債權人清償之限制。

第62條之7（銀行之清理）

銀行經主管機關勒令停業清理時，第三人對該銀行之債權，除依訴訟程序確定其權利者外，非依前條第一項規定之清理

程序，不得行使。

前項債權因涉訟致分配有稽延之虞時，清理人得按照清理分配比例提存相當金額，而將剩餘財產分配於其他債權。

銀行清理期間，其重整、破產、和解、強制執行等程序當然停止。

受清理銀行已訂立之契約尚未履行或尚未完全履行者，清理人得終止或解除契約，他方當事人所受之損害，得依清理債權行使權利。

下列各款債權，不列入清理：

一　銀行停業日後之利息。

二　債權人參加清理程序為個人利益所支出之費用。

三　銀行停業日後債務不履行所生之損害賠償及違約金。

四　罰金、罰鍰及追繳金。

在銀行停業日前，對於銀行之財產有質權、抵押權或留置權者，就其財產有別除權；有別除權之債權人不依清理程序而行使其權利。但行使別除權後未能受清償之債權，得依清理程序申報列入清理債權。

清理人因執行清理職務所生之費用及債務，應先於清理債權，隨時由受清理銀行財產清償之。

依前條第一項規定申報之債權或為清理人所明知而列入清理之債權，其請求權時效中斷，自清理完結之日起重行起算。

債權人依清理程序已受清償者，其債權未能受清償之部分，請求權視為消滅。清理完結後，如復發現可分配之財產時，應追加分配，於列入清理程序之債權人受清償後，有剩餘時，第五項之債權人仍得請求清償。

依前項規定清償債務後，如有剩餘財產，應依公司法分派各股東。

解說

　　銀行一經主管機關進行清理時，第三人對銀行之債權應一律依清理程序平均受償，始為公允，為此本法參考破產法第99條規定：「破產債權，非依破產程序，不得行使」的立法意旨，在本法條文第1項明訂在清理過程中，第三人對該銀行之債權，非依第62-6條第1項規定，在清理人公告後，30日內申報債權者，即不得行使之；惟債權人另提起民事訴訟者，乃憲法賦予人民之訴訟許可權，此種司法受益權自不得禁止之，惟其範圍僅及於確認之訴，而不包括給付之訴及形成之訴，自不待言。

　　第三人對受清理銀行之債權，如因提起民事訴訟，歷經數審，致分配有稽延之虞時，為兼顧雙方當事人之權益，本條文第2項規定，此際清理人得按照清理分配比率提存相當金額，而將所餘財產分配於其他債權人。

　　對於業務或財務狀況顯著惡化，不能支付債務或有損及存款人權益之問題銀行，在主管機關指定派員清理期間，往往會有債權人就銀行之資產，聲請強制執行、破產等情事，影響清理程序之進行。為使主管機關派員清理期間，能就公司債權債務統籌處理，本條文第3項規定，公司重整、破產、和解（按指破產法所規定法院之和解或商會之和解）、民事強制執行等程序均應當然停止，以利清理程序之進行。

　　清理人基於清理財團之利益，而終止或解除問題銀行前已訂立之契約，如他方當事人受有損害，乃基於契約之終止或解除而發生，與銀行停業日後債務不履行所生之損害賠償不同。在外國立法例中，清理人終止或解除契約之規定，係為避免契

約存續致清理程序延誤，影響債權，為此，民國97年12月9日修正銀行法時，參考美國聯邦保險法第11條(c)之規定 在本條文第4項增訂，受清理銀行已訂立之契約尚未履行或尚未完全履行者，清理人得終止或解除契約，他方當事人所受之損害，得依清理債權行使權利。清理人適用本條款時，應注意僅限於當事人所受之損害，得依清理程序申報債權，行使權利，至於所失利益和違約金等其他請求，則不得列入。

受清理銀行在移交財產予清理人時起，至清理完結之日為止，已喪失對財產之管理權及處分權，此段期間，受清理銀行之財產由清理人為總清理，須收取債權、了結現務並出售資產後，始能對債權人為平均清償，為求清理程序之簡化與順利進行及維持債權人間公平受償起見，本法參考破產法第103條：「左列各款債權，不得為破產債權。一、破產宣告後之利息。二、參加破產程序所支出之費用。三、因破產宣告後之不履行所生之損害賠償及違約金。四、罰金、罰鍰及追徵金」的立法意旨，於第5項規定不列入清理之債權，包括：

(一) 銀行停業日後之利息：銀行對存款支付之利息，一律計算至銀行停業日止；銀行停業日後之利息，不列入清理之債權範圍。

(二) 債權人參加清理程序為個人利益所支出之費用：債權人如因申報債權而支出交通、住宿費用係為個人利益而支出，非為全體債權人之利益，故一律不列入清理範圍。

(三) 銀行停業日後債務不履行所生之損害賠償及違約金：銀行停業後，銀行已喪失對財產之管理權與處分權，凡債權之履行期在銀行停業日後屆至者，銀行均無從履行，咎不在銀行，乃法律之規定使然，且同樣情形之債權人，均遭受相同之

損害，為求清理程序之簡化及順利進行，爰明定不列入清理
範圍。

(四) 罰金、罰鍰及追繳金：為示政府不與人民爭利，恤顧
各清理債權人之利益，本法亦將罰金、罰鍰及追繳金不列入清
理範圍。

又本條文第6項規定，在銀行停業日前，對於銀行之財產
有質權、抵押權或留置權者，就其財產有別除權；有別除權之
債權人不依清理程序而行使其權利。例如在銀行停業日前，對
於銀行之財產有抵押權者，在政府派員清理期間，仍得就擔保
物依民法第873條第1項規定，聲請法院拍賣該抵押物，經法院
為許可強制執行之裁定後，即得本於此項裁定聲請法院民事執
行處強制執行，並依關於不動產執行之規定辦理。但債權人行
使別除權後，未能受清償之殘餘債權，依本條款但書規定，仍
得依清理程序申報列入清理債權。

另為使清理程序順利進行，本條文第7項再規定：「清理
人因執行清理職務所生之費用及債務，應先於清理債權，隨時
由受清理銀行財產清償之。」又為保障債權人之權益，凡債權
人已依前條第1項規定申報之債權或為清理人所明知而列入清
理之債權，其請求權時效中斷，自清理完結之日起重行起算。

清理人清理銀行債務完結後，債權人依清理程序已受清
償者，其債權未能受清償之部分，請求權視為消滅。清理完結
後，如復發現可分配之財產時，應追加分配，於列入清理程序
之債權人受償後，有剩餘時，舉凡銀行停業日後之利息、債權
人參加清理程序為個人利益所支出之費用、銀行停業日後債
務不履行所生之損害賠償及違約金等債權，依本條文第9項規
定，仍得請求清償。

　　在清償全部債務後，經清理之銀行如尚有剩餘財產，該剩餘財產之歸屬，實務上迭有爭議，為此，97年12月9日修正銀行法時，增訂第10項明定其剩餘財產，應依公司法及公司章程，分派給清理開始時之各股東。

第62條之8（清理完後之處理）
清理人應於清理完結後十五日內造具清理期內收支表、損益表及各項帳冊，並將收支表及損益表於銀行總行所在地之日報公告後，報主管機關撤銷銀行許可。

解說

　　參照公司法第334條及第87條第3項規定，銀行之清理人應於就任後6個月內完結清理，不能於6個月內完結清理者，清理人得申述理由，聲請法院展期。清理完結時，清理人應於15日內造具清理期內收支表、損益表及各項帳冊，並將收支表及損益表於銀行總行所在地之日報公告後，報主管機關金融監督管理委員會撤銷銀行許可，使該銀行歸於消滅。

　　對於前述收支表、損益表、簿冊是否確當，主管機關依本法規定，得另派員監理、查核，以明責任。銀行之上述簿冊及文件，自清理完結於銀行總行所在地之日報或申報法院之日起，應保存10年，其保存人得由清理人及其利害關係人聲請法院指定之。

第62條之9（接管或清理費用之負擔）
主管機關指定機構或派員執行輔導、監管任務所生之費用及債務，應由受輔導、監管之銀行負擔。

解說

主管機關金融監督管理委員會指定機構派員輔導、派員監管、接管或勒令停業進行清理時，因執行輔導、監管、接管或清理任務所生之費用及債務，均係為受輔導、監管、接管或清理金融機構之利益而支出，故本法明定應由該金融機構負擔，較為公允。

依金融監督管理委員會99年12月23日所發布「金融機構監管辦法」第6條規定，監管人因執行監管任務所生之費用，包括監管小組差旅費、延長工時薪資、人身意外險及責任險之費用及其他為執行監管任務所必要之支出，應由受監管金融機構負擔，其支給標準依監管人之內部規定辦理。

另「金融機構接管辦法」，第13條亦規定：「接管人為維持受接管金融機構之營運及因執行職務所生之必要費用及債務，應由受接管金融機構負擔，隨時由受接管金融機構財產清償之。必要費用及債務種類如下：一、受接管金融機構與信用卡業務之機構、存款保險組織或依銀行法第四十七條之三設立之服務事業之契約所生之費用及負債者。二、裁判費用、強制執行程序之費用及依有執行力之確定裁判應給付者。三、其他受接管金融機構因維持日常營運所生之業務及管理之費用或債務。四、受接管金融機構之非存款債務，有提供財產設定質權、抵押權或留置權擔保該債務，其債務可完全受償者。五、接管人員之通訊費用、延長工時薪資、差旅費、人身意外險及

責任險之費用。接管人員之差旅費支給標準應依接管人內部規定辦理。六、接管人為執行接管職務，委聘或調派專業人員或委外處理之費用。七、代理收付業務及其他服務性業務所生之應支付款項。」

第63條（刪除）

第63條之1（依其他法律設立之金融機構之適用）
第六十一條之一、第六十二條之一至第六十二條之九之規定，對於依其他法律設立之銀行或金融機構適用之。

解說

依銀行法第52條第1項規定：「銀行為法人，其組織除法律另有規定或本法修正施行前經專案核准者外，以股份有限公司為限」，可見銀行的組織型態，原則上以股份有限公司為限。不過我國許多早先成立之銀行，或基於特殊背景，或基於政策需要，尚有部分非屬股份有限公司型態，如過去交通銀行、農民銀行、中央信託局、中國輸出入銀行等，並非基於銀行法，係依據「交通銀行條例」、「中國農民銀行條例」、「中國輸出入銀行條例」、「中央信託局條例」而成立；又如臺灣銀行、土地銀行等，係在新銀行法施行前，經政府項目核准，此等銀行均未依銀行法規定辦理公司登記。

在其他金融機構方面，例如常見之信用合作社與農漁會信用部。其中合作金庫為基層金融之中樞機構，收受基層金融機

構之餘裕資金，並適時供應其所需資金，裨利其資金之調度與業務之健全發展；同時，合作金庫受中央銀行之委託，辦理基層金融機構業務之檢查，並督促其辦理內部之查核工作。至於信用合作社係設於市鎮之互助合作組織，主要為社員謀金融之流通，貸放生產上或製造上必要資金，並收受社員之存款。其營業對象原則上限於社員，對於非社員存款之收受，經主管機關核准後，亦得在一定限額內辦理。

農會信用部係依據民國41年公布的「改進臺灣省各級農會暫行辦法」，合併原鄉鎮合作社，於農會內設信用部辦理存放款業務，為臺灣最基層之農村金融機構。漁會信用部則經民國70年7月修正的漁會法後，始取得合法的金融地位，為漁業金融體系中最基層的單位。農漁會信用部最主要之功能，在於辦理農漁民存款、放款、匯兌與代理收付等業務，負有調節農漁村金融，促進農漁村經濟發展的任務。

值得注意者，為健全農業金融機構之經營，保障存款人權益，促進農、漁村經濟發展，我國在92年7月23日制定農業金融法，106年1月18日修正。依該法第2條規定：「本法所稱農業金融機構，包括農會信用部、漁會信用部（以下併稱信用部）及全國農業金庫。信用部指依農會法、漁會法及本法設立辦理信用業務者；全國農業金庫為信用部之上層機構。」農會信用部、漁會信用部的主管機關，在中央改為行政院農業委員會（112年8月1日改制為農業部）；在直轄市為直轄市政府，在縣（市）為縣（市）政府。該法第33條規定：「信用部之管理，除本法另有規定者外，準用銀行法第五條至第八條之一、第十二條至第十五條、第二十二條、第三十二條至第四十三條、第四十五條之二、第四十八條、第四十九條、第五十一

條、第五十五條至第五十七條、第六十一條之一至第六十二條之四、第六十二條之九及第七十六條規定。」

對於前揭依其他法律設立之銀行或金融機構，如有違反法令、章程或有礙健全經營之虞時，依本條文規定，金融監督管理委員會（農會信用部、漁會信用部則為農業部）除得予以糾正、命其限期改善外，並得視情節之輕重，撤銷其法定會議之決議、停止銀行部分業務、命令銀行或金融機構解除經理人或職員之職務、解除董事、監察人職務或停止其於一定期間內執行職務，以及其他必要處置（§61-1）。如銀行或其他金融機構因業務或財務狀況顯著惡化，不能支付其債務或有損害存款人利益之虞時，金融監督管理委員會（農會信用部、漁會信用部則為農業部）應指定機構派員監管、接管或勒令停業，進行清理，有關監管、接管或勒令停業之程序，可準用本法第62-1條至第62-9條之規定。

第64條（勒令停業之事由(三)）
銀行虧損逾資本三分之一者，其董事或監察人應即申報中央主管機關。
中央主管機關對具有前項情形之銀行，應於三個月內，限期命其補足資本；逾期未經補足資本者，應派員接管或勒令停業。

解說

依銀行法規定，銀行在營業過程中，有(一)變更事項未報經許可（§59）；(二)業務或財務狀況顯著惡化致不能支付債務（§62）；(三)未按期限補足資本（§64）；(四)逾期不繳

罰鍰（§135）等情事發生時，中央主管機關可以勒令停業，以糾正銀行的違法或不當行為，俟補正或停業原因消滅後，再使其恢復營業。

　　本條文即係就其中未按期限補足資本而為規定。此因銀行資本係銀行資產的主要部分，也是銀行承擔風險能力的重要表徵，更是存款大眾關切的重點。若虧損達三分之一以上，恐將嚴重損害財務結構，妨礙健全經營，為此，本法條特別要求銀行的董事或監察人應即向主管機關即金融監督管理委員會申報，俾金融監督管理委員會知悉而得及時下令補足，避免經營狀況惡化。為防止董、監事怠於申報，致貽誤時機，本法第128條前段再規定違反者，可處新臺幣200萬元以上1,000萬元以下罰鍰。

　　民國96年3月21日修正銀行法時，鑑於銀行為特許行業，其資金的健全與否攸關所有存款戶資金與社會金融體系的安定，過去政府面對有些金融機構的財務結構已明顯惡化，甚至銀行虧損逾資本三分之一者，均未見積極介入處理，放任該銀行業者財務狀況繼續惡化，造成日後納稅人必需付出極大代價，社會亦付出相當成本。為此將本條文第2項修正為，主管機關經銀行董事、監察人的申報，或依職權得知銀行虧損逾資本三分之一時，應於「3個月內」，限期命其補足資本；逾期未經補足資本者，應「派員接管」或勒令停業。修正條文要求金融主管機關應於「3個月內」，立即介入；且處理的方法除勒令停業外，亦可「派員接管」，較富彈性。

第64條之1（停業清理清償債務之進行）

銀行或金融機構經營不善，需進行停業清理清償債務時，存款債務應優先於非存款債務。

前項所稱存款債務係指存款保險條例第十二條所稱存款；非存款債務則指該要保機構存款債務以外之負債項目。

解說

　　立法院在民國95年4月28日三讀通過銀行法及存款保險條例部分條文修正案，一旦銀行發生經營不善的情況，應優先清償存款債務，也就是先償還一般銀行儲戶的債務，以保障社會大眾權益。

　　過去銀行因經營不善必須進行債務清償時，儲戶往往求償無門，造成金融風暴，影響社會民心。該次修正案，增訂銀行法第64-1條及存款保險條例第16-1條規定，一旦銀行發生經營不善的情況，應優先償還存款債務，以減低一般銀行儲戶所受之損害。

　　根據銀行法第62條第1項規定，銀行因業務或財務狀況顯著惡化，不能支付其債務或有損及存款人利益之虞時，主管機關應勒令停業並限期清理、停止其一部業務、派員監管或接管、或為其他必要之處置，並得洽請有關機關限制其負責人出境。銀行之清理，依同法第62-5條第1、2項規定，由主管機關所指定的清理人，負責了結現務、收取債權及清償債務等職務。

　　在實務上，若特定銀行欲結束營業，須清償的債務可分為「存款債務」及「非存款債務」，前者主要是一般民眾、中小企業有關存款的部分，後者則為銀行間相互拆借的款項。參照中央存款保險公司存款保險契約第2條第1項規定，現行法律

只保障每人新臺幣300萬元存款上限，超過的金額必須清理銀行資產後，按比例予以清償。但依新增訂條文規定，銀行或金融機構經營不善，需進行債務清償，存款債務應優先於非存款債務。而除了銀行必須先清償存款債務外，中央存款保險公司接受主管機關指定，為要保機構停業時之清理人進行清理時，對超過最高保額之存款債權應優先於非存款債權。易言之，中央存保公司在特定銀行結束營業後，必須先清償超過300萬元部分的金額，全部清償完後才能處理非存款債務，「等於是給民眾優先清償權」，讓民眾存款因銀行經營不善所受影響減至最低。

　　另應注意者，民國104年2月4日修正存款保險條例第12條規定：「本條例所稱存款保險，指以下列中華民國境內之存款為標的之保險：一、支票存款。二、活期存款。三、定期存款。四、依法律要求存入特定金融機構之轉存款。五、其他經主管機關核准承保之存款。（Ⅰ）前項存款，不包括下列存款項目：一、可轉讓定期存單。二、各級政府機關之存款。三、中央銀行之存款。四、銀行、辦理郵政儲金匯兌業務之郵政機構、信用合作社、設置信用部之農會、漁會及全國農業金庫之存款。五、其他經主管機關核准不予承保之存款。（Ⅱ）第一項所定中華民國境內之存款，不包括銀行所設之國際金融業務分行收受之存款。（Ⅲ）」

第65條（補正）
銀行經勒令停業，並限期命其就有關事項補正；逾期不為補正者，應由中央主管機關撤銷其許可。

解說

　　銀行的勒令停業，指中央主管機關以行政處分命令銀行停止營業的措施；其目的在強制銀行必須遵照中央主管機關的規定辦理，另方面等到停業原因已不存在時，即准其恢復營業，所以是金融監督管理委員會監督銀行的有效利器。

　　當銀行因對於重要事項未能報經許可並辦妥登記，或因逾期未能補足資本，或因逾期不繳罰鍰而經勒令停業時，中央主管機關仍可限期命令就有關事項補正，逾期而不補正，顯見係故意違法，應對其撤銷設立許可。

第66條（撤銷許可後之處理）
銀行經中央主管機關撤銷許可者，應即解散，進行清算。

解說

　　銀行經向金融監督管理委員會申請設立許可，辦妥公司登記，取得營業執照，開始營業後，如發生重大違法情事，中央主管機關亦可撤銷原核發的「許可」，使銀行繼續存在的基礎歸於消滅。關於撤銷（廢止）許可的事由，依銀行法規定有下列幾種：

　　(一) 銀行資本未達中央主管機關調整後的最低額，而未能於限期內完成增資者，中央主管機關應撤銷其許可（§23）。

　　(二) 銀行申請核發營業執照後，經中央主管機關發現原申請事項有虛偽情事，其情節重大者，應撤銷其許可（§56）。

　　(三) 銀行經股東會決議解散者，應申敘理由，附具股東會紀錄及清償債務計畫，申請主管機關核准後，進行清算，經主

管機關核准解散時，應即撤銷其許可（§61）。

　　(四) 銀行經勒令停業，對有關事項逾期不為補正者，應由中央主管機關撤銷其許可（§65）。

　　(五) 銀行屢違銀行法第八章之處罰規定，且情節重大者，得廢止其許可（§136）。

　　銀行經中央主管機關依前述事項撤銷許可時，應即解散，進行清算；此時銀行因解散，使權利能力受到限制，縮小在清算範圍內，凡有關執行業務、分配盈餘、發行新股、增設分支機構等營業行為，都不可再進行；其餘非以營業活動為前提的行為，則可繼續完成。又銀行經解散後，其法人人格並非即告消滅，必須經清算程序，處理其未了結事務後，始歸消滅。

第67條（繳銷執照）
銀行經核准解散或撤銷許可者，應限期繳銷執照；逾期不繳銷者，由中央主管機關公告註銷之。

解說

　　銀行在依本法第61條，經股東會決議，報請金融監督管理委員會核准解散；或有逾期未完成增資、申請事項有重大虛偽情事、不能支付債務、逾期不為補正或屢次違規不改正等事由，經中央主管機關撤銷許可時，因撤銷許可為永久性行政處分，一經撤銷，除提起行政救濟而為變更外，一般即無恢復許可的可能。故被金融監督管理委員會撤銷許可或核准解散的銀行，自應立即解散，進行清算，並且應命其繳銷營業執照，逾期不繳銷時，由中央主管機關公告註銷。

第68條（特別清算之執行）
法院為監督銀行之特別清算，應徵詢主管機關之意見，必要時得請主管機關推薦清算人，或派員協助清算人執行職務。

解說

　　特別清算，指法院依債權人、清算人或股東的聲請或依職權，令銀行開始進行的特別清算程序。關於銀行特別清算開始的原因，有(一)公司法第335條的規定，即清算的實行發生顯著的障礙，或負債超過資產有不實的嫌疑，經法院命令者；(二)本法第62條第1、4項所規定，即銀行因業務或財務狀況顯著惡化，不能支付其債務，或有損及存款人利益，經中央主管機關勒令停業，限期清理所為的清算。

　　特別清算與普通清算最大的不同，在於前者係由法院、主管機關或與銀行債權人積極干預清算事務的進行；而後者則由銀行自行清算，法院僅為消極監督。職是，依公司法相關規定，在特別清算程序中，除普通清算所有的機關外，另有(一)債權人會議：作為公司債權人的意思決定機關；(二)監理人：為公司債權人團體所選出的監督機關；(三)檢查人：為法院依檢查命令所選派，作為其左右手以輔助法院的機關。

　　又為使主管機關可以參與銀行的特別清算，貫徹清算的公平進行與保障存款人權益，銀行法另在本條文規定，法院於監督銀行特別清算過程，可以書面或口頭方式，徵詢金融監督管理委員會的意見，有必要時可請主管機關推薦清算人後，經法院選派，以完成清算程序；又主管機關也可以指定專業人員，如律師、會計師、稅務人員等，協助特別清算人執行職務。

第69條（退還股本或分配股利之限制）
銀行進行清算後，非經清償全部債務，不得以任何名義，退還股本或分配股利。銀行清算時，關於信託資金及信託財產之處理，依信託契約之約定。

解說

　　通常來說，銀行會進入清算程序，大多數是因經營不善、財務不振或有其他遭勒令停業等情事，為防止清算中的銀行，以退股或分配股利方式，將銀行的剩餘財產分配予各股東，致損及債權人利益，本條文特別明定，須俟清償全部債務後，始得將銀行所剩資產，按各股東股份比例分配；清算人違反該規定，退還股本或分配紅利時，除可依公司法規定，判處1年以下有期徒刑、拘役或科或併科6萬元以下罰金（公§90、§334、§356）外，並可依本法第132條，處新臺幣50萬元以上1,000萬元以下罰鍰。

　　信託是財產所有權人，為自己或第三人的利益，將其財產權移轉於可信賴的他人，而委託他人依照一定目的，代為管理、運用或處分其財產的行為。

　　因此，信託人與受託人（銀行）間，必定有信託契約，作為收受、經理或運用各種信託資金及經營信託財產的依據。為保障信託人權益，使其所信託交付的財產不致受損，本條文第1項後段特別明定，在清算中的銀行，對於信託資金與信託財產的處理，均應依信託契約履行，不得任意將信託財產清償予其他債權人。

實例

　　某信託投資公司因經營不善，而進行清算，此際債權人可否就其信託財產，向法院請求強制執行？

　　不可以。因信託財產表面上雖列為該信託投資公司的財產，但實際上並非公司的自有財產；當該公司進行清算時，依本法第69條後段，關於信託財產的處理，應依信託契約的規定。又本法第112條規定，信託投資公司的債權人對信託財產，不得請求扣押或對其行使權利，以免信託人權利受損。

第三章　商業銀行

第70條（商業銀行之定義）
本法稱商業銀行，謂以收受支票存款、活期存款、定期存款，供給短期、中期信用為主要任務之銀行。

解說

由此定義，商業銀行具有下列特質：

(一) 以收受支票存款、活期存款、定期存款進而創造存款貨幣為最基本特質的銀行，此因目前各國大多以支票存款視為貨幣，而商業銀行是以企業或私人為對象，經營支票存款為主要業務的銀行，故又稱為「創造貨幣的銀行」。

(二) 以供給短期、中期信用為主要任務的銀行。所稱「短期信用」，依本法第5條規定，為授信期限在1年以內的融資；超過1年以上而在7年以內者，為「中期信用」。傳統的商業銀行，辦理短期、中期放款，不但要求與借款有關的存貨作為擔保，更以徵信明瞭借款人的業務狀況、信用好壞，以降低授信風險，遵循穩健銀行經營原則。

(三) 現代商業銀行逐漸朝向多角化經營，「銀行已不再是個專業，而是個商業」、「零售業者插足銀行界，表示銀行商業化經營的時代已經來臨」，其業務方向，主要在形成「百貨商店式的銀行」，具體內容如：

1.商業銀行原得附設儲蓄部及信託部，以辦理儲蓄存款、

短期和中期放款、企業用建築放款，第一次購屋放款及信託、證券等業務。89年11月1日修正銀行法，刪除儲蓄銀行章後，上述業務仍得由商業銀行繼續辦理，自不待言。

2.自民國80年政府開放銀行辦理短期票券經紀、自營商業務後，商業銀行即爭取亦辦理短期票券業務。

3.依「國外期貨交易法」，商業銀行得兼營或設立子公司專營辦理國外期貨經紀業務。

4.申請轉投資，成立企業以經營租賃或投資證券承銷等業務，以擴大商業銀行功能。

(四) 業務國際化亦為商業銀行日趨重要的特質之一。隨著經濟快速成長，民間財富累積，社會大眾對金融商品的需求日益多樣化，因而金融自由化與國際化已成為無可避免的潮流，為此商業銀行不斷跨國設立分支機構，建立遍及世界的往來銀行網，以配合業務國際化的需求。

第71條（商業銀行之業務）
商業銀行經營下列業務：
一　收受支票存款。
二　收受活期存款。
三　收受定期存款。
四　發行金融債券。
五　辦理短期、中期及長期放款。
六　辦理票據貼現。
七　投資公債、短期票券、公司債券、金融債券及公司股票。
八　辦理國內外匯兌。

九　辦理商業匯票之承兌。

十　簽發國內外信用狀。

十一　保證發行公司債券。

十二　辦理國內外保證業務。

十三　代理收付款項。

十四　代銷公債、國庫券、公司債券及公司股票。

十五　辦理與前十四款業務有關之倉庫、保管及代理服務業務。

十六　經主管機關核准辦理之其他有關業務。

解說

分析上述商業銀行16項業務，依其性質可以歸納為四大類（各項業務內容可參見第3條解說）：

(一) 受信業務，包括：1.收受支票存款；2.收受活期存款；3.收受定期存款；4.發行金融債券。

(二) 授信業務，包括：1.辦理短期、中期及長期放款；2.辦理票據貼現；3.投資公債、短期票券、公司債券、金融債券及公司股票。

(三) 服務業務，包括：1.辦理國內外匯兌；2.辦理商業匯票承兌；3.簽發信用狀；4.保證發行公司債券；5.辦理國內外保證業務；6.代理收付款項；7.代理公債、國庫券、公司債券及公司股票；8.辦理相關的倉庫、保管及代理服務業務。

(四) 其他業務，即經中央主管機關核准辦理的業務，如：1.發行信用卡；2.辦理融資性租賃；3.年終酬勞特別定期存款業務。

應注意的是，本法固規定商業銀行可以經營的業務有16

項，但並非每個商業銀行均可全部經營，依照本法第4條的規定，各商業銀行所得經營的業務項目，須經金融監督管理委員會在上述業務範圍內，分別核定，並記載於營業執照上，所以實際上各商業銀行的業務內容，未必完全一致。

實例

　　李雄於112年1月27日上午，發現所持有的某商業銀行信用卡被竊，因逢星期日，翌日始辦妥掛失手續，銀行旋即於同日中午完成電腦停用聯機，並於下午1時許，通知各特約商店；事後經查證自1月27日至28日下午1點前，共被冒用新臺幣6萬元，該筆債務李雄是否應負擔？

　　國內一般信用卡契約常約定：「信用卡掛失時，於發卡銀行通知特約商店前被冒用所發生的一切損害，概由持卡人負責」，如有此項約定，因本件發卡銀行經持卡人掛失後，迅即於1月28日前通知各特約商店，作業程序尚無違失，故該項債務李雄因疏忽或怠於掛失，自應向銀行負清償責任。所以信用卡遺失後，持卡人縱於國定星期例假日，亦應儘速向發卡銀行辦理掛失，以免損失。

第72條（中期放款總餘額之限制）
商業銀行辦理中期放款之總餘額，不得超過其所收定期存款總餘額。

解說

　　為改善以往商業銀行對資金的營運混濁不清，防止承作額

度過高的授信行為，致影響銀行對即期負債的流動能力，本法原則上要求商業銀行的放款，應以1年以下的短期放款為主，雖例外放寬使可以承作1年以上7年以下的中期放款，但放款總餘額，不可超過銀行所收定期存款的總餘額。違反本條規定，使中期放款的總餘額，超過所收定期存款總餘額時，依第130條第2款規定，可處新臺幣100萬元以上2,000萬元以下罰鍰。

實例

　　某商業銀行有支票存款400億元、活期存款200億元、定期存款500億元、活期儲蓄存款700億元、定期儲蓄存款1,000億元，則該銀行的銀行部可辦理多少中期放款？

　　依本法第72條規定，該商業銀行的銀行部可辦理的中期放款最多以收受定期存款總餘額，即500億元為限。惟商業銀行可另設置營業、資金、會計均獨立的儲蓄部，其所辦理的中長期放款，則不受此一條文限制。

第72條之1（發行金融債券）

商業銀行得發行金融債券，並得約定此種債券持有人之受償順序次於銀行其他債權人；其發行辦法及最高發行餘額，由主管機關洽商中央銀行定之。

解說

　　金融債券，乃銀行依照銀行法有關規定，報經主管機關核准發行之債券。其種類包含一般金融債券、次順位金融債券、轉換金融債券、交換金融債券及其他經主管機關核准之金融債

券。由於金融證券變現性高、信用佳,並可在市場自由買賣及充作擔保,故普受國人所喜愛。關於金融債券之發行,金融監督管理委員會已在110年2月24日修正發布「銀行發行金融債券辦法」,以供適用,茲說明如下:

(一) 發行銀行:依發行辦法第4條第1項規定:銀行有下列情形之一者,除第2項另有規定外,不得發行金融債券:

1.備抵呆帳提列不足尚未改善者。

2.申請發行時最近3個月平均逾放比率達5%以上尚未改善者。

3.申請發行前一年內,因違反法令,經主管機關核處罰鍰次數達三次以上或累計罰鍰金額達新臺幣1,000萬元以上尚未改善者。

4.申請發行時自有資本與風險性資產之比率低於「銀行資本適足性及資本等級管理辦法」第5條規定者。

5.最近一期經會計師查核簽證或經主管機關檢查之累積盈虧扣除出售不良債權未攤銷損失後為負者。

6.最近一期經會計師查核簽證之淨值或經主管機關檢查調整後之淨值,扣除出售不良債權未攤銷損失後為負,或經主管機關依銀行法第64條規定限期命其補足資本者。

(二) 發行方式:依發行辦法第7條規定:「銀行於國內發行金融債券應以帳簿劃撥交付,不印製實體方式為之,其發行、轉讓、提供擔保或註銷,應依證券集中保管事業相關規定辦理。(I)銀行發行金融債券,除應依第4條第2項規定辦理者外,其最低面額為新臺幣10萬元。(II)」至其發行金額有下列幾種:

1.最低面額為新臺幣10萬元。

　　2.資本適足率低於「銀行資本適足性及資本等級管理辦法」第5條規定或累積盈虧扣除出售不良債權未攤銷損失後為負之銀行，為改善體質、資本適足性或財務狀況，經主管機關核准者，得發行金融債券，其最低面額為新臺幣1,000萬元，且銷售及銷售後轉讓對象以銀行、票券業、信託業、保險業、證券業、參與該行資本強化計畫之特定人、最近一期經會計師查核或核閱之財務報告總資產超過新臺幣5,000萬元之公司或基金，或與信託業簽訂信託契約之信託財產超過新臺幣5,000萬元者為限。

　　(三) 最高發行額：商業銀行金融債券之最高發行額，本法授權由主管機關洽商中央銀行定之。惟為免影響銀行之資金調度，發行辦法第6條則規定：

　　1.銀行及其海外分行申請發行金融債券金額加計前已發行流通在外之餘額，不得超過其發行前一年度決算後淨值之2倍。

　　2.銀行之海外子銀行依銀行辦理高資產客戶適用之金融商品及服務管理辦法第5條第1項第5款規定發行境外結構型商品，且由母行擔任境內代理人，同意就發行機構或保證機構所負境外結構型商品之義務負連帶責任或自為保證機構者，其本次發行金額加計前已發行流通在外之餘額，應併入前項計算。

　　(四) 還本期限：本條文原規定，銀行發行金融債券，其開始還本期限不得低於2年。民國104年2月4日修正銀行法時，鑑於實務上金融債券之發行條件及種類已日趨多樣化，為利銀行發展國內債券類金融商品，本法第11條已刪除金融債券為供給中期或長期信用之規定。為使銀行於設計及發行債券類金融商品時更具彈性，得配合專業機構投資人需求，發行1年期以下

之短期債券類金融商品或可於短期內贖回之金融債券，以掌握市場商機，爰配合刪除商業銀行發行金融債券最低還本期限不得低於2年之規定。

(五) 發行用途：發行金融債券募得之資金，應按業務性質，全部用於專業之投資及短、中、長期放款。金融債券之發行與其募得資金之運用，並應專設會計處理。

(六) 發行程序：依發行辦法第3條規定，銀行發行金融債券，應檢具申請書，載明應記載事項，連同應檢附書件，向主管機關申請。

1.銀行依前項規定申請發行一般金融債券、次順位金融債券及其它未涉及股權之金融債券，主管機關自申請書件送達即日起屆滿12個營業日，未表示反對者，視為核准。

2.銀行所提出之申請書件或應記載事項不完備，經限期補正者，主管機關自收到補正書件即日起屆滿12個營業日，未表示反對者，視為核准。

3.前二項規定，於申請發行銀行辦理高資產客戶適用之金融商品及服務管理辦法第5條第1項第5款及第6款規定之金融債券者，不適用之。

4.銀行發行外幣金融債券，除應經主管機關核准外，應另依中央銀行規定辦理。

(七) 金融債券之轉讓及提供擔保：

1.金融債券得自由轉讓及提供擔保。

2.銀行發行金融債券不得以其資產為擔保。

3.銀行辦理擔保授信，不得徵提自行發行之金融債券為擔保品。

4.金融債券之時效，依照中華民國民法或發行適用之準據

法有關規定辦理（發行辦法§8）。

　(八) 金融債券之發行期限：銀行發行金融債券，應於核准後1年內發行，屆期未能發行完畢者，失其效力；但有下列情形之一者，不在此限：

　　1.依發行人募集與發行有價證券處理準則或發行人募集與發行海外有價證券處理準則申請核准或申報生效之金融債券。

　　2.經主管機關核准得於一定期間內循環發行，且銷售對象以專業投資人及本辦法所稱之高資產客戶為限之金融債券（發行辦法§10）。

第72條之2（建築放款總額之限度）
商業銀行辦理住宅建築及企業建築放款之總額，不得超過放款時所收存款總餘額及金融債券發售額之和之百分之三十。但下列情形不在此限：
一　為鼓勵儲蓄協助購置自用住宅，經主管機關核准辦理之購屋儲蓄放款。
二　以中央銀行提撥之郵政儲金轉存款辦理之購屋放款。
三　以國家發展委員會中長期資金辦理之輔助人民自購住宅放款。
四　以行政院開發基金管理委員會及國家發展委員會中長期資金辦理之企業建築放款。
五　受託代辦之獎勵投資興建國宅放款、國民住宅放款及輔助公教人員購置自用住宅放款。
主管機關於必要時，得規定銀行辦理前項但書放款之最高額度。

解說

　　對於住宅建築及企業建築放款，係銀行為協助建築業者，興建住宅或商業大樓時資金不足，而給予的放款。此類放款原屬於儲蓄銀行或專業銀行中，不動產信用銀行的特殊任務。在89年11月1日儲蓄銀行章經刪除後，為避免商業銀行對建築放款過度擴張，並維持銀行資金的適當流動性，本條文第1項特別規定其辦理住宅建築及企業建築放款之總額，不得超過放款時所收存款總餘額及金融債券發售額之和的30%。

　　由於銀行體系常受資金緊俏影響，致使住宅建築等放款能力降低，而許多銀行的住宅、企業建築貸款，都已達到法定底線，為配合政府推動「住者有其屋」及協助無自用住宅者購置住宅等既定政策，使經濟弱者或無殼蝸牛均能順利貸款，購置住宅，本條文第1項但書特別規定興建國宅放款、輔助公教購屋貸款、人民自購住宅放款等，不受前開30%限制之情形。

　　又本條文第2項再授權金融監督管理委員會可以針對金融情勢、國內資金狀況，對於前述購屋儲蓄放款、輔助人民自購住宅放款、企業中長期建築放款、興建國宅放款、輔助公教人員購置自用住宅放款等，規定銀行對每一存款人的最高放款額度，以便隨時調節。

第73條（資金融通）
商業銀行得就證券之發行與買賣，對有關證券商或證券金融公司予以資金融通。
前項資金之融通，其管理辦法由中央銀行定之。

解說

　　隨著證券市場的蓬勃發展，國內投資股票的人口日益增多，成交數額不斷增大，為配合資本市場的形成，64年7月銀行法修正時，特別增列本條文，使商業銀行對證券商或證券金融公司，就其證券交易過程，如股票的上市、買賣等，給予資金的融通，以促成資金市場與貨幣市場兩者間的溝通，避免股市違約交割的連鎖反應。

　　又為使中央銀行能落實其國家金融政策的目標，本條文第2項復規定由中央銀行核定融通資金的管理辦法。依據該規定，中央銀行於84年1月18日訂定，97年11月11日、107年10月22日修正之「中央銀行對銀行辦理證券金融公司或證券商資金融通管理辦法」，限制銀行對同一金融機構融資的範圍及額度，使能確實控制證券的信用，其具體內容如下：

第 1 條	本辦法依中央銀行法第30條及銀行法第73條第2項訂定之。
第 2 條	中央銀行對銀行辦理證券金融公司或證券商資金融通之管理，依本辦法之規定；本辦法未規定者，依其他有關法令之規定。
第 3 條	本辦法所稱淨值，證券金融公司及證券商部分，係指上一會計年度決算後淨值，年度中之現金增資准予計入淨值計算，年度中之減資應予扣減，並以金融監督管理委員會（以下簡稱金管會）核發增、減資之許可證照日為計算基準日。證券商係由金融機構兼營者，指其所撥營運資金。 本辦法所稱有價證券，除第6條及第7條另有規定者外，係指經金管會依證券交易法第61條核准公告得為融資融券交易之有價證券。

　　　　　　　本辦法所稱融資總餘額，係指證券金融公司或證券商
　　　　　　　為辦理有價證券融資業務，而向銀行借入之資金。

第　4　條　銀行對同一證券金融公司具有下列情形之一者，不得
　　　　　　　對其辦理資金融通：

　　　　　　　一、全體銀行對其融資總餘額超過該公司淨值6倍者。

　　　　　　　二、該公司對外負債超過其淨值11.5倍者。

　　　　　　　證券金融公司向個別銀行申貸時，非經填具未超過前
　　　　　　　項限額及倍數之切結書，銀行不得受理。

第　5　條　全體銀行對辦理有價證券融資業務之證券商，其融資
　　　　　　　總餘額超過該證券商淨值3.5倍者，銀行不得對其辦理
　　　　　　　資金融通。

　　　　　　　證券商向個別銀行申貸時，非經填具未超過前項限額
　　　　　　　之切結書，銀行不得受理。

第　6　條　銀行對證券商辦理以其自有之有價證券為擔保且以自
　　　　　　　行投資有價證券為目的之資金融通，其最高放款率不
　　　　　　　得超過金管會依證券交易法第61條商經中央銀行同意
　　　　　　　之融資比率。

　　　　　　　銀行對證券承銷商因包銷股票，於承銷期間為履行包
　　　　　　　銷責任所需支付之價款得予以融通，其融資比率以承
　　　　　　　銷價格之60%為限。

　　　　　　　證券承銷商向個別銀行申貸時，非經填具未超過前項
　　　　　　　限額之切結書，銀行不得受理。

第　7　條　銀行對證券商辦理以其自有之有價證券為擔保而非以
　　　　　　　自行投資有價證券為目的之資金融通，不受第6條融資
　　　　　　　比率之限制。但應要求借款人出具「借款非以自行投
　　　　　　　資有價證券為目的之切結書」。

第　8　條　銀行對證券金融公司及證券商辦理資金融通明細資
　　　　　　　料，應按月通報中央銀行業務局及金管會銀行局；如
　　　　　　　查明證券金融公司或證券商有違反第4條、第5條、第6
　　　　　　　條第2項情事者，移請金管會核處，並由銀行立即收回

超逾貸放金額。

第 9 條　本辦法自發布日施行。

第74條（投資限制）

商業銀行得向主管機關申請投資於金融相關事業。主管機關自申請書件送達之次日起十五日內，未表示反對者，視為已核准。但於前揭期間內，銀行不得進行所申請之投資行為。

商業銀行為配合政府經濟發展計畫，經主管機關核准者，得投資於非金融相關事業。但不得參與該相關事業之經營。主管機關自申請書件送達之次日起三十日內，未表示反對者，視為已核准。但於前揭期間內，銀行不得進行所申請之投資行為。

前二項之投資須符合下列規定：

一　投資總額不得超過投資時銀行淨值之百分之四十，其中投資非金融相關事業之總額不得超過投資時淨值之百分之十。

二　商業銀行投資金融相關事業，其屬同一業別者，除配合政府政策，經主管機關核准者外，以一家為限。

三　商業銀行投資非金融相關事業，對每一事業之投資金額不得超過該被投資事業實收資本總額或已發行股份總數之百分之五。

第一項及前項第二款所稱金融相關事業，指銀行、票券、證券、期貨、信用卡、融資性租賃、保險、信託事業及其他經主管機關認定之金融相關事業。

為利銀行與被投資事業之合併監督管理，並防止銀行與被投資事業間之利益衝突，確保銀行之健全經營，銀行以投資為

跨業經營方式應遵守之事項，由主管機關另定之。

被投資事業之經營，有顯著危及銀行健全經營之虞者，主管機關得命銀行於一定期間內處分所持有該被投資事業之股份。

本條中華民國八十九年十一月一日修正施行前，投資非金融相關事業之投資金額超過第三項第三款所定比率者，在符合所定比率之金額前，經主管機關核准者，得維持原投資金額。二家或二家以上銀行合併前，個別銀行已投資同一事業部分，於銀行申請合併時，經主管機關核准者，亦得維持原投資金額。

解說

　　商業銀行的資金，主要來自於支票存款、活期存款等短期性、流動性較大的資金，因而對存款客戶負有即付的責任；如果投資於其他企業或非自用不動產業務，將使資金長期凍結，損害其流動能力；況且所投資的企業可能遭遇虧損，非自用不動產可能因景氣低迷而下跌，都將造成銀行經營的風險，為此，修正前本法原則上禁止商業銀行投資於其他企業及非營業所必需的不動產，以維持銀行資金的流動能力。

　　惟民國89年11月1日修正銀行法時，鑑於包括美國於1999年11月12日通過生效之金融服務現代化法（Financial Services Modernization Act或稱Gramm-Leach-Bliley Act），國際上已將銀行轉投資證券、保險等相關事業視為正常業務，我國亦須比照國際銀行實務，爰修正銀行法第74條規定，對銀行轉投資證券、保險等金融相關事業採正常開放政策，以擴大其經營範圍。另銀行轉投資非金融相關事業則維持現行原則禁止之規定，但對配合政府經濟發展計畫者，以例外核准方式辦理，其

內容如次：

(一) 經營健全之商業銀行，原則得投資於金融相關事業，其屬同一業別者，除情況特殊經中央主管機關核准者外，以一家為限。如為配合政府經濟發展計畫，且經中央主管機關核准，亦可投資於非金融相關事業，但不得參與該相關事業之經營；主管機關自申請書件送達之次日起30日內，未表示反對者，視為已核准；但於前揭期間內，銀行不得進行所申請事項之投資行為。又所謂「金融相關事業」，則指銀行、票券、證券、期貨、信用卡、融資性租賃、保險、信託事業及其他經主管機關認定之金融相關事業。

(二) 投資總額等規定：

1.修正前本條文第3項第1款原規定：「不得超過投資時銀行實收資本總額扣除累積虧損之百分之四十，其中投資非金融相關事業之總額不得超過投資時銀行實收資本總額扣除累積虧損之百分之十」。民國104年2月4日修正銀行法時，其立法理由認為相較於實收資本額，淨值較能反映公司經營現況及資本實力，故現行金融法規對於金融機構投資限額多改以淨值為計算基礎（如金融控股公司法第37條、證券商管理規則第18-1條、臺灣地區與大陸地區金融業務往來及投資許可管理辦法第12-1條等）。又基於商業銀行轉投資，除須依本條規定申請核准並符合投資限額規定外，尚須符合銀行資本適足率相關規範，已有相當管理機制，且本法施行細則第9條及財政部86年10月1日台財融字第86809515號函已定明本法所稱淨值之計算方法，爰修正第3項第1款，將商業銀行投資總額及投資非金融相關事業之總額上限，改以「淨值」為計算基礎。

2.商業銀行投資金融相關事業，其屬同一業別者，除配合

政府政策，經主管機關核准者外，以一家爲限。

3.投資每一非金融相關事業之投資金額，不得超過該被投資事業實收資本總額或已發行股份總數之5%。

(三) 爲強化對銀行跨業經營之管理，防止銀行與被投資事業間之利益衝突，確保銀行之健全經營，明定由中央主管機關訂定銀行以投資爲跨業經營方式應遵守之事項；對於被投資事業之經營，有顯著危及銀行健全經營之虞時，主管機關金融監督管理委員會並得命於一定期間內處分所持有該被投資事業之股份。

(四) 本法89年11月1日修正施行前，投資總額及對非金融相關事業之投資金額超過第3項第3款所定比率之金額者，在符合所定比率之金額前，其投資總額、占銀行實收資本總額比率及對各該事業投資比率，經主管機關核准者，得維持原投資金額。二家或二家以上銀行合併前，個別銀行已投資同一事業部分，於銀行申請合併時，經主管機關金融監督管理委員會核准者，亦得維持原投資金額。

第74條之1（投資有價證券之限制）
商業銀行得投資有價證券；其種類及限制，由主管機關定之。

解說

89年11月1日銀行法修正前，商業銀行依原條文第28條規定，係以附設儲蓄部之方式而投資有價證券。爲配合金融工具多樣化，使銀行投資管道增多，一方面不限定銀行投資企業股票僅限於上市股票；另一方面考慮新型金融工具的風險不一，某

些高風險的金融工具，若銀行投資金額太多，將使銀行承擔過高風險，有違健全經營原則，故修正後雖大幅放寬銀行投資有價證券的種類，但仍授權主管機關決定其投資種類及限額，以管理其風險。

基此，主管機關金融監督管理委員會於105年12月22日修正公布之「商業銀行投資有價證券之種類及限額規定」，分述如下：

(一) 第2點第1項規定，商業銀行投資境內及境外有價證券之種類如下：

1.公債。

2.短期票券。

3.金融債券。

4.國際性或區域性金融組織發行之債券。

5.集中交易市場與店頭市場交易之股票（其中國內股票部分，包括上市股票、上櫃股票、主管機關認可之信用評等機構評等達一定等級以上之發行人發行之興櫃股票及辦理受託承銷案件時，以特定人身分，參與認購上市、上櫃企業原股東與員工放棄認購之增資股份及核准上市、上櫃公司之承銷中股票）、新股權利證書、債券換股權利證書及公司債。但本規定101年10月26日修正施行前，已投資未於集中交易市場與店頭市場交易之固定收益特別股，不在此限。

6.依各國法令規定發行之基金受益憑證、認股權憑證及認購（售）權證。

7.中央銀行可轉讓定期存單及中央銀行儲蓄券。

8.受益證券及資產基礎證券。

9.發行人之信用評等經主管機關認可之信用評等機構評等

達一定等級以上之私募股票、私募公司債,或主管機關認可之信用評等機構評等達一定等級以上之私募公司債。

10.經主管機關核准之其他有價證券。

(二) 第3點第1項規定,商業銀行投資境內及境外有價證券之限額如下:

1.商業銀行投資於集中交易市場與店頭市場交易之股票、新股權利證書、私募股票、私募公司債、依各國法令規定發行之基金受益憑證、認股權憑證及認購(售)權證之原始取得成本總餘額,不得超過該銀行核算基數30%。但其中投資於店頭市場交易之股票(不含國內上櫃股票)與認股權憑證、認購(售)權證及新股權利證書、私募股票及私募公司債之原始取得成本總餘額,不得超過該銀行核算基數5%。

2.商業銀行投資於無信用評等或信用評等未達主管機關認可之信用評等機構評等達一定等級以上之短期票券(不含國庫券及可轉讓銀行定期存單)、金融債券、公司債、受益證券及資產基礎證券之原始取得成本總餘額,不得超過該銀行核算基數10%。但該短期票券、金融債券、公司債無信用評等者,其發行人、保證人或承兌人之信用評等達上述等級以上者,或受益證券、資產基礎證券無信用評等者,其保證人之信用評等達上述等級以上者,不在此限。

3.銀行投資於第2點第1項各種有價證券之總餘額,除我國政府發行之公債、國庫券、中央銀行可轉讓定期存單及中央銀行儲蓄券外,不得超過該銀行所收存款總餘額及金融債券發售額之和25%。

4.銀行兼營證券商依證券交易法第71條規定所購入之有價證券,於購入1年後仍未賣出者,應計入前三款投資有價證券

之限額內。

　　5.銀行以附賣回條件買入短期票券及債券之餘額，不計入第1款至第3款投資有價證券之限額內。以附買回條件賣出短期票券及債券之餘額，則應計入。

　　6.商業銀行投資於每一公司之股票、新股權利證書及債券換股權利證書之股份總額，不得超過該公司已發行股份總數5%。

　　(三) 第8點規定，主管機關依照銀行法第74條規定核准商業銀行投資其他企業之股票，不計入第3點投資有價證券之限額內。

第75條 (投資自用、非自用不動產之限制)

商業銀行對自用不動產之投資，除營業用倉庫外，不得超過其於投資該項不動產時之淨值；投資營業用倉庫，不得超過其投資於該項倉庫時存款總餘額百分之五。

商業銀行不得投資非自用不動產。但下列情形不在此限：

一　營業所在地不動產主要部分為自用者。

二　為短期內自用需要而預購者。

三　原有不動產就地重建主要部分為自用者。

四　提供經目的事業主管機關核准設立之文化藝術或公益之機構團體使用，並報經主管機關洽相關目的事業主管機關核准者。

商業銀行依前項但書規定投資非自用不動產總金額不得超過銀行淨值之百分之二十，且與自用不動產投資合計之總金額不得超過銀行於投資該項不動產時之淨值。

商業銀行與其持有實收資本總額百分之三以上之企業，或與本行負責人、職員或主要股東，或與第三十三條之一銀行負責人之利害關係人為不動產交易時，須合於營業常規，並應經董事會三分之二以上董事之出席及出席董事四分之三以上同意。

第一項所稱自用不動產、第二項所稱非自用不動產、主要部分為自用、短期、就地重建之範圍，及第二項第四款之核准程序、其他銀行投資、持有及處分不動產應遵行事項之辦法，由主管機關定之。

解說

　　前二條為本法對銀行投資金融相關事業、非金融相關事業及有價證券的限制，相反地，如果銀行投資營業上所必需的不動產，由該條文來觀察，應無不可。但如任其隨意濫行投資，超過實際需要，仍會造成虧損或降低資金流動能力，故本條文第1項對商業銀行投資自用不動產限制如下：

　　(一) 營業用倉庫：由於倉庫係直接用於營業，可能隨業務的發展而使原投資金額增加，故規定其投資「不得超過其投資於該項倉庫時存款總餘額百分之五」，而存款總餘額，則以存款總額扣除準備金後的餘額來計算。

　　(二) 其他自用不動產的投資：對於倉庫以外其他一般性不動產，因與業務無直接關係，故硬性規定為「不得超過其於投資該項不動產時的淨值」，該項淨值則包括資本、公積金及未分配盈餘。

　　其次，商業銀行雖原則上不得投資非自用不動產，惟預留未來發展空間等原因，實際上有持有主要部分為自用之不動產

之需要，爲此89年11月1日、104年2月4日修正銀行法時，參考新加坡銀行法第28條、香港銀行法第28條規定，增訂本條文第2項。但爲免其資金固定化而影響流動能力，同時爲避免銀行挾大眾之存款而藉機炒作不動產，影響國家產業發展並牟取不當之利益，並增訂第3項規定，以供適用。

　　再者，不動產交易之金額龐大，爲免銀行藉不動產交易而輸送不當利益，致影響大眾存款人之權益，增訂第4項，使其與特定對象進行不動產交易時，須合於營業常規，並應經董事會特別決議。

　　民國104年2月4日修正銀行法時，增訂第5項規定。對此，金融監督管理委員會已在104年7月23日訂定公布、106年4月6日修正「商業銀行投資不動產辦法」，以供適用。

第76條（承受擔保品之處分）
商業銀行因行使抵押權或質權而取得之不動產或股票，除符合第七十四條或第七十五條規定者外，應自取得之日起四年內處分之。但經主管機關核准者，不在此限。

解說

　　爲貫徹前開商業銀行在投資業務方面的限制，本條文再明確規範，授信銀行對借款人逾期不還，或借款雖未到期，但借款人經營的事業有宣告停業、破產等情況時，可以書面向借款人追索，如無結果，即依契約規定處分擔保物，以收回借款本息；倘有其他債權人，應按登記（或設定）先後分配。又擔保物經拍賣後，有時因某種原因一時無法賣出；或雖能賣出，但

價額過低，致債權人與債務人均難滿意，此時如銀行有意承受質押品，可援用民法第878條及第895條所規定：抵押權人（質權人）於債務清償期屆滿後，為清償得訂立契約取得抵押物（質物）的所有權；亦可於法院強制執行程序中聲明承受，以取得該抵押物或質物。不過商業銀行在承受該擔保物後，除符合第74條或第75條規定外，修正前銀行法規定應自取得日起兩年內處分掉，以免長期使用該擔保物或變相投資，而影響銀行資金的流通。

民國89年11月1日修正銀行法時，鑑於國內經濟景氣低迷，影響所及，銀行的逾期放款日趨增加，逾放比例居高不下，探究其中主要原因在於不動產擔保品的去化困難，因為依照現行強制執行法的程序，銀行將一件逾期放款催收案之不動產擔保品移送法院處理，從查封、鑑價、拍賣（即使第三拍拍定），到申報債權，取得拍定所得的國庫支票為止，前後須要耗時2年左右。如果遭逢倒風迷漫，房地產買賣景氣低迷，法拍案件自然積壓如山，由於法院處理作業時間冗長，根本緩不濟急，以至於銀行逾放比例遲遲不能下降，即使拍賣定案，如果已經超過三次拍賣以上，才拍賣定案，所收回的本金已經不及原來貸放款的一半，對銀行債權損害甚鉅。

參考鄰近之香港地區，銀行處理逾期催收案件不動產擔保品的速度相當快速，一般而言在香港地區，一件房地產擔保品的處理只需要8.75個月即可完成。主要是因香港銀行界的之逾期催收案件可以直接委請律師辦理，不必經由法院強制執行。如果國內能夠修法改善「強制執行法」有關強制執行的程序，未來銀行在處理逾期放款將會更具彈性，除可確保債權，更可以將逾放比例大幅降低，惟由於修正強制執行法相關條文曠日

費時，爲此特放寬銀行處理所承受之擔保品之時限爲4年，以符實際需要。

實例

農民張城以其所有農地，向甲商業銀行借款新臺幣800萬元，並設定最高限額抵押擔保新臺幣1,000萬元，屆期張城若無力攤還，爲甲商業銀行向法院聲請拍賣抵押物，經二次拍賣無人應買，此時甲商業銀行是否可以債權人身分請求承受該不動產？

不可以。我國農地政策係以家庭農場經營型態爲基礎的耕者有其田政策，此不但爲憲法第143條第4項所明定，土地法第30條、農業發展條例第17條、第29條並有具體規定。另依司法院29年7月2日院字第2028號解釋意旨，農地承受人係專指自然人而言，故甲商業銀行不得以債權人身分，承受農地擔保品，以免與上開土地政策及法令相違背。

第四章　儲蓄銀行（刪除）

　　民國89年11月1日修正銀行法時，將原第四章「儲蓄銀行」刪除，其理由有三：

　　(一) 現行銀行法雖就長短期金融加以分工，但隨著金融環境變遷而有所改變，使得長短期金融有相當程度之混同，為期健全銀行體制並提高其資金配置及經營管理效率，爰將儲蓄銀行章及相關條文刪除。

　　(二) 商業銀行依現行條文第28條規定，以附設儲蓄部之方式辦理儲蓄存款、定期放款等業務，使得長短期金融有相當程度之混同，然而在實務上一般分行均得辦理上述業務，而列帳於儲蓄部。鑑於近年來國內外金融環境急遽改變，將長短期金融嚴加區分之方式，已不符實際需要，並為解決上述商業銀行以透過儲蓄部辦理相關業務之特有現象，且我國銀行實務上亦無儲蓄銀行存在，基於上述原因，確有將儲蓄銀行章刪除之必要；另修正第28條，刪除商業銀行得附設儲蓄部及適用儲蓄銀行章之規定。

　　(三) 現今商業銀行以附設儲蓄部，依儲蓄銀行章所辦理之相關業務，在修法後原則上仍得辦理，該次修正爰配合將相關規範移用於商業銀行章或為妥適之處理，例如：現行條文第9條有關儲蓄存款定義規定，將開戶對象限於個人或非營利法人，已不符社會之實際需要，且因利率已自由化，銀行將可提供更多存款商品以供民眾選擇，並在參考外國立法例後，爰刪除儲蓄存款之定義規定。再者，配合儲蓄存款定義之刪除，並

將第79條有關定期儲蓄存款質借及中途解約之規範刪除，另增訂定期存款質借及中途解約之相關規範於修正條文第8-1條。又如：為支應商業銀行對長期資金之實際需要，爰增訂修正第72-1條，明定商業銀行得發行金融債券。至於第83條有關儲蓄銀行投資有價證券之規範，目前商業銀行基於財務投資之目的，依上述規定投資之種類及限額，均以全行（非儲蓄部）作為規範基礎，故該次修正刪除第83條後，另增訂商業銀行投資有價證券之種類及限制規範於修正條文第74-1條，對於現況並不生影響。有關第84條儲蓄銀行辦理建築放款之限制，該次修正將該條文刪除，並增訂商業銀行辦理建築放款之限制於修正條文第72-2條，以供適用。

第77條至第86條（刪除）

第五章　專業銀行

第87條（專業銀行之設立與指定）

為便利專業信用之供給，中央主管機關得許可設立專業銀行，或指定現有銀行，擔任該項信用之供給。

解說

　　由此定義，專業銀行具有下列特質：

　　(一) 以供給所指定的專業信用為主要任務的銀行。此項專業信用，包括工業、農業、輸出入、中小企業、不動產及地方性信用等。

　　(二) 專業信用體制的建立，係國家為便利經濟計畫的實施，參酌經濟發展趨勢，就特定部門所需中長期資金的籌措，予以融通的專業金融體系，所以專業銀行除國民銀行外，大多偏重於中、長期信用的供給。

　　(三) 專業銀行所得經營的業務，須配合整個社會的實際需求，故本法授權金融監督管理委員會依職權核定，其彈性範圍較商業銀行為大。

　　(四) 專業銀行的產生方式，本條文規定可由金融監督管理委員會許可設立新銀行，也可以指定現有銀行，擔任供給專業信用的任務。

　　(五) 專業銀行經營好壞，攸關國家經濟盛衰，故所受政府監督或干預也較其他種類銀行（如商業銀行、信託投資公司）為多。

實例

　　商業銀行與專業銀行有何區別？

　　商業銀行係以收受支票存款、活期存款、定期存款，供給短期、中期信用為主要任務之銀行；而專業銀行則係為便利信用之供給，中央主管機關得許可設立或指定專行，擔任該項信用供給的銀行，兩者間有下列區別：

　　(一) 性質不同：商業銀行係以吸收工商企業資金為主要任務；而專業銀行則為便利專業信用為主要目標。

　　(二) 對象不同：商業銀行因以吸收工商企業資金為要務，故其主要服務對象為一般企業；而專業銀行則以特定之專業，如工、礦、交通及其他公用事業、農民、中小企業等為服務對象。

　　(三) 業務範圍不同：商業銀行之業務範圍，有銀行法列舉之項目以為確定；而專業銀行則採概括規定，由主管機關就銀行法第3條所定22款項目中核定之。

　　(四) 信用期間不同：商業銀行係以提供短、中期信用為主；而專業銀行因種類不同，除國民銀行以提供短、中期信用外，都以提供中、長期信用為主。

　　(五) 種類不同：商業銀行不再細分為其他種類；而專業銀行可分為工業銀行、農業銀行、輸出入銀行、不動產信用銀行、中小企業銀行、國民銀行等六種。

第88條（專業信用之分類）

前條所稱專業信用，分為左列各類：

一　工業信用。

二　農業信用。
三　輸出入信用。
四　中小企業信用。
五　不動產信用。
六　地方性信用。

解說

　　依專業信用的不同，專業銀行可分下列六種：

　　(一) 工業銀行：供給工業信用的專業銀行，工業銀行以供應工、礦、交通及其他公用事業所需中、長期信用為主要業務。

　　(二) 農業銀行：供給農業信用的專業銀行，農業銀行以調劑農村金融，及供應農、林、漁、牧的生產及有關事業所需信用為主要任務。

　　(三) 輸出入銀行：供給輸出入信用的專業銀行，輸出入銀行以供給中、長期信用，協助拓展外銷及輸入國內工業所必需的設備與原料為主要任務。

　　(四) 中小企業銀行：供給中小企業信用的專業銀行，中小企業銀行以供給中小企業中、長期信用，協助其改善生產設備及財務結構，暨健全經營管理為主要任務。

　　(五) 不動產信用銀行：供給不動產信用的專業銀行，不動產信用銀行以供應土地開發、都市改良、社區發展、道路建設、觀光設施及房屋建築等所需中、長期信用為主要的任務。

　　(六) 國民銀行：供給地方性信用的專業銀行，國民銀行以供應地區發展及當地國民所需短、中期信用為主要任務。

實例

陳政成立股份有限公司後，向金融監督管理委員會申請設立珠寶專業銀行，是否可行？

不可以。按本法第87條規定，為便利專業信用的供給，中央主管機關得許可設立專業銀行；又第88條將專業信用，分為工業、農業、輸出入、中小企業、不動產及地方性信用六種，其中並無珠寶等專業信用，由於我國珠寶業者經營業務所需的周轉金及資本性支出，均可向金融機構申請提供資金融通，並由金融機構依有關授信規定辦理，現行作業已能配合業者之營運需要，無需再核准設立珠寶專業銀行。

第89條（業務範圍）
專業銀行得經營之業務項目，由主管機關根據其主要任務，並參酌經濟發展之需要，就第三條所定範圍規定之。
第七十三條至第七十六條之規定，除法律或主管機關另有規定者外，於專業銀行準用之。

解說

由於專業銀行係以供給工業、農業、輸出入、中小企業、不動產及地方性等專業信用為主，每種專業銀行所供給的信用在本質上各不相同，故其範圍不宜硬性規定，本條文第1項即基於該立場，認為由金融監督管理委員會根據其主要任務，參酌經濟發展的需要，就第3條所定範圍而為核定，較為妥適。茲說明其業務範圍如下：

(一) 專業銀行的業務範圍，首應考量其專業信用的內容，

分別規定。

(二) 本法第3條所列舉的22款業務，為專業銀行與其他各類銀行如商業銀行、信託投資公司、外國公司等業務的綜合，所以主管機關應審慎核定，以免專業銀行過於滲入其他三類銀行的色彩。

(三) 依本法第28條規定，專業銀行得經營證券及信託業務。

(四) 另依本法第90條規定，專業銀行以供給中期及長期信用為主要任務時，可以發行金融債券，詳後述之。

其次，鑑於專業銀行事實上亦可投資其他企業或持有不動產，為此本條文第2項再明定，除法律或中央主管機關另有規定外，可准用商業銀行章下列規定：

(一) 第73條證券資金之融通。

(二) 第74條投資之限制。

(三) 第74-1條投資有價證券之限制。

(四) 第75條投資自用、非自用不動產之限制。

(五) 第76條承受擔保物之處分等。

第90條（金融債券之發行）

專業銀行以供給中期及長期信用為主要任務者，除主管機關另有規定外，得發行金融債券，其發行應準用第七十二條之一規定。

專業銀行依前項規定發行金融債券募得之資金，應全部用於其專業之投資及中、長期放款。

解說

　　本條文主要為專業銀行金融債券的發行與募得資金用途的限制等規定。先就金融債券的發行來說，依本法第11條規定，金融債券係銀行依本法規定，報經主管機關核准發行的債券，所以專業銀行雖係以供給中長期信用為重要任務，自可發行金融債券。其次，專業銀行金融債券的發行，可以準用第72-1條商業銀行的規定，即：

　　(一) 發行方式：依「銀行發行金融債券辦法」第7條規定，銀行於國內發行金融債券應以帳簿劃撥交付，不印製實體方式為之，其發行、轉讓、提供擔保或註銷，應依證券集中保管事業相關規定辦理。

　　(二) 發行金額：最低面額原則上為新臺幣10萬元。

　　(三) 發行辦法：由金融監督管理委員會洽商中央銀行修正發布的「銀行發行金融債券辦法」來辦理。對此，讀者可參考本書第11條及第72-1條的說明。

　　至於專業銀行發行金融債券所募得的資金，本條文嚴格限制應全部用於其專業的投資及中、長期放款，以免流入短期授信，而破壞專業銀行的功能。

第91條（工業銀行）
供給工業信用之專業銀行為工業銀行。
工業銀行以供給工、礦、交通及其他公用事業所需中、長期信用為主要業務。
工業銀行得投資生產事業；生產事業之範圍，由主管機關定之。

工業銀行收受存款，應以其投資、授信之公司組織客戶、依法設立之保險業與財團法人及政府機關為限。

工業銀行之設立標準、辦理授信、投資有價證券、投資企業、收受存款、發行金融債券之範圍、限制及其管理辦法，由主管機關定之。

解說

　　近代工業生產、設廠計畫日益擴大，所需投入的資金比其他產業比重更高，而其所投資的資金，又需經過較長時期的產銷過程，才能回收。所以對工業廠商提供中、長期信用，是國家發展經濟建設的重要環節，本條文第1項即係先就工業銀行的定義，予以明確規定，使未來工業金融如設廠、製造或周轉所必需的資金，可逕向工業銀行申請，使其資金的籌措無虞，而能致力於工業發展。

　　工業銀行的信用供給對象，依本條文第2項規定，以工、礦、交通及其他公用事業所需中、長期信用為主要範圍。其業務項目，由主管機關參酌工業銀行所需資金非常龐大、放款客戶集中風險較高、國家現階段經濟發展需要，就本法第3條所定義務範圍加以核准。國內成立悠久的交通銀行，在民國68年改制後，主要任務在專責辦理創導性投資及中長期開放性融資，以發展全國工、礦、交通及其他公用事業，雖係另依「交通銀行條例」而成立，但性質上頗類似於本條文的工業銀行，惟該銀行為擴大經營規模，強化市場占有率，於民國95年8月21日與中國國際商業銀行合併，更名為兆豐國際商業銀行，性質上已非工業銀行。

　　工業銀行投資生產事業之範圍，宜有一定界限，以供遵

循，爰授權中央主管機關（原為財政部，現為金融監督管理委員會）訂定之，故增訂本條文第3項規定。

　　工業銀行主要任務在提供生產事業（含公用事業）發展所需資金，其辦理方式除授信外，直接投資亦為可行方式。鑑於直接投資為工業銀行之重要業務，而投資於創導性、創業性事業之風險較高，為保護一般存款大眾之權益，89年11月1日修正銀行法時，參考日本「長期信用銀行法」第6條第1項第3款規定，增訂第4項，限制工業銀行吸收存款以一定對象為限，以資區隔工業銀行及商業銀行之業務。

　　又工業銀行之業務性質，與一般商業銀行有別，故有另訂管理規定之必要，同時為因應經濟、金融情勢變動及工業銀行業務特性，爰參酌國際金融業務條例第5條及本法第36條之規定，授權中央主管機關訂定相關之設立標準與辦理各項業務之範圍、限制及其管理辦法，爰增訂第5項規定。

　　前主管機關財政部業於87年1月26日發布「工業銀行設立及管理辦法」，使我國自88年起陸續有中華開發工業銀行（國內第一家工業銀行）、臺灣工業銀行的設立；惟工業銀行無法承作個人存放款業務，在銀行業日趨競爭的環境下，致其發展備受挑戰，民國106年1月3日，台灣工業銀行正式改制為「王道商業銀行」，同年3月15日，中華開發工業銀行改制更名為「中華開發資本股份有限公司」，以創投、籌集及管理私募股權為其核心業務，是中華開發金控的創投子公司，改制之後，舊有的工業銀行執照已經繳回，轉型為純粹的創投公司；我國設立長達數十載的工業銀行，正式走入歷史，目前已無工業銀行。

第91條之1（工業銀行業務之管理）

工業銀行對有下列各款情形之生產事業直接投資，應經董事會三分之二以上董事出席及出席董事四分之三以上同意；且其投資總餘額不得超過該行上一會計年度決算後淨值百分之五：

一　本行主要股東、負責人及其關係企業者。

二　本行主要股東、負責人及其關係人獨資、合夥經營者。

三　本行主要股東、負責人及其關係人單獨或合計持有超過公司已發行股份總額或實收資本總額百分之十者。

四　本行主要股東、負責人及其關係人為董事、監察人或經理人者。但其董事、監察人或經理人係因銀行投資關係而兼任者，不在此限。

前項第一款所稱之關係企業，適用公司法第三百六十九條之一至第三百六十九條之三、第三百六十九條之九及第三百六十九條之十一規定。

第一項第二款至第四款所稱關係人，包括本行主要股東及負責人之配偶、三親等以內之血親及二親等以內之姻親。

解說

　　如前所述，工業銀行主要任務在提供生產事業（含公用事業）發展所需要資金，其辦理方式除授信外，直接投資亦為可行方式。惟工業銀行對生產事業之直接投資，如未加以適度限制，不僅會危害銀行的健全經營，更會損及存款客戶之權益，其效果與銀行違反關係人放款之情節類似，為事前防範，89年11月1日修正銀行法時，特別增訂本條文，茲說明如下：

　　(一) 限制對象：

　　1.本行主要股東、負責人及其關係企業者。所謂關係企

業，可適用公司法第369-1條至第369-3條、第369-9條及第369-11條等規定。

2.本行主要股東、負責人及其關係人獨資、合夥經營者。所謂關係人，包括本行主要股東及負責人之配偶、三親等以內之血親及二親等以內之姻親。

3.本行主要股東、負責人及其關係人單獨或合計持有超過公司已發行股份總額或實收資本總額10%者。

4.本行主要股東、負責人及其關係人為董事、監察人或經理人者。但其董事、監察人或經理人係因銀行投資關係而兼任者，不在此限。

(二) 限制內容：

1.須係工業銀行對前開限制對象之生產事業直接投資。如係間接投資，或直接投資於金融相關事業，創業投資事業，則無本條文適用餘地。

2.前開投資應經董事會之特別決議。即須董事會三分之二以上董事出席及出席董事四分之三以上同意為之。

3.其投資總餘額不得超過該行上一會計年度決算後淨值5%。依金融監督管理委員會101年12月27日修正發布之「工業銀行設立及管理辦法」第3條規定：「工業銀行最低實收資本額為新台幣二百億元。」第8條規定：「工業銀行直接投資生產事業、金融相關事業、創業投資事業及投資不動產之總餘額，不得超過該行上一會計年度決算後淨值。(I)前項直接投資生產事業、金融相關事業及創業投資事業之總餘額，工業銀行於計算自有資本與風險性資產比率時，應從自有資本中扣除。(II) 工業銀行扣除前項直接投資總餘額後之自有資本與風險性資產之比率不得低於銀行資本適足性及資本等級管理辦

法第五條規定之比率，且其資本適足率不得低於該條規定之比率加計二個百分點。（III）」

　　另第9條規定：「工業銀行對任一生產事業直接投資餘額，不得超過該行上一會計年度決算後淨值百分之五，及該生產事業已發行股份或資本總額百分之二十。但為配合政府重大經建計畫，經本會專案核准者，不在此限。（I）工業銀行持有已發行有表決權股份總數或資本總額超過百分之五十，或其過半數之董事由工業銀行直接、間接選任或指派之公司，其對任一生產事業之直接投資餘額及持股比率，應併入前項限額計算之。（II）工業銀行對任一創業投資事業直接投資餘額，除工業銀行持股百分之百之創業投資事業外，不得超過該行上一會計年度決算後淨值百分之五。其直接投資創業投資事業超過被投資事業已發行股份或資本總額百分之二十以上者，應經本會核准。（III）」可資參照。

第92條（農業銀行）
供給農業信用之專業銀行為農業銀行。
農業銀行以調劑農村金融，及供應農、林、漁、牧之生產及有關事業所需信用為主要任務。

解說

　　廣義的農業，包括農、林、漁、牧，凡以土地為重要生產手段，依賴自然天候，直接利用自然資源而為的有機生產，都可稱為農業。在農業生產過程，如墾植、培育、收成、運輸等都亟需資金，所以農業銀行，即以供給農業信用為目的而設立

的銀行。

　　農業銀行依存於自然性格特別濃厚，其收成又有季節性，所貸款的對象如：農民、漁民等，大多為社會上資本較弱的一群，致使貸款成本較高、風險較大，基此，本法特別要求農業銀行，應以：(一)調劑農村金融，在農村資金不足時給予補充，在過剩時予以疏導；(二)對農、林、漁、牧等生產及有關事業所需信用予以供給，作為主要任務，使能專門從事專業金融的融通。又本條文雖未明定所需信用的期限，不過就專業銀行的特質來看，農業銀行仍應以供給中、長期信用為主，短期農業信用可由商業銀行、合作金庫或其他兼營的農、漁會信用部辦理。

　　中國農民銀行於69年12月，在立法院修正「中國農民銀行條例」後，成為經中央主管機關特許為供給農業信用，發展農村經濟，促進農業產銷的農業專業銀行。民國88年間，為配合政府公營事業民營化政策，以出售官股方式，改制為中國農民銀行股份有限公司，其業務已轉型為全方化及多功能之綜合銀行。民國94年5月全國農業金庫成立，已逐漸取代該行所負專業銀行之任務。95年5月1日配合政府金融改革政策，中國農民銀行股份有限公司與合作金庫銀行進行換股合併，合併後中國農民銀行股份有限公司為消滅銀行，合作金庫銀行為存續銀行，並更名為「合作金庫商業銀行股份有限公司」。

第93條（農業銀行之功能）
為加強農業信用調節功能，農業銀行得透過農會組織吸收農村資金，供應農業信用及辦理有關農民家計金融業務。

解說

關於加強農業信用調節功能上，本條文責成農業銀行可從農業資金的吸收與供應兩方面進行。

(一) 農業資金的吸收：可透過農會信用部，收受農村的轉存款；亦可透過農會發行金融債券，募集資金，但所吸收的資金，應全部用於農業信用方面。

(二) 農業信用的供應：由農業銀行直接或透過農會辦理農業貸款，其信用供給對象，除農業生產企業外，並及於個別農民，使農民家計金融，如：汽車、音響、電視、電腦、冷氣等耐久消費品的分期償還放款，一般生活費的貸款及子女教育費用的貸款等，都可獲得適當的供應，使農民對於農業信用組織，更具信心。

第94條（輸出入銀行）
供給輸出入信用之專業銀行為輸出入銀行。
輸出入銀行以供給中、長期信用，協助拓展外銷及輸入國內工業所必需之設備與原料為主要任務。

解說

在國際貿易上，無論原料、成品、設備的進口，或產品的製造及輸出方面，進出口商都亟需資金，加以融通。就輸出業者而言，如無銀行的信用供應，不但無法獲取信用狀資金的供給，使輸出難以繼續；同時，為了調度資金付出較高利息，致提升輸出品價格，而影響在國際市場的競爭力。另就輸入業者而言，雖無上述輸出業者的複雜金融供需問題，但在採買原

料、物資、運送及生產設備過程中，仍需專業銀行給予低利、長期的信用放款。我臺灣地區，屬於海島型經濟，對於國際貿易的依存性，較一般內陸國為高，為順應實際需要，本條文第1項明定，以供給輸出入信用的專業銀行，為輸出入銀行，使未來國際貿易所需信用，有專業銀行經營，便利資金的融通。

輸出入銀行的主要任務，以供給中、長期信用為主，短期的輸出入信用，各國類多由商業銀行的國外部辦理即可。又依本條文第2項規定，該專業銀行輸出入信用的範圍，在協助拓展外銷上是全面性的；在協助輸入方面，則是選擇性的，僅限於輸入國內工業所必需的設備與原料始可，故一般商品、消費性物品的融資，均非屬輸出入專業銀行的業務項目，可任由他類銀行承作。根據「中國輸出入銀行條例」而於68年1月11日正式設立的中國輸出入銀行，以促進出口貿易、發展經濟、辦理輸出和機器設備及其他資本財所需價款或技術服務費用的保證等中、長期融資為主，為我國專業的輸出入銀行。

依財政部104年7月1日修正公布之「中國輸出入銀行條例」第4條規定，中國輸出入銀行經營下列業務：

(一) 辦理輸出機器設備及其他資本財所需價款或技術服務費用之保證及中、長期融資。

(二) 辦理出口廠商為掌握重要原料供應或為拓展外銷從事對外投資以及工程機構承包國外工程所需資金與合約責任之保證及中、長期融資。

(三) 辦理出口廠商輸入與其外銷有關之原料、器材、零件所需價款之保證及中期融資。

(四) 辦理出口廠商短期融資之保證。

(五) 辦理金融監督管理委員會核准之輸出保險。

(六) 辦理國內外市場調查、徵信、諮詢及服務事項。

(七) 其他經金融監督管理委員會核定辦理之業務。

據此，中國輸出入銀行有下列業務特點：

(一) 融資業務：協助我國廠商以分期付款方式輸出整廠、整線機器設備等資本財或政府鼓勵出口之其他產品，以增強我國廠商在國際市場之競爭能力，並促進關聯產業之發展；協助廠商引進國外精密機械設備或生產技術，以促進產業升級；協助廠商設立外銷據點或發貨倉庫，或開發與掌握重要資源，並增進國際經濟合作；藉國內外金融機構之廣泛分支機構，以優惠利率之轉融資，鼓勵外國買主購買我國機器設備等工業產品，協助國產機械之外銷。

(二) 保證業務：增強我國廠商在國外之競爭能力，爭取外銷訂單及承包海外工程之機會，以帶動相關產業發展。

(三) 輸出保險業務：分擔我國廠商從事對外貿易之風險，使業者得以更具競爭力之付款條件，爭取貿易機會，並且積極開拓新興市場，分散外銷市場。

(四) 專案業務：配合政府政策，辦理各項專案業務，例如：辦理「新南向政策」、「六大核心戰略產業放款」、「本國銀行加強辦理中小企業放款方案」、「系統、整廠及工程產業輸出聯貸平臺」等政策性業務，並運用行政院「國家發展基金」、經濟部中小企業處「中小企業發展基金」及國際貿易局「推廣貿易基金」等政府基金，提供我國企業優惠之授信條件，協助其拓展國際貿易市場。

第95條（輸出入銀行之功能）
輸出入銀行為便利國內工業所需重要原料之供應，經中央主管機關核准，得提供業者向國外進行生產重要原料投資所需信用。

解說

　　臺灣屬海島型經濟，對外貿易乃臺灣經濟發展之命脈，在拓展輕工業產品出口的年代裡，廠商所需的產銷資金融通，一般商業銀行即能提供支援。惟自民國60年代，世界爆發兩次石油危機後，傳統勞力密集產業，逐漸喪失國際競爭優勢。為了拓展對外貿易，發展資本密集、技術密集產業，改善產業結構，持續經濟成長，成為我國產業政策的主要課題。其後，政府為因應國內產業結構轉型之需要，於民國64年修訂銀行法時，明列得設立提供輸出入信用之專業銀行，是為設立輸出入銀行之法律依據。

　　民國66年8月行政院訂頒「改善投資環境實施要點」，其中規定：「政府為促進出口貿易應籌設輸出入銀行（包括輸出保險業務）」。67年7月立法院通過「中國輸出入銀行條例」，68年1月11日中國輸出入銀行（以下簡稱輸出入銀行）正式成立，在財政部監督下，辦理專業性的中長期輸出入融資、保證及輸出保險業務。至今輸出入銀行已是一家提供輸出入信用專業銀行，資本額新臺幣320億元由國庫撥給。主要任務，在於配合經貿政策，協助廠商拓展外銷市場，分擔貿易風險，促進我國產業升級及經濟發展。

　　又現代工業高度發展的國家，其生產所需的原料，每需向出產地國家採購進口，為確保原料的供應無缺，降低原料取得

的支出成本，便利廠商在國外直接獲取上述重要原料，許多國家紛紛鼓勵本國廠商在國外進行投資，以掌控原料資源。基此立場，本條文規定輸出入銀行，經主管機關核准，可以提供本國廠商向國外進行生產重要原料所需的資金（信用）。主管機關在審核時，應確實查明業者向國外投資生產的重要原料，是否以供應國內工業所需為條件，作為准駁的主要依據。

第96條（中小企業銀行）
供給中小企業信用之專業銀行為中小企業銀行。
中小企業銀行以供給中小企業中、長期信用，協助其改善生產設備及財務結構，暨健全經營管理為主要任務。
中小企業之範圍，由中央經濟主管機關擬訂，報請行政院核定之。

解說

　　中小企業無論在已開發國家或開發中國家，企業單位最多，就業人數廣大，在整個經濟結構中所占比率甚重，對國家經建發展有卓越貢獻。惟因其資本與規模較小，信用能力不足，財務結構不夠健全，難以辦理徵信，以至於無法獲得銀行的正常融資，為提供中小企業資金融通管道，協助改善其生產設備及財務結構，銀行法於64年修正時新增本條文，並於第1項規定設立中小企業銀行，以供給中小企業產銷、設備、營運所需的資金。

　　鑑於今日的中小企業，如經營得法，即為明日的大企業，因此本條文第2項規定，中小企業銀行的主要任務有二：

(一) 對中小企業供應中長期信用，免除一般銀行對中小企業的排斥性，使取得充足的融資。

(二) 針對中小企業的弱點，使專業的中小企業銀行可透過授信行為，協助改善中小企業的生產設備、財務結構，以健全其經營管理。

早期我國之中小企業銀行，係依據銀行法第87條之規定，由財政部指定當時之合會儲蓄公司，予以輔導改制而成。其中臺灣中小企業銀行，係由臺灣省合會儲蓄公司於民國65年7月1日改制，其他如臺北區、新竹區、臺南區、高雄區、花蓮區、臺東區等各區域性合會儲蓄公司，亦相繼改制為中小企業銀行。原本我國計有中小企業銀行八家，即全省性的臺灣中小企業銀行，及區域性的臺北區、新竹區、臺中區、臺南區、高雄區、花蓮區、臺東區等中小企業銀行。其中臺北區中小企業銀行在87年5月先改制為臺北國際商業銀行，95年11月13日與建華銀行合併，成為永豐商業銀行；新竹區中小企業銀行，則在88年改制為新竹國際商業銀行，95年11月經渣打國際商業銀行收購；臺中區中小企業銀行則改制為臺中商業銀行；臺南區中小企業銀行改制為京城商業銀行；高雄區中小企業銀行與玉山銀行合併；花蓮區中小企業銀行與中國信託商業銀行合併；臺東區中小企業銀行與荷蘭銀行合併，至今只剩下臺灣中小企業銀行。

中小企業的範圍，本條文第3項則授權由經濟部擬訂後，報請行政院核定。嗣經濟部於98年9月2日、104年3月30日、109年6月2日修訂「中小企業認定標準」，依該標準第2條規定，認為中小企業，係指依法辦理公司登記或商業登記，實收資本額在新臺幣1億元以下，或經常僱用員工數未滿200人之

事業。

另依前述「中小企業認定標準」第6條規定，具有下列情形之一者，視同中小企業：

(一) 中小企業經輔導擴充後，其規模超過第2條所定標準者，自擴充之日起，2年內視同中小企業。

(二) 中小企業經輔導合併後，其規模超過第2條所定標準者，自合併之日起，3年內視同中小企業。

(三) 輔導機關、輔導體系或相關機構辦理中小企業行業集中輔導，其中部分企業超過第2條所定標準者，輔導機關、輔導體系或相關機構認為有併同輔導之必要時，在集中輔導期間內，視同中小企業。

實例

甲中小企業銀行有意變更登記為商業銀行，是否可行？應具備何種條件？

對於「中小企業銀行」有意改制為「商業銀行」，中央主管機關金融監督管理委員會業於102年1月23日訂定公布「中小企業銀行申請變更登記為商業銀行審核要點」，甲中小企業銀行有意變更登記為商業銀行，自應依該審核要點辦理。

茲將「中小企業銀行申請變更登記為商業銀行審核要點」之具體內容，分述如下：

一、金融監督管理委員會（以下簡稱本會）為依銀行法第58條規定，審理中小企業銀行申請變更登記為商業銀行事項，特訂定本要點。

二、中小企業銀行符合下列條件者，得申請變更登記為商業銀行：

(一) 最低實收資本額達新臺幣100億元，且無累積虧損。

(二) 前一年度平均存款餘額達新臺幣1,200億元以上。

(三) 自有資本與風險性資產之比率符合銀行資本適足性及資本等級管理辦法第5條規定。

(四) 原合會業務皆清結完畢。

(五) 財務及業務無重大缺失事項。

(六) 無其他有礙穩健經營之情事。

三、中小企業銀行申請變更登記為商業銀行，應檢具下列書件向本會申請許可：

(一) 銀行章程。

(二) 董事會、監察人會及股東會議記錄。

(三) 營業計畫書：載明業務之範圍、業務之原則與方針、業務發展計畫及未來3年財務預測等。

(四) 最近3年會計師查核報告書（須含合併與個體之資產負債表及綜合損益表）。

(五) 經會計師複核之自有資本與風險性資產之比率報告。

(六) 辦理與銀行法第33條有關利害關係人授信明細表及大額授信明細表。

(七) 其他經本會規定應提出之文件。

四、中小企業銀行經核准變更登記為商業銀行者，應依公司法向經濟部辦理公司變更登記。

五、中小企業銀行經核准並辦妥公司變更登記為商業銀行後，應於3個月內檢附各項必要文件向本會申請換發營業執照。但有正當理由，經本會核准者，得予延展，延展期限不得超過3個月，並以一次為限。

六、中小企業銀行經核准變更登記為商業銀行者，應訂定開始營業基準日，事先報經本會備查，並應於基準日後15日內向本會提報營業基準日及其前一日經會計師簽證之財務報表。

七、中小企業銀行申請核准變更登記為商業銀行後，經查核其申報之各項文件有隱匿或虛偽不實記載或有未能確實依照規定辦理者，本會得停止其部分業務或依照銀行法第56條規定辦理。

第97條（不動產信用銀行）
供給不動產信用之專業銀行為不動產信用銀行。
不動產信用銀行以供給土地開發、都市改良、社區發展、道路建設、觀光設施及房屋建築等所需中、長期信用為主要任務。

解說

　　不動產放款，係以不動產為擔保，依法定方式（如抵押登記），而對土地、房屋或其他不動產作資金的融通。此種放款在本質上是一種高額、長期、欠缺流動性的授信行為，非一般的商業銀行所能負擔，故新法仿照外國不動產抵押銀行的設置，而於本條文第1項明定，供給不動產信用的專業銀行，為不動產信用銀行，以便適應國內有關銀行改制及配合發展各種建設計畫的需要。

　　不動產信用既屬資本性貸款，該不動產信用銀行自應以供給中、長期信用為主要任務，但其信用期限，仍不得超過本法第38條所規定的30年期限。

　　不動產信用銀行的經營，以土地開發、都市改良、社區發展、道路建設、觀光設施及房屋建築等六項建設所需資金的需求，而為授信。惟此等業務，大多與地方建設、改善人民生活品質及居住環境有關，而具有政策性意義，似宜由公營不動產信用銀行專司負責辦理，較為允當。

　　臺灣光復後，政府為配合在臺推行平均地權、耕者有其田等土地政策，將接收自日本勸業銀行在臺所設之臺北、新竹、臺中、臺南、高雄等五個分行於民國35年9月1日改組成立「臺灣土地銀行」。74年因銀行法52條第1項修訂，而取得法人資格；92年7月1日改制為「臺灣土地銀行股份有限公司」，並於

93年5月21日奉准改制為公開發行股票公司。

　　臺灣土地銀行為政府指定唯一辦理不動產兼農業信用之專業銀行，除貫徹政府推行住宅、農、漁業及土地金融政策，發展國家經濟建設。尤其專精於土地、房屋不動產放款業務，全力配合政府振興經濟及住宅政策，提撥巨額資金融資建築業、工商企業、及辦理購置新屋及無自用住宅貸款等金融政策措施。長期以來，臺灣土地銀行與社會大眾日常生活已建立穩固與緊密的關係，從上游土地貸款、中游建築融資、土地信託，帶動營建業下游廠商融資、不動產證券化及房屋貸款、個人理財等，提供完整的不動產一條龍金融服務，已建立良好信譽，而在土地融資、建築融資及房屋貸款更居國內領先地位，具有發展不動產信託、不動產證券化、金融資產證券化之優勢。

第98條（國民銀行）
供給地方性信用之專業銀行為國民銀行。
國民銀行以供給地區發展及當地國民所需短、中期信用為主要任務。

解說

　　世界各國經濟發展過程中，恒有某些地區由於工商業不發達、物產貧瘠、交通不便，以至於發展較為遲緩，資金亦較為缺乏。為促進地區建設，繁榮國民經濟，使各地區經濟均衡發展，我國銀行法參照美國鄉村銀行與日本相互銀行、韓國國民銀行的設置，而於本條文第1項規定，供給地方性信用的專業銀行為國民銀行，又稱為平民銀行。

本條文所謂地方性信用，其特徵為營業區域範圍小，僅限於地方性，分支機構較少，規模不大，因此所需之資本亦較小。我國因經濟持續繁榮，地方性之信用發展日益重要，為適應未來發展，並符合憲法150條「國家應普設平民金融機構，以救濟失業」之精神，乃規定國民銀行為專業銀行之一種，得因中央主管機關許可設立，或指定現有之銀行擔任該項信用之供給。

國民銀行的主要任務，除供給地區發展所需資金外，並兼及當地國民所需短、中期信用的提供。條文特別排除長期授信，係考慮到國民銀行的營業區域較小，人口不多，資金吸收不易，為滿足當地國民的資金需求，自應盡量避免辦理長期放款，使資金不會過於固定，而影響流動能力。由於臺灣地區商業銀行到處林立，各地的信用合作社、農會、漁會、郵局等基層金融機構相當普遍，故尚無國民銀行的設立。

第99條（國民銀行設立區域之劃分與放款總額之限制）
國民銀行應分區經營，在同一地區內以設立一家為原則。
國民銀行對每一客戶之放款總額，不得超過一定之金額。
國民銀行設立區域之劃分，與每戶放款總額之限制，由中央主管機關定之。

解說

為貫徹國民銀行達成服務地方性金融的使命，減少與商業銀行或其他專業銀行發生業務衝突情況，本法對於國民銀行的經營，採行分區經營原則，在同一地區內只准設立一家。其

次，為滿足國民資金的普遍需求，防止國民銀行操縱地方企業，並符合風險分散策略，本條文第2項再限制國民銀行對每一客戶的放款總額不得超過一定金額，以期該行貸款於多數國民。

至國民銀行設立區域的劃分，與每戶放款總額的限制，本法亦授權由主管機關規定，惟因自64年7月銀行法修正實施以來，我臺灣地區無一家國民銀行的設立，故財政部亦未予以核定或規定，不過未來如有必要作區域劃分時，似可考慮不必拘泥於現行縣、市、鄉鎮行政區域，以免與業已經營多年的信用合作社發生營業範圍重疊的現象。

凡國民銀行違反本條文第3項，中央主管機關就每戶放款總額的限制規定而放款者，依本法第130條第2款，可以裁處新臺幣100萬元以上2,000萬元以下罰鍰。

由於國民銀行係以供給地方性信用為主要任務之專業銀行，本身有其侷限性，雖國內現有高雄銀行、板信銀行，但性質上均屬於商業銀行，而非本條文所述之國民銀行，是截至目前為止，我國尚無國民銀行之名稱，但各地之信用合作社皆係地方性信用之機構，事實上已具有國民銀行之性質。根據金融監督管理委員會統計，我國信用合作社之經營現況正常穩定，共有23家信用合作社（288個分社），平均逾放比率已由93年6月的5.97%，下降至101年的0.37%，至112年7月31日更降至0.12%，整體表現不遜於本國銀行。在獲利能力方面，全體信用合作社民國111年度稅前盈餘計有30.6億元，較前年度（110年27.5億元）增加3.1億元，而112年度迄7月31日止稅前盈餘亦已達28億餘元，較前年度同期間仍持續成長。整體而言，信用合作社之經營體質及獲利能力均呈現穩健提升之趨勢，對地方

性金融及國民就業均有顯著貢獻。

　　近年來，我國信用合作社積極提升經營績效及資產品質，朝「經營在地化」、「業務現代化」及「財務透明化」之目標努力，甚至在財務報告之編製以及資本適足管理，亦將採用國際標準辦理。雖然信用合作社存放款市占率不高，但在其經營文化秉持著「取之地方，用之地方」的經營理念，不論是提供基層金融服務、繁榮地方經濟發展、深耕社區及參與社會公益等方面，均貢獻良多，並落實改善社員生活福利之意旨。信用合作社豐富金融機構的多樣性，有助於我國金融體系多元化發展及衡平城鄉金融之服務。將來可考量將現有之信用合作社，改制爲國民銀行，以符銀行法之精神。

第六章　信託投資公司

第100條（信託投資公司之定義）

本法稱信託投資公司，謂以受託人之地位，按照特定目的，收受、經理及運用信託資金與經營信託財產，或以投資中間人之地位，從事與資本市場有關特定目的投資之金融機構。

信託投資公司之經營管理，依本法之規定；本法未規定者，適用其他有關法律之規定；其管理規則，由中央主管機關定之。

解說

　　由此定義，信託投資公司具有下列特質：

　　(一) 信託投資公司，以經營信託業務，及從事與資本市場有關特定投資為目的，發揮促進資本形成的一種專業金融機構。所謂信託，指委託人為自己或第三人的利益，以一定財產為信託財產，將其移轉於受託人，由受託人管理或處分，以達成某種經濟上或社會上效能的行為。所以信託投資公司在辦理一般信託業務時，負有協助個人及企業改善其財務管理的功能。

　　(二) 信託投資公司應以受託人或中間人地位，依照特定目的，為信託人或受益人的利益經營業務，故信託行為的關係人有三：

　　1.信託人：即將財產所有權移轉給他人（受託人）的行為人。

2.受託人：接受信託財產而依其目的，管理、運用與處分財產的人。

3.受益人：享受信託財產所生利益的人。

此與普通銀行存款，僅有存戶與銀行兩者間發生法律關係，大不相同，所以信託投資公司常係依他人旨意，為他人利益著想，但只收取信託報酬的一種服務性金融機構。

(三) 信託投資公司的主要特質，在參照現代國家金融機構的信用分工，以中、長期信用供給，提供中長期資金融通，來從事資本市場有關的投資活動為重心。

(四) 在英美國家常將「信託」與「投資」分別經營，故有「專營投資銀行」與「兼營信託銀行」等名稱。而我國信託投資公司係採「信託與投資混合體」，而以信託業務為重，不得經營一般商業銀行業務為原則。

由於信託業務係基於委託關係，不同於銀行業務係基於一般委任或消費借貸等債權債務關係，故關於信託投資公司的經營管理，依本條文第2項規定，可逕行適用銀行法。若銀行法未規定，可適用民法、公司法及經立法院審議通過的信託法。至於管理辦理，主管機關金融監督管理委員會已訂頒「信託投資公司管理規則」，以供依循。

第101條 (信託投資公司的業務範圍)
信託投資公司經營左列業務：
一　辦理中、長期放款。
二　投資公債、短期票券、公司債券、金融債券及上市股票。
三　保證發行公司債券。

四　辦理國內外保證業務。

五　承銷及自營買賣或代客買賣有價證券。

六　收受、經理及運用各種信託資金。

七　募集共同信託基金

八　受託經管各種財產。

九　擔任債券發行受託人。

十　擔任債券或股票發行簽證人。

十一　代理證券發行、登記、過戶及股息紅利之發放事項。

十二　受託執行遺囑及管理遺產。

十三　擔任公司重整監督人。

十四　提供證券發行、募集之顧問服務，及辦理與前列各款
　　　業務有關之代理服務事項。

十五　經中央主管機關核准辦理之其他有關業務。

經中央主管機關核准，得以非信託資金辦理對生產事業直接
投資或投資住宅建築及企業建築。

解說

　　分析上述信託投資公司的業務項目，依其性質可以歸納為
五大類（各項業務內容可參見第3條說明）：

　　(一) 信託業務，包括：1.收受、經理及運用各種信託資
金；2.募集共同信託基金；3.受託經營各種財產；4.擔任債券
發行受託人；5.受託執行遺囑及管理遺產；6.擔任公司重整監
督人。

　　(二) 投資業務，包括：1.投資公債、短期票券、公司債
券、金融債券及上市股票；2.經中央主管機關核准，得以非信
託資金辦理對生產事業直接投資或投資住宅建築及企業建築。

　　(三) 證券業務，包括：1.承銷及自營買賣或代客買賣有
價證券；2.擔任證券或股票發行簽證人；3.代理證券發行、登
記、過戶及股息紅利之發放事項；4.提供證券發行、募集之顧
問服務事項。

　　(四) 授信業務，包括：1.辦理中、長期放款；2.保證發行
公司債券；3.辦理國內外保證業務。

　　(五) 其他業務：即經中央主管機關核准辦理的其他有關業
務，如已開辦的信用卡業務、保管箱出租業務等。

實例

　　新成立的甲信託投資公司，為擴大服務客戶，擬開辦活期
及支票存款，是否可行？

　　不可以。因信託投資公司以供應中、長期信用為主，與商
業銀行以供給短期資金為核心者不同，故參照銀行法及信託投
資公司管理規則，該信託投資公司雖可收受、經理及運用信託
資金，但不可辦理收受支票或活期存款，且不得以辦理存款作
為招攬業務的廣告宣傳。

第102條 (自有資金之運用)
信託投資公司經營證券承銷商或證券自營商業務時，至少應
指撥相當於其上年度淨值百分之十專款經營，該項專款在未
動用時，得以現金貯存，存放於其他金融機構或購買政府
債券。

解說

　　信託投資公司資金的主要來源，為所收受的信託資金與其自有資金（包括資本及公積）；其中信託資金，係銀行以受託人地位，收受信託款項，依照信託契約約定的條件，為信託人指定的受益人利益而經營的資金，該項資金既有特定目的，故應與信託投資公司的自有資金分開而各別營運。

　　又銀行法在64年修正時，原限定信託投資公司自有資金的營業範圍，限於放款、投資及保證等業務，其後認為該項限制顯無必要，而於74年5月再度修正時，予以刪除，使得第101條所規定的15項業務，都可運用自有資金經營，但為促進證券市場的安全穩定，再於本條文規定，當信託投資公司經營證券承銷商或自營商業務時，應提撥相當於上年度淨值10%專款經營，並報請金融監督管理委員會核備；該專款未動用時，可以現金存放於其他銀行或購買政府債券，以維持該專款的高度流動性，並供經營證券業務的需要。

第103條（賠償準備與證券信託資金準備專款之繳存）
信託投資公司應以現金或中央銀行認可之有價證券繳存中央銀行，作為信託資金準備。其準備與各種信託資金契約總值之比率，由中央銀行在百分之十五至二十之範圍內定之。但其繳存總額最低不得少於實收資本總額百分之二十。
前項信託資金準備，在公司開業時期，暫以該公司實收資本總額百分之二十為準，俟公司經營一年後，再照前項標準於每月月底調整之。

解說

　　本條文為規定信託資金準備率，所謂信託資金準備，乃信託投資公司收受信託資金時，應以現金或中央銀行認可的有價證券，依中央銀行所核定的比例，就各種信託契約總額，提繳於中央銀行的準備金。該項準備金的主要用途，在於保障信託人權益，作為信託公司違反法令規章或信託條款時，對受益人的賠償準備；另一方面可用以應付信託投資公司的擠兌危機。

　　信託資金準備的繳納，以中央銀行為對象；繳存的方式，可以現金或公債、國庫券、金融機構、銀行保證發行的公司債券及其他經中央銀行認可的有價證券。凡是信託投資公司依本法第101條第1項第6款，所收受、經理及運用的各種信託資金，都應提繳信託資金準備。

　　關於信託資金準備的繳存比率，本條文規定應在各種信託資金契約總值15%到20%的範圍內，由中央銀行決定。對此，中央銀行即曾於100年1月1日核定，信託投資公司資金準備率為15.125%。

　　又信託資金準備應按月計算，各月應提繳的信託資金準備，係以當月應提準備各種信託資金每日平均餘額，乘以所定比率；惟其繳存總額不得少於其實收資本的20%。且信託投資公司剛開業時期，暫以該信託投資公司實收資本總額20%為準，俟經營1年後，再照前述標準於每月月底調整。

第104條（信託契約）
信託投資公司收受、經理或運用各種信託資金及經營信託財產，應與信託人訂立信託契約，載明左列事項：

一　資金營運之方式及範圍。
二　財產管理之方法。
三　收益之分配。
四　信託投資公司之責任。
五　會計報告之送達。
六　各項費用收付之標準及其計算之方法。
七　其他有關協議事項。

解說

　　信託的成立，以委託人將財產權移轉與受託人為前提，如果委託人與受託人間沒有相當的信賴關係，委託人應當不至於貿然訂立信託關係。其次，在受託人方面，雖然取得信託財產而為所有權人，惟其管理、處分的權限，仍受到信託本旨的限制，為釐清雙方的權利義務關係，本條文明定信託投資公司在收受、經理或運用各種信託資金或信託財產時，應與信託人訂立信託契約，作為信託投資公司執行信託的依據，同時也對信託人的利益提供保障，避免日後爭議。

　　關於信託契約的具體內容，如：資金營運的方式及範圍、財產管理方法、收益分配、信託投資公司的責任、會計報告的送達以及各項費用收付標準、計算方式，因影響信託契約的成立，所以本條文規定該事項均應載明，至於其他協議事項，只要不違反法律的強制規定或公序良俗，自可聽由當事人任意訂定，不受限制。

第105條 （注意義務）
信託投資公司受託經理信託資金或信託資產，應盡善良管理人之注意。

解說

　　信託投資公司獲得信託人的信賴，依據前條所訂的信託契約，以受有報酬方式，來經理信託資金或信託財產，自應按照信託人的指示，以善良管理人的注意義務來辦理。原則上信託投資公司非有特殊急迫情事，不可變更信託人的指示，且應親自處理受託事務，如有違反而使第三人代為處理信託事務時，就該第三人的行為，信託投資公司仍負同一抽象輕過失責任。如信託投資公司因處理信託事務有任何過失，或因逾越權限行為所造成的損害，對於信託人都應負損害賠償責任。

第106條 （財務、技術人員資格）
信託投資公司之經營與管理，應由具有專門學識與經驗之財務人員為之；並應由合格之法律、會計及各種業務上所需之技術人員協助辦理。

解說

　　信託投資公司除辦理信託業務外，並兼辦銀行及投資業務，在經濟發展中，可發揮下列功能：

　　(一) 加速投資，促進資本形成。

　　(二) 加強國民儲蓄，充裕產業資金。

　　(三) 安定社會，繁榮國民經濟。

(四) 融通中、長期信用，提供財務管理。

(五) 充分彰顯「金融百貨公司」的效益。

為此本法對於信託投資公司職員的選任及配置特別重視，要求聘僱合格專業財務、法律、會計及各種業務所需的技術人員協助辦理，如此對於多角化、複雜化的信託投資公司業務，才能勝任愉快，間接亦可保護廣大信託人的權益。

第107條（連帶責任）
信託投資公司違反法令或信託契約，或因其他可歸責於公司之事由，致信託人受有損害者，其應負責之董事及主管人員應與公司連帶負損害賠償之責。
前項連帶責任，自各該應負責之董事或主管人員卸職登記之日起二年間，未經訴訟上之請求而消滅。

解說

信託投資公司在執行業務過程中，如有違反法令、信託契約或其他可歸責於公司的事由，造成信託人受有損害時，公司自應負損害賠償責任。此際，信託投資公司既以賠償義務人的身分對信託人負賠償責任，則本不應再由其公司董事或其他執行業務的主管人員對受害人負責。惟因信託投資公司對內業務執行，事實上由董事及負責的主管人員擔任，法律為防止上開人員濫用其權限，或未盡本法第105條的善良管理人責任，使受託人權益受損；並為使受害人多獲賠償的機會，故令該等公司負責人與信託投資公司負連帶賠償責任。

前項對公司應負責董事或主管人員的損害賠償請求權，其

消滅時效，自負責人卸職後兩年內，信託人未向法院起訴主張時，其責任即歸消滅。

第108條（內部交易之限制）

信託投資公司不得為左列行為。但因裁判之結果，或經信託人書面同意，並依市價購讓，或雖未經信託人同意，而係由集中市場公開競價購讓者，不在此限：

一 承受信託財產之所有權

二 於信託財產上設定或取得任何權益。

三 以自己之財產或權益售讓與信託人。

四 從事於其他與前三項有關的交易。

五 就信託財產或運用信託資金與公司之董事、職員或與公司經營之信託資金有利益關係之第三人為任何交易。

信託投資公司依前項但書所為之交易，除應依規定報請主管機關核備外，應受左列規定之限制：

一 公司決定從事交易時，與該項交易所涉及之信託帳戶、信託財產或證券有直接或間接利益關係之董事或職員，不得參與該項交易行為之決定。

二 信託投資公司為其本身或受投資人之委託辦理證券承銷、證券買賣交易或直接投資業務時，其董事或職員如同時為有關證券發行公司之董事、職員或與該項證券有直接間接利害關係者，不得參與該交易行為之決定。

解說

本條文為信託投資公司內部交易的禁止與限制規定，試分述如後：

　　(一) 禁止進行的內部交易：為禁止信託投資公司本身或內部職員，與信託人為交易行為，致與信託本旨發生衝突，甚或造成信託人權益受損，本條文第1項明定信託投資公司，不得承受信託財產的所有權、於信託財產上設定或取得任何權益、將自己的財產或權益售讓與信託人、從事與承受或售讓有關的交易、就信託財產或運用信託資金與公司的董事、職員或與公司經營的信託資金有利害關係的第三人為任何交易行為。

　　(二) 禁止內部交易的例外：禁止內部交易行為的主要目的，在保護信託人利益，避免發生糾紛。但如其交易行為，是源自於：

　　1.法院的民事裁判結果。

　　2.其交易已獲得信託人本人同意，且依市價讓購。

　　3.由集中市場公開競價讓購。

　　此時，其讓購價格既公平合理，使信託人利益不會有受損害之虞，故銀行法准許此類交易，得例外的進行。

　　(三) 禁止關係人員參加交易行為的決定：本法禁止信託投資公司進行的內部交易，如符合本條文第1項但書規定，而例外准為交易行為時，除應依法報請金融監督管理委員會核備外，第2項另規定兩種限制，即有直接或間接利害關係的董事或職員，不得參與該項交易的決定，俾使從事此類交易的動機，完全基於業務上的需要，不受利害關係人的影響，以維護公司整體利益。凡信託投資公司的董事或職員違反本條規定，而參與該項交易行為的決定者，依本法第128條第1項規定，可處新臺幣200萬元以上1,000萬元以下罰鍰。

第109條（信託資金之臨時營運）
信託投資公司在未依信託契約營運前，或依約營運收回後尚未繼續營運前，其各信託戶之資金，應以存放商業銀行或專業銀行為限。

解說

　　按各信託戶的資金在未依約營運前，或依約營運收回後尚未繼續營運前，性質上與現金相同，為求信託投資公司穩健經營的原則，防止將此過渡期間閒置信託資金移作他用，致屆期無法開始或繼續營運，影響信託人權益，本條文規定應將上開資金，存放於最安全、最具流動性的商業銀行或專業銀行。違反本條規定，將此項資金投資於公債、國庫券、金融債券、上市股票或其他用途者，依本法第130條第7款規定，可處新臺幣100萬元以上2,000萬元以下罰鍰。

第110條（信託基金）
信託投資公司得經營左列信託資金：
一　由信託人指定用途之信託資金。
二　由公司確定用途之信託資金。
信託投資公司對由公司確定用途之信託資金，得以信託契約約定，由公司負責，賠償其本金損失。
信託投資公司對應賠償之本金損失，應於每會計年度終了時確實評審，依信託契約之約定，由公司以特別準備金撥付之。
前項特別準備金，由公司每年在信託財產收益項下依主管機關核定之標準提撥。

信託投資公司經依規定十足撥補本金損失後，如有剩餘，作為公司之收益；如有不敷，應由公司以自有資金補足。

解說

依銀行法第10條規定，信託資金，係銀行以受託人地位收受信託款項，依照信託契約約定條件，為信託人所指定受益人的利益而經營的資金。信託資金的種類有二：

(一) 特別信託資金：由信託人指定用途的信託資金。此種信託資金的運用方法，包括資金運用對象、用途、利率、期間、擔保物等，均由信託人特別指定，信託投資公司不得任意變更，故其營運盈虧，即由信託人自己負責，公司無彌補義務。在實際上，此種由信託人自行指定用途的信託資金，因「不保本、不保息」，故並不多見，一般稱為特別信託資金；又依「信託投資公司管理規則」第16條第1項規定：「信託投資公司受託經理指定用途之信託資金，所出給之信託憑證應予記名，並不得轉讓。」

(二) 普通信託資金：由信託投資公司確定用途的信託資金。此時信託人並不指定信託資金的運用方法，由信託投資公司負責運用，故其營運結果，如有盈餘由公司與信託人依信託契約分配，如有虧損由公司負責承擔，並賠償信託人本金損失。因其「既保本，又保息」，所以在信託實務上，信託投資公司所收受的信託資金，幾乎全部屬於這種信託資金，故一般稱為普通信託資金。

有關普通信託資金，其營運範圍依「信託投資公司管理規則」有三項重要規定：

(一) 營運範圍的限制：依該規則第19條規定，由公司確定

用途的信託資金，其營運範圍如下：

 1.辦理中、長期放款。

 2.投資公債、公司債券、金融債券及上市股票。

 3.投資短期票券。

 4.其他經主管機關核准辦理的業務。

 (二) 委託期限的限制：依該規則第20條規定，信託資金的委託期限至少須為1個月期。

 (三) 收受金額的限制：依該規則第21條規定，信託投資公司收受由公司確定用途的信託資金，其總額不得超過公司淨值的12.5倍。

 在普通信託資金，另應說明者，即其損失賠償的規定。由於此類由公司確定用途的信託資金，公司可以自由運用，因此本條文第2項，准許信託投資公司，得以信託契約約定，由公司賠償信託人本金的損失。對於此種應賠償的本金損失，信託投資公司應於每會計年度終了時確實評審，依信託契約約定，由公司以特別準備金撥付；該項特別準備金，應由公司每年在信託財產收益項下，依金融監督管理委員會核定的標準提撥，違反本規定未提特別準備金者，依第129條第9款規定，可處新臺幣200萬元以上5,000萬元以下罰鍰。又信託投資公司經依規定十足撥補本金損失後，如有剩餘，作為公司的收益；如有不敷，由公司以自有資金補足，以維護信託人的權益。

第111條 (記帳與借入款項之限制)

信託投資公司應就每一信託戶及每種信託資金設立專帳；並應將公司自有財產與受託財產，分別記帳，不得流用。

信託投資公司不得為信託資金借入款項。

解說

　　信託行為既以信託人信賴受託人，而移轉財產權予信託投資公司，使依信託本旨，為受益人利益，管理或處分信託財產，此時信託投資公司應就每一信託客戶及每種信託資金，分別獨立設立分類帳及完整的檔案紀錄，以便計算收受、經理及運用信託資金或信託財產的結果。

　　其次，在信託契約訂立後，信託投資公司應嚴格採行「分別管理義務」，將公司自有財產與受託財產明確劃分，自有資金與信託資金分別列計，不得流用，以免混淆不清，同時並可防止信託投資公司將本身的盈虧，以信託資金彌補，影響信託客戶的權益。再者，信託投資公司，未經信託人授權，也不可為信託資金借入款項，若有逾越權限的行為，致生損害，信託投資公司的董事及主管人員，應與公司負連帶賠償責任。

第112條（對信託財產行使權利之禁止）
信託投資公司之債權人對信託財產不得請求扣押或對之行使其他權利。

解說

　　信託行為，依一般學者通說見解，為要式行為，必須信託人將信託財產的所有權移轉給受託人才能成立，而此點正是「信託」與代理、委任、寄託等財產管理制度的最大區別。不過信託財產在法律上、形式上雖然歸屬於受託人，但是在經濟上、實質上的利益則歸屬於受益人，當信託投資公司違反信託本旨處分信託財產時，信託人、受益人都可請求損害賠償或回

復原狀；在第三人並非善意買受人時，受益人更可以聲請法院撤銷該處分，以回復信託財產。基於同一理由，本法再規定信託投資公司的債權人，不得向法院請求扣押或強制執行信託財產，以免信託人、受益人權益遭受不當的侵害。

第113條（信託財產評審委員會）
信託投資公司應設立信託財產評審委員會，將各信託戶之信託財產每三個月評審一次；並將每一信託帳戶審查結果，報告董事會。

解說

　　為瞭解信託財產的營運狀況，適時採取因應措施，防止公司承辦人員的疏失或徇私舞弊，本法要求信託投資公司對於信託財產，須設立評審委員會，每3個月評審一次，並將每一信託帳戶審查結果，報告董事會，以供執行。凡違反本條文規定，未設立信託財產評審委員會者，依同法第132條規定，可處新臺幣50萬元以上1,000萬元以下罰鍰。

第114條（定期會計報告）
信託投資公司應依照信託契約之約定及中央主管機關之規定，分別向每一信託人及中央主管機關作定期會計報告。

解說

　　依本法第104條第3、5、6款規定，信託投資公司收受、經理或運用各種信託資金及經營信託財產，應與信託人訂立信託

契約，載明會計報告的送達、收益的分配、各項費用收付標準與計算方法，所以信託投資公司屆期，自應分別向每一信託人作定期會計報告，使其明瞭公司業務狀況。又信託投資公司除依本法第49條規定，於年度終了提報各種會計報表外，應於每季終了後15日內，將該季信託業務的會計報告，連同其信託財產的評審報告，送交經政府認可的會計師查核簽證後，請金融監督管理委員會及中央銀行查核，作爲主管機關監督的依據。

第115條 （發行受益憑證與募集信託基金）
信託投資公司募集共同信託基金，應先擬具發行計畫，報經中央主管機關核准。
前項共同信託基金管理辦理，由中央主管機關定之。

解說

　　所謂共同信託基金，係指信託投資公司以發行信託憑證方式，募集具有共同信託性質，而由公司代爲確定用途的信託資金，以協助小額投資人參加資本市場或貨幣市場的投資，其所得利益則由信託憑證持有人共同分享。

　　共同信託基金的設立，主要在利用信託投資公司的專業人才和豐富經驗，選擇適當的投資對象，以協助散戶或小額投資大眾，降低投資的風險，並提高投資利潤。爲確實保障公衆投資人的權益，本法對於此項共同基金的募集，採取頗爲嚴謹的態度，要求信託投資公司募集此類基金前，應先擬具發行計畫，報經金融監督管理委員會核准後，始可辦理；關於共同信託基金的管理辦法，由金融監督管理委員會訂定，以期納入周

密的管理。違反本條規定，未經事先報准而募集共同信託基金者，應依第129條第10款規定，處新臺幣200萬元以上5,000萬元以下罰鍰。

> **第115條之1**（信託投資公司之準用）
> 第七十四條、第七十五條及第七十六條之規定，於信託投資公司準用之。但經主管機關依第一百零一條第二項核准之業務，不在此限。

解說

按信託投資公司，係以經營信託業務及從事與資本市場有關特定投資為目的，發揮促進資本形成的一種專業金融機構；而其特質，則在以中、長期信用供給，提供中、長期資金融通，來從事資本市場有關的投資活動為重心，故我國向來對於信託投資公司係採「信託與投資混合體」方式，要求其以信託業務為重，不得經營一般商業銀行業務為原則。

惟由於信託投資公司事實上亦投資若干有價證券或持有不動產，為此本條文在89年11月1日修正銀行法時特別增訂，明定除經主管機關核准，得以非信託資金辦理對生產事業直接投資或投資住宅建築及企業建築者外，應受銀行法第74條、第75條、第76條有關商業銀行章相關條文之規範，質言之，即信託投資公司之投資行為應受下列限制：

（）投資金融或非金融相關事業之限制：信託投資公司得向主管機關申請投資於金融相關事業。主管機關自申請書件送達之次日起15日內，未表示反對者，視為已核准。但於前揭期

間內，信託投資公司不得進行所申請之投資行為。

信託投資公司為配合政府經濟發展計畫，經主管機關核准者，得投資於非金融相關事業。但不得參與該相關事業之經營。主管機關自申請書件送達之次日起30日內，未表示反對者，視為已核准。但於前揭期間內，信託投資公司不得進行所申請之投資行為。

前二項之投資須符合下列規定：

1.投資總額不得超過投資時信託投資公司淨值之40%，其中投資非金融相關事業之總額不得超過投資時淨值之10%。

2.信託投資公司投資金融相關事業，其屬同一業別者，除配合政府政策，經主管機關核准者外，以一家為限。

3.信託投資公司投資非金融相關事業，對每一事業之投資金額不得超過該被投資事業實收資本總額或已發行股份總數之5%。

第1項及前項第2款所稱金融相關事業，指銀行、票券、證券、期貨、信用卡、融資性租賃、保險、信託事業及其他經主管機關認定之金融相關事業。

為利信託投資公司與被投資事業之合併監督管理，並防止信託投資公司與被投資事業間之利益衝突，確保信託投資公司之健全經營，信託投資公司以投資為跨業經營方式應遵守之事項，由主管機關另定之。

被投資事業之經營，有顯著危及信託投資公司健全經營之虞者，主管機關得命信託投資公司於一定期間內處分所持有該被投資事業之股份。

銀行法第74條在89年11月1日修正前，信託投資公司投資非金融相關事業之投資金額超過第74條第3項第1款、第3款所

定比率者，在符合所定比率之金額前，其投資總額占銀行實收資本總額扣除累積虧損之比率及對各該事業投資比率，經主管機關核准者，得維持原投資金額。二家或二家以上信託投資公司合併前，個別信託投資公司已投資同一事業部分，於申請合併時，經主管機關核准者，亦得維持原投資金額。

(二) 投資自用或非自用不動產之限制：信託投資公司對自用不動產之投資，除營業用倉庫外，不得超過其於投資該項不動產時之淨值；投資營業用倉庫，不得超過其投資於該項倉庫時存款總餘額5%。

信託投資公司不得投資非自用不動產。但下列情形不在此限：

1.營業所在地不動產主要部分為自用者。

2.為短期內自用需要而預購者。

3.原有不動產就地重建主要部分為自用者。

4.提供經目的事業主管機關核准設立之文化藝術或公益之機構團體使用，並報經主管機關洽相關目的事業主管機關核准者。

信託投資公司依前項但書規定投資非自用不動產總金額不得超過公司淨值之20%，且與自用不動產投資合計之總金額不得超過信託投資公司於投資該項不動產時之淨值。

信託投資公司與其持有實收資本總額3%以上之企業，或與本公司負責人、職員或主要股東，或與第33-1條公司負責人之利害關係人為不動產交易時，須合於營業常規，並應經董事會三分之二以上董事之出席及出席董事四分之三以上同意。

(三) 承受擔保物處分之限制：信託投資公司因行使抵押權或質權而取得之不動產或股票，除符合本法第74條或第75條規定者外，應自取得之日起4年內處分之。但經主管機關核准者，不在此限。

第七章　外國銀行

第116條（外國銀行之定義）
本法稱外國銀行，謂依照外國法律組織登記之銀行，在中華民國境內依公司法及本法登記營業之分行。

解說

　　依本條文的定義規定，可知銀行法上所謂的外國銀行，指其總行依外國法律組織登記，分行在中華民國境內並依照我國公司法及銀行法規定辦妥登記手續後營業的銀行。茲依第116條規定，析述外國銀行的意義如下：

　　(一) 外國銀行須係依外國法律組織登記的銀行，倘在其本國並不視為銀行，則我國亦無承認其為外國銀行的必要。

　　(二) 須依公司法及銀行法完成登記的「外國銀行在臺分行」。

　　(三) 外國銀行須在我國境內營業，如不在我國境內營業，自無申請許可之必要；且其營業應指經常性的業務而言。

　　(四) 應注意者，銀行法原規定外國銀行須經我國政府認許，始得在我國境內享有人格，可以為營業行為。嗣為配合107年8月1日修正公布之公司法第4條已廢除外國公司認許制度，並自同年11月1日施行，已依外國法律組織登記之銀行，不須經我國政府認許，為此108年4月17日修正銀行法時，刪除需經「中華民國政府認許」之規定。

對於外國銀行之設立程序，金融監督管理委員會業於111年12月29日修正發布「外國銀行分行及代表人辦事處設立及管理辦法」，第2條規定：「外國銀行具備下列條件者，得申請許可在我國境內設立分行：一、最近五年內無重大違規紀錄。二、申請前一年於全世界銀行資本或資產排名居前五百名以內或前三曆年度與我國銀行及企業往來總額在十億美元以上，其中中、長期授信總額達一億八千萬美元。但其母國政府與我國簽訂之經貿協定另有特別約定者，從其約定。三、從事國際性銀行業務，信用卓著及財務健全，自有資本與風險性資產之比率符合主管機關規定之標準。四、擬指派擔任之分行經理人應具備金融專業知識及從事國際性銀行業務之經驗。五、母國金融主管機關及總行對其海外分行具有合併監理及管理能力。經母國金融主管機關核可前來我國設立分行並同意與我國主管機關合作分擔銀行合併監督管理義務。六、無其他事實顯示有礙銀行健全經營業務之虞。（Ⅰ）外國銀行在我國境內設有分行者，得承受在我國境內之外國銀行分行全部或主要部分之資產或負債，其擬併同增設分行者，應依第八條規定辦理。（Ⅱ）外國銀行在我境內未設有分行者，如因合併總行或承受本身百分之五十以上持股之子公司在我國境內分行之資產負債，且符合第一項之條件者，得依第六條規定併同申請設立分行。（Ⅲ）」

同辦法第7條規定：「外國銀行在我國所有分行之淨值併計其國際金融業務分行之淨值，不得低於主管機關規定最低營業所用資金之三分之二，不足者，其指定代表應即申報主管機關。（Ⅰ）主管機關對具有前項情形之銀行，得命其限期匯入資金，補足其最低營業所用資金。（Ⅱ）」又外國銀行在我國境

內設有分行者，得承受在我國境內之外國銀行分行全部或主要部分之資產或負債，其擬並同增設分行者，應依同辦法第8條規定辦理。外國銀行在我境內未設有分行者，如合併總行或承受本身50%以上持股之子公司在我國境內分行之資產負債，且符合第1項之條件者，得依第6條規定併同申請設立分行。

　　至於外國銀行代表人辦事處，依同辦法第4條規定：「本辦法所稱外國銀行代表人辦事處，指外國銀行依本法第一百十七條第一項及公司法第三百八十六條規定，指派代表人在我國境內所設置之辦事處。（Ｉ）外國銀行代表人辦事處以辦理商情蒐集及業務聯絡為限。（ＩＩ）外國銀行代表人辦事處違反前項規定者，主管機關得廢止其核准。（ＩＩＩ）」第5條規定：「外國銀行具備下列條件者，得申請核准設立代表人辦事處：一、最近三年內無重大違規紀錄。二、申請前一年於全世界銀行資本或資產排名居前一千名以內或前三曆年度與我國銀行及企業往來總額在三億美元以上。但其母國政府與我國簽訂之經貿協定另有特別約定者，從其約定。三、信用卓著及財務健全，並經母國金融主管機關同意前來我國設立代表人辦事處。（Ｉ）同一外國銀行設立代表人辦事處，以一家為限。（ＩＩ）」

第117條（外國銀行營業之許可）

外國銀行在中華民國境內設立，應經主管機關之許可，依公司法辦理登記，並應依第五十四條申請核發營業執照後始得營業；在中華民國境內設置代表人辦事處者，應經主管機關核准。

前項設立及管理辦法，由主管機關定之。

解說

　　外國銀行在中華民國境內的設立程序如下：

　　(一) 經金融監督管理委員會許可：依銀行法第19條規定，銀行的主管機關爲金融監督管理委員會，因此，外國銀行在我國境內申請設立分行，首先應依「外國銀行分行及代表人辦事處設立及管理辦法」第6條規定，檢具相關資料，如銀行的種類、名稱、公司組織的型態、銀行簡史（含購併經過）、各主要部門組織，全球分支機構、網路、控股公司與子公司之持股情形及業務狀況之說明，及總行對海外分行之監督及管理（含檢查之範圍、時間、資本、銀行董事長、總經理及國際部門負責人名單及背景資料；超過10%持股及前十名之股東名單及背景資料、可行性分析、所屬母國之介紹、前一年在世界主要銀行資本或資產之排名、世界著名評等機構之評等、業務經營守法性及健全性自我評估分析、營業計畫書等文件，向金融監督管理委員會報請許可。

　　(二) 向經濟部申請辦理公司登記：有關公司的認許及登記，其主管機關爲經濟部，所以外國銀行經金融監督管理委員會許可後，應依公司法規定，辦理公司登記。

　　(三) 向主管機關申請核發營業執照：辦妥公司登記後，依本法第54條規定，檢同規定文件，向主管機關申請核發營業執照。又外國銀行有下列情事者，依「外國銀行分行及代表人辦事處設立及管理辦法」第21條規定，其在中華民國境內指定之訴訟及非訴訟代理人應主動檢具事由及資料向主管機關申報：

　　1.解散或停止營業。

　　2.發生重整、清算或破產之情事。

3.重大違規案件或為母國主管機關撤銷營業許可。

4.變更銀行名稱或總行所在地。

5.發生10%以上之股權讓與、股權結構變動或10%以上之資本變更。

6.合併或讓與或受讓全部或重要部分之資產或營業。

7.在我國之重大股權投資案件。

8.發生或可預見之重大虧損案件。

9.發生重大訴訟案件。

10.重大營運政策之改變。

11.母國金融制度及管理法規有重大變動。

12.其他重大事件。

(四) 公告營業：開始營業時，並應將主管機關所發營業執照記載的事項，於設立所在地公告。依「外國銀行分行及代表人辦事處設立及管理辦法」第9條規定，外國銀行應於許可設立分行、或增設分行之日起8個月內匯入專撥在我國境內營業所用資金並開始營業，屆期未開始營業者，主管機關得廢止其許可。

至外國銀行指派代表人在我國境內設置代表人辦事處，除依公司法第386條第4項規定，向經濟部申請報備外，為便於管理，本條文第1項後段，亦規定其應經主管機關（金融監督管理委員會）之核准。

鑑於「外國銀行分行及代表人辦事處設立及管理辦法」，性質上僅為職權命令，為符合依法行政原則，本條文第2項再規定：「前項設立及管理辦法，由主管機關定之」，使主管機關取得授權發布上開設立及管理辦法之依據。

實例

　　張經理受任為美國某銀行在臺代表人辦事處之經理，因不諳程序，得否委任會計師事務所陳會計師代為辦理外國銀行設立代表人辦事處之申請？在申請時究應具體提出何種書表，始符合法律規定？

　　參照銀行法第117條及「外國銀行分行及代表人辦事處設立及管理辦法」第23條規定，外國銀行在中華民國境內設立代表人辦事處，可委託在中華民國境內執業之律師或會計師辦理各項申請。故本案例中之張經理，委請會計師事務所陳會計師代為辦理外國銀行設立在臺代表人辦事處之申請，自為法之所許。

　　會計師在辦理外國銀行設立代表人辦事處之申請時，依「外國銀行分行及代表人辦事處設立及管理辦法」第23條規定：「外國銀行申請在我國設立代表人辦事處者，應檢送第六條第一項第三款、第四款、第十三款至第十七款及下列書表文件，向主管機關申請核准：一、申請書（格式如附件六）。二、可行性分析，其內容應包括下列事項：(一)擬前來我國設立代表人辦事處之營運策略考量，包括總行營運策略及對我國、鄰近國家有關政治、經貿、金融情勢之比較。(二)對我國法律、稅制、銀行法規、銀行體系之瞭解。(三)在我國之利基及可行性評估，包括在我國潛在競爭者之分析、母國與我國之雙邊貿易、相互投資及商機，以及與我國之往來銀行、客戶及其往來內容。三、業務經營守法性及健全性自我評估分析，包括最近三年內是否有違規、弊案或受處分等情事之說明。四、擬指派擔任在我國之代表人履歷及相關證明文件。五、母國金

融主管機關同意其在我國設立代表人辦事處之文件。六、董事會對於申請核准在我國設立代表人辦事處之決議錄或相當文件認證書。七、申請前一年於世界資本或資產排名屬一千名以外者，應提出前三曆年度與我國銀行及企業往來金額統計表。八、其他經主管機關規定應提出之資料或文件。（I）前項有關書表之認證書，應經該銀行母國公證人或我國駐外領務人員予以認證。（II）」

第118條（外國銀行設立地區之指定）
中央主管機關得按照國際貿易及工業發展之需要，指定外國銀行得設立之地區。

解說

　　我國銀行法對外國銀行設立地區的指定方面，著眼於國內經濟及金融活動需要，以外國銀行在國內設立分行，須有助於我國國際貿易及工業發展為前提，俾能協助某一都會區域工商業的發展，原財政部修正發布的「外國銀行設立分行及代表辦事處審核準則」，即曾於第8條配合規定，外國銀行設立分行及代表人辦事處，限於臺北市、高雄市，但因市場發展需要，經財政部核准者不在此限；又同一外國銀行設立代表人辦事處以一家為限。

　　隨著經濟的逐步恢復和發展，對外金融交往日益增加，關於外國銀行的引入政策不斷放寬，外國銀行在我國經歷了從起步到快速發展直至調整的歷程。民國48年臺灣地區核准第一家外國銀行，日本勸業銀行到臺北開設分行，拉開了臺灣地

區銀行業對外開放的序幕,而後花旗銀行也於53年在臺灣設立分行。從上世紀60年代開始,我國為了拓展對外貿易與引進外資,逐漸開放外資銀行到臺灣設立分行,但每年設立以二家為限。民國61年以前我國的外資銀行只准收受外幣存款和外國駐臺機構的新臺幣存款。民國62年臺灣地區首度頒發「外商銀行設立分行及駐臺聯絡員審核準則及業務範圍」,開始對外資銀行進行規範管理,並允許外資銀行吸收支票存款和活期存款,但不能吸收儲蓄存款。截至70年代末臺灣地區只有14家外資銀行。

上世紀80年代我國實施金融國際化和建立境外金融中心的設想,並逐漸放寬對外資銀行設立的限制,外資銀行家數大幅度增長。民國70年3月公布了「外國銀行設立分行及聯絡員辦事處審核要點及業務範圍」修正案,當年臺灣就新設八家外資銀行。72年修訂發布「外國銀行設立分行及代表人辦事處審核準則」,並允許外資銀行吸收6個月以內的定期存款,74年准許外資銀行在其加工出口區經營銀行業務,75年同意外資銀行承作聯合簽帳卡業務。76年7月,更進一步擴大外資銀行的營業範圍,外資銀行可從事儲蓄存款、長期放款及承銷、自營、經紀等信託業務。同時,主管機關也逐步放寬對外資銀行設立分支機構的地域限制,75年10月允許外國銀行在高雄市設立第二家分行,79年底外資銀行可在臺北、高雄、臺中三地設立三家分行。

民國83年開始放寬外資銀行設立分行及代表人辦事處的條件,取消外資銀行增加設立分行的家數、地點限制並取消外資銀行新臺幣存款不得超過匯入資本15倍的限制。在這段期間,隨著外資銀行的准入條件不斷放寬,外資銀行在臺家數從民國

70年的14家增加到87年的46家。

在政府積極推動金融自由化政策，開放申請設立新銀行、信用合作社陸續改制為商業銀行等因素的推動下，國內銀行機構數量快速增加，銀行業競爭加劇，存放款利差逐漸縮小，許多銀行資產報酬率逐年下降。市場競爭加劇以及對臺灣銀行市場的信心不足，使得部分外資銀行逐步退出臺灣市場，外資銀行在臺分行家數從民國87年的46家，減少為90年的38家，民國98年更進一步減少為32家。

民國90年9月，我國通過了「外國銀行分行及代表人辦事處設立及管理辦法」，取代以往的「外國銀行設立分行及代表人辦事處審核準則」。雖然這個管理辦法在外資銀行市場准入條件方面更加放開，外資銀行的資格、資本或資產排名、申請程序與對單一個人的最高放款額度等的限制都進一步放寬，但外資銀行在臺灣地區的發展並沒有大幅增加的跡象。儘管外資銀行總家數逐漸減少，但民國95年以來外資銀行開始通過併購或參股臺灣本土銀行等方式，擴大外資銀行在臺分行家數及投資金額。

雖然從上世紀80年代推動金融國際化和金融自由化以來，外資銀行在我國設立分行的條件逐步放寬，同時其所經營的範圍也大幅放開，但立法上仍然維持某些對外資銀行的限制，以避免外資銀行對臺灣本地銀行體系有過大的影響力。因此，儘管在臺外資銀行數量不少，但在我國整個銀行體系中並沒有占據重要地位。迨民國98年末，共有15個國家和地區的32家外資銀行，在臺灣地區設立了133家分行；依據金融監督管理委員會之統計數字，截至112年6月底為止，現有28家外資銀行，37家分行、10家代表人辦事處。

　　從外資銀行的母行來源分布特徵看，美國有美商美國銀行（Bank of America, National Association）、美商花旗銀行（Citibank, N.A）、美商摩根大通銀行（JPMorgan Chase Bank, N.A.）等六家最多；其次為法國，有法商法國巴黎銀行、法商法國興業銀行、法商法國外貿銀行、法商東方匯理銀行等四家；再者為新加坡，有新加坡商大華銀行、新加坡商華僑銀行、新加坡商星展銀行等三家，日本亦有三家，另香港有香港商上海匯豐銀行、香港商東亞銀行等二家，此外英國、瑞士、荷蘭、德國、西班牙、澳洲、菲律賓、泰國、印尼、韓國等各有一家外資銀行設於臺灣。至於在臺外資銀行分行、代表人辦事處的主要來源地，日本有六家分行、四家代表人辦事處，美國、法國各有六家分行，新加坡、泰國、瑞士各有三家分行，另香港、英國、荷蘭、德國、西班牙、澳洲、菲律賓、印尼、韓國等也在臺灣地區設立了少數分行或代表人辦事處。

第119條（刪除）

第120條（營業基金）
外國銀行應專撥其在中華民國境內營業所用之資金，並準用第二十三條及第二十四條之規定。

解說
　　由於外國銀行在臺分行，僅係其本國銀行的一部分，其經營風險與責任，均由總行負責，本無額外要求匯入資本的充分

理由，惟因要求外國銀行在中國境內有相當的自有資金，不但可較周全保障我國存款客戶，而且更可促使外國銀行慎重考慮是否進入此一市場，所以在德國、希臘等國，均與我國相同，要求外國銀行專撥在營業地境內所用的資金。

　　該項資金的用途，本條文準用第23條規定，將其視為外國銀行在臺分行的最低資本額，且其資本額依同法第24條規定，以我國國幣計算。金融監督管理委員會業於111年12月29日修正發布「外國銀行分行及代表人辦事處設立及管理辦法」，依第3條規定：「外國銀行經許可在我國設立分行，辦理收受自然人新臺幣一百五十萬元以下存款業務，其總歸戶數合計超過五百戶，且收受自然人新臺幣一百五十萬元以下存款餘額合計數超過收受新臺幣存款總餘額百分之一者，應專撥最低營業所用資金新臺幣二億五千萬元，未辦理自然人存款業務或條件未達上開情形者應專撥最低營業所用資金新臺幣二億元。（I）外國銀行經許可增設之每一分行，辦理收受自然人新臺幣一百五十萬元以下存款業務，其總歸戶數合計超過五百戶，且收受自然人新臺幣一百五十萬元以下存款餘額合計數超過收受新臺幣存款總餘額百分之一者，應增撥最低營業所用資金新臺幣二億五千萬元，未辦理自然人存款業務或條件未達上開情形者應增撥最低營業所用資金新臺幣二億元。（II）前二項營業所用資金，應由首次在我國設立分公司登記時所設分行或經主管機關許可之分行集中列帳。（III）外國銀行分行擬增加匯入營業所用資金，應事先報經主管機關及中央銀行核准。（IV）」

第121條（外國銀行業務經營範圍）

外國銀行得經營之業務，由主管機關洽商中央銀行後，於第七十一條及第一百零一條第一項所定範圍內以命令定之。其涉及外匯業務者，並應經中央銀行之許可。

解說

　　我國銀行法對外國銀行得經營的業務，有頗富變化的立法沿革，民國36年的銀行法規定，外國銀行經特許得經營商業銀行及實業銀行業務，惟不得經營儲蓄銀行或信託投資公司業務；到了64年銀行法修正時，縮減為僅以商業銀行的業務為限；至78年為配合國際金融情勢變遷，修正的銀行法則於本條文規定，主管機關於洽商中央銀行後，得以命令在商業銀行及信託投資公司的業務範圍內，規定外國銀行得經營的業務。

　　依金融監督管理委員會修正發布「外國銀行分行及代表人辦事處設立及管理辦法」第13條規定：「外國銀行分行得申請經營之業務項目，依銀行法第四條、第一百十七條及第一百二十一條規定，由主管機關核定之。（I）前項外國銀行經核准經營之業務，應於營業執照上載明後始可辦理。（II）」基此，外國銀行應得依規定申請經營下列業務：

　　(一) 收受支票存款、活期存款、定期存款及儲蓄存款。

　　(二) 辦理票據貼現及放款。

　　(三) 辦理商業匯票承兌。

　　(四) 辦理保證業務。

　　(五) 簽發信用狀。

　　(六) 辦理匯兌及外幣收兌。

　　(七) 代理收付款項。

(八) 投資公債、短期票券、公司債券及金融債券。

(九) 承銷及代客買賣有價證券。

(十) 收受、經理及運用各種非保本、保息的信託資金。

(十一) 受託保管證券投資信託基金。

(十二) 擔任債券或股票發行的簽證人。

(十三) 代理證券發行、登記、過戶、股息紅利的發放事項。

(十四) 提供證券發行、募集的顧問服務。

(十五) 辦理與前列各款業務有關的倉庫、保管及代理服務業務。

(十六) 辦理經主管機關核准辦理的其他有關業務。

為健全外國銀行分行的業務經營，保障客戶權益，「外國銀行分行及代表人辦事處設立及管理辦法」對於外國銀行分行的業務，設有幾項限制，值得注意：

(一) 授信額度之限制：

1.外國銀行分行對同一人、同一關係人或同一關係企業之授信限額準用本法第33-3條第1項之授權規定時，所稱淨值係指其總行淨值。其中新臺幣授信限額並應符合設立及管理辦法第14條第2項規定。

2.外國銀行分行對同一法人、同一關係人或同一關係企業之新臺幣授信限額，各為新臺幣70億元，或以該外國銀行分行淨值之2倍孰高者為限；對同一自然人之新臺幣授信限額為新臺幣15億元，或以準用本法第33-3條第1項之授權規定計算之各款限額孰高者為限。

3.該修正條文於98年12月11日修正發布前既有授信案件餘額或已與客戶書面約定授信額度，超過前二項規定限額者，得

繼續該授信契約或依該書面約定授信額度續撥款項，至屆期爲止。

　　4.設立及管理辦法第14條第2項準用授權規定計算時所稱淨值，係指外國銀行分行前一會計年度決算後淨值。但外國銀行分行當年度有營運資金匯入、盈餘匯出或因合併致淨值變動者，應併入外國銀行分行前一會計年度決算後淨值，並取得會計師核閱報告後計算之（設立及管理辦法§14）。

　　(二) 銀行資產總餘額之限制：

　　1.外國銀行分行其資產總餘額，包括：持有新臺幣現金餘額；中央銀行定期存單、存放中央銀行與轉存中央銀行之新臺幣存款餘額；持有我國政府發行新臺幣債券與票券餘額；持有我國公、民營企業發行之新臺幣債券、票券、受益證券及資產基礎證券餘額；對本國人新臺幣購屋貸款餘額；對我國公、民營事業、政府機關與私人新臺幣放款餘額；投資我國境內自用不動產之投資總額及其他經主管機關指定之項目。

　　2.外國銀行分行辦理收受自然人新臺幣150萬元以下存款業務，其總歸戶數合計超過500戶，且收受自然人新臺幣150萬元以下存款餘額合計數超過收受新臺幣存款總餘額1%者，其持有合格資產總餘額不得低於該外國銀行分行收受新臺幣存款總餘額之40%。

　　3.未辦理自然人存款業務或條件未達上開情形者，其持有合格資產總餘額不得低於該外國銀行分行收受新臺幣存款總餘額之15%（設立及管理辦法§19-1）。

　　(三) 存、放款總餘額比率之限制：外國銀行分行辦理收受自然人新臺幣150萬元以下存款業務，其總歸戶數合計超過500戶，且收受自然人新臺幣150萬元以下存款餘額合計數超過收

受新臺幣存款總餘額1%者，新臺幣存款總餘額與新臺幣放款總餘額之比率不得低於50%（設立及管理辦法§19-2）。

(四) 銀行淨值之限制：

1.外國銀行在我國所有分行之淨值併計其國際金融業務分行之淨值，不得低於主管機關規定最低營業所用資金之三分之二，不足者，其指定代表應即申報主管機關。主管機關對具有前項情形之銀行，得命其限期匯入資金，補足其最低營業所用資金（設立及管理辦法§7）。

2.外國銀行分行辦理收受自然人新臺幣150萬元以下存款業務，其總歸戶數合計超過500戶，且收受自然人新臺幣150萬元以下存款餘額合計數超過收受新臺幣存款總餘額1%者，其放款總餘額不得超過該外國銀行分行前一會計年度決算後淨值之20倍；未辦理自然人存款業務或條件未達上開情形者，放款總餘額不得超過該外國銀行分行前一會計年度決算後淨值之40倍。

3.外國銀行分行辦理收受自然人新臺幣150萬元以下存款業務，其總歸戶數合計超過500戶，且收受自然人新臺幣150萬元以下存款餘額合計數超過收受新臺幣存款總餘額1%者，辦理放款以外之授信項目，其餘額合計數不得超過該外國銀行分行前一會計年度決算後淨值之15倍；未辦理自然人存款業務或條件未達上開情形者，辦理放款以外之授信項目，其餘額合計數不得超過該外國銀行分行前一會計年度決算後淨值之20倍。

4.前二項所稱淨值，係指外國銀行分行前一會計年度決算後淨值。但外國銀行分行當年度有營運資金匯入、盈餘匯出或因合併致淨值變動者，應併入外國銀行分行前一會計年度決算後淨值，並取得會計師核閱報告後計算之（設立及管理辦法§19-3）。

第122條（貨幣限制）
外國銀行收付款項，除經中央銀行許可收受外國貨幣存款者外，以中華民國國幣為限。

解說

　　依前條所述，外國銀行可以收受支票存款、活期存款、定期存款及儲蓄存款，並可辦理支票貼現和放款，辦理匯兌及外幣收兌，代理收付款項，投資公債、短期票券、公司債券及金融債券，承銷及代客買賣有價證券，收受、經理及運用各種非保本、保息的信託資金，代理證券發行、登記、過戶、股息紅利的發放事項，提供證券發行、募集的顧問服務，辦理與前列各款業務有關的倉庫、保管及代理服務業務。

　　對於這些收付款項，本法要求外國銀行在臺分行應與我國各類銀行相同，以國幣為限，且按我國貨幣單位即新臺幣列帳。至於經中央銀行許可而收受的外國貨幣存款，如美金、英鎊、歐元等，則例外准以外國貨幣收付。

第123條（準用之範圍）
外國銀行準用第一章至第三章及第六章之規定。

解說

　　本條文配合銀行法第121條，修正放寬外國銀行在臺分行的業務範圍，使其除商業銀行業務外，並擴及於辦理長期放款及信託業務，將準用範圍增訂使及於商業銀行、信託投資公司章的規定。又本條文所規定準用內容，大致來說，多屬於外國

銀行業務經營的限制，譬如準用通則章第8-1條的結果，外國銀行在臺分行的定期存款，存款人到期前不得提取，只可質借或於7日前通知銀行中途解約；再如準用第72-2條後，則外國銀行辦理住宅建築及企業建築放款的總額，即不得超過放款時所收存款總餘額及金融債券發售額之和的30%。

另金融監督管理委員會業於111年12月29日修正發布「外國銀行分行及代表人辦事處設立及管理辦法」，尚有幾個準用條款，包括：

(一) 外國銀行分行準用本法第33條第2項之授信條件及同類授信對象規定如下：1.所稱授信條件，包括利率、擔保品及其估價、保證人之有無、貸款期限及本息償還方式。2.所稱同類授信對象，指同一外國銀行在我國所有分行、同一基本放款利率期間內、同一貸款用途及同一會計科目項下之授信客戶。但外國銀行無基本放款利率者，以最近一年度為比較期間（設立及管理辦法§15）。

(二) 外國銀行分行準用本法第72條、第72-2條、第74-1條、第75條規定時，所稱存款總餘額之核算基準，除新臺幣存款及外幣存款外，亦得併計其母國總行匯入之營運資金、母國總行之授信額度已動用部分及其各海外分行之1年期以上定期聯行存款（設立及管理辦法§18）。

除準用規定外，如「外國銀行分行及代表人辦事處設立及管理辦法」有特別規定時，應即依該規定辦理，例如：

(一) 外國銀行分行應依據其經營業務之性質及範圍建立內部控制制度，並確保內部稽核工作之獨立性（設立及管理辦法§16）。

(二) 外國銀行分行之資產負債表、損益表及現金流量表、

其與國際金融業務分行之合併資產負債表、合併損益表、合併現金流量表及其他經主管機關指定之項目應經會計師查核簽證，並應於營業年度終了後4個月內併同總行年報申報主管機關備查，於其所在地之日報或依主管機關指定之方式公告，及備置於每一營業處所之顯著位置以供查閱。外國銀行分行應於每月營業終了，將資產負債表、損益表及其它經主管機關指定之業務相關月報表，依主管機關規定之格式、內容、申報方式及期限向主管機關申報。每年營業終了應另加申報該歷年之年度營業報告書（設立及管理辦法§17）。

(三) 外國銀行分行應就經營業務範圍制定風險管理準則，經總行或區域負責人核定後，報經主管機關備查，其內容至少應包括信用風險、市場風險、流動性風險、作業風險及法律風險（設立及管理辦法§19）。

(四) 外國銀行分行盈餘之匯出，應經會計師查核簽證並向主管機關申報後，依中央銀行訂定之外匯收支或交易申報辦法及相關規定辦理（設立及管理辦法§20）。

第124條（刪除）

第八章　罰　則

第125條（違反專業經營之處罰）

違反第二十九條第一項規定者，處三年以上十年以下有期徒刑，得併科新臺幣一千萬元以上二億元以下罰金。其因犯罪獲取之財物或財產上利益達新臺幣一億元以上者，處七年以上有期徒刑，得併科新臺幣二千五百萬元以上五億元以下罰金。

經營金融機構間資金移轉帳務清算之金融資訊服務事業，未經主管機關許可，而擅自營業者，依前項規定處罰。

法人犯前二項之罪者，處罰其行為負責人。

解說

　　關於銀行業務的經營方式，我國銀行法已建構出「專業經營原則」，為免非銀行而假藉其他名義，經營收受存款、受託經理信託資金等業務，致衍生重大金融弊端，為此立法者在訂立罰責時，首先於本條文規定，違反專業經營罪之處罰。

　　條文第1項違反專業經營罪之構成要件有二：(一)須有違反法律之行為，所謂「違反」，即行為人故意以積極性作為，違背法律所設禁止規定；(二)所違反者，須為第29條第1項所規定：「除法律另有規定者外，非銀行不得經營收受存款、受託經理信託資金、公眾財產或辦理國內外匯兌業務」；又修正銀行法第29-1條，擴大收受存款的範圍，使及於以借款、收受

投資、使加入股東或其他名義，向多數人或不特定人收受款項或吸收資金，而約定或給付與本金顯不相當的紅利、利息、股息或其他報酬等行為。故凡非銀行而經營收受存款、受託經理信託資金、公眾財產或辦理國內外匯兌業務，自足以擾亂金融秩序，破壞國家專業經營制度，應加以處罰。如：地下錢莊、地下投資公司、地下金號、銀樓等皆是，本罪的法定刑原為3年以上10年以下有期徒刑，得併科新臺幣1億元以下罰金。

民國93年2月4日銀行法第16次修正時，鑑於非銀行違法吸金，除侵害人民財產法益外，對於社會秩序之安定妨礙甚鉅，爰提高罰金刑度為新臺幣1,000萬元以上2億元以下罰金。其次，針對違法吸金、違法辦理匯兌業務之金融犯罪而言，行為人犯罪所得愈高，對金融秩序之危害通常愈大。爰於第1項後段增訂，如犯罪所得達新臺幣1億元以上者，處7年以上有期徒刑，得併科新臺幣2,500萬元以上5億元以下罰金。本條文所謂「犯罪所得」，包括：因犯罪直接取得之財物或財產上利益、因犯罪所得之報酬、前述變得之物或財產上利益等。至於犯罪所得之計算標準，可依犯罪時、犯罪地之市價、或當時有價證券（股票、債券等）之市值，作為法院適用時之參考。

嗣因民國104年12月30日修正公布之刑法第38-1條第4項所定沒收之「犯罪所得」範圍，包括違法行為所得、其變得之物或財產上利益及其孳息，與本條文原第1項後段「犯罪所得」，依立法說明之範圍，包括因犯罪直接取得之財物或財產上利益、因犯罪取得之報酬、前述變得之物或財產上利益等，有所不同。其次，原第1項後段在當時立法時，係考量犯罪所得達新臺幣1億元對金融交易秩序之危害較為嚴重而有加重處罰之必要，惟「犯罪所得金額達新臺幣一億元」之要件與行為

人主觀之惡性無關，故是否具有故意或認識（即預見），並不影響犯罪成立，是以犯罪行為所發生之客觀結果，即「犯罪所得」達法律擬制之一定金額時，加重處罰，以資懲儆，與前開刑法係因違法行為獲取利得不應由任何人坐享之考量有其本質區別。鑑於該項規定涉及罪刑之認定，為避免混淆，造成未來司法實務上犯罪認定疑義，該「犯罪所得」之範圍宜具體明確。另考量變得之物或財產上利益，摻入行為人交易能力、物價變動、經濟景氣等因素干擾，將此納入犯罪所得計算，恐有失公允，故宜以「因犯罪行為時獲致之財物或財產上利益」為計，不應因行為人交易能力、物價變動、經濟景氣等因素，而有所增減，爰於107年1月31日修正銀行法時併予修正，以資明確。

我國長期以來，違法吸金案件層出不窮，犯罪手法亦推陳出新，如：透過民間互助會違法吸金，訴求高額獲利，或者控股公司以顧問費、老鼠會拉下線，虛擬遊戲代幣、虛擬貨幣「霹克幣」、「暗黑幣」、「U幣」等，或以高利息（龐氏騙局）與辦講座為名，或者以保本保息、保證獲利、投資穩賺不賠等話術，推銷受益契約，吸金規模動輒數十億、百億，致使受害人損失慘重；對於本條文第1項違法吸金罪「1億元條款」的定位，引發國人關注，在學理上亦有所爭議，有認為行為人必須對所有不法事實皆有預見始符罪責原則，故主張違法吸金者也必須對犯罪所得達1億元以上有所預見始能論加重本刑，但實務採相反見解，不以行為人認識或預見其犯罪所得達1億元為必要，故認為1億條款僅是「加重量刑條件」而已，本書採之。

前述「1億元條款」的立法本旨，在於吸金規模愈大，影

響社會金融秩序就愈重大，更何況違法吸金本來就是空頭生意，所有資金都來自於被害人，若要全部扣除就根本沒有吸金所得，遑論還要達到1億元，顯然違反立法本旨。因而在實務上，最高法院104年度台上字第1號刑事判決所稱「違法吸金之規模，則其所稱『犯罪所得』，在解釋上應以行為人對外所吸收之全部資金、因犯罪取得之報酬及變得之物或財產上之利益為其範圍」，1億條款既然重在吸金規模，考慮原始吸金總額度即可，加入瑣碎的間接利得計算反徒增困擾。亦即，被害人所投資之本金皆應計入吸金規模，無關事後已否或應否返還。再按最高法院決議，如102年度第13次刑事庭會議決議認為，原吸收資金之數額及嗣後利用該等資金獲利之數額俱屬犯罪所得，不應僅以事後損益利得計算之，並無成本計算問題，無扣除之必要；以及102年度第14次刑事庭會議決議認為，被害人所投資之本金返還後，縱係由當事人約定，仍與計算犯罪所得無涉，自無庸扣除，可供參照。

對於經營金融機構間資金移轉帳務清算之金融資訊服務事業，因從事金融體系資金之清算處理事宜，若未經中央主管機關許可，而擅自營業，其效果將同使金融秩序及大眾存款人權益遭受嚴重損害，為此本條文第2項明定，該金融資訊服務事業，得依前述違反專業經營罪，加以處罰。

本條文第3項係規定法人犯罪的處罰，對於法人違反專業經營罪時，以其行為負責人為處罰對象，至所稱「行為負責人」，則指犯罪行為發生時，依法應負責任的人，如股份有限公司的董事長、董事，或銀行的經理人、清算人。

如前所述，因金融犯罪案件屬狡猾智慧型犯罪，與一般犯罪案件相較，具有複雜性、抽象性、專業性、損害性、傳染性

等特徵，為此自民國91年起，行政院為因應我國經濟轉型及發展需要，建立具有國際競爭力之金融環境，推動短、中、長程金融改革措施，於同年6月間核定組成「行政院金融改革專案小組」，為期1年。法務部為查緝金融犯罪之主管機關，配合行政院金融改革之政策，加強偵辦金融犯罪，已於同年11月1日在臺灣高等法院檢察署成立「金融犯罪查緝督導小組」，協助各檢察署偵辦金融犯罪案件，並與主管機關共同擬訂「積極預防金融犯罪」、「加強金融犯罪檢查」、「加強金融犯罪查緝」、「速審速決維護金融紀律」等四項改革議題，及下列七項具體改革建議：

(一) 修法提高金融犯罪刑罰，規範最終受益人不法所得應予追索併科以刑責。

(二) 強化自律組織與金融機構之自律機制。

(三) 修法規範重大金融弊案爆發前，在一定條件下之財產移轉行為無效或得撤銷。

(四) 加強金融市場不法交易之查核及查緝人員專業訓練。

(五) 成立金融犯罪查緝專案小組、加強國際司法互助與專家協助，並採取有效保全措施及速偵速結。

(六) 加強防制網路金融犯罪及金融犯罪案件之通報聯繫與查緝，並建立金融犯罪案件連線查詢系統。

(七) 設立專庭審理重大金融犯罪加速案件之審理。

關於成立金融犯罪查緝專案小組，法務部所屬臺灣高等法院檢察署已於91年11月1日於該署偵查經濟犯罪中心下設立「金融犯罪查緝督導小組」，督導並協助所屬各級法院、檢察署偵辦重大金融犯罪案件。成員除檢察官、檢察事務官及書記官外，並由主管機關及下轄金融局、中央銀行、證券暨期貨管

理委員會、法務部調查局、中央存款保險公司及其他相關機關，調派相關專業人員進駐該署合署辦公，俾督導及支援各法院檢察署檢察官進行下述重大金融案件之偵查及公訴作為：

(一) 對於偵查中之重大金融犯罪案件及未來各檢察署新收之重大金融犯罪案件，經各該法院檢察署檢察長請求協助者，該督導小組得以派員進駐或與承辦檢察官合署辦公之方式，督導及協助各該檢察署檢察官進行偵查。

(二) 經檢察官起訴，現在審判中之重大金融犯罪案件，該督導小組得以派員進駐之方式，協助公訴檢察官整理、比對、分析案件之卷證資料，並協助檢察官到庭實施公訴，進行舉證。

(三) 對於金融機關目前查察中之金融弊案，如發現疑有涉及金融犯罪之情事者，該查緝督導小組得統合、督導及協調各該法院檢察署檢察官先期介入偵辦，並派員參與協助。

實例

龍騰投資開發股份有限公司經主管機關核准設立公司時，其營業項目並未包含吸收存款，卻僱用1,000餘名業務員對外吸收存款，每一戶為15萬元，依月息四分利計算，合計共吸收游資高達3億4,000餘萬元，其行為人應負何刑責？

本件龍騰投資開發公司非銀行而經營收受存款行為，觸犯本法第125條第1項的違反專業經營罪，其因犯罪獲取之財物或財產上利益高達新臺幣1億元以上，法院可依同條文第1、3項對其行為人判處7年以上有期徒刑，並得併科新臺幣2,500萬元以上5億元以下罰金。

第125條之1（故意損害銀行信用之處罰）
散布流言或以詐術損害銀行、外國銀行、經營貨幣市場業務機構或經營銀行間資金移轉帳務清算之金融資訊服務事業之信用者，處五年以下有期徒刑，得併科新臺幣一千萬元以下罰金。

解說

　　本條文為妨害銀行信用罪，其立法目的，在於避免不肖份子，藉散布不實消息或施用詐術，混淆大眾視聽，致損害銀行等之信用，為此在民國89年11月1日修正銀行法時，參考刑法第313條而增訂本條文。

　　本條文之構成要件有二：

　　(一) 須有散布流言或施以詐術行為：所謂「散布」，即分散傳布；「流言」者，即無稽之言。故「散布流言」，即將無稽之言，廣為散布於眾，俾眾所周知之意。至其方法，究為語言、文字、傳真、圖畫、網路或其他方式，則非所問。例如散布某銀行因呆帳過多，已無力支付存款人之提款等是。此種散布之流言，無論出於行為人之虛偽捏造或得自謠傳，如明知非實，故意散布於眾，即構成本罪；如因查證不清或出於誤會、誤認，則因欠缺犯罪故意，自不構成本罪。至所謂「詐術」，則係以欺罔方法使人陷於錯誤，而誤信為真實者而言，例如利用假日，在某銀行辦事處門口張貼暫停營業、清理債務公告，致引起存款客戶恐慌等。散布流言與施用詐術，不以兼有為限，如有其一，即足構成本罪。

　　(二) 須損害銀行、經營貨幣市場業務機構或金融資訊服務事業之信用：所謂「損害」，指毀損妨害，亦即對他人之信用

加以貶損之行為。至「信用」者，則指吾人在社會上之經濟性評價，包括財務支付能力及誠信之實踐，甚至個人之名譽等均涵蓋在內，值得注意者，本條文與刑法第313條妨害信用罪最大之分野，在於本罪之被害客體限於下列四種：

1.銀行：包括依銀行法成立之商業銀行、專業銀行、信託投資公司；以及依其他法律設立之銀行，如中國輸出入銀行、臺灣銀行、土地銀行等。

2.外國銀行：指依照外國法律組織登記之銀行，經中華民國政府許可，在中華民國境內依公司法及本法登記營業之分行。

3.經營貨幣市場業務機構：我國有組織的經營貨幣市場業務機構，指中興、中華與國際票券金融股份有限公司等而言。

4.經營銀行間資金移轉帳務清算之金融資訊服務事業：指金融資訊服務中心（改制為財產資訊股份有限公司），該中心係於民國76年2月奉行政院核定，由原主管機關財政部以非營業循環基金組織型態設立，其預算編列在財政部附屬單位下，業務由財政部負責統籌管理，至今已具相當規模（參見本書第47-3條之說明）。

鑑於妨害銀行信用罪所侵害之公益甚巨，為達嚇阻功能，經參考組織犯罪防制條例第3條第1項明定其刑度為「五年以下有期徒刑，得併科新臺幣一千萬元以下罰金」。

應特別注意者，刑法第313條之妨害信用罪為告訴乃論之罪，本條文則將其改為「非告訴乃論之罪」，是以檢察官、警察機關知悉有犯罪嫌疑時，即應開始實施偵查，不因是否有銀行或經營貨幣市場業務機構之提出告訴而受影響。

第125條之2（背信罪）

銀行負責人或職員，意圖為自己或第三人不法之利益，或損害銀行之利益，而為違背其職務之行為，致生損害於銀行之財產或其他利益者，處三年以上十年以下有期徒刑，得併科新臺幣一千萬元以上二億元以下罰金。其因犯罪獲取之財物或財產上利益達新臺幣一億元以上者，處七年以上有期徒刑，得併科新臺幣二千五百萬元以上五億元以下罰金。

銀行負責人或職員，二人以上共同實施前項犯罪之行為者，得加重其刑至二分之一。

第一項之未遂犯罰之。

前三項規定，於外國銀行或經營貨幣市場業務機構之負責人或職員，適用之。

解說

　　本條文為銀行法之背信罪，其立法理由，係為防範銀行及經營貨幣市場業務機構之負責人或職員，假藉公務之便，牟取不法利益，而參考刑法第342條：「為他人處理事務，意圖為自己或第三人不法之利益，或損害本人之利益，而為違背其任務之行為，致生損害於本人之財產或其他利益者，處五年以下有期徒刑、拘役或科或併科五十萬元以下罰金。（I）前項之未遂犯罰之。（II）」所作之特別規定，條文第1項之構成要件有四：

　　(一) 犯罪主體須為銀行、外國銀行或經營貨幣市場業務機構之負責人或職員：所謂「銀行負責人」，依銀行法第18條規定：「謂依公司法或其他法律或其組織章程所定應負責之人」，如銀行之董事、監察人、經理人或清算人等。「銀行職員」，則指受僱於銀行的有償工作者，不問職務為何、位階高

低、權限大小、固定或臨時員工，均包括在內。

　　(二) 須意圖為自己或第三人不法利益，或損害銀行之利益：此係就行為人之動機而為規定。稱「意圖」者，即指期望而言，屬於行為人之內心意慾；凡行為人之內心慾望，有為自己或第三人不法之利益，或損害銀行之利益等意圖，即構成本罪，不以果有獲得不法利益，或業已踐履者為必要。茲應強調者，在刑法構成要件中，「意圖犯」除對基本客觀構成要件須具備故意之外，仍須具有特定之內在意向。多數財產犯罪類型中，其意圖即屬涉及所保護法益之侵害，有關本條之意圖亦屬之；其構成要件則包含特定之內在意向及故意，並有違背其職務之行為，致生損害於金融機構或其他利益。

　　(三) 須為違背其職務之行為：此係就行為之內容而為規定，屬於客觀要件。稱「違背其職務之行為」，即指違反其誠信義務之具體表現事實而言，例如：銀行之經理人以高於市價，購買銀行營業用辦公室，致損害銀行之財產等。

　　(四) 須致生損害於銀行之財產或其他利益：本罪屬於結果犯之一種，即銀行負責人或職員違背職務之行為，必須損害銀行之財產或其他利益；損害之內容，不以積極損害為限，即消極的減少銀行之財產價值，亦可構成本罪。

　　本罪之適用對象，除銀行之負責人或職員外，對於外國銀行或經營貨幣市場業務機構之負責人或職員，亦可加以適用；且銀行負責人或職員二人以上共同實施前項犯罪者，得加重其刑至二分之一。對於未遂犯亦可加以處罰，區別既遂、未遂之標準，以銀行之財產或其他利益，是否業已知受有損害為定，如有則為既遂，反之則為未遂。

　　在刑度方面，鑑於銀行負責人或其職員為背信行為，對銀

行之財產或其他利益所侵害法益甚大，93年2月4日銀行法修正時，爰提高罰金刑度為新臺幣1,000萬元以上2億元以下罰金。其次，就銀行負責人或職員背信之金融犯罪而言，行為人犯罪所得愈高，對金融秩序之危害通常愈大，爰於本條文第1項後段增訂，如犯罪所得達新臺幣1億元以上者，處7年以上有期徒刑，得併科新臺幣2,500萬元以上5億元以下罰金。

關於「犯罪所得」部分，因民國104年12月30日修正公布之刑法第38-1條第4項所定沒收之「犯罪所得」範圍，包括違法行為所得、其變得之物或財產上利益及其孳息，與本條文原第1項後段「犯罪所得」，依立法說明之範圍，包括因犯罪直接取得之財物或財產上利益、因犯罪取得之報酬、前述變得之物或財產上利益將等，兩者有所不同。為此在107年1月31日，修正銀行法時，將本條文第1項之「犯罪所得」，亦修正為「因犯罪獲取之財物或財產上利益」，以供適用。

第125條之3（詐欺罪）
意圖為自己或第三人不法之所有，以詐術使銀行將銀行或第三人之財物交付，或以不正方法將虛偽資料或不正指令輸入銀行電腦或其相關設備，製作財產權之得喪、變更紀錄而取得他人財產，其因犯罪獲取之財物或財產上利益達新臺幣一億元以上者，處三年以上十年以下有期徒刑，得併科新臺幣一千萬元以上二億元以下罰金。
以前項方法得財產上不法之利益或使第三人得之者，亦同。
前二項之未遂犯罰之。

解說

　　本條文為銀行法之「詐欺罪」。關於詐欺罪，依現行刑法第339條：「意圖為自己或第三人不法之所有，以詐術使人將本人或第三人之物交付者，處五年以下有期徒刑、拘役或科或併科五十萬元以下罰金。（Ⅰ）以前項方法得財產上不法之利益或使第三人得之者，亦同。（Ⅱ）前二項之未遂犯罰之。（Ⅲ）」等規定，已有明文；另使用偽造、變造信用卡、金融卡、儲值卡或其他相類作為簽帳、提款、轉帳或支付工具之電磁紀錄物，其犯罪亦有刑法第201-1條：「意圖供行使之用，而偽造、變造信用卡、金融卡、儲值卡或其他相類作為簽帳、提款、轉帳或支付工具之電磁紀錄物者，處一年以上七年以下有期徒刑，得併科九萬元以下罰金。（Ⅰ）行使前項偽造、變造之信用卡、金融卡、儲值卡或其他相類作為簽帳、提款、轉帳或支付工具之電磁紀錄物，或意圖供行使之用，而收受或交付於人者，處五年以下有期徒刑，得併科九萬元以下罰金。（Ⅱ）」之規範。惟對銀行詐欺犯罪之所得，通常均甚高，對金融秩序及社會大眾危害甚鉅，傳統之刑法詐欺罪條文，已不足以因應不斷衍生之金融犯罪，為期遏止日漸增多的提款機詐騙、轉帳詐騙及網路或電腦犯罪，或其他以高科技方式之犯罪手法侵害銀行自動化設備，在93年2月4日修正銀行法時，增訂本條文。

　　本條文第1項為「詐欺取財罪」，其構成要件有四：

　　(一) 犯罪客體須為銀行：本條文有關詐欺取財罪之被害人，須為「銀行」。包括依銀行法設立之商業銀行、專業銀行、信託投資公司；以及依其他法律設立之銀行，如：臺灣銀

行、合作金庫銀行、中國輸出入銀行等。

(二) 須意圖爲自己或第三人不法之所有：此係就行爲人之動機而言，稱「意圖」者，即指期望而言，屬於行爲人之內心意慾，凡行爲人在爲犯罪行爲時，對於其實施詐術所取得之財物或以不正指令所取得之財產，有爲自己或第三人不法所有的心理狀態即屬之，此種不法所有之意圖，通常係由兩種要素所構成：1.爲排斥原所有人之所有關係；2.爲主觀上有據爲己有或第三人不法所有之內在意向，當即構成本罪。

(三) 須以詐術使銀行將銀行或第三人之財產交付；或以不正方法將虛僞資料或不正指令輸入銀行電腦或其相關設備，製作財產權之得喪，變更紀錄而取得他人之財產：茲將此兩種不同之行爲態樣，分述如下：

1.以詐術使銀行將銀行或第三人之財產交付：所謂「詐術」，係指使傳遞與事實不符之資訊，進而使銀行對訊息來源之辨識性、內容完整性或正確性發生錯誤認知之情況，而將銀行與第三人之財產交付；亦即一切足以使人產生錯誤的行爲，即爲施用「詐術」。如：在銀行之自動化提款機安裝設備，使提款人無法順利提領款項，而藉機提取現金等；或如行爲人伺機取得他人之銀行帳戶密碼，而以匯款、轉帳等方式，詐取現金等。

2.以不正方法將虛僞資料或不正指令輸入銀行電腦或相關設備，製作財產權之得喪、變更紀錄而取得他人財產：所謂「不正指令輸入」，指依該電腦系統所預定之事務處理目的，不應給予或未經權利人授權的指令而言；輸入之方式，可能由犯罪行爲人自己輸入，亦可透過被害人本人或不知情之第三者代爲輸入，甚至透過網路散布病毒程式輸入等，均包括在內。

坊間常見之詐騙集團，常用此一方式，佯以退稅款名義，使被害人自己在銀行提款機輸入帳號、密碼及金額，致蒙受鉅額損失。又條文所謂「財產得喪、變更紀錄」，係指表彰金錢債權及其他財產權的發生、存在、變更或消滅的文書，甚至磁卡紀錄等，均包括在內，例如：存摺、取款條、轉帳通知、對帳單等。

(四) 其因犯罪獲取之財物或財產上利益須達新臺幣1億元以上：按以不正方法將虛偽資料或不正指令輸入電腦或其機關設備之電腦犯罪，目前刑法第339-3條已規定：「意圖為自己或第三人不法之所有，以不正方法將虛偽資料或不正指令輸入電腦或其相關設備，製作財產權之得喪、變更紀錄，而取得他人財產者，處七年以下有期徒刑得併科七十萬元以下罰金。(Ⅰ)以前項方法得財產上不法之利益或使第三人得之者，亦同。(Ⅱ)前二項之未遂犯罰之。(Ⅲ)」已定有明文。惟為貫徹政府重罰金融犯罪之決心，凡因犯罪獲取之財物或財產上利益達新臺幣1億元以上者，依法條競合原則，從重按本條文處斷，以期杜絕重大金融犯罪之發生。

本罪法定刑為3年以上10年以下有期徒刑，得併科新臺幣1,000萬元以上2億元以下罰金。本條文第2項為「詐欺得利罪」，即對於行為人以前項方法，取得財產上不法利益或使第三人取得者，亦構成第1項之罪責。

對於未遂犯，本條文第3項亦明文規定可加以處罰，區別既、未遂之標準，以銀行或第三人之財物是否交付，或是否已發生財產權之得喪、變更紀錄而使他人財產蒙受損失作為判斷標準；如有則為既遂，反之即為未遂。

第125條之4（犯罪之自首、自白減輕）

犯第一百二十五條、第一百二十五條之二或第一百二十五條之三之罪，於犯罪後自首，如自動繳交全部犯罪所得者，減輕或免除其刑；並因而查獲其他正犯或共犯者，免除其刑。

犯第一百二十五條、第一百二十五條之二或第一百二十五條之三之罪，在偵查中自白，如自動繳交全部犯罪所得者，減輕其刑；並因而查獲其他正犯或共犯者，減輕其刑至二分之一。

犯第一百二十五條第一項、第一百二十五條之二第一項及第一百二十五條之三第一項、第二項之罪，其因犯罪獲取之財物或財產上利益超過罰金最高額時，得於犯罪獲取之財物或財產上利益之範圍內加重罰金；如損及金融市場穩定者，加重其刑至二分之一。

解說

　　本條文為有關自首、偵查中自白及加重罰金之特別規定。所謂「自首」，指行為人於犯罪未被發覺之前，自動向有偵查犯罪許可權之機關或人員，陳述自己犯罪事實，並願接受法律裁處而言，茲將本條文第1項之構成要件敘明於後：

　　(一) 須於犯罪行為未被發覺前：自首的可貴之處，在於行為人能在檢察官、警察機關發覺前，自動陳述自己犯罪行為經過，如於偵查機關發覺後，始自動到案，坦承犯罪事實者，則屬於「自白」範疇，應依第2項裁處，不能適用自首的規定。

　　(二) 須向有偵查權之機關或該機關人員陳述：通常犯罪行為人自首的陳述對象，以偵查機關：如檢察機關、法院、警察局人員為主。如行為人向警察機關、法院以外的其他機關如金

融監督管理委員會、稅捐稽徵機關、國稅局、海關等自首，而經其移送有偵查權之機關，若移送時行為人之犯罪行為，尚未被偵查機關發覺者，仍得成立自首。

(三) 須陳述自己的犯罪事實：若係陳述他人違反銀行法之犯罪事實，則為「舉發」，而非自首。其自首的方式，並無限制，以言詞、書面、傳真、電話或委託他人代為申告，均無不可。

(四) 須自動接受裁判：如行為人陳述自己違反銀行法的事實後，拒不到場接受訊問、處罰，或者逃匿無蹤，則其人顯無悔改意思，與自首要件即不符合。

(五) 須針對本法第125條、第125-2條、第125-3條之罪而為自首：本條文為刑法第62條自首犯罪之特別規定，其適用範圍，僅限於違犯本法第125條違犯專業經營罪、第125-2條背信罪、第125-3條犯罪所得高達新臺幣1億元上之詐欺罪。

(六) 須自動繳交全部犯罪所得：本條文第1項與普通刑法之自首規定，最大不同在於除前開要件外，另加上「如自動繳交全部犯罪所得」之條款，其立法目的在於鼓勵集團性之金融犯罪分子，能幡然醒悟，坦承犯行，繳回犯罪所得，以降低社會成本及巨額損害。如犯罪行為人於犯罪後僅有自首，而未依法自動繳交全部所得財物時，此時回歸刑法第62條自首之規定處理，而不適用本條文之優惠規定。

按行為人在違反銀行法第125條、第125-2條或第125-3條之罪，於未被發覺前自首，並將犯罪所得自動繳交全部所得財物者，足見行為人已有悔誤遷善的意向，且可免偵查機關查證案件的勞累與困難，自應予以鼓勵，故本條文第1項規定，對於自首採必減或免除其刑之處罰原則；甚至因其自首，進而查

獲其他正犯或共犯者，更可獲得免除其刑之寬典。

　　如前所述，在偵查機關發覺後，始自動到案，坦承犯罪事實者為「自白」，在偵查中自白犯罪，並自動繳交全部所得者，亦值得鼓勵，為此本條文第2項特別規定應「減輕其刑」；如因而查獲其他正犯或共犯者，更可「減輕其刑至二分之一」。

　　應注意者，民國107年1月31日修正銀行法時，鑑於本條文第1、2項所定「如有犯罪所得並自動繳交全部所得財物」之減輕或免除刑罰規定，無涉構成犯罪事實，非屬不法構成要件，性質上為「刑罰裁量規則」。基於刑事立法政策一貫性，其「犯罪所得」之範圍，為與刑法第38-1條第4項所定沒收之「犯罪所得」範圍一致，以達所宣示「任何人都不得保有犯罪所得」之立法目的，爰配合刑法沒收新制之犯罪所得範圍酌作文字修正。

　　此外，如犯第125條第1項、第125-2條第1項及第125-3條第1、2項之罪，其因犯罪獲取之財物或財產上利益超過罰金最高額時，得於犯罪獲取之財物或財產上利益之範圍內，加重罰金刑度，以求公允；如損及金融穩定者，加重其刑至二分之一，是本條文第3項為普通刑法之加重特別規定，應優先適用，期盼藉由該新修正規定，能有效降低金融犯罪之發生。

第125條之5（得撤銷之情形）
第一百二十五條之二第一項之銀行負責人、職員或第一百二十五條之三第一項之行為人所為之無償行為，有害及銀行之權利者，銀行得聲請法院撤銷之。

前項之銀行負責人、職員或行為人所為之有償行為，於行為時明知有損害於銀行之權利，且受益人於受益時亦知其情事者，銀行得聲請法院撤銷之。

依前二項規定聲請法院撤銷時，得並聲請命受益人或轉得人回復原狀。但轉得人於轉得時不知有撤銷原因者，不在此限。

第一項之銀行負責人、職員或行為人與其配偶、直系親屬、同居親屬、家長或家屬間所為之處分其財產行為，均視為無償行為。

第一項之銀行負責人、職員或行為人與前項以外之人所為之處分其財產行為，推定為無償行為。

第一項及第二項之撤銷權，自銀行知有撤銷原因時起，一年間不行使，或自行為時起經過十年而消滅。

前六項規定，於第一百二十五條之二第四項之外國銀行負責人或職員適用之。

解說

民國94年5月18日修正銀行法，參考民法第244條、第245條有關詐害債權的規定，並增加舉證責任轉換的設計，和擴大不法取得財產之保全等三項措施，在本法中增訂賦予銀行撤銷權，使銀行對其負責人、職員或第125-3條第1項之行為人所為之無償行為，有害及銀行之權利者，銀行得聲請法院撤銷；對於有償行為，在行為時明知有損害於銀行之權利，且受益人於受益時亦知其情事者，銀行得聲請法院撤銷，並聲請命受益人或轉得人回復原狀。茲將本條文有關撤銷權之適用情形，說明如後：

(一) 撤銷權之意義：乃債權人對債務人所為有害其債權之

財產爲標的之法律行爲，爲保全債權，得聲請法院撤銷之權利，亦稱爲撤銷訴權、廢罷訴權，爲形成權的一種，雖係實體上權利，但須於訴訟上行使之。

(二) 撤銷權之要件：

1.債務人須爲銀行負責人、職員或第125-3條第1項之行爲人：本條文將銀行撤銷權行使之對象，侷限於銀行負責人、職員或以詐術使銀行將銀行或第三人之財物交付，或以不正方法將虛僞資料或不正指令輸入銀行電腦或其相關設備，製作財產權之得喪、變更紀錄而取得他人財產之行爲人。

2.須債務人有本法第125-2條第1項或第125-3條第1項之法律行爲：在民法上，債權人得聲請撤銷者，須爲債務人所爲之法律行爲，至其爲單獨行爲抑或契約行爲，物權行爲抑或債權行爲，有償行爲抑或無償行爲，則均非所問。本條文第1項更進一步規範，銀行撤銷權之行使，必須債務人有第125-2條第1項「銀行負責人或職員，意圖爲自己或第三人不法之利益，或損害銀行之利益，而爲違背其職務之行爲，致生損害於銀行之財產或其他利益者」；或第125-3條第1項「意圖爲自己或第三人不法之所有，以詐術使銀行將銀行或第三人之財物交付，或以不正方法將虛僞資料或不正指令輸入銀行電腦或其相關設備，製作財產權之得喪、變更紀錄而取得他人財產，其因犯罪獲取之財物或財產上利益達新臺幣一億元以上」等行爲，銀行才可以行使撤銷權。

3.須其行爲有害於銀行：一般債權人行使撤銷權，不但干涉債務人之行動，且妨礙第三人交易之安全，非債務人之行爲有害債權時，則不得行使之，對此又可分爲二種情形：

(1)無償行爲：依民法第244條第1項規定：「債務人所爲

之無償行為，有害及債權者，債權人得聲請法院撤銷之。」所謂無償行為，簡單說也就是沒有對價關係，如贈與或低價轉讓等。為保護銀行之權利，本條文第1項明文允許銀行對於無償行為，可以行使撤銷權。又為防止銀行負責人、職員或行為人，假藉其配偶、直系親屬、同居親屬、家長或家屬，來為處分或移轉財產行為，以規避賠償責任，為此參酌破產法第15條第2項規定，將銀行負責人、職員或行為人與其配偶、直系親屬、同居親屬、家長或家屬間所為之處分其財產行為，均視為無償行為。將銀行負責人、職員或行為人與前項以外之人所為之處分其財產行為，推定為無償行為。此種舉證責任轉換的設計，將有助於銀行在實務上之求償。

(2)有償行為：依民法第244條第2項規定：「債務人所為之有償行為，於行為時明知有損害於債權人之權利者，以受益人於受益時亦知其情事者為限，債權人得聲請法院撤銷之。」所謂有償行為，簡單說也就是有對價關係，如買賣、互易等。在法院實務上認為，債權人之債權，因債務人之行為，致有履行不能或履行困難之情形者，應即認為有損害債權人之權利。故在特定債權，倘債務人所為之有償行為，於行為時明知有損害於債權人之權利，而受益人於受益時亦知其情事者，債權人即得行使民法第244條第2項之撤銷權，以保護其權益（最高法院45年台上字第1316號判例參照）。本條文第2項，參考民法第244條第2項規定，也允許對於銀行負責人、職員或行為人所為之有償行為，「於行為時明知有損害於銀行之權利，且受益人於受益時亦知其情事者」，得聲請法院撤銷其行為，俾銀行和受益人的權利均獲得保護。

4.須其行為以財產為標的：債務人之行為，如非以財產為

標的，縱然可以撤銷，也不能達到保全債權的目的，故民法第244條第3項規定：「債務人之行為非以財產為標的，或僅有害於以給付特定物為標的之債權者，不適用前二項之規定」，在法理上亦適用於銀行撤銷權之行使。

(三) 撤銷權之行使：與代位權不同，必須聲請法院為之，倘非以訴訟方式行使，自不發生撤銷之效力。

(四) 撤銷權之效力：

1.對於債務人及受益人之效力：債務人之單獨行為，或債務人與受益人間之契約行為，經債權銀行聲請法院撤銷，依民法第244條第4項規定，視為自始無效，雙方應回復原狀；受益人就其所受之損害，僅得請求債務人賠償。

2.對於轉得人之效力：依民法第244條第4項規定：「債權人依第一項或第二項之規定聲請法院撤銷時，得並聲請命受益人或轉得人回復原狀。但轉得人於轉得時不知有撤銷原因者，不在此限。」即轉得人於轉得時知悉債務人與受益人間之行為有撤銷之原因者，債權人撤銷權之效果，始及於該轉得人。如轉得人於轉得時不知有撤銷原因者，參照民法第801條、第948條關於善意受讓之規定，轉得人業已有效取得權利，其後手縱再有無償或惡意情事，債權人亦不得再訴請法院撤銷。為使銀行除行使撤銷權外，如有必要，並得命受益人或轉得人返還財產權及其他財產狀態之恢復，本條文第3項再賦予銀行，對明知有損害銀行之受益人或轉得人，有回復原狀之請求權；但轉得人於轉得時不知有撤銷原因者，為保障交易安全，則為例外規定。

(五) 撤銷權之期間：撤銷權永久存在，則權利狀態永不確定，實有害於交易安全，為此本條文第6項，參考民法第245條

規定，將銀行撤銷權行使之除斥期間，明定為自銀行知有撤銷原因時起，一年間不行使，或自行為時起經過10年而消滅。

為明確銀行撤銷權之適用範圍，本條文第7項特別規定，對於第125-2條第4項之外國銀行負責人或職員，也可以適用。

第125條之6（刪除）

第125條之7（實體危害金融資通系統之處罰）

以竊取、毀壞或其他非法方法危害經營金融機構間資金移轉帳務清算之金融資訊服務事業之核心資通系統設備功能正常運作者，處一年以上七年以下有期徒刑，得併科新臺幣一千萬元以下罰金。

意圖危害國家安全或社會安定，而犯前項之罪者，處三年以上十年以下有期徒刑，得併科新臺幣五千萬元以下罰金。

前二項情形致損及金融市場穩定者，加重其刑至二分之一。

第一項及第二項之未遂犯罰之。

解說

國家重要性設施之運作，攸關國家社會安定及人民生命財產安全的保障，為強化其保護規範，以防杜危害行為的發生，行政院邀集相關部會，凝聚修法共識，由經濟部及金融監督管理委員會（以下簡稱金管會）等八部會共擬具22項法案。立法院院會於112年5月30日三讀通過行政院送請立法院審議之銀行法第125-7條及第125-8條、證券交易法第174-3條及第174-4

條，以及期貨交易法第112-1條及第112-2條等修正草案。

　　民國112年銀行法修法重點主要分為兩大部分：(一)實體設施方面：主要在保護金融資訊服務事業之重要場域與核心設備，聚焦危害功能正常運作，並依行為態樣、侵害程度加重究責，規定於第125-7條。(二)資通系統方面：主要在保護金融資訊服務事業之核心資通系統，聚焦危害功能正常運作，並依行為態樣、侵害程度加重究責，規定於第125-8條。

　　本條文第1項實體危害金融資通系統罪之構成要件有二：

　　(一) 須以竊取、毀壞或其他非法方法為實體破壞行為：如係無故以電腦程式或其他電磁方式干擾其電腦或相關設備，或無故輸入其帳號密碼、破解使用電腦之保護措施或利用電腦系統之漏洞，而入侵其電腦或相關設備等破壞行為，則屬於第125-8條虛擬侵害金融資通罪之範疇。

　　(二) 須危害經營金融機構間資金移轉帳務清算之金融資訊服務事業之核心資通系統設備功能正常運作：我國為促進金融業之資源共享、資訊互通，並提升金融體系全面自動化，財政部於民國77年設置「金融資訊服務中心」（簡稱金資中心）作業基金。其後為適應金融市場自由化、國際化的發展情勢，財政部於87年報奉行政院核定，並依據「金融機構間資金移轉帳務清算之金融資訊服務事業許可及管理辦法」，將「金資中心」改制為公司組織，由財政部及公、民營金融機構共同出資籌設「財金資訊股份有限公司」（簡稱財金公司），概括承受「金資中心」的業務，於同年11月正式承作跨行金融資訊系統的規劃、建置與營運。復於103年財金公司股權由財政部移轉予中央銀行，賡續提供跨行交易轉接，以及結（清）算服務，與金融機構及國際組織連接，共同建構我國的電子金融支付網

絡，同時也爲社會大眾提供安全便捷的金流服務。財金資訊股份有限公司之業務範圍，包括：金融機構跨行資訊系統之營運、金融機構間跨行業務之帳務清算、辦理與金融機構間業務相關之各類資訊傳輸、交換、金融機構間資訊系統災變備援之服務等業務。

　　對於金融資訊服務事業之核心資通系統，倘遭受人爲惡意攻擊、毀壞，將有影響國家安全或金融秩序安定之虞，爲此明定處1年以上7年以下有期徒刑，得併科新臺幣1,000萬元以下罰金。

　　本條文第2項爲加重處罰之行爲態樣，行爲人採取實體破壞方式，如果是意圖危害國家安全或社會安定而犯之者，則加重處3年以上10年以下有期徒刑，得併科新臺幣5,000萬元以下罰金；如果行爲人造成損及金融市場穩定的結果，其惡性重大有嚴懲之必要，本條文第3項規定，依所犯法條規定加重其刑至二分之一。

　　本條文第4項規定，對於未遂犯亦可加以處罰，區別既遂、未遂之標準，以經營金融機構間資金移轉帳務清算之金融資訊服務事業之核心資通系統設備功能，是否業已受有損害而無法正常運作爲定，如有則爲既遂，反之則爲未遂。

第125條之8（虛擬危害金融資通系統之處罰）

對經營金融機構間資金移轉帳務清算之金融資訊服務事業之核心資通系統，以下列方法之一，危害其功能正常運作者，處一年以上七年以下有期徒刑，得併科新臺幣一千萬元以下罰金：

一　無故輸入其帳號密碼、破解使用電腦之保護措施或利用電腦系統之漏洞，而入侵其電腦或相關設備。
二　無故以電腦程式或其他電磁方式干擾其電腦或相關設備。
三　無故取得、刪除或變更其電腦或相關設備之電磁紀錄。
製作專供犯前項之罪之電腦程式，而供自己或他人犯前項之罪者，亦同。
意圖危害國家安全或社會安定，而犯前二項之罪者，處三年以上十年以下有期徒刑，得併科新臺幣五千萬元以下罰金。
前三項情形致損及金融市場穩定者，加重其刑至二分之一。
第一項至第三項之未遂犯罰之。

解說

本條文第1項虛擬危害金融資通系統罪之構成要件有二：

（一）須以惡意軟體、阻斷服務攻擊（DDoS）、社交工程等資安攻擊方式，無故入侵、干擾核心資通系統之電腦或相關設備，其具體方法包括：

1.無故輸入其帳號密碼、破解使用電腦之保護措施或利用電腦系統之漏洞，而入侵金融資訊服務事業之電腦或相關設備。

2.無故以電腦程式或其他電磁方式干擾其電腦或相關設備。

3.無故取得、刪除或變更其電腦或相關設備之電磁紀錄。

（二）須危害經營金融機構間資金移轉帳務清算之金融資訊服務事業之核心資通系統設備功能正常運作。金融資訊服務事業之核心資通系統，倘遭受犯罪行為人以惡意軟體、阻斷服務攻擊、無故入侵、干擾核心資通系統之電腦或相關設備，將有影響國家安全或金融秩序安定之虞，為此明定處1年以上7年以

下有期徒刑，得併科新臺幣1,000萬元以下罰金。

　　對於製作專供犯前項之罪之電腦程式，而供自己或他人犯前項之罪者，本條文第2項規定，亦同第1項規定處罰。

　　本條文第3項為加重處罰之行為態樣，行為人採取虛擬破壞方式，如果是意圖危害國家安全或社會安定而犯之者，則加重處3年以上10年以下有期徒刑，得併科新臺幣5,000萬元以下罰金；如果行為人因而造成損及金融市場穩定的結果，其惡性重大有嚴懲之必要，本條文第4項規定，依所犯法條規定加重其刑至二分之一。對於未遂犯，本條文第5項規定，亦可加以處罰，區別既遂、未遂之標準，以經營金融機構間資金移轉帳務清算之金融資訊服務事業之核心資通系統設備功能，是否業已受有損害而無法正常運作為定，如有則為既遂，反之則為未遂。

第126條（違反反面承諾之處罰）
股份有限公司違反其依第三十條所為之承諾者，其參與決定此項違反承諾行為之董事及行為人，處三年以下有期徒刑、拘役或科或併科新臺幣一百八十萬元以下罰金。

解說

　　本條文係規定違反「反面承諾罪」，其構成要件有三：

　　(一) 組織型態須為股份有限公司，依公司法規定，我國公司分為下列四種：

　　1.無限公司：指二人以上股東所組織，對公司債務負連帶無限清償責任之公司。

2.有限公司：由一人以上股東所組織，就其出資額為限，對公司負其責任之公司。

3.兩合公司：指一人以上無限責任股東，與一人以上有限責任股東所組織，其無限責任股東對公司債務負連帶無限清償責任；有限責任股東就其出資額為限，對公司負其責任之公司。

4.股份有限公司：指二人以上股東或政府、法人股東一人所組織，全部資本分為股份；股東就其所認股份，對公司負其責任之公司。

本條文有關違反「反面承諾罪」的處罰，其適用對象，僅限於「股份有限公司」，讀者允宜特別注意。

(二) 須其所違反的為對本法第30條所為的承諾，按本法第30條第1項前段規定「銀行辦理放款、開發信用狀或提供保證，其借款人、委任人或被保證人為股份有限公司之企業，如經董事會決議，向銀行出具書面承諾，以一定財產提供擔保，及不再以該項財產提供其他債權人設定質權或抵押權者，得免辦或緩辦不動產或動產抵押權登記或質物的移轉占有」，其目的本在簡化銀行擔保手續，增加股份有限公司取得融資的便利；若借款人違反此項承諾，將其財產再設定抵押給第三人，不僅破壞本法建立反面承諾制度的意旨，並危及銀行債權的確保，故應予處罰。

(三) 被處罰對象，為參與決定此項違反承諾行為的董事及行為人，又其參與決定，必須在參與時表示同意或支持此項違反承諾時，才可處罰；若行為人在參與決定時，持反對或異議立場，雖最後未獲接納，其公司仍為違反反面承諾的行為，該反對或異議的董事、行為人，自不得加以處罰。

　　本罪的法定刑爲3年以下有期徒刑、拘役或科或併科新臺幣180萬元以下罰金，比前條規定爲輕。

第127條（收受不當利益之處罰）

違反第三十五條規定者，處三年以下有期徒刑、拘役或科或併科新臺幣五百萬元以下罰金。但其他法律有較重之處罰規定者，依其規定。

違反第四十七條之二或第一百二十三條準用第三十五條規定者，依前項規定處罰。

解說

　　本條文係規定非法收受佣金或不當利益罪之處罰，立法者鑑於銀行從業人員，經營銀行客戶存、放款、匯款等業務時，與客戶往來頻繁，共同勾串、舞弊之機會甚多，如有收取不當利益之行爲，不但增加客戶負擔，並嚴重損及銀行之權益和公眾形象，甚而破壞金融秩序，爲徹底根除少數不肖銀行人員不當獲取業務上之不法利益，而於本條文明文規定其處罰。

　　本條文第1項之構成要件有三：

　　(一) 犯罪主體須爲銀行負責人或職員，稱「銀行負責人」，係指依公司法或其他法律、或其組織章程所定應負責的人（§18）、所稱「職員」，則指在特定銀行從事實際業務或工作的人員，至於業務的性質、工作的類別如何，對犯罪的構成，均不生影響。

　　(二) 行爲人在主觀上，必須出於故意，且有索取或收受佣金、酬金或其他不當利益等意圖。

(三) 所違反的犯罪，須為本法第35條行員收受不當利益禁止的規定，故凡銀行負責人及職員，假藉任何原因事由，向存戶、借款人或其他顧客收受佣金、酬金或其他不當利益時，即構成本罪。所謂「不當利益」，指佣金、酬金以外，其他足以供人需要或滿足人類慾望的一切有形或無形的利益，如：致贈貴重禮品、給予股票、回扣、提供娛樂、餐飲享受等。

本罪的法定刑為3年以下有期徒刑、拘役或科或併科新臺幣500萬元以下罰金。又本條文但書規定，其他法律有較重的處罰規定時，依其規定，例如：公營銀行（如臺灣銀行、土地銀行）的負責人，因具有公務員身分，如對於職務上的行為收受賄賂或其他不正當利益，可依較重的貪污治罪條例第4條至第6條的相關規定，加以處罰，無庸再適用本條文規定。

又銀行法89年11月1日修正時，對於經營貨幣市場業務之機構，如中興、中華與國際票券金融股份有限公司；及外國銀行之經營、管理，均於第47-2條、第123條分別加以規範，為配合前開修正，本條文第2項乃再明文規定，上開金融機構有違反本法第35條行員收受不當利益禁止之規定時，亦得處3年以下有期徒刑、拘役或科或併科新臺幣500萬元以下罰金，但其他法律有較重之處罰規定者，依其規定，以供適用。

實例

某公營銀行臺中分行裏理，接受客戶盛筵款待，並給予數100萬元佣金後，明知該客戶擔保品不足，仍核准給予高額貸款，該裏理應負何種刑責？

按公股逾50%以上的銀行，為公營銀行，其銀行的負責人或職員，均具有公務員身分。若該公務員違法收受客戶佣金，

雖構成本法第127條第1項的非法收受不當利益罪；但因其同時
又觸犯貪污治罪條例第4條第1項第5款對於違背職務的行為收
受賄賂罪，此時依法條競合原則，逕依貪污治罪條例的較重規
定處罰即可。（按貪污治罪條例第4條規定：「有下列行為之
一者，處無期徒刑或十年以上有期徒刑，得併科新臺幣一億元
以下罰金：一、竊取或侵占公用或公有器材、財物者。二、藉
勢或藉端勒索、勒徵、強占或強募財物者。三、建築或經辦公
用工程或購辦公用器材、物品，浮報價額、數量、收取回扣或
有其他舞弊情事者。四、以公用運輸工具裝運違禁物品或漏稅
物品者。五、對於違背職務之行為，要求、期約或收受賄賂
或其他不正利益者。（I）前項第一款至第四款之未遂犯罰之。
（II）」）

第127條之1（不當關係人交易之罰則）
銀行違反第三十二條、第三十三條、第三十三條之二或適用
第三十三條之四第一項而有違反前三條規定或違反第九十一
條之一規定者，其行為負責人，處三年以下有期徒刑、拘役
或科或併科新臺幣五百萬元以上二千五百萬元以下罰金。
銀行依第三十三條辦理授信達主管機關規定金額以上，或依
第九十一條之一辦理生產事業直接投資，未經董事會三分之
二以上董事之出席及出席董事四分之三以上同意者或違反主
管機關依第三十三條第二項所定有關授信限額、授信總餘額
之規定或違反第九十一條之一有關投資總餘額不得超過銀行
上一會計年度決算後淨值百分之五者，其行為負責人處新臺
幣二百萬元以上五千萬元以下罰鍰，不適用前項規定。

外國銀行違反第一百二十三條準用第三十二條、第三十三條、第三十三條之二或第三十三條之四規定者，其行為負責人依前二項規定處罰。

前三項規定於行為負責人在中華民國領域外犯罪者，適用之。

解說

本條文第1項係規定違反授信限制罪，其構成要件有四：

(一) 犯罪主體須為本法所規定的銀行。

(二) 須有違背法律所設禁止或限制規定的行為。

(三) 所違反的須為第32條、第33條、第33-2條、第33-4條第1項或第91-1條的規定。按本法第32條規定，禁止銀行對其關係企業及內部人等為無擔保授信；第33條規定，銀行對其關係企業及內部人員等為擔保授信時，應有十足擔保，且其條件不得優於其他同類客戶；第33-2條規定，銀行不得與往來銀行進行對關係人等交互辦理規避前述兩條規定的授信；第33-4條第1項規定，禁止銀行對其關係企業及內部人員，利用人頭向本行或往來銀行辦理授信；第91-1條規定，工業銀行對其關係人之生產事業直接投資之限制規定等。銀行如有違反上開規定時，即構成本條違反授信限制罪。

(四) 處罰對象，為違法不當授信時，依法應負責任的行為人。

本罪的法定刑為3年以下有期徒刑、拘役或科或併科新臺幣500萬元以上2,500萬元以下罰金。

其次，銀行依第33條辦理授信達中央主管機關規定金額以上，或依第91-1條辦理生產事業直接投資，未經董事會三分之二以上董事之出席及出席董事四分之三以上同意者或違反中

央主管機關依第33條第2項所定有關授信限額、授信總餘額之規定或違反第91-1條有關投資總餘額不得超過銀行上一會計年度決算後淨值5%者，本質上爲違反行政法之行爲，不具有反道德及反倫理的非難性，立法者認爲處以行政罰較爲妥適，爲此於本條文第2項原規定，其行爲負責人處新臺幣200萬元以上1,000萬元以下罰鍰，不適用前項刑罰之規定。

民國108年4月17日修正銀行法時，爲強化銀行遵循法令，達到嚇阻違法之效，兼顧金融市場發展，參酌德國、日本立法例，與我國銀行規模、違規行爲之嚴重程度及金融消費者保護法第30-1條第2項，修正本條文第2項規定，就銀行辦理利害關係人之授信或投資案，未依程序規定或超逾限額者，將罰鍰上限由新臺幣1,000萬元提高爲5,000萬元，以擴大罰鍰級距，俾主管機關得視違法情節輕重、可責性及機構規模大小等因素，核處適當之罰鍰金額。

至本國銀行之海外分行爲總行之分支機構，仍應遵守國內之法律規範，對於海外分行之行爲負責人在中華民國領域外，違反第32、第33條、第33-2條等規定者，亦有加以處罰之必要，但因本條刑度最高爲3年，爲免因刑法第7條規定，不罰及國人在海外之行爲，爰參考臺灣地區與大陸地區人民關係條例第81條之立法例，增訂第4項規定，使海外分行負責人在中華民國領域外違反第32條、第33條、第33-2條之行爲，亦可加以處罰。

至於外國銀行部分，由於本法第116條對於外國銀行之定義，係指在中華民國境內依公司法及本法設立之分行，故增訂第3項所處罰之外國銀行行爲負責人僅限於在中華民國境內設立之分行負責人，即其在中華民國領域外違反前三項之行爲亦

有適用；惟外國銀行總行及其他國家分行之管理，在國際金融監理分工上，應由各該母國負監理責任，並依各該母國之法律規範辦理，經考量對我國金融秩序影響有限，且本法所稱外國銀行負責人僅限於在中華民國境內設立之分行之負責人，因此第4項規定尚不及於其總行或在其他國家分行之負責人，併予敘明。

實例

黃忠為甲銀行分行經理，目睹其叔父所獨資經營的五金行，因資金短絀即將停業，乃核准對該五金行為無擔保放款新臺幣500萬元，則黃忠是否構成犯罪？

本案黃忠為甲銀行分行經理，為銀行的負責人；而其叔父因係三親等血親，所獨資經營的五金行，則為本法第32-1條第2款所指的利害關係人，準此依本法第32條第1項規定，黃忠應不得對其叔父所獨資經營的事業為無擔保放款，其違反該項規定，應依本法第127-1條第1項的違反授信限制罪加以處罰。

第127條之2（違反監管接管等處置之罰則）

違反主管機關依第六十二條第一項規定所為之處置，足以生損害於公眾或他人者，其行為負責人處一年以上七年以下有期徒刑，得併科新臺幣二千萬元以下罰金。

銀行負責人或職員於主管機關指定機構派員監管或接管或勒令停業進行清理時，有下列情形之一者，處一年以上七年以下有期徒刑，得併科新臺幣二千萬元以下罰金。

一 於主管機關指定期限內拒絕將銀行業務、財務有關之帳冊、文件、印章及財產等列表移交予主管機關指定之監

> 管人、接管人或清理人,或拒絕將債權、債務有關之必
> 要事項告知或拒絕其要求不為進行監管、接管或清理之
> 必要行為。
> 二 隱匿或毀損有關銀行業務或財務狀況之帳冊文件。
> 三 隱匿或毀棄銀行財產或為其他不利於債權人之處分。
> 四 對主管機關指定之監管人、接管人或清理人詢問無正當
> 理由不為答復或為虛偽之陳述。
> 五 捏造債務或承認不真實之債務。
> 違反主管機關依第四十七條之二或第一百二十三條準用第
> 六十二條第一項、第六十二條之二或第六十二條之五規定所
> 為之處置,有前二項情形者,依前二項規定處罰。

解說

　　本文第1項係規定違反勒令停業限期清理罪,其構成要件
有四:

　　(一) 犯罪主體為本法所規定的銀行。

　　(二) 須有違反中央主管機關依本法所為行政處分的行為。

　　(三) 所違反的內容,須為第62條第1項中央主管機關的
「派員接管、勒令停業清理或為其他必要之處置」等處分,由
於金融監督管理委員會為銀行的中央主管機關,在其監督過程
中,對於發生經營危機的銀行,可以依本法第62條第1項的規
定,對該銀行採取適當的處置,包括:派員接管、勒令停業並
限期清理或為其他必要處置,必要時並得通知有關機關或機構
禁止其負責人財產為移轉、交付或設定他項權利,函請入出國
管理機關限制其出國。如銀行違反金融監督管理委員會前述處
置,而足以生損害於公眾或第三人時,即構成本罪。

(四) 處罰對象，亦為犯罪行為發生時，依法應負責任的人。

銀行法於89年11月1日修正時，在本條文第2項對銀行董事、監察人、經理人等負責人或銀行之職員，於主管機關指定機構派員監管、接管或勒令停業進行清算時，有1.於中央主管機關指定期限內拒絕將銀行業務、財務有關之帳冊、文件、印章及財產等列表移交予主管機關指定之監管人、接管人或清理人，或拒絕將債權、債務有關之必要事項告知或拒絕其要求不為進行監管、接管或清理之必要行為。2.隱匿或毀損有關銀行業務或財務狀況之帳冊文件。3.隱匿或毀棄銀行財產或為其他不利於債權人之處分。4.無故對中央主管機關指定之監管人、接管人或清理人詢問不為答復或為虛偽之陳述。5.故意捏造債務或承認不真實之債務等情形時，予以適當的處罰。

惟應注意者，本條項與刑法第352條所規定的毀損文書罪其犯罪客體不同，前者包括銀行相關人員因職務關係所編制的報表，且不以生損害於公眾或他人為限；後者以毀損他人文書為限，且須有生損害公眾或第三人始可成立。再者，中央主管機關派員監管、接管的目的，在迅速有效處理問題銀行，以免銀行相關人員藉口拒絕移交、隱匿或毀棄帳冊文件或財產，不為答復或捏造、承認不真實的債務等手段，延冗破壞中央主管機關的處理，遂仿照公司法第293條的規定，增列第2項，並將法定刑定為1年以上7年以下有期徒刑，得併科新臺幣2,000萬元以下之罰金。

另對於經營貨幣市場業務之機構或外國銀行，因業務或財務狀況顯著惡化，有本法第62條第1項事由，經金融監督管理委員會為派員監管、勒令歇業清理或為其他必要之處分時，故

意違反主管機關前述處置，而足以生損害於公眾或第三人時，依本條文第3項規定，其行為負責人亦構成違反勒令停業限期清理罪；倘係拒絕將有關之帳冊、文件、印章及財產移交監管人、接管人、清理人，或有隱匿、毀損財務狀況之帳冊、拒絕答復清理人之詢問、捏造不實債務等情事時，則得依前項規定處罰之。

第127條之3（刪除）

第127條之4（對法人之處罰）

法人之負責人、代理人、受雇人或其他職員，因執行業務違反第一百二十五條至第一百二十七條之二規定之一者，除依各該條規定處罰其行為負責人外，對該法人亦科以各該條之罰鍰或罰金。

前項規定，於外國銀行準用之。

解說

　　本法第125條違反專業經營罪、第125-1條妨害銀行信用罪、第125-2條背信罪、第126條違反反面承諾罪、第127條非法收受傭金或不法利益罪、第127-1條違反授信限制罪及行政罰、第127-2條違反勒令停業限期清理罪，其處罰對象均僅於行為負責人。89年11月1日修正銀行法時，改採「兩罰規定」，凡法人之負責人、代理人、受雇人或其他職員，因執行業務有違反前述規定者，除依各該規定處罰其行為負責人外，

對該法人亦可科以行政罰鍰或刑事制裁。

　　惟法人之刑事制裁，究與自然人有別，無從執行死刑、無期徒刑、有期徒刑或拘役等刑罰，故只得科以「罰金」。此種兩罰規定，依本條文第2項，於外國銀行得準用之。

第127條之5（違反使用銀行名稱之處罰）
違反第二十條第三項規定者，處三年以下有期徒刑、拘役或科或併科新臺幣五百萬元以下罰金。
法人犯前項之罪者，處罰其行為負責人。

解說

　　為保護消費者權益，民國94年5月18日修正銀行法，為配合修正第20條第3項規定，而增訂相關罰則。另在票券金融管理法也有類似規定，其第61條：「違反第六條或第八條第一項規定者，處三年以下有期徒刑、拘役或科或併科新臺幣五百萬元以下罰金」，可供參照。

　　本條文第1項違反不得使用易於使人誤認其為銀行名稱罪之構成要件有二：

　　(一) 須有違反法律之行為，所謂「違反」，即行為人故意以積極性作為，違背法律所設禁止規定。

　　(二) 所違反者，須為第20條第3項所規定：「非銀行，不得使用第一項名稱或易使人誤認其為銀行之名稱」；按銀行為經營存款、放款、匯兌、儲蓄等業務，充當信用媒介和支付媒介的金融機構，已如前述。我國銀行分為商業銀行、專業銀行、信託投資公司三種，如非前開三種銀行，而故意使用銀行

名稱或易使人誤認其為銀行之名稱，使消費者混淆，自足以擾亂金融秩序，破壞銀行專業經營制度，應加以處罰。本罪的法定刑為3年以下有期徒刑、拘役或科或併科新臺幣500萬元以下罰金。

　　本條文第2項係規定法人犯罪的處罰，對於法人違反不得使用易於使人誤認其為銀行名稱罪時，以其行為負責人為處罰對象，至所稱「行為負責人」，則指犯罪行為發生時，依法應負責任的人，如股份有限公司的董事長、董事，或銀行的經理人、清算人等是。

第128條（怠於申報或違反參與決定之處罰）
銀行之董事或監察人違反第六十四條第一項規定怠於申報，或信託投資公司之董事或職員違反第一百零八條規定參與決定者，各處新臺幣二百萬元以上一千萬元以下罰鍰。
外國銀行負責人或職員違反第一百二十三條準用第一百零八條規定參與決定，依前項規定處罰。
銀行股東持股違反第二十五條第二項、第三項或第五項規定未向主管機關申報或經核准而持有股份者，處該股東新臺幣二百萬元以上一千萬元以下罰鍰。
經營金融機構間資金移轉帳務清算之金融資訊服務事業或金融機構間徵信資料處理交換之服務事業，有下列情形之一者，處新臺幣二百萬元以上五千萬元以下罰鍰：
一　主管機關派員或委託適當機構，檢查其業務、財務及其他有關事項或令其於限期內提報財務報告或其他有關資料時，拒絕檢查、隱匿毀損有關資料、對檢查人員詢問無正當理由不為答復或答復不實、逾期提報資料或提報不實或不全。

二　未經主管機關許可，擅自停止其業務之全部或一部。

三　除其他法律或主管機關另有規定者外，無故洩漏因職務知悉或持有他人之資料。

經營金融機構間徵信資料處理交換之服務事業，未經主管機關許可，而擅自營業者，依前項規定處罰。

解說

　　銀行虧損逾資本三分之一時，其情況顯然相當嚴重，足以影響財務結構，並損害客戶權益，為此本法於第64條第1項規定，此時該銀行的董事或監察人應即向金融監督管理委員會申報，以便主管機關能及時下令補足，為防止負責人怠於申報而致貽誤時機，本條文第1項規定可處新臺幣200萬元以上1,000萬元以下的罰鍰。

　　另在信託投資公司方面，因該公司負責為信託人經理及運用信託資金與經營信託財產，為保護信託人利益，防止信託投資公司本身或內部人員與信託人，處於不同當事人地位，本法於第108條第1項明定，信託投資公司不得承受信託財產等內部交易的行為。不過，如果該內部交易係因法院裁判結果，或經信託人書面同意，並依市價讓購，或係由集中市場公開競價讓購時，因其過程公平合理，不至於損及信託人權益，故本法例外准許進行該內部交易行為；但是信託投資公司在為前述內部交易行為時，除應依規定報請主管機關核備外，凡與該項交易具有利害關係的董事或職員，不得參與交易行為的決定，以期此類交易的進行，完全基於業務需要，排除人為因素，藉以維護信託投資公司的整體利益，違反本項規定仍繼續參與決定的董事或職員，應依本條文第1項後段加以行政制裁。

外國銀行依本法第123條準用第108條規定，不得從事內部交易行為，除非該內部交易係因法院裁判結果，或經信託人書面同意，或係由集中市場公開競價購讓者，始可例外為之。但是外國銀行在為前述內部交易行為時，應先依規定報請金融監督管理委員會核備外，凡與該項交易具有利害關係之銀行負責人或職員，均不得參與該項交易之決定，如有違反參與決定者，依本條文第2項規定，均可處200萬元以上1,000萬元以下罰鍰。

關於銀行股東之持股，本法為使銀行股權分散，讓所有權與經營權分離，避免金融壟斷情形發生，而對大股東持股加以限制，為此於第25條第2項規定：「同一人或同一關係人單獨、共同或合計持有同一銀行已發行有表決權股份總數超過百分之五者，自持有之日起十日內，應向主管機關申報；持股超過百分之五後累積增減逾一個百分點者，亦同。」第3項規定：「同一人或同一關係人擬單獨、共同或合計持有同一銀行已發行有表決權股份總數超過百分之十、百分之二十五或百分之五十者，均應分別事先向主管機關申請核准。」第5項規定：「本法中華民國九十七年十二月九日修正之條文施行前，同一人或同一關係人單獨、共同或合計持有同一銀行已發行有表決權股份總數超過百分之五而未超過百分之十五者，應自修正施行之日起六個月內向主管機關申報，於該期限內向主管機關申報者，得維持申報時之持股比率。但原持股比率超過百分之十者，於第一次擬增加持股時，應事先向主管機關申請核准。」凡銀行股東持股違反該第25條第2項、第3項或第5項規定者，依本條文第3項規定，處該股東新臺幣200萬元以上1,000萬元以下罰鍰。

對於經營金融機構間資金移轉帳務清算之金融資訊服務事業或金融機構間徵信資料處理交換之服務事業，有(一)主管機關派員或委託適當機構，檢查其業務、財務及其他有關事項或令其於限期內提報財務報告或其他有關資料時，拒絕檢查、隱匿毀損有關資料、無故對檢查人員詢問不為答復或答復不實、逾期提報資料或提報不實或不全者；(二)未經主管機關許可，擅自停止其業務之全部或一部者；(三)除其他法律或主管機關另有規定者外，無故洩漏因職務知悉或持有他人之資料者；(四)經營銀行間徵信資料處理交換之服務事業，未經中央主管機關許可，而擅自營業者，依本條文第4、5項規定，以其違背行政法上義務，亦得科以200萬元以上5,000萬元以下罰鍰。

民國108年4月17日修正銀行法時，鑑於我國目前辦理銀行間徵信資料處理交換之服務事業為財團法人金融聯合徵信中心，該中心之會員除銀行外，尚包括票（證）券金融公司、信用合作社、農漁會信用部、產壽險公司、信用卡公司及中華郵政股份有限公司等，為此將本條文第4、5項所定「銀行」，修正為「金融機構」，並酌作文字修正，以符合實務運作現況。

第129條（違規營業等之罰則）

有下列情事之一者，處新臺幣二百萬元以上五千萬元以下罰鍰：

一 違反第二十一條、第二十二條或第五十七條或違反第一百二十三條準用第二十一條、第二十二條或第五十七條規定。

二 違反第二十五條第一項規定發行股票。

三　違反第二十八條第一項至第三項或違反第一百二十三條
　　準用第二十八條第一項至第三項規定。

四　違反主管機關依第三十三條之三或第三十六條或依第
　　一百二十三條準用第三十三條之三或第三十六條規定所
　　為之限制。

五　違反主管機關依第四十三條或依第一百二十三條準用第
　　四十三條規定所為之通知，未於限期內調整。

六　違反第四十四條之一或主管機關依第四十四條之二第一
　　項所為措施。

七　未依第四十五條之一或未依第一百二十三條準用第
　　四十五條之一規定建立內部控制與稽核制度、內部處理
　　制度與程序、內部作業制度與程序或未確實執行。

八　未依第一百零八條第二項或未依第一百二十三條準用第
　　一百零八條第二項規定報核。

九　違反第一百十條第四項或違反第一百二十三條準用第
　　一百十條第四項規定，未提足特別準備金。

十　違反第一百十五條第一項或違反第一百二十三條準用第
　　一百十五條第一項募集共同信託基金。

十一　違反第四十八條規定。

解說

　　本條文為對於違反營業等規定的行政罰鍰，內容可分述
如下：

　　(一) 違反第21條、第22條或第57條或違反第123條準用第
21條、第22條或第57條規定：

　　1.違反第21條，銀行非經設立不得營業的規定。

　　2.違反第22條，銀行不得經營未經主管機關核定經營業務

的規定。

　　3.違反第57條，銀行增設、遷移或裁撤分支機構應申請主管機關許可，或銀行設置、遷移或裁撤非營業用辦公場所或營業場所外自動化服務設備，應事先向主管機關申請的規定。

　　4.外國銀行依第123條準用第21條、第22條、第57條規定，也有本條款之適用。

　　(二) 違反第25條第1項規定發行股票：銀行法為防止銀行股份為大股東或利益集團所操縱，致影響銀行經營與國家金融，而於第25條第1項明確規定銀行發行股票，應採記名方式，如有違反上開規定，以無記名方式發行股票者，依本條款規定裁處罰鍰。

　　(三) 違反第28條第1～3項或違反第123條準用第28條第1～3項規定：

　　1.違反第28條第1～3項，商業銀行及專業銀行經營信託或證券業務，其營業及會計必須獨立的規定；未指撥營運資金專款經營、經營信託業務未符合本法第六章規定者。

　　2.外國銀行違反前開第28條第1～3項而經營信託或證券業務者，也有本條款之適用。

　　(四) 違反主管機關依第33-3條或第36條或依第123條準用第33-3條或第36條規定所為之限制：

　　1.違反中央主管機關依第33-3條，關於銀行就同一人或同一關係人授信限制規定。

　　2.違反第36條，關於銀行無擔保放款，或銀行主要資產負債比率、主要負債與淨值比率標準規定所為的限制者。

　　3.外國銀行違反上開規定者，也有本條款之適用。

　　(五) 違反主管機關依第43條或依第123條準用第43條規定

所為之通知，未於限期內調整：

　　1.為促使銀行對其資產保持適當之流動性，中央銀行經洽商主管機關金融監督管理委員會後，得隨時就銀行流動資產與各項負債之比率，規定其最低標準。未達最低標準者，主管機關應通知限期調整之。銀行對於主管機關限期調整銀行流動資產與各項負債比率的通知，而未於限期內調整者，依本條款規定裁罰。

　　2.外國銀行有違反上開規定者，也有本條款之適用。

　　(六) 違反第44-1條或主管機關依第44-2條第1項所為措施：

　　1.民國97年12月9日修正銀行法時，在第44-1條規定：「銀行有下列情形之一者，不得以現金分配盈餘或買回其股份：一、資本等級為資本不足、顯著不足或嚴重不足。二、資本等級為資本適足者，如以現金分配盈餘或買回其股份，有致其資本等級降為前款等級之虞。（I）前項第一款之銀行，不得對負責人發放報酬以外之給付。但經主管機關核准者，不在此限。（II）」另第44-2條第1項，針對資本不足者、資本顯著不足者及資本嚴重不足者，採行不同之監理措施，如資本不足、顯著不足或嚴重不足銀行，有違反上開規定，以現金分配盈餘或買回其股份，對負責人發放報酬以外之給付，或違反主管機關依第44-2條第1項所為措施，依本條文第6款規定裁處罰鍰。

　　2.至於銀行負責人違反第44-2條第1項規定，未依限提出或未確實執行資本重建或其他財務業務改善計畫者，則逕依第129-2條處罰，併予敘明。

　　(七) 未依第45-1條或未依第123條準用第45-1條規定建立內部控制與稽核制度、內部處理制度與程序、內部作業制度與

程序或未確實執行：

　　1.94年5月18日修正銀行法時，為促進銀行健全經營，維護銀行資產之安全及確保會計資訊之可靠及完整性，並符合授權明確性要求，明文規定銀行應建立內部控制及稽核制度。金融監督管理委員會業於99年3月29日訂定「金融控股公司及銀行業內部控制及稽核制度實施辦法」，以供依循，並於101年3月2日、103年8月8日、104年5月12日、105年7月5日、106年3月22日、107年3月31日、110年9月23日作多次修正。如銀行違反本條款，未建立內部控制與稽核制度、內部處理制度與程序、內部作業制度與程序或未確實執行，依本條款規定裁處罰鍰。

　　2.外國銀行有違反上開規定者，也有本條款之適用。

　　(八) 未依第108條第2項或未依第123條準用第108條第2項規定報核：

　　1.為禁止信託投資公司本身或內部職員，與信託人為交易行為，致與信託本旨發生衝突，甚或造成信託人權益受損，本法對信託投資公司之內部交易行為，設有禁止與限制規定；惟如其交易行為，是源於法院的民事裁判結果，或其交易已獲得信託人本人同意，且依市價讓購或由集中市場公開競價讓購時，本法則例外准許，但應依規定報請主管機關核備。如未依規定報請主管機關核備者，依本條款規定裁處罰鍰。

　　2.外國銀行有違反上開規定者，也有本條款之適用。

　　(九) 違反第110條第4項或違反第123條準用第110條第4項規定，未提足特別準備金：

　　1.對於普通信託資金，本法准許信託投資公司，得以信託契約約定，由公司賠償信託人本金的損失。對於此種應賠償的

本金損失，信託投資公司應於每會計年度終了時確實評審，依信託契約約定，由公司以特別準備金撥付；該項特別準備金，應由公司每年在信託財產收益項下，依金融監督管理委員會核定的標準提撥，違反本規定未提特別準備金者，依本條款規定裁處罰鍰。

2.外國銀行有違反上開規定者，也有本條款之適用。

(十) 違反第115條第1項或違反第123條準用第115條第1項募集共同信託基金：

1.本法對於共同基金的募集，採取頗為嚴謹的態度，要求信託投資公司募集此類基金前，應先擬具發行計畫，報經金融監督管理委員會核准後，始可辦理，如有違反上開規定，依本條款規定裁處罰鍰。

2.外國銀行有違反上開規定者，也有本條款之適用。

(十一) 違反第48條規定：

1.按銀行所得經營的業務繁多，又為一種大眾服務事業，對於經濟社會的影響很大，所以在外國立法例中，都有明文規範銀行對客戶存放款保密的義務。因為銀行如果隨意將客戶存款放款、信用或財務狀況洩漏予第三人，勢必失去客戶的信賴，故銀行對客戶存放款守密的義務，非僅為道德上義務，同時也是法律上義務。

2.為此本法第48條第2項規定：「銀行對於客戶之存款、放款或匯款等有關資料，除有下列情形之一者外，應保守秘密：一、法律另有規定。二、對同一客戶逾期債權已轉銷呆帳者，累計轉銷呆帳金額超過新臺幣五千萬元，或貸放後半年內發生逾期累計轉銷呆帳金額達新臺幣三千萬元以上，其轉銷呆帳資料。三、依第一百二十五條之二、第一百二十五條之三或

第一百二十七條之一規定，經檢察官提起公訴之案件，與其有關之逾期放款或催收款資料。四、其他經主管機關規定之情形。」民國97年12月9日修正銀行法，為配合修正第48條第2項規定，而在本條款增訂如銀行違反保密義務規定，依本條文第11款規定裁處罰鍰。

違反上開規定者，均得處新臺幣200萬元以上1,000萬元以下之行政罰鍰。民國108年4月17日修正銀行法時，為強化銀行遵循法令，達到嚇阻違法之效，兼顧金融市場發展，參酌德國、日本立法例，與我國銀行規模、違規行為之嚴重程度及金融消費者保護法第30-1條第2項修正本條文，就銀行辦理利害關係人之授信或投資案，未依程序規定或超逾限額者，將罰鍰上限由新臺幣1,000萬元提高為5,000萬元，以擴大罰鍰級距，俾主管機關得視違法情節輕重、可責性及機構規模大小等因素，核處適當之罰鍰金額。

第129條之1（妨害金融檢查之處罰）
銀行或其他關係人之負責人或職員於主管機關依第四十五條規定，派員或委託適當機構，或令地方主管機關派員，或指定專門職業及技術人員，檢查業務、財務及其他有關事項，或令銀行或其他關係人於限期內據實提報財務報告、財產目錄或其他有關資料及報告時，有下列情事之一者，處新臺幣二百萬元以上五千萬元以下罰鍰：
一　拒絕檢查或拒絕開啟金庫或其他庫房。
二　隱匿或毀損有關業務或財務狀況之帳冊文件。
三　對檢查人員詢問無正當理由不為答復或答復不實。

四　逾期提報財務報告、財產目錄或其他有關資料及報告，
　　或提報不實、不全或未於規定期限內繳納查核費用。
外國銀行之負責人、職員或其他關係人於主管機關依第一百
二十三條準用第四十五條規定，派員或委託適當機構，或指
定專門職業及技術人員，檢查業務、財務及其他有關事項，
或令其或其他關係人於限期內據實提報財務報告、財產目錄
或其他有關資料及報告時，有前項所列各款情事之一者，依
前項規定處罰。

解說

　　為利金融檢查時得以充分掌握資訊，89年11月1日修正銀
行法時，爰增訂妨害金融檢查之處罰規定。

　　按銀行法為加強主管機關金融檢查功能，推動金融資訊公
開及督促銀行確實遵守銀行法的規定，辦理業務，而於第45條
特別賦予主管機關金融監督管理委員會，對銀行及業務財產有
檢查之許可權。其檢查之方式，可以由檢查機關派員實地檢查
銀行或其他關係人的業務、財務或其他有關事項；亦得命令銀
行或其他關係人於限期內據實提報財務報表、財產目錄或其他
有關資料及報告；如有必要，更可指定律師、會計師等專業人
員，就應行檢查事項、報表或資料等加以查核。

　　銀行或其他關係人之負責人或職員於中央主管機關依第45
條規定，派員或委託適當機構，或指定專門職業及技術人員，
檢查業務、財務及其它有關事項，或令銀行或其他關係人於限
期內據實提報財務報告、財產目錄或其他有關資料及報告時，
有(一)拒絕檢查或拒絕開啟金庫或其他庫房；(二)隱匿或毀損
有關業務或財務狀況之帳冊文件；(三)無故對檢查人員詢問不

為答復或答復不實；(四)逾期提報財務報告、財產目錄或其他有關資料及報告，或提報不實、不全或未於規定期限內繳納查核費用。依本條文第1項規定，可處新臺幣200萬元以上5,000萬元以下罰鍰。

　　外國銀行之負責人、職員或其他關係人於主管機關依第123條準用第45條規定，派員或委託適當機構，或指定專門職業及技術人員、檢查業務、財務及其它有關事項，或令其或其他關係人於限期內據實提報財務報告、財產目錄或其他有關資料及報告時，有前項所列拒絕檢查、隱匿或毀損有關業務或財務狀況之帳冊、提報不實表冊等情形時，依本條文第2項規定，亦得以妨害金融檢查，而裁處200萬元以上5,000萬元以下之罰鍰。

第129條之2（違反資本重建或其他計畫之罰則）
銀行負責人違反第四十四條之二第一項規定，未依限提出或未確實執行資本重建或其他財務業務改善計畫者，處新臺幣二百萬元以上五千萬元以下罰鍰。

解說

　　為維持銀行穩健經營，降低處理問題金融機構之成本，建立以銀行資本適足率為監理衡量與退出市場機制之標準，民國97年12月9日修正依銀行法時，將銀行資本適足率劃分為資本適足者、資本不足者、資本顯著不足者及資本嚴重不足者四類等級，並採行不同之監理措施。

　　為使立即糾正措施與金融機構退出市場機制整合，本法第

44-2條第1項規定，主管機關應依銀行資本等級，採取下列措施之一部或全部：

(一) 資本不足者：

1.命令銀行或其負責人限期提出資本重建或其他財務業務改善計畫。對未依命令提出資本重建或財務業務改善計畫，或未依其計畫確實執行者，得採取次一資本等級之監理措施。

2.限制新增風險性資產或為其他必要處置。

(二) 資本顯著不足者：

1.適用前款規定。

2.解除負責人職務，並通知公司登記主管機關於登記事項註記。

3.命令取得或處分特定資產，應先經主管機關核准。

4.命令處分特定資產。

5.限制或禁止與利害關係人相關之授信或其他交易。

6.限制轉投資、部分業務或命令限期裁撤分支機構或部門。

7.限制存款利率不得超過其他銀行可資比較或同性質存款之利率。

8.命令對負責人之報酬酌予降低，降低後之報酬不得超過該銀行成為資本顯著不足前十二個月內對該負責人支給之平均報酬之70%。

9.派員監管或為其他必要處置。

(三) 資本嚴重不足者：除適用前款規定外，應採取第62條第2項之措施。

銀行依前項規定執行資本重建或財務業務改善計畫之情形，主管機關得隨時查核，必要時得洽商有關機關或機構之意

見，並得委請專業機構協助辦理；又銀行業務經營有嚴重不健全之情形，或有調降資本等級之虞者，主管機關得對其採取次一資本等級之監理措施；有立即危及其繼續經營或影響金融秩序穩定之虞者，主管機關應重新審核或調整其資本等級。如銀行負責人有違反第44-2條第1項規定，未依限提出或未確實執行資本重建或其他財務業務改善計畫者，可處新臺幣200萬元以上5,000萬元以下罰鍰。

第130條（違反放款或投資等之處罰）

有下列情事之一者，處新臺幣一百萬元以上二千萬元以下罰鍰：

一 違反中央銀行依第三十七條第二項、第四十條或依第一百二十三條準用第三十七條第二項、第四十條所為之規定而放款。

二 違反第七十二條或違反第一百二十三條準用第七十二條或違反主管機關依第九十九條第三項所為之規定而放款。

三 違反第七十四條或違反第八十九條第二項、第一百十五條之一或第一百二十三條準用第七十四條之規定而為投資。

四 違反第七十四條之一、第七十五條或違反第八十九條第二項準用第七十四條之一或違反第八十九條第二項、第一百十五條之一或第一百二十三條準用第七十五條之規定而為投資。

五 違反第七十六條、或違反第四十七條之二、第八十九條第二項、第一百十五條之一或第一百二十三條準用第

七十六條之規定。

六 違反第九十一條或主管機關依第九十一條所為授信、投資、收受存款及發行金融債券之範圍、限制及其管理辦法。

七 違反第一百零九條或違反第一百二十三條準用第一百零九條之規定運用資金。

八 違反第一百十一條或違反第一百二十三條準用第一百十一條之規定。

解說

本條文為規定違反放款或投資等規定之處罰，凡有下列八款情形，均可處銀行100萬元以上2,000萬元以下罰鍰：

(一) 違反中央銀行依第37條第2項、第40條或依第123條準用第40條為之規定而放款者：

1.中央銀行主要職權之一，乃在負責貨幣政策，即於特定期間內控制貨幣供應量、信用供給量及信用成本（利率），來穩定物價、促進經濟成長和維持對外均衡，所以銀行第37條第2項明定：中央銀行遇國家經濟情況發生極端變動等「必要時」，可選擇某些種類擔保物，規定最高放款利率，藉以控制放款值，收縮信用，如有違反前述規定，應依本條文第1款規定加以處罰。

2.銀行對於中、長期放款之辦理，依銀行法第38條：「銀行對購買或建造住宅或企業用建築，得辦理中、長期放款，其最長期限不得超過三十年。但對於無自用住宅者購買自用住宅之放款，不在此限。」第39條：「銀行對個人購置耐久消費品得辦理中期放款；或對買受人所簽發經承銷商背書之本票，辦

理貼現。」前開兩個條文分別規定購屋或建築的貸款，與耐久消費品貸款，可以辦理中、長期放款。為使前開放款，得適用中、長期償還方式的放款，銀行法乃再於第40條規定：「前二條放款，均得適用中、長期分期償還放款方式；必要時，中央銀行得就其付現條件及信用期限，予以規定並管理之。」以兼顧借款人及銀行雙方之利益。如銀行有違反前述與中央銀行依第40條規定，所為銀行對購買或建造住宅或企業用建築，或個人購置耐久消費品放款的付現條件及信用期限的規定而放款者，即應依本條文第1款規定加以處罰。

3.外國銀行依銀行法第123條規定：「外國銀行準用第一章至第三章及第六章之規定」，是以外國銀行對購買或建造住宅、企業用建築，或個人購置耐久消費品放款的付現條件及信用期限之規定，亦有遵守我國中央銀行依本法第40條所為規定和管理之必要，如有違反，自得依本條文第1款規定處罰之。

(二) 違反第72條或違反第123條準用第72條或違反主管機關依第99條第3項所為之規定而放款者：

1.為改善過去商業銀行對資金的營運混濁不清，防止承作額度過高的授信行為，致影響銀行對即期負債的流通能力，銀行法第72條規定：「商業銀行辦理中期放款之總餘額，不得超過其所收定期存款總餘額」，如有違反，可依本條文第2款規定處罰。

2.為貫徹國民銀行達成地方性金融的使命，減少與商業銀行或其他專業銀行發生業務衝突情況，銀行法對於國民銀行的經營，採行分區經營原則，並於第99條規定：「國民銀行應分區經營，在同一地區內以設立一家為原則。(I)國民銀行對每一客戶之放款總額，不得超過一定之金額。(II)國民銀行設

立區域之劃分，與每戶放款總額之限制，由中央主管機關定之。（Ⅲ）」凡國民銀行違反上開條文第3項，中央主管機關就客戶放款總額的限制規定而放款者，可依本條文2款，裁處新臺幣100萬元以上2,000萬元以下罰鍰。

3.外國銀行依本法第123條規定，而準用第72條，如在辦理中期放款之總餘額，超過其所收定期存款總餘額時，亦可依本條款規定處罰。

(三) 違反第74條或違反第89條第2項、第115-1條或第123條準用第74條之規定而為投資者：

1.商業銀行的資金，主要來自於支票存款、活期存款等短期性、流動性較大的資金，而對於存款客戶負有即付的責任；如果任意投資於其他人企業或非自用不動產業務，將使資金長期凍結，損害其流動能力，為維持銀行資金的流動能力，銀行法對於投資之限制，規定於第74條，如有違反，自應依本條款規定處罰。

2.專業銀行係以供給工業、農業、輸出入、中小企業、不動產及地方性等專業信用為主之銀行。依銀行法第89條第2項規定：「第七十三條至第七十六條之規定，除法律或主管機關另有規定者外，於專業銀行準用之。」因此有關商業銀行就投資金融或非金融相關事業，在專業銀行亦應受本法第74條之限制，如有違反時主管機關可依本條款規定處罰。

3.信託投資公司，係以經營信託業務及從事與本市場有關特定投資為目的，發揮促進資金形成的一種專業金融機構，為建全信託投資公司之經營，銀行法第115-1條規定：「第七十四條、第七十五條及第七十六條之規定，於信託投資公司準用之。但經主管機關依第一百零一條第二項核准之業務，

不在此限。」是以信託投資公司在投資金融或非金融相關事業時，自應受本法第74條之限制，如有違反，依本條款規定處罰。

4.外國銀行依本法第123條準用第74條之結果，其投資金融或非金融相關事業亦須符合下列規定，以免受罰：

(1)投資總額不得超過投資時銀行淨值之40%，其中投資非金融相關事業之總額不得超過投資時淨值之10%。

(2)外國銀行投資金融相關事業，其屬同一業別者，除配合政府政策，經主管機關核准外，以一家為限。

(3)外國銀行投資非金融相關事業，對每一事業之投資金額不得超過該被投資事業實收資本總額或已發行股份總數之5%。

(四) 違反第74-1條、第75條或違反第89條第2項準用第74-1條或違反第89條第2項、第115-1條或第123條準用第75條之規定而為投資者：

1.依銀行法第74-1條規定：「商業銀行得投資有價證券；其種類及限制，由主管機關定之。」商業銀行如有違反前開投資有價證券之種類、限制規定，應依本條款規定處罰。目前主管機關將商業銀行投資有價證券的種類，限於公債、短期票券、金融債券及公營事業發行的公司債券、公開上市股票、經核准發行的證券投資信託基金受益憑證、中央銀行可轉讓定期存單及中央銀行儲蓄券等。又投資有價證券的限額，如投資上市公司股票、證券投資信託基金受益憑證總餘額，不得超過該銀行淨值的10%；該銀行於各種有價證券總餘額，不得超過該銀行所收存款總餘額及金融債券發售總和的20%；又商業銀行投資於每一公司之股票新股權利文書及債券換股權利證書的總

餘額，不得超過該公司已發行股份總數5%；且商業銀行不得投資於其負責人或主要股東擔任負責人公司所發行的股票、公司債券及短期票券等，均值得注意。

2.對於商業銀行投資自用不動產、非自用不動產，相關規定請見本法第75條，如有違反，自應依本條款規定處罰。

3.專業銀行對於投資有價證券或投資自用、非自用不動產，依銀行法第89條第2項規定可準用商業銀行章關於第74-1條及第75條之限制規定，如有違反上開規定時，依本條款規定處罰。

4.信託投資公司對於自用不動產，或非自用不動產之投資，依銀行法第115-1條規定，準用商業銀行章第75條限制之規定，如有違反該規定，依本條款規定可處新臺幣100萬元以上2,000萬元以下罰鍰。

5.外國銀行對於自用不動產之投資，除營業用倉庫外，依銀行法第123條準用第75條之結果，該項投資不得超過其於投資該項不動產時之淨值，投資營業用倉庫，不得超過其投資於該項倉庫時存款總餘額5%。又外國銀行原則上不得投資非自用不動產，但下列情況不在此限：

(1)營業所在地不動產主要部分為自用者。

(2)為短期內自用需要而預購者。

(3)原有不動產就地重建主要部分為自用者。

外國銀行依前述情況投資非自用不動產總金額不得超過公司淨值之20%，且與自用不動產投資合計之總金額不得超過銀行於投資該項不動產時之淨值。如外國銀行違反前開投資自用、非自用不動產之限制規定，主管機關可依本條款規定處罰。

（五）違反第76條、或違反第47-2條、第89條第2項、第115-1條或第123條準用第76條之規定者：

1.關於商業銀行承受擔保品之處分，銀行法第76條明文規定：「商業銀行因行使抵押權或質權而取得之不動產或股票，除符合第七十四條或第七十五條規定者外，應自取得之日起四年內處分之。但經主管機關核准者，不在此限。」立法要求自取得之日起4年內處分，在於避免銀行長期使用該擔保物或變相投資，而影響商業銀行資金的流通。對於該承受擔保品處分之規定，89年11月1日修正銀行法時，已將處分期限自「2年」，延長至「4年」，如銀行再有違反時，應依本條文第5款規定處罰。

2.經營貨幣市場之業務機構、專業銀行、信託投資公司及外國銀行，依銀行法第47-2條、第89條第2項、第115-1條或第123條規定準用第76條之結果，其因行使抵押權或質權而取得之不動產或股票，除符合第74條或第75條規定者外，亦應自取得之日起4年內處分，以免違規受罰。

（六）違反第91條或主管機關依第91條所為授信、投資、收受存款及發行金融債券之範圍、限制及其管理辦法者：

1.依銀行法第91條規定：「供給工業信用之專業銀行為工業銀行。（Ⅰ）工業銀行以供給工、礦、交通及其他公用事業所需中、長期信用為主要業務。（Ⅱ）工業銀行得投資生產事業；生產事業之範圍，由主管機關定之。（Ⅲ）工業銀行收受存款，應以其投資、授信之公司組織客戶、依法設立之保險業與財團法人及政府機關為限。（Ⅳ）工業銀行之設立標準、辦理授信、投資有價證券、投資企業、收受存款、發行金融債券之範圍、限制及其管理辦法，由主管機關定之。（Ⅴ）」工業銀

行的信用供給對象依上開規定，以工、礦、交通及其他公用事業所需中、長期信用爲主要範圍，其業務項目，由主管機關參酌工業銀行所需資金及國家現階段經濟發展需要，就本法第91條所定義務範圍加以核准。如有違反前開第91條規定之事由，即應依本條款規定處罰。

2.又工業銀行之業務性質，與一般商業銀行有別，爲此原主管機關財政部依本法第91條第5項規定，業於87年1月26日發布「工業銀行設立及管理辦法」，如有違反前開主管機關依第91條所爲授信、投資、收受存款及發行金融債券之範圍、限制及其管理辦法者，自應依本條文第6款規定處罰。

(七) 違反第109條或違反第123條準用第109條之規定運用資金者：

1.在信託投資公司各信託戶的資金在未依約營運前，或依約營運收回後尚未繼續營運前，性質上與現金相同，爲求信託投資公司穩健經營原則，防止將該過渡期間閒置信託資金移作他用，致影響信託人權益，銀行法第109條規定：「信託投資公司在未依信託契約營運前，或依約營運收回後尚未繼續營運前，其各信託戶之資金，應以存放商業銀行或專業銀行爲限。」如有違反該規定，將此項資金投資於房地產、公債、國庫券、金融債券、上市股票或其他用途者，依本條文第7款規定處罰。

2.外國銀行依本法第123條準用第109條規定，如有違反前述信託資金之臨時營運限制規定者，亦同依本條款規定處罰。

(八) 違反第111條或違反第123條準用第111之規定者：

1.信託行爲既以信託人信賴受託人，而移轉財產予信託投資公司，使依信託本旨爲受益人利益，管理或處分信託財產，

爲此銀行法第111條第1項明定：「信託投資公司應就每一信託戶及每種信託資金設立專帳；並應將公司自有財產與受託財產，分別記帳，不得流用」，如有違反應依本條款規定處罰。

2.外國銀行依本法第123條準用第111條規定，就信託戶應設立專帳及不得爲信託資金借入款項之規定，應有遵守必要，如有違反亦同受此條文第8款規定之處罰。

第131條（違反吸收存款等之處罰）

有下列情事之一者，處新臺幣五十萬元以上一千萬元以下罰鍰：

一　違反第二十五條第八項規定未爲通知。

二　違反第三十四條或違反第一百二十三條準用第三十四條之規定吸收存款。

三　違反第三十四條之一或違反第一百二十三條準用第三十四條之一規定。

四　銀行負責人或職員違反第三十五條之一規定兼職，或外國銀行負責人或職員違反第一百二十三條準用第三十五條之一規定兼職。其兼職係經銀行指派者，受罰人爲該指派兼職之銀行。

五　銀行負責人違反第三十五條之二第一項所定準則有關兼職限制、利益衝突禁止之規定，或外國銀行負責人違反第一百二十三條準用第三十五條之二第一項所定準則有關兼職限制、利益衝突禁止之規定。

六　任用未具備第三十五條之二第一項所定準則有關資格條件之規定，或違反兼職限制或利益衝突禁止之規定者擔任負責人。

　七　違反主管機關依第四十七條之一所定辦法有關業務、管理或消費者保護之規定。

　八　違反第四十九條或違反第一百二十三條準用第四十九條之規定。

　九　違反第一百十四條或違反第一百二十三條準用第一百十四條之規定。

　十　未依第五十條第一項規定提撥法定盈餘公積。

　十一　違反主管機關依第五十一條或依第一百二十三條準用第五十一條所為之規定。

　十二　違反主管機關依第五十一條之一所為之規定，拒絕繳付。

解說

　　本條文為規定違反吸收存款等規定之處罰，凡有下列12款情形之一者，均可處銀行50萬元以上1,000萬元以下罰鍰：

　　(一) 違反第25條第8項規定未為通知：由於國內銀行股權仍屬分散，為強化對銀行股東之管理，民國97年12月30日修正依銀行法時，在第25條第8項增訂「同一人或本人與配偶、未成年子女合計持有同一銀行已發行有表決權股份總數百分之一以上者，應由本人通知銀行」，如有違反上開規定，依本條文第1款規定，由主管機關裁處罰鍰處分。

　　(二) 違反第34條或違反第123條準用第34條之規定吸收存款：

　　1.依銀行法第34條：「銀行不得於規定利息外，以津貼、贈與或其他給與方法吸收存款。但對於信託資金依約定發給紅利者，不在此限。」其立法目的，係鑑於長期以來國內部分金

融機構，慣常以不當給予或饋贈方式，拉攏客戶，惡性競爭，吸收存款，導致成本增加，影響銀行的正常營運收益，為此該條文即在於明文禁止銀行於規定利息外，以津貼、給予贈品或其他發給紅利變相調高存款利率，核發補償金等方式，來吸收存款，各銀行如有違反上開規定，依本條文第2款規定，得裁處新臺幣50萬元以上1,000萬元以下罰鍰。

2.外國銀行既在中華民國境內，依我國公司法規定辦理登記手續後營業之銀行，亦應遵守我國有關吸收存款之限制規定，如有違反，可依本款加以處罰。

(三) 違反第34-1條或違反第123條準用第34條之以不合理之定價招攬或從事授信業務規定：

1.本法為符合法律明確性原則，促使銀行落實授信定價政策，以健全銀行業務經營，參酌「中華民國銀行公會會員授信準則」，在第34-1條，明定銀行辦理授信應訂定合理之定價，不得以不合理之定價招攬或從事授信業務，如有違反上開規定，依本條文第3款規定裁處罰鍰處分。

2.外國銀行既在中華民國境內，依我國公司法規定辦理登記手續後營業之銀行，自應遵守我國不得以不合理之定價招攬或從事授信業務規定，如有違反，亦可依本款加以處罰。

(四) 銀行負責人或職員違反第35-1條規定兼職，或外國銀行負責人或職員違反第123條準用第35-1條規定兼職。其兼職係經銀行指派者，受罰人為該指派兼職之銀行：

1.在銀行經營過程中，銀行負責人及職員對於銀行的營業狀況及發展計畫最為熟悉，如允許其兼營或兼任其他銀行任何職務，勢必引起利益衝突，使銀行直接或間接蒙受損害，為防止國內相互投資銀行、信託投資公司，其董事長、常務董事、

常駐監察人及各級經理人相互兼任所造成的前述流弊，銀行法第35-1條特別規定銀行負責人、職員不得兼任其他銀行任何職務。違反競業禁止規定者，依本條文第4款規定，得裁處新臺幣50萬元以上1,000萬元以下罰鍰。

　　2.外國銀行既在中華民國境內，依我國公司法規定辦理登記手續後營業之銀行，自亦應遵守我國：其銀行負責人或職員不得違反第35-1條競業禁止規定，如有違反，亦可依本款加以處罰。

　　(五) 銀行負責人違反第35-2條第1項所定準則有關兼職限制、利益衝突禁止之規定，或外國銀行負責人違反第123條準用第35-2條第1項所定準則有關兼職限制、利益衝突禁止之規定：

　　1.銀行經營的成敗，影響社會大眾權益與金融秩序，較一般公司尤鉅，為此本法在第35-2條第1項規定：「銀行負責人應具備之資格條件、兼職限制、利益衝突之禁止及其他應遵行事項之準則，由主管機關定之。」各銀行如有違反上開規定，依本條文第5款規定，得裁處新臺幣50萬元以上1,000萬元以下罰鍰。

　　2.外國銀行既在中華民國境內，依我國公司法規定辦理登記手續後營業之銀行，自應遵守我國有關銀行負責人兼職限制、利益衝突禁止之規定，如有違反，亦可依本款加以處罰。

　　(六) 任用未具備第35-2條第1項所定準則有關資格條件之規定，或違反兼職限制或利益衝突禁止之規定者擔任負責人：為確保銀行穩健經營，先進國家對於銀行負責人、總經理、副總經理、經理等人的資格多加以限制。本法對此也相當重視，除於第35-2條明文規定外，金融監督管理委員會亦修正公布

「銀行負責人應具備資格條件兼職限制及應遵行事項準則」，在該準則中，對於銀行負責人或高階經理以上人員資格條件、兼職限制或利益衝突禁止等均有明確規定，各銀行如有違反上開規定，依本條文第6款規定裁罰。

(七) 違反主管機關依第47-1條所定辦法有關業務、管理或消費者保護之規定：本法第47-1條第1項規定：「經營貨幣市場業務或信用卡業務之機構，應經中央主管機關之許可；其管理辦法，由中央主管機關洽商中央銀行定之。」民國108年4月17日修正銀行法時，為符合裁罰明確性原則及督促信用卡業務機構落實相關規範，強化對信用卡業務之管理，增訂第7款，明定違反第47-1條所定信用卡業務機構管理辦法之罰責。

(八) 違反第49條或違反第123條準用第49條之規定：

1.銀行是吸收國民儲蓄及融通工商業資金的橋梁，對國家經濟建設、國民生活改善、經濟繁榮促進，以及物價穩定，均負有重大責任，為此對於銀行之監督，除公司法第20條定有明文外，銀行法第49條亦有規定，如銀行有違前開「企業資訊揭露原則」，於營業年度終了，未將資產負債表、損益表、股東權益變動表、資金流量表及其他經主管機關指定之項目，於其所在地之日報或以主管機關指定之方式公告，或未備置於每一營業處所之顯著位置以供查閱時，應即依本條文第8款規定予以處罰。

2.外國銀行，依銀行法第123條：「外國銀行準用第一章至第三章及第六章之規定。」為此外國銀行如有上開於營業年度終了時，未將資產負債表、損益表、股東權益變動表、現金流量表及其它相關文件，於所在地日報或依主管機關指定之方式公告者，亦得依本條文第8款規定處罰。

(九) 違反第114條或違反第123條準用第114條之規定：

1.信託投資公司，亦為銀行法所規範之銀行，依同法第114條：「信託投資公司應依照信託契約之約定及中央主管機關之規定，分別向每一信託人及中央主管機關作定期會計報告。」此因信託投資公司收受、經理或運用各種信託資金及經營信託財產，應與信託人訂立信託契約，載明會計報告的送達、收益的分配，各項費用收付標準與計算方法，所以信託投資公司屆期，自應分別向每一信託人作定期會計報告，連同其信託財產的評審報告，送交經政府認可的會計師查核簽證後，請金融監督管理委員會及中央銀行查核，作為主管機關監督的依據；如有違反上規定時，依本條文第9款規定處罰。

2.外國銀行依銀行法第123條準用第114條規定後，有前開不為定期報告者，亦得依本款規定，予以裁處。

(十) 未依第50條第1項規定提撥法定盈餘公積：公積金乃銀行在決算時，提出若干盈餘，準備將來在遇到虧損時，用以彌補損失，或作為其他用途，備為擴充資本或鞏固財務的一定金額。公積制度的目的，在於充實銀行的資本，健全銀行的財務基礎，增進銀行的信用，以保護客戶權益。為達到這些目的，民國97年12月9日修正銀行法第50條規定，各銀行於完納一切稅捐後分派盈餘時，如有違反該條第1項提撥法定盈餘公積30%規定，依本條文第10款規定，得裁處新臺幣50萬元以上1,000萬元以下罰鍰。

(十一) 違反主管機關依第51條或依第123條準用第51條所為之規定：

1.銀行為具有公共性質之金融機構，平常社會大眾的薪資支付、水電、瓦斯、學費、保險費之繳交、支票存款、匯款，

以及債務清償，往往透過銀行的運作而處理，所以銀行的營業和作息時間，與社會經濟活動息息相關，為此銀行法第51條規定：「銀行之營業時間及休假日，得由中央主管機關規定，並公告之。」目前各銀行除星期日外，僅於國定假日及結算日、決算日休息。每日營業時間為星期一至星期五，上午9時至下午3時30分，中午不休息，在規定時間外營業，即屬違法，應依本條文第11款規定處罰。

2.外國銀行，亦應遵守銀行法第51條有關營業期間及休假日之規定，如有違反，依本條文第11款規定處罰。

(十二) 違反主管機關依第51-1條所為之規定，拒絕繳付：為強化金融專業人才培育、提升金融從業人員素質，以加速「發展臺灣成為亞太金融中心計畫」之實現，銀行法於89年11月1日修正時，針對金融專業人才之培養，增訂第51-1條，如銀行有違反，拒絕繳付者，依本條文第12款規定，亦得裁處50萬元以上1,000萬元以下罰鍰。

實例

金融監督管理委員會接到中央銀行對甲商業銀行某分行實施業務檢查報告，其中列有：(一)總經理的任用未具備規定的資格條件；(二)對於存款戶以贈品方法吸收存款；(三)投資營業用倉庫，有超過投資於該項倉庫時存款總餘額5%；(四)在中央銀行檢查當日辦理的中期放款總餘額，少於其所收定期存款總餘額，此時主管機關應如何處理？

依據銀行法第八章罰則的規定，甲銀行有各種業務的違反事實，其處罰內容為：

(一) 總經理的任用未具備規定的資格條件，係違反第35-2

條第1項規定，依第131條第6款規定，可處50萬元以上1,000萬元以下罰鍰。

(二) 以贈品方式吸收存款，係違反第34條規定，依第131條第2款規定，可處50萬元以上1,000萬元以下罰鍰。

(三) 投資營業用倉庫超過限額，係違反第75條規定，依第130條第4款規定，可處100萬元以上2,000萬元以下罰鍰。

(四) 辦理中期放款總餘額，少於定期存款總餘額，符合銀行法第72條規定，不予處罰。

第132條（違反主管機關規定之處罰）
違反本法或本法授權所定命令中有關強制或禁止規定或應為一定行為而不為者，除本法另有處以罰鍰規定而應從其規定外，處新臺幣五十萬元以上一千萬元以下罰鍰。

解說

　　為有效管理金融，對於違反本法規定，情節較為嚴重的行為，已在第125條至第127-2條、第127-5條規定其刑事責任；復於第127-3條、第127-4條、第128條至第131條規定行政罰鍰的標準。但在事實上，本法尚有許多規定，而主管機關金融監督管理委員會或中央銀行依據本法亦發布許多行政命令，一經違反都有加以適當處罰的必要。為免掛一漏萬，本條文乃設補充性規定，凡對於前述未列明處罰內容的違法行為，一律處以50萬元以上1,000萬元以下的罰鍰。

　　惟「對人民違反行政法上義務之行為科處罰鍰，涉及人民權利之限制，其處罰之構成要件及數額，應由法律定之。若

法律就其構成要件，授權以命令爲補充規定者，授權之內容及
範圍應具體明確，然後據以發布命令，始符憲法第23條以法律
限制人民權利之意旨」，此司法院釋字第313號及第432號解釋
之意旨，均詳加敘明。爲使違反本法授權所定之行政命令之行
爲，均能依據本法之明確授權加以處罰，俾維金融秩序，兼顧
依法行政原則，同時對於違反本法僅有刑事責任之行爲，亦有
課以罰鍰之必要，以收實效，89年11月1日修正銀行法時，乃
將本條文修正爲「違反本法或本法授權所定命令中有關強制或
禁止規定或應爲一定行爲而不爲者」之處罰，並酌予提高罰鍰
至1,000萬元，以收嚇阻之效。

司法院釋字第313號解釋
對人民違反行政法上義務之行為科處罰鍰，涉及人民權利之限制，
其處罰之構成要件及數額，應由法律定之。若法律就其構成要件，
授權以命令為補充規定者，授權之內容及範圍應具體明確，然後據
以發布命令，始符憲法第23條以法律限制人民權利之意旨。民用航
空運輸業管理規則雖係依據民用航空法第92條而訂定，惟其中因違
反該規則第29條第1項規定，而依同規則第46條適用民用航空法第
87條第7款規定處罰部分，法律授權之依據，有欠明確，與前述意
旨不符，應本解釋公布日起，至遲於屆滿1年時，失其效力。
司法院釋字第432號解釋
專門職業人員違背其職業上應遵守之義務，而依法應受懲戒處分
者，必須使其能預見其何種作為或不作為構成義務之違反及所應受
之懲戒為何，方符法律明確性原則。對於懲戒處分之構成要件，法
律雖以抽象概念表示，不論其為不確定概念或概括條款，均須無違
明確性之要求。法律明確性之要求，非僅指法律文義具體詳盡之體
例而言，立法者於立法定制時，仍得衡酌法律所規範生活事實之複
雜性及適用於個案之妥當性，從立法上適當運用不確定法律概念或

概括條款而為相應之規定。有關專門職業人員行為準則及懲戒之立法使用抽象概念者，苟其意義非難以理解，且為受規範者所得預見，並可經由司法審查加以確認，即不得謂與前揭原則相違。會計師法第39條第6款規定：「其他違反本法規定者」，以違反會計師法為構成會計師之懲戒事由，其範圍應屬可得確定。同法第17條規定：「會計師不得對於指定或委託事件，有不正當行為或違反或廢弛其業務上應盡之義務」，係在確立會計師之行為標準及注意義務所為之規定，要非會計師作為專門職業人員所不能預見，亦係維護會計師專業素質，增進公共利益所必要，與法律明確性原則及憲法第15條保障人民工作權之意旨尚無違背。

第133條（罰鍰之受罰人）

第一百二十九條、第一百二十九條之一、第一百三十條、第一百三十一條第二款、第三款、第六款至第十二款及前條所定罰鍰之受罰人為銀行或其分行。

銀行或其分行經依前項受罰後，對應負責之人應予求償。

解說

　　按行政罰的受罰人應係行為的主體，74年修正銀行法時，於第52條明定銀行為法人，而第129條違規營業之罰責、第129-1條妨害金融檢查之處罰、第130條違反放款或投資之處罰、第131條第2、3、6～12款等違反吸收存款等之處罰及第132條違反主管機關規定之處罰，該罰鍰的受罰人，依其引用處罰條文來觀察，違法行為的主體應指銀行；為加強銀行內部的稽核與管理，故同時於本條文第1項就罰鍰的受罰人，明定為「銀行或分行」，俾免發生罰鍰的受罰人，究為違法行為時的負責人或處罰時的負責人等爭議；並與同法第135條，逾期

不繳罰鍰的停業處分，及第136條逾期不改正遭撤銷許可處分的受罰對象相配合。

　　至銀行或分行經處罰後，爲加重負責人責任，以收懲儆的效果，本條文第2項再規定，受罰銀行對應負責的人有求償權，且應強制予以求償。

第133條之1（情節輕微之免予處罰）
依本法規定應處罰鍰之行爲，其情節輕微者，得免予處罰，或先命其限期改善，已改善完成者，免予處罰。

解說

　　本條文係108年4月17日修正銀行法時，新增訂之條文。

　　其立法理由，依巴塞爾有效銀行監理核心原則第11項規定，對於銀行有害銀行健全經營或銀行體系健全之行爲，主管機關應得運用各種適當之監理措施，以督促該等銀行及時採取改善行動。監理措施之範圍不限於裁罰，監理機關應依據情節嚴重性採取適當之處置。

　　依法務部105年2月23日法律字第10503503620號函釋意旨，符合法律構成要件之行政不法行爲，主管機關即應依法裁罰，如法律有特別規定授權主管機關斟酌具體情況免予處罰，主管機關始有處罰與否之裁量空間。亦即無法律特別規定授權者，主管機關尚無不予處罰之裁量權限。

　　爲有效導正銀行改善違規、除去違法狀態或停止違規行爲，本法參酌上開核心原則及保險法第172-2條第2項立法例，明定主管機關可依據情節輕重採取適當之處置，對違規情節輕

微者，得免依罰則章予以處罰，或先命其限期改善，已改善完
成者，始免予處罰。

第134條（罰鍰之裁決與救濟）

本法所定罰鍰，由主管機關處罰。但依第一百三十條第一款
應處之罰鍰，及違反第四十二條或中央銀行依第七十三條第
二項所定辦法有關資金融通限制或管理之規定，而依第一百
三十二條應處之罰鍰，由中央銀行處罰，並通知主管機關。

解說

　　本條文係針對行政罰鍰之主管機關及行政救濟程序所作具
體規定。

　　有關罰鍰之主管機關：

　　(一) 原則上為金融監督管理委員會：銀行的主管機關，在
修正前為財政部，民國93年7月1日，行政院為健全金融機構業
務經營，維持金融穩定及促進金融市場發展，特別設立行政院
金融監督管理委員會，嗣為配合行政院金融監督管理委員會組
織法於100年6月29日修正公布，更名為「金融監督管理委員會
組織法」，為此立法院在民國103年5月20日三讀通過「銀行法
第19條修正案」，將本法之主管機關修正為「金融監督管理委
員會」，基此有關行政罰鍰的裁決機關，自應由金融監督管理
委員會依職權就銀行或其分行、銀行負責人、董事、監察人、
股東或其職員，違反本法或違反主管機關、或中央銀行依本法
所規定之具體情事，加以適當處罰。

　　(二) 例外為中央銀行：為強化中央銀行執行其貨幣政策之

效率，108年4月17日修正銀行法時，在本條文後段明定違反下列規定應處罰鍰者，由中央銀行查證屬實後，予以處罰：

　　1.違反銀行法第40條：「前二條放款，均得適用中、長期分期償還放款方式；必要時，中央銀行得就其付現條件及信用期限，予以規定並管理之。」而依同法第130條第1款所定之罰鍰。

　　2.違反銀行法第37條第2項：「中央銀行因調節信用，於必要時得選擇若干種類之質物或抵押物，規定其最高放款率。」而依同法第130條第1款應處之罰鍰。

　　3.違反銀行法第42條：「銀行各種存款及其他各種負債，應依中央銀行所定比率提準備金。（Ⅰ）前項其他各種負債之範圍，由中央銀行洽商主管機關定之。（Ⅱ）」而依同法第132條應處之罰鍰。

　　4.違反銀行法第73條第2項：「前項資金之融通，其管理辦法由中央銀行定之。」而依銀行法第132條應處之罰鍰。

　　前開四種情形，固由中央銀行在查證屬實後，依法裁罰，但中央銀行應於處罰後通知主管機關，俾主管機關金融監督管理委員會得以掌握整個金融機構動態。

　　當銀行或其負責人、董事、監察人、股東或其職員違反本法規定而受處罰時，若屬於刑事制裁部分，如被處有期徒刑、拘役或罰金時，可以依刑事訴訟程序提起上訴或抗告程序，來加以救濟。若為行政罰鍰處分，受罰人不服時，參照訴願法第1條：「人民對於中央或地方機關之行政處分，認為違法或不當，致損害其權利或利益者，得依本法提起訴願。但法律另有規定者，從其規定。（Ⅰ）各級地方自治團體或其他公法人對上級監督機關之行政處分，認為違法或不當，致損害其權利或利

益者，亦同。（II）」得提起訴願，惟訴願之提起，應自行政罰鍰送達或公告期滿之次日起30日內為之。

　　對於訴願決定不服，依行政訴訟法第4條規定：「人民因中央或地方機關之違法行政處分，認為損害其權利或法律上之利益，經依訴願法提起訴願而不服其決定，或提起訴願逾三個月不為決定，或延長訴願決定期間逾二個月不為決定者，得向行政法院提起撤銷訴訟。（I）逾越權限或濫用權力之行政處分，以違法論。（II）訴願人以外之利害關係人，認為第一項訴願決定，損害其權利或法律上之利益者，得向行政法院提起撤銷訴訟。（III）」在訴願、行政訴訟救濟期間，受罰人得提供適當擔保，聲請停止執行。

　　有關行政訴訟應由何種機關受理，立法例上有英美制與大陸制之別，英美法制採取司法一元主義，將行政訴訟之審判，交由普通法院審理，不另設行政訴訟審判機關，採此法制之國家，有英、美等國。大陸法制採司法二元主義，將法律分為普通法與行政法，民、刑案件受普通法院之審判，將行政訴訟案件，另設審判機關掌理，我國採取大陸法系，故於普通法院之外，另設行政法院，且採二級二審制，區分為：

　　(一) 高等行政法院，共有三所：

　　1.臺北高等行政法院：管轄臺北市、新北市、桃園縣、新竹縣（市）、基隆市、宜蘭縣、花蓮縣、金門縣、連江縣之行政訴訟案件。

　　2.臺中高等行政法院：管轄苗栗縣、臺中市、彰化縣、南投縣之行政訴訟案件。

　　3.高雄高等行政法院：管轄雲林縣、嘉義縣（市）、臺南市、高雄市、屏東縣、臺東縣、澎湖縣之行政訴訟案件。

(二) 最高行政法院：設於臺北市，對於高等行政法院之終局判決，除法律別有規定，得上訴於最高行政法院，以求救濟。

第135條（罰鍰之強制執行）
罰鍰經限期繳納而逾期不繳納者，自逾期之日起，每日加收滯納金百分之一；屆三十日仍不繳納者，得由主管機關勒令該銀行或分行停業。

解說

本法第127-1條第2項、第127-4條、第128條、第129條、第129-1條、第129-2條、第130條、第131條、第132條及第133條均有行政罰鍰的規定，其處罰的對象，包括：

(一) 銀行或其分行。

(二) 銀行負責人或其他關係人之負責人或職員。

(三) 銀行董事或監察人。

(四) 銀行股東。

(五) 銀行代理人、受雇人或其他職員。

銀行法的行政罰鍰，性質上屬於公法上金錢給付，應依行政執行法的程序辦理，為期有效打擊違反銀行法的行為，對於行政罰鍰的執行，本法原則上參照稅捐稽徵法第20條的立法意旨，分述如下：

(一) 稅捐稽徵法第20條明定，依稅法規定逾期繳納稅捐應加徵滯納金者，每逾2日按滯納數額加徵1%滯納金；而本法則只要逾期不繳納，自逾期之日起，每日加收滯納金1%，顯較稅捐稽徵法的規定嚴格。

　　(二) 逾期30日仍不繳納者，為避免受罰人蓄意滯納罰鍰，拒不繳納情形發生，本法另授權主管機關即金融監督管理委員會得視情節予以勒令該銀行或其分行停業，該項法律授權，成效卓著，故在實務上很少發生銀行逾期1個月不繳納罰鍰，而被移送強制執行或遭勒令停業之案例。

　　另依行政執行法第11條規定：「義務人依法令或本於法令之行政處分或法院之裁定，負有公法上金錢給付義務，有下列情形之一，逾期不履行，經主管機關移送者，由行政執行處就義務人之財產執行之：一、其處分文書或裁定書定有履行期間或有法定履行期間者。二、其處分文書或裁定書未定履行期間，經以書面限期催告履行者。三、依法令負有義務，經以書面通知限期履行者。（I）法院依法律規定就公法上金錢給付義務為假扣押、假處分之裁定經主管機關移送者，亦同。（II）」因此對於不繳罰鍰者，主管機關亦得依行政執行法規定移送強制執行，此際，金融監督管理委員會依本法科處罰鍰的文書，可視為強制執行法第4條第1項第6款的執行名義，而主管機關與受罰人，分別為強制執行程序的債權人與債務人。

第136條（屢違者加重處罰）
銀行或受罰人經依本章規定處以罰鍰後，於主管機關規定限期內仍不予改善者，主管機關得按次處罰；其情節重大者，並得解除負責人職務或廢止其許可。

解說

　　為加強處罰效果，達成銀行法整飭金融紀律與秩序，確保銀行穩健經營目標，以維護社會公益及保障存款人權益，89

年11月1日修正銀行法時，爰參考水污染防治法第38條、第40條，對於違法行為的制裁，採取「累犯加重」的原則，108年4月17日再作修正，其具體內容如下：

(一) 凡各銀行或其分行經主管機關依本章規定處罰後，於規定期限內仍拒不改正時，可對其同一事實或行為按次處罰，至依規定改正為止，不受「一事不再理之限制」。

(二) 其屢次違反而情節重大時，主管機關得解除負責人，如董事長、董事、經理人或清算人等人之職務。

(三) 主管機關甚至亦得因其屢次違反而情節重大，廢止該銀行之許可，使銀行法人資格消滅，無法再繼續營業。

第136條之1（沒收、追徵規定）

犯本法之罪，犯罪所得屬犯罪行為人或其以外之自然人、法人或非法人團體因刑法第三十八條之一第二項所列情形取得者，除應發還被害人或得請求損害賠償之人外，沒收之。

解說

本條文係針對沒收及追徵財產所作之具體規定。所謂「沒收」，乃對於違反本法之行為人，因違反本法所得或財產上利益，除應發還被害人或得請求損害賠償之人外，屬於犯罪行為人或其以外之自然人、法人或非法人團體時，予以收歸國庫之處罰，通常由法院於判決時，一併宣告之。其作用在於彌補刑罰規定之不足，避免犯罪行為人享有犯罪所得之高額利益，伺機以洗錢或其他方式隱匿或移轉予第三人，而減少再犯的危險。古時候的沒收制度，是將犯人的全部財產都收歸國

有，為「一般沒收制度」，因其有違「刑止一身」的原則，現今業已廢止。本法所採者為「特定沒收制度」，必與違犯本法之罪，因犯罪所得財產或財產上利益，且屬於犯人或與其有關之人所有者為限，始得宣告沒入。

　　有關沒收之規定，刑法第38條：「違禁物，不問屬於犯罪行為人與否，沒收之。（I）供犯罪所用、犯罪預備之物或犯罪所生之物，屬於犯罪行為人者，得沒收之。但有特別規定者，依其規定。（II）前項之物屬於犯罪行為人以外之自然人、法人或非法人團體，而無正當理由提供或取得者，得沒收之。但有特別規定者，依其規定。（III）前二項之沒收，於全部或一部不能沒收或不宜執行沒收時，追徵其價額。（IV）」第38-1條：「犯罪所得，屬於犯罪行為人者，沒收之。但有特別規定者，依其規定。（I）犯罪行為人以外之自然人、法人或非法人團體，因下列情形之一取得犯罪所得者，亦同：一、明知他人違法行為而取得。二、因他人違法行為而無償或以顯不相當之對價取得。三、犯罪行為人為他人實行違法行為，他人因而取得。（II）前二項之沒收，於全部或一部不能沒收或不宜執行沒收時，追徵其價額。（III）第一項及第二項之犯罪所得，包括違法行為所得、其變得之物或財產上利益及其孳息。（IV）犯罪所得已實際合法發還被害人者，不予宣告沒收或追徵。（V）」本法即係參照前開法律而為制定。

　　民國107年1月31日修正銀行法時，就本條文作了更加完整之修正，其重點及理由如下：

　　（一）依刑法第38-1條第4項規定，犯罪所得包括「違法行為所得、其變得之物或財產上利益及其孳息」，其範圍較原規定完整，爰將「因犯罪所得財物或財產上利益」修正為「犯罪

所得」。

(二) 原規定沒收前應發還之對象有被害人及得請求損害賠償之人，較刑法第38-1條第5項之範圍廣，如刪除回歸適用刑法，原規定之「得請求損害賠償之人」恐僅能依刑事訴訟法第473條規定，於沒收之裁判確定後1年內提出聲請發還或給付，保障較為不利，爰仍予維持明定。

(三) 配合刑法第38-1條之犯罪所得沒收主體除犯罪行為人外，已修正擴及犯罪行為人以外之自然人、法人或非法人團體，及刑法沒收新制犯罪所得，爰作文字修正。

(四) 又刑法修正刪除追繳及抵償之規定，統一替代沒收之執行方式為追徵，並依沒收標的之不同，分別於第38條第4項及第38-1條第3項為追徵之規定，爰刪除後段規定，回歸適用刑法相關規定。

另應特別說明者，如前述本法第125-3條之詐欺取財罪或詐欺得利罪，渠犯罪行為之結果，往往造成無辜之銀行或第三人遭受損害，因而法院在依本法裁判沒收時，須先將犯罪行為人因犯罪所得財物或財產上利益先「發還被害人或得請求損害賠償之人」，有剩餘且屬於犯罪行為人或其以外之自然人、法人或非法人團體所有時，始得為沒收之宣告；如遇有一部或全部不能沒收時，則可追徵其價額或以其他財產抵償，庶免犯罪行為人有機可乘，俾降低金融犯罪之誘因。

第136條之2（易服勞役之折算標準）
犯本法之罪，所科罰金達新臺幣五千萬元以上而無力完納者，易服勞役期間為二年以下，其折算標準以罰金總額與二

年之日數比例折算；所科罰金達新臺幣一億元以上而無力完納者，易服勞役期間為三年以下，其折算標準以罰金總額與三年之日數比例折算。

解說

　　本條文有關易服勞役之規定，亦為93年2月4日銀行法修正時所增訂。

　　「罰金刑」，原本為輕微之犯罪，對於個人及社會之防範，本無剝奪犯罪行為人自由之必要，故於不能繳納罰金時，易科監禁實為萬不得已之作法。各國法律學者及立法例，皆一再思考如何便利罰金的執行，在1891年萬國刑法學會，及1905年萬國監獄會議，先後決議便利罰金執行的方法有三：

　　(一) 分期繳納制：其用意為犯人一時不能繳納金額者，以分期方式使其順利繳交。實行此制者，為英國、俄國、挪威、荷蘭、墨西哥等國。

　　(二) 以工易罰制：分為兩種，一為作工而不限制其自由；一為作工並限制其自由，實行此制者有德國、法國、意大利、匈牙利等國，我國亦採之。

　　(三) 酌定金額制：按罰金之刑，法官是否酌科得當，較其他刑罰為難。蓋所科過重，致犯人不能繳納，則易科監禁，已失罰金執行之本旨。反之，所科過輕，則易於繳納，無關痛苦，亦失罰金懲罰之用意。人之貧富，相去甚遠，同一金額，貧者納之，或破產仍不足；富者納之，則若損毫末，其不平熟甚！既不能盡免此弊，惟有斟酌犯人財產之關係，以為罰金酌科之標準，亦求比較上之公平，目前我國刑法第58條規定：「科罰金時，除依前條規定外，並應審酌犯人之資力及犯罪所

得之利益。如所得之利益超過罰金最多額時，得於所得利益之範圍內酌量加重」，即兼採此制。

對於易服勞役，現行刑法第42條規定：「罰金應於裁判確定後二個月內完納。期滿而不完納者，強制執行。其無力完納者，易服勞役。但依其經濟或信用狀況，不能於二個月內完納者，得許期滿後一年內分期繳納。遲延一期不繳或未繳足者，其餘未完納之罰金，強制執行或易服勞役。(I)依前項規定應強制執行者，如已查明確無財產可供執行時，得逕予易服勞役。(II)易服勞役以新臺幣一千元、二千元或三千元折算一日。但勞役期限不得逾一年。(III)依第五十一條第七款所定之金額，其易服勞役之折算標準不同者，從勞役期限較長者定之。(IV)罰金總額折算逾一年之日數者，以罰金總額與一年之日數比例折算。依前項所定之期限，亦同。(V)科罰金之裁判，應依前三項之規定，載明折算一日之額數。(VI)易服勞役不滿一日之零數，不算。(VII)易服勞役期內納罰金者，以所納之數，依裁判所定之標準折算，扣除勞役之日期。(VIII)」由上開條文可見，依本法科行為人鉅額罰金，行為人無力繳納時，最多只需服1年勞役，而變相造成對犯罪行為人的鼓勵，選擇1年勞役，而可享受其犯罪利益的不公平現象，例如：某甲違反銀行法第125條第1項規定，遭法院判處有期徒刑4年，併科罰金新臺幣1億2,000萬元，針對罰金刑某甲拒不繳納，選擇易服勞役1年，等於每坐牢1天，即減少32萬8,767元之罰金（計算公式：120,000,000元÷365天=328,767元），比在外面工作高出數十倍，甚至數百、數千倍，此不公平甚明。

為此銀行法修正時，特別針對易服勞役之期限，自刑法第

42條之「不逾1年」，擴張至2年或3年以下：

(一) 犯本法之罪，所科罰金達新臺幣5,000萬元以上而無力完納者，易服勞役期間為「2年以下」，其折算標準以罰金總額與「2年」之日數比例折算。

(二) 犯本法之罪，所科罰金達新臺幣1億元以上而無力完納者，易服勞役期間為「3年以下」，其折算標準以罰金總額與「3年」之日數比例折算。

依該新修正之條文，承前例某甲遭法院判處有期徒刑4年，併科罰金新臺幣1億2,000元，其易服勞役之折算期間依本條文規定為3年，每易服勞役1天，折算之金額，已降低為新臺幣109,589元（計算公式：120,000,000元÷3÷365天=109,589元），顯然較為允當。

第136條之3（經營信用卡業務機構之準用規定）
第一百三十三條、第一百三十五條及第一百三十六條規定，於經營信用卡業務機構準用之。

解說

本條文有關經營信用卡業務機構準用之規定，為108年4月17日修正銀行法時所增訂。

為符合裁罰明確性原則及督促信用卡業務機構落實相關規範，強化對信用卡業務之管理，108年修正銀行法時，因在第131條第7款增訂違反信用卡業務機構管理辦法之罰責；為配合該修正條文，本法更明定第133條之罰鍰受罰人、第135條罰鍰逾期不繳之加收滯納金、勒令該銀行或分行停業之處分，以及第136條屢違者加重處罰等規定，於經營信用卡業務機構準用之。

第九章 附　則

第137條（補辦設立程序）
本法施行前，未經申請許可領取營業執照之銀行，或其他經營存放款業務之類似銀行機構，均應於中央主管機關指定期限內，依本法規定，補行辦理設立程序。

解說

　　我國現有的銀行，其創立的法律依據及組織型態，因其設立時的社會及經濟背景不同，有一部分並非依據公司法而設立，如交通銀行、中國農民銀行、中國輸出入銀行等；另有一部分則係新銀行法實施前經政府專案核准所設立的，如臺灣銀行、土地銀行、合作金庫等。由於上述銀行在64年7月銀行法修正實施前業已設立，為維護法律尊嚴，並顧及大眾權益，現有非依公司法以股份有限公司設立的銀行，其體制不宜久懸不決，故為使其納入銀行法體制內，乃制定本條文，明定於銀行法64年施行前未經申請許可領取營業執照的銀行，或其他經營存放款業務的類似銀行機構，均應在限期內，依本法規定補行辦理設立程序。

　　其後「未經申請許可領取營業執照的銀行」，如臺北（市）銀行，已依本條文規定，自73年7月起改組為股份有限公司；其餘的臺灣銀行因發行紙幣，土地銀行因無力繳交龐大地價稅，臺灣省合作金庫因股份來自地區合作社、農會，而為

474 銀行法

非營利法人,當時均無法立即辦理股份有限公司登記,為解決其權利義務問題,乃在銀行法74年修正時,於第52條第1項增列銀行為法人,以暫時解決法律爭議。

至於「其他經營存放款業務的類似銀行機構」,如原臺灣合會儲蓄公司,已依本條文於65年7月改組為臺灣省中小企業銀行;其餘七家地區性合會儲蓄公司,亦已就原有營業區域,依本條文改制為臺北、新竹、臺中、臺南、高雄、花蓮及臺東區中小企業銀行,故這些類似銀行機構,業經正式納入合法銀行體系內;並先後改制為商業銀行或與其他銀行合併。

第138條 (命令限期調整)
本法公布施行後,現有銀行或類似銀行機構之種類及其任務,與本法規定不相符合者,中央主管機關應依本法有關規定,指定期限命其調整。

解說

新銀行法施行前,銀行的種類原分為商業銀行、實業銀行、儲蓄銀行、信託公司及錢莊五種,並各有其主要任務,此外尚有經營金銀公司、銀號、票號及其他類似的銀行機構,為期完全納入新銀行法的金融體系,以便利主管機關的監督調整,本條文授權主管機關可依本法相關規定,指定期限,命其調整銀行的種類為商業銀行、專業銀行、信託投資公司三種,其主要任務按照本法第70條、第91條、第92條、第94條、第96條至第98條、第100條的規定,來修正業務內容,以完全符合現行銀行法的規範旨趣。

第138條之1（專業法庭的設立）
法院為審理違反本法之犯罪案件，得設立專業法庭或指定專人辦理。

解說

　　為使金融犯罪案件之審理能符合公平正義和社會各界的期待，民國94年5月18日修正銀行法，增訂法院為審理違反本法之犯罪案件，得設立專業法庭或指定專人辦理規定。金融犯罪案件有其專業性、技術性，一般法庭法官若無銀行法相關專業知識者，較不易掌握案件重點，為使金融犯罪案件之審理能符合法律正義和社會各界公平的期待，應有設立專業法庭或指定專人辦理的必要。

第139條（其他金融機構之適用本法）
依其他法律設立之銀行或其他金融機構，除各該法律另有規定者外，適用本法之規定。
前項其他金融機構之管理辦法，由行政院定之。

解說

　　本條文係規定「依其他法律設立的銀行」及「依其他法律設立的其他金融機構」，適用銀行法的範圍和依據。所謂「依其他法律設立的銀行」，指根據特別法所設立的銀行，如早期的交通銀行依「交通銀行條例」設立；中國輸出入銀行依「中國輸出入銀行條例」設立；中國國際商業銀行依「中國國際商業銀行條例」設立等，其業務的經營管理，除適用各該條例

外,其餘均可適用銀行法的規定。

另所謂「依其他法律設立的其他金融機構」,如信用合作社、農會信用部、漁會信用部等,除適用設立所依據的法律外,亦可適用本法的規定。又條文第2項明定其他金融機構的管理辦法,由行政院訂定,俾能藉行政院的規範,約束其他金融機構的業務經營,以維護金融的秩序及紀律。

第139條之1 (施行細則之訂定)
本法施行細則,由中央主管機關定之。

解說

本條授權由中央主管機關訂定施行細則,以補本法的不足。銀行的原中央主管機關財政部於83年7月26日訂定發布「銀行法施行細則」,計11條,就本法第12條所稱票據、銀行保證的意義,第18條負責人的範圍,第32條、第33條所謂的企業,第37條的鑑價標準,第49條的資產負債表格式編製等,加以補充規定,以供適用的明確。自93年7月1日起,銀行的主管機關為金融監督管理委員會,是本法施行細則之修正,自應由該主管機關為之。

第140條 (施行日)
本法自公布日施行。
本法中華民國八十六年五月七日修正公布之第四十二條施行日期,由行政院定之;中華民國九十五年五月五日修正之條文,自中華民國九十五年七月一日施行。

解說

　　依「中央法規標準法」第13條規定：「法規明定自公布或發布日施行者，自公布或發布之日起算至第三日起發生效力。」所謂第三日，其起算依司法院釋字第161號解釋，應將法規公布或發布的當日算入。而銀行法於民國20年3月28日制定後，並未施行；俟36年9月1日經國民政府修正公布施行後，自36年9月3日始發生效力。

　　又我國加入WTO案，經過各方面之努力，已至最後階段，為使本法第42條修正條文之施行日期，能配合我國加入WTO其他相關法律之修正，爰增訂第2項，規定其施行日期由行政院定之，以供適用。

　　另因我國刑法已於民國94年2月2日修正公布，並於95年7月1日施行，為此95年5月5日修正銀行法時，為配合刑法的施行，而修正本條文第2項，將施行日期定為95年7月1日，以利援用。

國家圖書館出版品預行編目資料

銀行法／鄭正中著. --八版--. --臺北
　市：書泉出版社,2024.01
　面；　公分. --（新白話六法系列；16）
　ISBN 978-986-451-345-1（平裝）

1.CST: 銀行法規

562.12　　　　　　　　112017917

3TB2　新白話六法系列 016

銀行法

作　　　者 ―	鄭正中(382)
發 行 人 ―	楊榮川
總 經 理 ―	楊士清
總 編 輯 ―	楊秀麗
副總編輯 ―	劉靜芬
責任編輯 ―	黃郁婷
封面設計 ―	姚孝慈
出 版 者 ―	書泉出版社

地　　　址：106台北市大安區和平東路二段3
電　　　話：(02)2705-5066　　傳　　真：(02)2
網　　　址：https://www.wunan.com.tw
電子郵件：shuchuan@shuchuan.com.t
劃撥帳號：01303853
戶　　　名：書泉出版社

總 經 銷：貿騰發賣股份有限公司
電　　　話：(02)8227-5988　　傳　　真：(02)8
網　　　址：www.namode.com

法律顧問　林勝安律師

出版日期	1996年11月初版一刷
	1998年 7 月二版一刷
	1999年10月三版一刷
	2001年 4 月四版一刷
	2003年10月五版一刷
	2004年 6 月六版一刷
	2013年 3 月七版一刷
	2024年 1 月八版一刷

定　　　價　新臺幣600元

經典永恆・名著常在

五十週年的獻禮——經典名著文庫

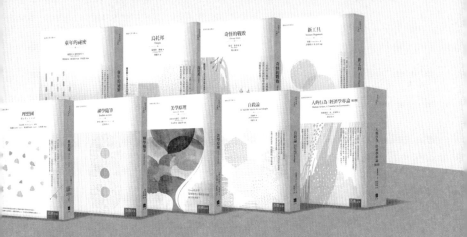

五南，五十年了，半個世紀，人生旅程的一大半，走過來了。

思索著，邁向百年的未來歷程，能為知識界、文化學術界作些什麼？

在速食文化的生態下，有什麼值得讓人雋永品味的？

歷代經典・當今名著，經過時間的洗禮，千錘百鍊，流傳至今，光芒耀人；

不僅使我們能領悟前人的智慧，同時也增深加廣我們思考的深度與視野。

我們決心投入巨資，有計畫的系統梳選，成立「經典名著文庫」，

希望收入古今中外思想性的、充滿睿智與獨見的經典、名著。

這是一項理想性的、永續性的巨大出版工程。

不在意讀者的眾寡，只考慮它的學術價值，力求完整展現先哲思想的軌跡；

為知識界開啟一片智慧之窗，營造一座百花綻放的世界文明公園，

任君遨遊、取菁吸蜜、嘉惠學子！